杜威晚期著作

1925—1953

复旦大学杜威与美国哲学研究中心　组译

杜威全集

论文、书评、杂记及"苏俄印象"系列

第三卷
1927—1928

[美] 约翰·杜威　著

孙　宁　余小明　译

华东师范大学出版社

The Later Works of John Dewey, 1925 – 1953

Volume Three: 1927 – 1928, Essays, Reviews, Miscellany, and "Impressions of Soviet Russia"

Edited by Jo Ann Boydston

Copyright © 1984 by Southern Illinois University Press

Published by agreement with Southern Illinois University Press, 1915 University Press Drive, SIUC Mail Code 6806, Carbondale, IL 62901, USA

Simplified Chinese translation copyright © 2015 by East China Normal University Press

上海市版权局著作权合同登记　图字:09 – 2004 – 377 号

《杜威全集·晚期著作》(1925—1953)

第三卷(1927—1928)

主　　编　乔·安·博伊兹顿(Jo Ann Boyston)

文本编辑　帕特丽夏·贝辛格(Patricia Baysinger)

目　录

中文版序

《杜威全集》中文版终于由华东师范大学出版社出版了。作为这一项目的发起人,我当然为此高兴,但更关心它能否得到我国学界和广大读者的认可,并在相关的学术研究中起到预期作用。后者直接关涉到对杜威思想及其重要性的合理认识,这有赖专家们的研究。我愿借此机会,对杜威其人、其思想的基本倾向和影响,以及研究杜威哲学的意义等问题谈些看法,以期抛砖引玉。考虑到中国学界以往对杜威思想的消极方面谈论得很多,大家已非常熟悉,我在此就主要谈其积极方面,但这并非认为可以忽视其消极方面。

一、杜威其人

约翰·杜威(John Dewey,1859—1952)是美国哲学发展中最有代表性的人物。他不仅进一步阐释并发展了由皮尔士创立、由詹姆斯系统化的实用主义哲学的基本理论,而且将其运用于社会、政治、文化、教育、伦理、心理、逻辑、科学技术、艺术、宗教等众多人文和社会科学领域的研究,并在这些领域提出了重要创见。他在这些领域的不少论著,被西方各该领域的专家视为经典之作。这些论著不仅对促进这些领域的理论研究起到过重要的作用,在这些领域的实践中也产生过深刻的影响。杜威由此被认为是美国思想史上最具影响的学者,甚至被认为是美国的精神象征;在整个西方世界,他也被公认是 20 世纪少数几个最伟大的思想家之一。

杜威出生于佛蒙特州伯灵顿市一个杂货店商人家庭。他于 1875 年进佛蒙特大学,开始受到进化论的影响。1879 年,他毕业后先后在一所中学和一所乡村学校教书。在这期间，他阅读了大量的哲学著作，深受当时美国圣路易黑格尔学派刊物《思辨哲学杂志》的影响。1882年，他在该刊发表了《唯物主义的形而上学假定》和《斯宾诺莎的泛神论》两文，很受鼓舞，从此决定以哲学为业。同年，他成了约翰·霍普金斯大学的哲学研究生，在此听了皮尔士的逻辑讲座，不过当时对他影响最大的是黑格尔派哲学家莫里斯(George Sylvester Morris)和实验心理学家霍尔(G. Stanley Hall)。两年后，他以《康德的心理学》论文取得哲学博士学位。

1884年，杜威到密歇根大学教哲学，在该校任职10年(其间，1888年在明尼苏达大学)。初期，他的哲学观点大体上接近黑格尔主义。他对心理学研究很感兴趣，并使之融化于其哲学研究中。这种研究，促使他由黑格尔主义转向实用主义。在这方面，当时已出版并享有盛誉的詹姆斯的《心理学原理》对他产生了强烈的影响。杜威对心理学的研究，又促使他进一步去研究教育学。他主张用心理学观点去进行教学，并认为应当把教育实验当作哲学在实际生活中的运用的重要内容。

1894年，杜威应聘到芝加哥大学，后曾任该校哲学系主任。他在此任教也是10年。1896年，他在此创办了有名的实验学校。这个学校抛弃传统的教学法，不片面注重书本，而更为强调接触实际生活；不片面注重理论知识的传授，而更为强调实际技能的训练。杜威后来所一再倡导的"教育就是生活，而不是生活的准备"、"从做中学"等口号，就是对这种教学法的概括。杜威在芝加哥时期，已是美国思想界一位引人注目的人物。他团聚了一批志同道合者(包括在密歇根大学就与他共事的塔夫茨、米德)，形成了美国实用主义运动中著名的芝加哥学派。杜威称他们共同撰写的《逻辑理论研究》(1903年)一书是工具主义学派的"第一个宣言"。此书标志着杜威已从整体上由黑格尔主义转向了实用主义。

从1905年起，杜威转到纽约哥伦比亚大学任教，直到1930年以荣誉教授退休。他以后的活动也仍以该校为中心。这一时期不仅是他的学术活动的鼎盛期(他的大部分有代表性的论著都是在这一时期问世的)，也是他参与各种社会和政治活动最频繁且声望最卓著的时期。他把两者有机地结合在一起。他对各种社会现实问题的评论和讲演，往往成为他的学术活动的重要组成部分。从1919年起，杜威开始了一系列国外讲学旅行，到过日本、墨西哥、俄罗斯、土耳其等国。"五四"前夕，他到了中国，在北京、南京、上海、广州等十多个城市作过系列讲演，于1921年7月返美。

杜威一生出版了 40 种著作,发表了 700 多篇论文,内容涉及哲学、社会、政治、教育、伦理、心理、逻辑、文化、艺术、宗教等多个方面。其主要论著有:《学校与社会》(1899 年)、《伦理学》(1908 年与塔夫茨合著,1932 年修订)、《达尔文主义对哲学的影响》(1910 年)、《我们如何思维》(1910 年)、《实验逻辑论文集》(1910 年)、《哲学的改造》(1920 年)、《人性与行为》(1922 年)、《经验与自然》(1925 年)、《公众及其问题》(1927 年)、《确定性的寻求》(1929 年)、《新旧个人主义》(1930 年)、《作为经验的艺术》(1934 年)、《共同的信仰》(1934 年)、《逻辑:探究的理论》(1938 年)、《经验与教育》(1938 年)、《自由与文化》(1939 年)、《评价理论》(1939 年)、《人的问题》(1946 年)、《认知与所知》(1949 年与本特雷合著)等等。

二、杜威哲学的基本倾向

杜威在各个领域的思想都与他的哲学密切相关,这不只是他的哲学的具体运用,有时甚至就是他的哲学的直接体现。我们在此不拟具体介绍他的思想的各个方面和他的哲学的各个部分,仅概略地揭示他的哲学的基本倾向。杜威哲学的各个部分,以及他的思想的各个方面,大体上都可从他的哲学的基本倾向中得到解释。这种基本倾向从其积极意义上说,主要表现为如下三点。

第一,杜威把对现实生活和实践的关注当作哲学的根本意义所在。

在现代西方各派哲学中,杜威哲学最为反对以抽象、独断、脱离实际等为特征的传统形而上学,最为肯定哲学应当面向人的现实生活和实践。如何通过人本身的行为、行动、实践(即他所谓的以生活和历史为双重内容的经验)来妥善处理人与其所面对的现实世界(自然和社会环境),以及人与人之间的关系,是杜威哲学最为关注的根本问题。杜威哲学从不同的角度来说有着不同的名称,例如,当他强调实验和探究的方法在其哲学中的重要意义时,称其哲学为实验主义(experimentalism);当他谈到思想、观念的真理性在于它们能充当引起人们的行动的工具时,称其哲学为工具主义(Instrumentalism);当他谈到经验的存在论意义,而经验就是作为有机体的人与其自然环境的相互作用时,称其哲学为经验自然主义(empirical naturalism)。贯彻于所有这些称呼的概念是行动、行为、实践。杜威哲学的各个方面,都在于从实践出发并引向实践。这并不意味着实践就是一切。实践的目的是改善经验,即改善人与其自然和社会环境的关系,一句话,改善人的生活和生存条件。

杜威对实践的解释当然有片面性。例如,他没有看到人类的物质生产活动在人的实践中的基础作用,更没有科学地说明实践的社会性;但他把实践看作是全部哲学研究的核心,认为存在论、认识论、方法论等问题的研究都不能脱离实践,都具有实践的意义,且在一定意义上是合理的。

值得一提的是:与胡塞尔、海德格尔等人通过曲折的道路返回生活世界不同,与只关注逻辑和语言意义分析的分析哲学家也不同,杜威的哲学直接面向现实生活和实践。杜威一生在哲学上所关注的,不是去建构庞大的体系,而是满腔热情地从哲学上探究人在现实生活和实践各个领域所面临的各种问题及其解决办法。在杜威的全部论著中,关于政治、社会、文化、教育、心理、道德、价值、科学技术、审美和宗教等多个领域的具体问题的论述占了绝大部分。他的哲学的精粹和生命力,大多是在这些论述中表现出来的。

第二,杜威的哲学改造适应和引领了西方哲学由近代到现代转向的潮流。

19 世纪中期以来,西方哲学发展出现了根本性的变更,以建构无所不包的体系为特征的近代哲学受到了广泛的批判,以超越传统的实体性形而上学和二元论为特征的现代哲学开始出现,并越来越占主导地位。多数哲学流派各以特有的方式,力图使哲学研究在不同程度上从抽象化的自在的自然界或绝对化的观念世界返回到人的现实生活世界,企图以此摆脱近代哲学所陷入的种种困境,为哲学的发展开辟新道路。西方哲学由近代到现代的这种转折,不能简单归结为由唯物主义转向唯心主义、由进步转向反动,而是包含了哲学思维方式上一次具有划时代意义的转型。它标志着西方哲学发展到了一个新的、更高的阶段。杜威在哲学上的改造,不仅适应了而且在一定意义上引领了这一转型的潮流。

杜威曾像康德那样,把他在哲学上的改造称为"哥白尼革命"(Copernican revolution)。但他认为康德对人的理智的能动性过分强调,以致使它脱离了作为其存在背景的自然。而在他看来,人只有在其与自然的相互作用中才有能动作用,甚至才能存在。哲学上的真正的哥白尼革命,正在于肯定这种交互作用。如果说康德的中心是心灵,那么杜威的新的中心是自然进程中所发生的人与自然的交互作用。正如地球或太阳并不是绝对的中心一样,自我或世界、心灵或自然都不是这样的中心。一切中心都存在于交互作用之中,都只具有相对的意义。可见,杜威所谓哲学中的哥白尼革命,就是以他所主张的心物、主客、经验自然等的交互作用,或者说人的现实生活和实践来既取代客体中心论,也取代主体中心论。他也是在这种意义上,既反对忽视主体的能动性的旧的唯物主义,又反对忽视自然作为存在的根据和作用的旧的唯心主义。

不是把先验的主体或自在的客体,而是把主客的相互作用当作哲学的出发点;不是局限于建构实体性的、无所不包的体系,而是通过行动、实践来超越这样的体系;不是转向纯粹的意识世界或脱离了人的纯粹的自然界,而是转向与人和自然界、精神和物质、理性和非理性等等都有着无限牵涉的生活世界,这大体上就是杜威哲学改造的主要意义;而这在一定程度上,也正是多数西方哲学由近代到现代转向的主要意义。杜威由此体现和引领了这种转向。

第三,杜威的哲学改造与马克思在哲学上的革命变更存在某些相通之处。

西方哲学从近代到现代的转向与马克思在哲学上的革命变更的政治背景大不相同,二者必然存在原则性区别;但二者发生于大致相同的历史时代,具有共同的历史和文化背景,因而又必然存在相通之处。如果我们能够肯定杜威的哲学改造适应并引领了西方哲学从近代到现代转向的潮流,那就必须肯定杜威的哲学改造与马克思在哲学上的革命变更必然同样既有原则区别,又有相通之处。后者突出地表现在,二者都把实践当作哲学的根本意义而加以强调。马克思正是通过这种强调而得以超越旧唯物主义和唯心主义辩证法的界限,把唯物主义和辩证法有机地统一起来,建立了唯物辩证法。杜威在这些方面与马克思相距甚远。但是,他毕竟用实践来解释经验而使他的经验自然主义超越了纯粹自然主义和思辨唯心主义的界限,并由此提出了一系列超越近代哲学范围的思想。

杜威的经验自然主义并不否定自然界在人类经验以外自在地存在,不否定在人类出现以前地球和宇宙早已存在,而只是认为人的对象世界只能是人所遭遇到(经验到)的世界,这在一定程度上类似于马克思所指的与纯粹自然主义的自在世界不同的人化世界,即现实生活世界。杜威否定唯物主义,但他只是在把唯物主义归结为纯粹自然主义的唯物主义的意义上去否定唯物主义。杜威强调经验的能动性,但他不把经验看作可以离开自然(环境)而独立存在的精神实体或精神力量,而强调经验总是处于与自然、环境的统一之中,并与自然、环境发生相互作用。这与传统的唯心主义经验论也是不同的,倒是与马克思关于主客观的统一和相互作用的观点虽有原则区别,却又有相通之处。

杜威是在黑格尔影响下开始哲学活动的。他在转向实用主义以后,虽然抛弃了黑格尔的绝对唯心主义,甚至也拒绝了黑格尔的辩证法,但是在他的理论中又保留着某些辩证法的要素。例如,他把经验、自然和社会等都看作是统一整体,其间都存在着多种多样的联系;他在达尔文进化论的影响下,明确肯定世界(人类社会和自然界)处于不断进化和发展的过程之中。他所强调的连续性(如经验与自然的连续、人与世界的连续、身心的连续、个人与社会的连续等等)概念,在一定程度上就是统一整体的概念、进化和发展的概念。这种概念虽与马克思的辩证法不能相提并论,但毕竟也有相通之处。

三、杜威哲学的积极影响

杜威实用主义哲学对现实生活和实践的强调,对西方哲学从近代到现代转向的潮流的适应和引领,特别是它在一些重要方面与马克思哲学的相通,说明它在一定程度上体现了时代精神发展的要求。正因为如此,它必然是一种在一定范围内能发生积极影响的哲学。

实用主义在美国的积极影响,可以用美国人民在不长的历史时期里几乎从空地上把美国建设成为世界的超级大国来说明。实用主义当然不是美国唯一的哲学,但它却是美国最有代表性的哲学。实用主义产生以前的许多美国思想家(特别是富兰克林、杰斐逊等启蒙思想家),大多已具有实用主义的某些特征,这在一定意义上为实用主义的正式形成作了思想准备。实用主义产生以后,传入美国的欧洲各国哲学虽然能在美国哲学中占有一席之地,其中分析哲学在较长时期甚至能在哲学讲坛上占有支配地位;但是,它们几乎都毫无例外地迟早被实用主义同化,成为整个实用主义运动的组成部分。当代美国实用主义者莫利斯说:逻辑经验主义、英国语言分析哲学、现象学、存在主义同实用主义"在性质上是协同一致的",它们"每一种所强调的,实际上是实用主义运动作为一个整体范围之内的中心问题之一"。[①] 就实际影响来说,实用主义在美国哲学中始终占有优势地位。桑塔亚那等一些美国思想家也承认,美国人不管其口头上拥护的是什么样的哲学,但是从他们的内心和生活来说都是实用主义者。只有实用主义,才是美国建国以来长期形成的一种民族精神的象征。而实用主义的最大特色,就是把哲学从玄虚的抽象王国转向人所面对的现实生活世界。实用主义的主旨

---

① Morris, Charles W. *The Pragmatic Movement in American Philosophy*. New York: George Braziller, 1970, p. 148.

就在指引人们如何去面对现实生活世界,解决他们所面临的各种疑虑和困扰。实用主义当然具有各种局限性,人们也可以而且应当从各种角度去批判它,马克思主义者更应当划清与实用主义的界限;但从思想理论根源上说,正是实用主义促使美国能够在许多方面取得成功,这大概是一个不争的事实。

在美国以外,实用主义同样能发生重要的影响。与杜威等人的哲学同时代的欧洲哲学尽管不称为实用主义,但正如莫利斯说的那样,它们同实用主义"在性质上是协同一致的"。如果说它们各自在某些特定方面、在一定程度上体现了现代西方社会的时代特征,实用主义则较为综合地体现了这些特征。换言之,就体现时代特征来说,被欧洲各个哲学流派特殊地体现的,为实用主义所一般地体现了。正因为如此,实用主义能较其他现代西方哲学流派发生更为广泛的影响。

杜威的实用主义在中国也发生过重要的影响。早在"五四"时期,杜威就成了在中国最具影响的西方思想家。从外在原因上说,这是由于胡适、蒋梦麟、陶行知等他在中国的著名弟子对他作了广泛的宣扬;杜威本人在"五四"时期也来华讲学,遍访了中国东西南北十多个城市。这使他的思想为中国广大知识界所熟知。然而,更重要的原因是:他在理论中所包含的科学和民主精神,正好与"五四"时期中国先进知识分子倡导科学和民主的潮流相一致。另外,他的讲演不局限于纯哲学的思辨而尤其关注现实问题,这也与中国先进分子的社会改革的现实要求相一致。正是这种一致,使杜威的理论受到了投入"五四"新文化运动和社会改革的各阶层人士的普遍欢迎,从而使他在中国各地的讲演往往引起某种程度的轰动效应。杜威本人也由此受到很大鼓舞,原本只是一次短期的顺道访华也因此被延长到两年多。胡适在杜威起程回国时写的《杜威先生与中国》一文中曾谈到:"我们可以说,自从中国与西方文化接触以来,没有一个外国学者在中国思想界的影响有杜威先生这样大的。我们还可以说,在最近的将来几十年中,也未必有别个西洋学者在中国的影响可以比杜威先生还大的。"[1]作为杜威的信徒,胡适所作的评价可能偏高。但就其对中国社会的现实层面的影响来说,除了马克思主义者以外,也许的确没有其他现代西方思想家可以与杜威相比。

尽管杜威的实用主义与马克思主义有原则区别,但"五四"时期中国马克思主义者对杜威及其实用主义并未简单否定。陈独秀那时就肯定了实用主义的某

---

① 引自《胡适哲学思想资料选》(上),上海:华东师范大学出版社,1981年,第181页。

些观点，甚至还成为杜威在广州讲学活动的主持人。1919年，李大钊和胡适关于"问题与主义"的著名论战，固然表现了马克思主义与实用主义的原则分歧，但李大钊既批评了胡适的片面性，又指出自己的观点有的和胡适"完全相同"，有的"稍有差异"。他们当时的争论并未越出新文化运动统一战线这个总的范围，在倡导科学和民主精神上毋宁说大体一致。毛泽东在其青年时代也推崇胡适和杜威。

"五四"以后，随着国内形势的重大变化，上述统一战线趋向分裂。20世纪30年代后期，由于受到苏联对杜威态度骤变的影响，中国马克思主义者对杜威也近乎于全盘否定了。20世纪50年代中期，为了确立马克思主义在思想文化领域的主导地位，从上而下发动了一场对实用主义全盘否定的大规模批判运动。它在一定程度上达到了预期的政治目的，但在理论上却存在着很大的片面性。当时多数批判论著脱离了杜威等人的理论实际，形成了一种对西方思潮"左"的批判模式，并在中国学术界起着支配作用。从此以后，人们在对杜威等现代西方思想家、对实用主义等现代西方思潮的评判中，往往是政治标准取代了学术标准，简单否定取代了具体分析。杜威等西方学者及其理论的真实面貌就因此而被扭曲了。

对杜威等西方思想家及其理论的简单否定，势必造成多方面的消极后果。其中最突出的有两点：一是使马克思主义及其指导下的思想理论领域在一定程度上与当代世界及其思想文化的发展脱节，使前者处于封闭状态，从而妨碍其得到更大的丰富和发展；二是由于扭曲了马克思主义哲学和现代西方哲学的关系，忽视了二者在某些方面存在的共通之处，在批判杜威哲学等现代西方哲学的名义下扭曲了马克思主义哲学一些最重要的学说，例如关于真理的实践检验、关于主客观统一、关于个人与社会的关系等学说都存在这种情况。这种理论上的混乱导致实践方向上的混乱，甚至在一定程度上导致实践上的挫折。

需要说明的是：肯定杜威实用主义的积极作用并不意味着否定其消极作用，也不意味着简单否定中国学界以往对实用主义的批判。以往被作为市侩哲学、庸人哲学、极端个人主义哲学的实用主义不仅是存在的，而且在一些人群中一直发生着重要的影响。资产阶级庸人、投机商、政客以及各种形式的机会主义者所奉行的哲学，正是这样的实用主义。对这样的实用主义进行坚定的批判，是完全正当的。但是，如果对杜威的哲学作具体研究，就会发觉他的理论与这样的实用主义毕竟有着重大的区别。杜威自己就一再批判了这类庸俗习气和极端个人主义。如果简单地把杜威哲学归结为这样的实用主义,那在很大程度上就是把杜威所批判的哲学当作是他自己的哲学。

四、杜威哲学研究在当代中国的积极意义

改革开放以来,中国政治和思想文化上的"左"的路线得到纠正,哲学研究出现了求真务实的新气象,包括杜威实用主义在内的现代西方哲学研究得到了恢复和发展。以1988年全国实用主义学术讨论会为转折点,对杜威等人的实用主义的全盘否定倾向得到了克服,如何重新评价其在中国思想文化建设中的作用的问题也越来越受到学界的关注,对杜威等人的实用主义的研究由此进入了一个新阶段。"五四"时期,由于杜威的学说正好与当时中国的新文化运动相契合,起过重要的积极作用;今天的中国学界,由于对马克思主义哲学和现代西方哲学都已有了更为全面和深刻的理解,对杜威的思想的研究也会更加深入和具体,更能区别其中的精华和糟粕,这对促进中国的思想文化建设会产生更为积极的作用。

对杜威哲学的重新研究在当代中国的积极意义,至少包括如下三个方面:

第一,有利于对马克思主义哲学有更为全面和深刻的理解。

这是因为,杜威哲学和马克思的哲学虽有原则性区别,但二者在一些重要方面有相通之处。这主要表现在二者都批判和超越了以抽象、思辨、脱离实际等为特征的传统形而上学;都强调对现实生活和实践的关注在哲学中的决定性作用;都肯定任何观念和理论的真理性的标准是它们是否经得起实践的检验;都认为科学真理的获得是一个不断提出假设、又不断进行实验的发展过程;都认为社会历史同样是一个不断发展的过程,社会应当不断地进行改造,使之越来越能符合满足人的需要和人的全面发展的目标;都认为每一个人的自由是一切人取得自由的条件,同时个人又应当对社会负责,私利应当服从公益;都提出了使所有人共同幸福的社会理想,等等。在这些方面将马克思主义与杜威的实用主义作比较研究,既能更好地揭示它们作为不同阶级的哲学的差异,又能更好地发现二者作为同时代的哲学的共性,从而使人们既能更好地划清马克思主义和实用主义的界限,又能通过批判地借鉴后者可能包含的积极成果来丰富和发展马克思主义。

第二,有利于对中国传统文化的批判继承。

杜威哲学和中国传统文化有着两种不同的联系。以儒家为代表的中国传统文化是一种前资本主义文化,没有西方资本主义文化的理性主义特质,不会具有因把理性绝对化而导致的绝对理性主义和思辨形而上学等弊端;但未充分经理性思维的熏陶又是中国传统文化的缺陷,不利于自然科学的发展,更不利于人的个性的发展和自由民主等意识的形成。正因为如此,以儒家为代表的中国传统文化往往被历代封建统治阶级神圣化和神秘化,成为他们的意识形态,后者阻碍了中国科学技术的发展、人民的觉醒和社会历史的进步。"五四"新文化运动的主要矛头就是针对儒家文化作为封建意识形态的方面,以此来为以民主和科学精神为特征的新文化开辟道路。杜威哲学正是以倡导民主和科学为重要特征的。杜威来到中国时,正好碰上"五四"新文化运动,他成了这一运动的支持者。他的学说对于批判作为封建意识形态的儒学,自然也起了促进作用。

但是,儒家文化并不等于封建文化;孔子提出的以"仁"为核心的儒学本身并不是统治阶级的意识形态。直到汉武帝实行"罢黜百家,独尊儒术"的政策以后,儒学才取得了独特的官方地位,由此被历代封建帝王当作维护其统治的精神工具。即使如此,也不能否定儒学在学理上的意义。它既可以被封建统治阶级所利用,又能为广大民众所接受,成为他们的生活信念和道德准则。历代学者对儒学的发挥,也都具有这种二重性。正因为如此,儒学除了被封建统治阶级利用外,还能不断发扬光大,成为中华民族宝贵的思想文化遗产。儒学所强调的"以人为本"、"经世致用"、"公而忘私"、"以和为贵"、"己所不欲,勿施于人"等观念,具有超越时代和阶级的普世意义。新文化运动的代表人物并不反对这些观念,而这些观念与杜威哲学的某些观念在一定程度上是相通的。杜威哲学在"五四"时期之所以能为中国广大知识分子接受,在一定程度上正是因为中国文化传统中已有与杜威哲学相通的成分。正因为如此,研究杜威的实用主义思想,对于更清晰地理解儒家思想,特别是分清其中具有普世价值的成分与被神圣化和神秘化的成分,发扬前者,拒斥后者,能起到促进作用。

第三,有利于促进对各门社会人文学科的研究。

杜威的哲学活动的一个突出特点,是他非常自觉地超越纯粹哲学思辨的范围而扩及各门社会人文学科。我们上面曾谈到,在杜威的全部论著中,关于政治、社会、文化、教育、道德、心理、逻辑、科学技术、审美和宗教等各个领域的具体问题的论述占了绝大部分。他不只是把他的哲学观点运用于这些学科的研究，而且是通过对这些学科的研究更明确和更透彻地把他的哲学观点阐释出来。反过来说，他对这些学科的研究都不是孤立地进行的，而是通过其基本哲学观点的具体运用而与其他相关学科联系起来，从而把对这些学科的研究形成为一个有机整体，并由此使他对这些学科的研究可能具有某些独创意义。

例如，杜威极其关注教育问题并在这方面作了大量论述，除了贯彻他对现实生活和实践的重视这个基本哲学倾向、由此强调在实践中学习在整个教学过程中的决定作用以外，他还把教育与心理、道德、社会、政治等因素紧密地结合在一起，从而使教育的内容更加丰富、全面。他的教育思想也由此得到了更为广泛的认同，被公认为是当代西方最具影响的教育学家。值得一提的是：无论在中国还是在苏联，杜威在教育上的影响几乎经久不衰。即使是在政治和意识形态影响极为深刻的年代，杜威提出的许多教育思想依然能不同程度地被人肯定。陶行知的教育思想在中国就一直得到肯定，而陶行知的教育思想被公认为主要来源于杜威。

我们这样说，并不是全盘肯定杜威。无论是在哲学和教育或其他方面，杜威都有很大的局限性，需要我们通过具体研究加以识别。但与其他现代西方哲学家相比，杜威是最善于把哲学的一般理论与其他人文社会学科密切结合起来、使之相互渗透和相互促进的哲学家，这大概是不可否认的事实。在这方面，很是值得我们借鉴。

五、关于《杜威全集》中文版的翻译和出版

要在中国开展对杜威思想的研究，一个重要的条件是有完备的和翻译准确的杜威论著。中国学者早在"五四"时期就开始从事这方面的工作。当时杜威在华的讲演，为许多报刊广泛译载并汇集成册出版。"五四"以后，杜威的新著的翻译出版仍在继续。即使是杜威在中国受到严厉批判的年代，他的一些主要论著也作为供批判的材料公开或内部出版。杜威部分重要著作的英文原版，在中国一些大的图书馆里也可以找到。从对杜威哲学的一般性研究来说，材料问题不是主要障碍。但是，如果想要对杜威作全面研究或某些专题研究，特别是对他所涉及的人文和社会广泛领域的研究，这些材料就显得不足了。加上杜威论著的原有中译本出现于不同的历史年代，标准不一，有的译本存在不准确或疏漏之

处,难以为据。更为重要的是,在杜威的论著中,论文(包括书评、杂录、教学大纲等)占大部分,它们极少译成中文,原文也很难找到。为了进一步开展对杜威的研究,就需要进一步解决材料问题。

2003 年,在复旦大学举行的一次大型实用主义国际学术讨论会上,我建议在复旦大学建立杜威研究中心并由该中心来主持翻译《杜威全集》,得到与会专家的赞许,复旦大学的有关领导也明确表示支持。2004 年初,复旦大学正式批准以哲学学院外国哲学学科为基础,建立杜威与美国哲学研究中心,挂靠哲学学院。研究中心立即策划《杜威全集》的翻译。华东师范大学出版社朱杰人社长对出版《杜威全集》中文版表示了极大的兴趣,希望由该社出版。经过多次协商,我们与华东师范大学出版社达成了翻译出版协议,由此开始了我们后来的合作。

《杜威全集》(Collected works of John Dewey)由美国杜威研究中心(设在南伊利诺伊大学)组织全美研究杜威最著名的专家,经 30 年(1961—1991)的努力,集体编辑而成,乔·安·博伊兹顿(Jo Ann Boydston)任主编。全集分早、中、晚三期,共 37 卷。早期 5 卷,为 1882—1898 年的论著;中期 15 卷,为 1899—1924 年的论著;晚期 17 卷,为 1925—1953 年的论著。各卷前面都有一篇导言,分别由在这方面最有声望的美国学者撰写。另外,还出了一卷索引。这样共为 38 卷。尽管杜威的思想清晰明确,但文字表达相当晦涩古奥,又涉及人文、社会等众多学科;要将其准确流畅地翻译出来,是一项极其庞大和困难的任务,必须争取国内同行专家来共同完成。我们旋即与中国社会科学院哲学研究所、北京大学、清华大学、中国人民大学、北京师范大学、南京大学、浙江大学、武汉大学、北京外国语大学,以及华东师范大学和上海社会科学院哲学研究所等兄弟单位的专家联系,得到了他们参与翻译的承诺,这给了我们很大的鼓舞。

《杜威全集》英文版分精装和平装两种版本,两者的正文(包括页码)完全相同。平装本略去了精装本中的"文本的校勘原则和程序"等部分编辑技术性内容。为了力求全面,我们按照精装本翻译。由于《杜威全集》篇幅浩繁,有一千多万字,参加翻译的专家有几十人。尽管我们向大家提出在译名等各方面尽可能统一,但各人见解不一,很难做到完全统一。为了便于读者查阅,我们在索引卷中把同一词不同的译名都列出,读者通过查阅边码即原文页码不难找到原词。为了确保译文质量,特别是不出明显的差错,我们一般要求每一卷都由两人以上参与,互校译文。译者译完以后,由复旦大学杜威与美国哲学研究中心初审。如无明显的差错,交由出版社聘请译校人员逐字逐句校对,并请较有经验的专家抽查,提出意见,退回译者复核。经出版社按照编辑流程加工处理后,再由研究中心终审定稿。尽管采取了一系列较为严密的措施,但很难完全避免缺点和错误,我们衷心地希望专家和读者提出意见。

复旦大学杜威与美国哲学研究中心的工作是在哲学学院和国外马克思主义与国外思潮创新基地的支持下进行的,学院和基地的不少成员参与了《杜威全集》的翻译。为了使研究中心更好地开展工作,校领导还确定研究中心与美国研究创新基地挂钩,由该基地给予必要的支持。《杜威全集》中文版编委会由参与翻译的复旦大学和各个兄弟单位的专家共同组成,他们都一直关心着研究中心的工作。俞吾金教授和童世骏教授作为编委会副主编,对《杜威全集》的翻译工作作出了重要的贡献。汪堂家教授作为常务副主编,更是为《杜威全集》的翻译工作尽心尽力,承担了大量具体的组织和审校工作。华东师范大学出版社与我们有着良好的合作,编辑们怀着高度的责任心兢兢业业地在组织与审校等方面做了大量的工作,在此一并表示衷心的感谢。

刘放桐

2010 年 6 月 11 日

导　言

戴维·西多尔斯基（David Sidorsky）

　　本卷所收的哲学论文、书评、社会科学领域的研究分析和政治评论反映了它
们所发表年代（1927 年和 1928 年）的美国文化潮流，随后的大萧条和变化的欧
美关系深刻地改变了美国思想生活的诸多方面。几篇应时文章（pièces
d'occasion）更突出了本卷的时代特征，这包括在萨科-万泽蒂判决宣布后不久写
的评论、在《凯洛格-白里安公约》谈判期间对战争非法化运动的讨论文章、支持
总统候选人艾尔·史密斯（Al Smith）有关美国道德和宗教的声明，还有 1928 年
访问苏联时对俄罗斯教育的印象和评价。

　　在杜威哲学思想的发展过程中，本卷文章发表在他的两部重要思想著作之
间：1925 年的《经验与自然》（*Experience and Nature*）和 1929 年的《确定性的寻
求》（*The Quest for Certainty*）。《经验与自然》是杜威毕生从事创建的自然主义
形而上学的结晶，在当时的哲学传统里，创建形而上学是全面哲学思想发展的标
志。《确定性的寻求》是杜威自然主义伦理学说发展的一座里程碑，即把哲学作
为文化批评的最普遍方法。本卷收录了杜威写于 1927 年和 1928 年之间的哲学
文章，这些文章大体上反映了他的两大哲学兴趣：在某种意义上回溯性地捍卫自
然主义形而上学，向前为一种经验主义伦理学正名并把它运用于实际。

　　对杜威来说，无论是心理学、经济学，还是人类学，社会科学的方法和成果必
然与经验主义伦理学相联系。结果是：为一种自然主义道德哲学在哲学上的正
名，把杜威引向讨论社会科学的经验成果以及它们对社会、政治哲学的影响。

　　杜威认为，大体上说来，科学方法是思想探索唯一的合理标准。这种观点
贯穿于他众多关于自然主义形而上学、经验主义伦理学、教育、政治的论文中。

正是因为杜威认识到自然科学对认识世界的特有功能,他的形而上学才排除了一切对先验的或非自然主义成分的寻求。他对科学方法的信奉使他建议,只有通过对客观事实的经验探索才能解决道德决定的难题。杜威对科学方法运用的信赖鼓舞了他用智慧重建当代社会和教育机构的信心。

当然,强调本卷论文的连贯性只是部分正确。各篇文章往往带有鲜明的时代烙印,它们呈献了杜威的风格和声音,分享了美国实用主义哲学的许多特点。但是,题目的多样化掩盖了任何系统的连贯性。结论是如此之多和不同,以致不能追溯到同一个哲学前提。多篇文章给人一种感觉:杜威在熟悉的问题上有新的思路,对或由批评者或由作者设置的争论问题进行辩论。所以,无论是回应别人对他形而上学的批评,预测其道德哲学的意义,或是对政治事件进行评论,杜威给人的总体印象就是研究工作在进展之中。

I. 形而上学

几篇有关形而上学主题的文章和评论组成了本卷一贯和统一的论题之一。在形而上学的讨论中,最有戏剧性的部分是杜威和 G·桑塔亚那(George Santayana)之间的观点冲突。这是由桑塔亚那对《经验与自然》的评论(见附录1)而引起的。杜威写了《"半心半意的自然主义"》(Half-Hearted Naturalism)作为回应,然后在为桑塔亚那的主要本体论著作《存在诸领域》(*The Realm of Essence*)写了以"作为艺术的哲学"(Philosophy as a Fine Art)为题的评论,这一评论又延续了争论。

这个争论的历史意义有几点。杜威和桑塔亚那是上一代英美传统哲学家中的两位大家,其哲学传统号召对形而上学理论进行系统构建。两位都是自然主义者,都认为自己的形而上学理论继承了以亚里士多德和斯宾诺莎为代表的自然主义传统。在一种更有限的历史聚焦中,两位是美国思想的两大学派——实用主义和实在论——的发言人,都在20世纪初努力缓和哲学的困境。最后,除了历史原因以外,两位哲学家在一个根本的哲学问题上进行直接的批评和坦率的反驳,这亦属罕见。

桑塔亚那认为争议的问题是"前景的主导",这也是杜威自然主义"整个体系的关键"(第373页①)。对桑塔亚那来说,杜威的自然主义显得"奇怪、捉摸不定

---

① 指英文原版书页码,即本书边码,下同。——译者

和令人困惑",因为桑塔亚那自己的自然主义观点就是自然的无限大,其背景就是动物和人类居民都变得渺小。这种自然主义的血统可上溯至德谟克利特和卢克莱修的浪漫主义诗歌和思潮所贯穿的思想。根据自然主义传统的解释,原子、空间,或者像水、火之类的元素决定了人类的抱负或知识。从主观愿望看,人类活动的意义只能来自社会习俗的看法或者通过个人表达的狭隘价值。桑塔亚那评论说,"杜威或任何其他实用主义者"永远不会成为"本能的自然主义者……就像爱奥尼亚学派、斯多葛派学或斯宾诺莎那样,或者像许多印度、犹太或伊斯兰的神秘主义那样——后面这些人发自内心地轻视前景,他们爱自然的伟大,在无限之前陷入沉默"(第 374 页)。桑塔亚那的这个评价事实上是正确的。他对这种自然主义形而上学表示赞同,他相信"在自然中,没有前景或背景,没有此处,没有当下,没有道德的神坛"(第 373 页)。 *xii*

在清晰地解释自然主义形而上学时,杜威和桑塔亚那之间的争论具有特别价值,因为他们被认为都拒绝哲学唯心主义或者任何形式的非自然主义。因此,杜威在书评中称赞桑塔亚那说:"在那一著作[《理性的生命》(*Life of Reason*)]中,他向我们传授了或似乎传授了下面这一点:观念和理念的领域扎根于自然当中,并在自然中形成它的顶点。"(第 287 页)桑塔亚那在评论杜威时作了回应。他把自然主义定义为相信"任何能被我们辨识到的非物质事物都必须被看作是那些物理事物的名称、外表、功能或附属品"(第 368 页)。他继续说,"很难再找到一位哲学家比杜威更根深蒂固地信奉自然主义了"(第 369 页)。

所以,问题就集中在有关"前景"和"背景"之间关系的各种对立的自然主义观点上。对桑塔亚那来说,杜威声称那些在人类经验和行动中客观存在的价值,代表一种拟人的前景主导,这就表明他的自然主义是"半心半意的"。相反,对杜威来说,桑塔亚那的自然主义是站不住脚的,具有双重性,因为他没能把人的兴趣和偏爱同它们在自然中的相应原因、起源或背景联系起来。自然主义哲学的优点就是提供一个框架来展示物理、生物和人类的连续性。杜威在回应桑塔亚那时这样说:

> 在我看来,不管是群体性还是个体性的人类事物,都是物理世界和前人类世界中的自然之投射、连续与复杂化的过程。自然与人之间并不是两个不同的存在领域,它们之间并不存在鸿沟与"分叉"(bifurcation)。正是因为

如此，自然之中既存在着前景又存在着背景，既有此处又有彼处，既有中心又有远景，既有焦点又有边缘。（第74—75页）

　　杜威和桑塔亚那的分歧主要表现在对自然主义形而上学的对立解释上。这表现在他们对自然主义传统的不同解读，这也决定了20世纪之交他们在美国哲学界的地位。这样，杜威和桑塔亚那都欣赏亚里士多德的自然主义信念；用桑塔亚那的话来说，柏拉图式的形式一定要被理解为自然（Nature）已经实现潜力的"名称、外表、功能和附随产品"；杜威则强调了亚里士多德自然主义的道德方面，在那里，人类与政治生活的目的和美德就是实现人类天性和人类交往的功能。结果，亚里士多德接受了沉思的生活是人类活动的最高形式，而杜威批评说这根源在于希腊文化中理论和实践不恰当的分离。但是，桑塔亚那却把对自然顺序易懂一面的沉思看成是一种自然主义感觉上的相应结果。

　　同样地，杜威和桑塔亚那都注意到斯宾诺莎提出形而上学自然主义的看法：假定在一个包罗万象的自然顺序里，凡事都是内在的和既定的。杜威强调这个含意：解释人性或者它的社会活动同理解宇宙的物理现象是一致的。在这样一个一元论图景里，斯宾诺莎建议人要平淡地接受自然命运；对杜威来说，是人同自然的交往促成了物质和社会的改造，而斯宾诺莎的建议是一种有限的方法。然而，对桑塔亚那来说，禁欲主义不是一个致命缺点，而是自然主义特性为技术或社会改良论的不足提供一种最终补救。

　　回溯20世纪最初十年的哲学情况，杜威和桑塔亚那在自然主义形而上学里的共同点就更凸显了。对他们和他们同时代的主要哲学家像詹姆斯（William James）、穆尔（G. E. Moore）、罗素（Bertrand Russell）、胡塞尔（Edmund Husserl）或者柏格森（Henri Bergson）来说，哲学似乎陷入了一种进退两难的境地。一方面，在自然和生物科学领域里取得进步的支持下，实证主义者和进化论者提出了一种唯物主义形而上学；另一方面，在欧洲大陆、英国或美国哲学界占主导地位的辩证法传统里，以布拉德利（Francis Herbert Bradley）和罗伊斯（Josiah Royce）这样的黑格尔主义者为榜样，绝对唯心主义在此基础上被认为是正确的：科学知识同其他知识一样，前提是要心智健全。

　　正是在这种背景下，杜威开始投入到自然主义形而上学中。它代表了他想克服唯物主义和唯心主义形而上学带来的困境而作出的努力。对照这一困境，比较一下杜威和他同时代主要代表对这个任务的各种解决方法是有建设性意义的。

胡塞尔极为机智地设法逃脱了这个困境,他在《理念》(*Ideas*,1913 年)一书的开头就言简意赅地宣布,他正在加括号也就是悬置对现实问题的各种对立的形而上学观点的评判,这样他就能对现象学的直觉进行独立研究。

G·E·穆尔在 1903 年对唯心主义进行了最详尽的驳斥。他这样做是为了证明常识(Common Sense)的有效性和日常事物的现实性,而不是为了证明一种不同的科学唯物主义观点。正如罗素所写:

> [穆尔]带头造反,我随后跟上,有一种解放了的感觉。布拉德利说常识所信的事都只是现象;我们回到另一个极端,认为凡事都真实,没受哲学或宗教影响的常识也应该是真实的。有越狱成功之感,我们让自己认为草是绿色的,太阳和星星会存在,既使没人意识到它们……原先单薄和逻辑的世界,突然变得丰富、多样实在了。①

所以,当罗素脱离穆尔的哲学派别时,他想发展一种"中立一元论"的形而上学,之所以这样称呼,是为避免陷入传统形而上学的极端。罗素用知觉元素或他的统一体理论作为原子感觉研究类别来塑造外部世界时,同样回避了形而上学唯物主义和唯心主义。

桑塔亚那和穆尔的实在论观点一致,主张宇宙物质事物的现实性。但是,桑塔亚那在理性生活的自然主义演变中,为这个超越常识的实在论寻求框架。这就允许桑塔亚那提出每个理想实体有自然起源,每个自然事物有理想的实现潜力,并通过这样的连接方案来游走于唯物主义和唯心主义之间。正如杜威所指出的,正是桑塔亚那于 1905 年在《理性的生命》中提出的进化自然主义使他的观点同实用主义者的相一致。桑塔亚那认为,通过所呈现的一种"概念具体化"演进和另一种"知觉具体化"演进,因而可形成一种理性主义和经验主义认知模式

xu

---

① 伯特兰·罗素:《我的思想发展》(My Mental Development),收入《伯特兰·罗素的哲学》(*The Philosophy of Bertrand Russell*),P·A·希尔普(P. A. Schilpp)编,埃文斯顿和芝加哥:西北大学出版社,1944 年,第 12 页。

的功能整合。正如杜威在评论桑塔亚那的《存在诸领域》时所说的，这可能不是他自己的最终意图。他的最终方法却是更二元化和更自相矛盾，既有物质领域，又有概念领域。即使后者没有物质体现，但思想能直观它们的本质，最终在全面本体论中一定有适当的一席。

在这种情况下，我们联想起威廉姆·詹姆斯在他1907年的《实用主义》（Pragmatism）一书中给实用主义下的定义，以此作为唯心主义和唯物主义之间的一种调解方法。该方法的主要特征是把未来结果作为接受或拒绝一种形而上学观点的标准，而不是对形而上学的先决条件或原则的必然真理的证明。詹姆斯认识到像唯物主义或唯心主义这样的假设，不太允许通过标准实验程序来加以证明或辩驳。他的论点是：唯物主义和唯心主义都暗示一种世界一元论的限定解释，所以两者都不能解释变化的现实或者认识影响未来结果这样的事实。据此，詹姆斯争辩说，只有采纳一种多元的、公认的自由可能性观点——即一种可代替唯物主义和唯心主义的形而上学——才能经受未来经验的考验。

xvi

虽然詹姆斯的思想里根本没有包括这种形而上学观点的详细解说，但是它们却为杜威形而上学提供了一个出发点。正是由于看到唯物主义和唯心主义对解释人怎样能掌控未来的不足之处，才使杜威尽毕生哲学生涯去建造一种实用主义形而上学。这从他早期同黑格尔、布拉德利、罗伊斯、穆尔、罗素等人发生冲突时就开始了。

本卷对杜威自然主义形而上学的比较思想给予了一个引人关注的肯定。在1927年和1928年间，杜威对四本有关形而上学的著作写了书评：前面提到的桑塔亚那的《存在诸领域》，霍恩尔（Hoernle）的《作为一种哲学的唯心主义》（Idealism as a Philosophy），鲍桑奎的《科学与哲学》（Science and Philosophy）和诺布尔（Noble）的《有目的进化》（Purposive Evolution）。杜威的每篇书评都使他对在唯心主义和唯物主义之间的形而上学的可选用的观点进行检验，包括孔德的实证进化主义和黑格尔的内在唯心主义之间的观点，或布拉德利和斯宾塞之间的观点。

本卷没有对可选用的自然主义形而上学观点的主要特征作详细阐述。在同杜威所批评的形而上学观点的辩证对立中，它们的显著特征不断呈现出来。对杜威来说，人类有机体在自然环境中生活、思想、察觉，更通俗地说，就是感受事件。人能够成功地适应那个环境，是因为人能够正确地辩认环境的客观决定因素。还有，人能够运用实际的智慧来改造他们的环境因素。

杜威的重要观点是：传统的形而上学理论已不合适。杜威的批评矛头直指把知识解释为理性直觉、把知识看成是一种固定现实的知觉反映的经验主义形而上学体系。这两方面观点都不能把人类知识看成是适应和调控环境的一种工具。因此，我们需要一种不同的、对人类知识作实用性或工具性的解释的形而上学理论。这样一种形而上学是自然主义的，因为它要概略地叙述自然环境中人类经验的遗传特征和普遍事实，正如杜威在他《经验与自然》一书中想做的那样。

尽管相对其他形而上学理论来说，杜威的这个观点是重要的；但就他本人的著作和思想内容来说，这个观点也有不和谐之处。杜威在他为悉尼·胡克（Sidney Hook）的《实用主义的形而上学》（*Metaphysics of Pragmatism*）一书所写的导言里，指出了这不和谐的一个来源。杜威建议，在形成一种实用主义形而上学时，有必要使用一些传统词汇像"工具"或"行动"来扩展或翻新其内涵。这样做的结果是：那些坚持使用新意，或坚持把以前哲学用过的严格定义来套用实用主义者词汇中关键术语的人，就误读了实用主义的文章。

不过，对任何实用主义形而上学来说，还有一个更重要的不和谐来源。实用主义把知识看成适应和调控工具的解释，暗示了只有科学探索才产生有关世界本质的知识。据此，形而上学的主张是可成立的，它要么只是人类境况的老生常谈，要么是实证科学之一的经验陈述。在查尔斯·皮尔士的早期著作中，这个反形而上学的核心已明显出现。尽管皮尔士在多篇文章里勾画出一种进化唯心主义形而上学，但他还是争辩说，形而上学假设必须同实验科学假设一样在经验上是可证的。皮尔士进一步提出了一个有关现实的实用主义定义，即如果一个实体的存在能用科学来表达，那么这个实体就是真实的。所以，现实的面貌只有在科学探索中被逐步地揭开，也只有在探索过程渐近结束时，才能取得最终解读。

除了在实用主义内部，对一种形而上学理论的公认需要和把科学方法作为衡量所有经验知识的唯一标准的反形而上学观点之间有过历史争论以外，在1927年和1928年间，这个问题又惊奇地同时出现了多次。在那些年里，维也纳学派的反形而上学观点以其最极端的形式被阐明，有些还拜皮尔士为祖师。有意义的是：1927年也是海德格尔出版《存在与时间》（*Being and Time*）的一年，他向维特根斯坦（Wittgenstein）、卡尔纳普（Carnap）和其他维也纳学派早期成员的逻辑实证主义发起了正式的对抗。

xvii

xviii

问题不在于杜威对1920年代后期涌现的欧州哲学运动的了解、影响或参与的程度,甚至也不在于詹姆斯同柏格森、穆尔之间,或者杜威同罗素之间的早期争论的延续上。问题在于逻辑实证主义和存在主义的发展变换了哲学讨论的终极问题。杜威的自然主义形而上学不再是唯物主义和唯心主义之间的调和中心,但却受到了不同方面的挑战。对逻辑实证主义来说,他们与杜威一样,相信科学有独特能力来决定所有的经验问题,这使他们进一步提出了用传统形而上学理论概念的逻辑或语言分析来取代形而上学。对存在主义来说,他们也与杜威一样,首要关注的是人的境况,这把他们引向对主观经验的性质作描述性的和结构性的叙述。

杜威不能接受的是这以后重塑和分裂哲学界的两大学派运动。杜威尽管坚信哲学中的科学方法,但他争辩说语言分析不合适,因为它把哲学看成是语义建造或语义重组,而不是社会重建或文化活动的道德导向。杜威尽管认识到人类经验的极端重要性,但他反对海德格尔的存在主义,因为在他眼里,其存在特征的思辨说明和本体论假设是对经验科学的解释及描述功能的怀疑,其后果是忽视了科学探索对社会和文化改革的潜力。

这些纲领性的分歧是深刻的,所以特别值得我们注意的是:本卷有两篇专门讨论形而上学分析的文章,它们涉及人类经验领域里语言惯用法和一些描述现象学。

第一篇是《显现和现象》(Appearing and Appearance)。这里,杜威想要"提供一种现象意义的分析解释……消除历史误解"。这个分析解释包括对"现象"这个词的各种意义的仔细区分。这样,"显现"的反意是"消失",这是一个时间呈现阶段,就像月缺月圆、日起日落。还有,"现象"是完整的展示或显现,就像会有完全隐藏或掩盖一样。现象也可以有代表功能,就像一个演员扮演一个角色或一个律师代表他的客户。杜威的论点是:现象的不同意思的交叉重叠导致古代和现代哲学思想中认识论和形而上学的混乱,在这里,现象世界被认为是现实世界的第二代表或重复。

杜威的许多例句同语言分析家们的例句非常相似,特别是那些被奥斯丁(J. L. Austin)用在他《感觉与可感觉的》(Sense and Sensibilia)一书里分析感觉词汇的例句。在概念澄清方法上,有一些有趣的一致,包括"显现"(appearing)和"似乎"(seems)、"看来"(looks)的比较用法,或者在探讨现象术语的习惯用语里模棱两可意思时,把注意力放在相互关连的否定词上。杜威进一步提出,例如,"这看来像是耍个花招——用像"看","听起来","感到"这样具体的词来代替"看来"(appears)这样普通的词来解决"问题"……其方法就是奥斯汀聪明地提出的用具体步骤来破坏"感觉"这个普通词的用法。这些相似做法在思想史上并不罕见。它们表明以下双方的共同立场,即一方关注形而上学词汇概念的语言清晰,而另一方(杜威)关注摆脱先验形而上学理论的系统性的哲学术语的经验主义解释。

但是,杜威的意向不同于那些语言分析家们。杜威相信,澄清"现象"一词的不同功能,为经验主义解释认知过程提供了一个基础。这样一种解释,注意到认知过程中的多种因素。用杜威的话说,"作为它的先决条件,知识需要一个显现的客体,而它来自一个包含所有因素相互作用的整合体,包括有机体……"(第72页)。所以,他相信哲学的目的超越了解开古典中形而上学和认识论传统的概念之结。对杜威来说,解释现象成为对有机体及其环境交流全过程进行总体分析的一部分。

杜威对经验总体分析的可能性满怀信心,这在本卷收的另一篇有关形而上学的论文《兼容的哲学思想》(The Inclusive Philosophic Idea)中可以看出来。这篇论文包括了他最具特征的三大命题,特别是他提出了:其自然主义形而上学和哲学的中心功能在于文化批评的概念之间的联系。

首先,为了批评英国经验主义,杜威提出了社会是最包罗万象的哲学范畴的论点。对杜威来说,英国的经验主义,从洛克到穆勒和伯特兰·罗素,用原子"观念"、特定"现象"或抽象的"感觉研究"这些词来解释现实,就不能认识到经验的关连性和整体性。在这篇文章里,杜威没有再次指出跟随这错误理解而带来的概念和实践危害。但他认为,一个能认识到联系现实的改良经验主义会为增进对科学和社会的认识理解作铺垫。

其次,社会是"兼容的哲学思想"的主张,拒绝了任何对人类文化提出的科学还原论或一元论解说。在否定物质、生机或精神作为包罗万象的范畴时,杜威也拒绝任何把人类经验当作物理学、生物学或心理学的变量的最终解说。这个观点引发了对杜威关于科学理论和模式的解释功能的质疑。这些理论和模式的一种特殊美德,是它们在一个封闭或正式系统内,选择了小部分变量因素,并能断言它们中间的功能、预言和类似规律的关系。任何理论建造的先验图式不可缺少历史、文化或人类经验,杜威则强调了其中含有的社会性和全面性,暗示了对存在的理解会随着日常经验而延续,不能完全用科学的正规语言来解释。由于杜威坚信科学理智的应用性,这里所需要的是解释科学理论与其对社会经验进行现象学描述之间的联系。

但是,用一种实用主义观点来看,声称社会是一种范畴,就暗示了一种哲学形而上学包括对文化的批评。认识到道德生活和人类精神的"自然性",必然把哲学引向文化领域。所以,杜威写道:

> 这是一个事实,不是一个推测,即在教育过程中,在用相关政治、法律、宗教、工业、科学和艺术机构的方法和结果来参与的过程中,自然的和动物的本性都得到了改造。(第53页)

由此而见,一个忠诚于全面建造自然主义形而上学的哲学家的任务,还包括对社会组织的批评检验。因此,在自然科学里研究自然同在社会科学里研究人的价值、偏好和目标就没有分歧了。这样,杜威就能把形而上学是哲学活动顶点的传统观点和他本人的哲学首要角色是文化批评的观点连接起来了。

II. 道德哲学

杜威认为,形而上学一直被理解为试图解释事物的终极自然,也包括一种对社会组织和人类活动的评估。这是杜威相信哲学的中心功能是文化批评的标志。对杜威来说,这种哲学功能不是实用主义或工具主义方法的派系推论。相反,杜威在《哲学和文明》(Philosophy and Civilization,该论文为第六届国际哲学大会而写,收入本卷首篇)里争辩说,哲学历史提供了一种持续的方法展示,通过该方法,哲学把一种文化的信念和价值引入批判的自我意识。

在它文化批评的角色里,哲学寻求表达和调和一个社会里互相冲突的思想传统。这就使哲学家在许多西方社会和一些东方社会里卷入了调和那继承了社会或宗教组织的思想权威与科学方法的权威之间的冲突。对杜威来说,这样一种调和需要把道德问题的权威交椅从原先的宗教专制主义转让给科学探索的经验和实验过程。

据此,杜威发展了一种道德观念分析作为经验主义的假设——它由经验的后果来肯定或驳斥。杜威的这个分析来源众多,包括调查在道德争论中事实分歧所占的重要地位,检查那些表达传统道德底线的标准和准则演变、变化的方式。在理论上,更多地包括意识到评估经验命题和奖赏感情表达之间的差异。杜威的解释表明了他的观点,即哲学能够寻求把一种文化传统的价值与科学实验方法的挑战结合起来。

针对西方的(特别是美国的)工业文明,杜威还对经验主义伦理学提出了一个实际类推。实际上,需要调和的冲突在于:自然科学方法的成功技术运用,和无法或拒绝把科学探索运用于政治、经济、教育或社会领域。既然社会不太可能放弃它们的技术成果,只有不断把实验方法运用于道德决策和组织重建,才有可能填补差距。

因而,在经验伦理学和工业文明组织的形成中,杜威对社会科学成长的潜力和能力充满信心。这样,杜威在 1920 年代和本卷所收的 1927 年和 1928 年间的哲学著作恰好是对社会科学文献的贡献,还包括对方法、问题的评论和成果重要性的评价。这个研究最重要的例证是他为人类学先驱著作所写的书评,以及他在《人类学和伦理学》(Anthropology and Ethics)一文里就他们的工作对伦理的重要性所作的评价。那篇论文原先是《社会科学和它们之间的相互关系》(The Social Sciences and Their Interrelations)一书中的一章。

当然,五十年以后再来读这篇文章(即使在当时读),也会提出令人不安的问题。尽管杜威对社会科学过程怀有巨大的信任,但他还是仔细地证明具有重要意义的人类学到那时为止对伦理哲学所作的贡献是有限的,甚至是边缘性的。这表明杜威对人类学或社会科学研究能否引导伦理学理论或实践进步的信心抱有一定的谨慎和怀疑态度。

杜威在自己的结论里简明地论述了这个问题:

> 我们简短的概括表明,在关于人类学资料对研究道德理论的重要性或应该用什么方法来使用这些资料等问题上,我们还远没有达成一致意见。总的来说,道德理论中原先存在的分歧被吸收为研究资料,并被用来解释它们。(第 19 页)

杜威指出,人类学证据可有效地用来反驳那些包含着强烈经验主义断言(像必然进步或经济决定论之类的理论)的哲学概括。

杜威还引用人类学的重要证明,认为伦理学理论里有道德相对论和道德普救论两种成分。他相信,"道德实际内容在不同时间和地点的相对性与某些普遍伦理关系和理想在很大程度上的稳定性甚至同一性是一致的"(第22页)。杜威相信,"建立稳定性的两大力量"是"关于基本需要方面人性的心理统一性"和"为了人类的交往形式得以保持,某些条件一定要满足"(第22页)。杜威文章里没有解决的伦理自然主义方法问题,总是从他文献评论里浮现出来。那问题是,自然主义伦理学说的适当性是否要得到经验主义的发现来确认,或者它的真理性是否取决于对道德词汇的概念上的澄清,也就是它在人类社会里的运用和特殊的语言功能。

xxiv

在伦理学理论中,概念或社会的科学因素的重要性问题关系到杜威的教育或政治改革的主张,比如进步主义教育。总的说来,任何社会偏向都有概念和经验的理由,杜威倡导的进步主义教育也有众多理由。

其中一个理由是他对美国传统公立学校里呆板的学科条例、僵化的课程、形式化的等级制有着负面评价。正如他在《进步教育和教育科学》(Progressive Education and the Science of Education)一文中指出的那样,即使没有大量的理论,也可以理所当然地要求学科有更多的灵活性、更新的课程,在人际和员工关系中有更多的轻松和平等。

第二个理由是杜威对"教育科学"的可能性怀有信心,也就是一个实验研究和思想探索的长期项目所产生的积累和进步的知识。这样的研究可能会产生的益处(包括教育者职业群的强烈团体精神),为这样的主张提供了重要的实际正当理由。这同杜威对教育的高度期望是一致的。

杜威在"实际理想主义"名义下提倡教育改革。一种理想有这样一个实际形成过程:"最聪明和最好的人类家长想为自己孩子提供的,也就是整个社区应该为每个社区孩子所提供的。"(第284页)乌托邦的一个成分经常掺入进步主义教育的主张中。那乌托邦的一个方面同社会科学的进步有关,并得到教育领域里默认的皮尔士科学探索模式的支持。

xxv

在这样一个模式里,每一个实验室研究项目或课堂实验活动都可能代表一个增长、进步、会合的阶段,这个阶段是走向教育"科学"的理想的阶段。可是,不管皮尔士模式在自然科学领域里是否合适(不同想法在自然科学领域里可用进一步的实验结果来证明），那模式在教育理论或实践过程中却行不通。实际上，社会实践的趋同现象常常代表着时尚或品位。这个难题并不局限于进步主义教育，也不是杜威反对为思想时尚而争论的个人正直所能克服的。在为社会动向和时尚所用的情况下，社会科学知识的自律问题是个长期和经常发生的问题。

最后，关于把社会科学研究运用于教育，在"传统主义者"和"进步主义者"之间的争论中有一个观念问题。在对待社会无序和教育权威的问题上，传统的观念已经形成。标准的法律或条规约束着每个社会或学校里的人。在每一个社会里，因为成员是人，就不可避免地会有各种原因和动机的违规者，这就刻画出人的本性。要认识到这种状态，没有必要刻意追究"原罪"或年轻学生的不成熟。所以，就必须要有权威的地位，也必定需要力量和制裁来维持规定，阻止可能的违规者，以及保护社会。

许多进步教育人士信奉"起因"这个概念结构，即对社会无序现象进行科学的、社会心理学的分析，以补充和最终（在理想的学校里）替代传统的规则体系方法。以社会科学的视野为基础，积极的态度认为，每个社会无序都有其根源上的原因。因为这些原因是可发现的，所以概念结构的转变也把社会权威的任务从维持规则和打击违规者，转移到通常是通过改造社会环境来消除无序的起因。

在这个结构内，每一个人的违规都可从根源上找到组织环境的不足之处。这样，只要不是来世报应的感情表现，处罚违规者是错误地把注意力放在起因结构的表面现象上。首选的教育方法是从一开始就介入治疗法，以解决个人行为的心理学起因，最终是改造产生反社会行为的社会和经济结构。 *xxvi*

在进步主义教育讨论中出现的"规则"和"起因"途径的分歧，也存在于自由主义对自由和秩序问题的辩论之中。对"激进"自由主义阵营来说，它们一系列争论的概括是直截了当的。它对社会科学的信心已转移到认可心理、社会、经济因素的起因决定论。在该起因的基础上，才产生了改变主要社会组织以利于行为改造的实际迫切需要。因此，这问题就不仅局限于教育理论，还攸关公民秩序或国际稳定的本质。

比如说，关于犯罪和公民秩序，一种做法是强调通过拘押和处罚来威慑和阻止违规者的重要性。另一种是强调通过治疗和改造犯罪者来打击犯罪起因，因为他们本身就是贫困、歧视、不平等或"物欲横流社会"之类的相关起因因素的"受害者"。

一个关于国际和平与侵略问题的相似的分歧产生了。因为充分认识到不同的公民和国际情形，一种看法是通过共同安全，包括愿意实施反击力量，来强调建立威慑体系的重要性。另一种看法是强调消除国际无序的起因，主要表现为侵犯人权或自然资源的不平等分配。

这些不同观点是美国社会有关自由主义的本质和方向大辩论的一部分。1930年代，在大萧条时期，辩论的焦点是经济决定论和社会改造。在战后，随着美国成为一个世界大国，辩论的焦点转向外交政策的威慑问题。在60年代，辩论的一个重要方面是了解公民秩序，使它运用到如同政治或社会组织的大学里去。在争夺自由主义"灵魂"的长久持续的历史中，双方都求助于杜威的思想。他的社会哲学被援引，他的道德哲学观点被自由主义"激进"和"保守"双方用来支持自己。

就本卷来说，有关自由主义本质的文章是《自由的哲学》(Philosophies of Freedom)。有人说杜威对社会科学的倡导遮掩了他有关个人责任的想法，或他对自由作为发展成长看法的支持消弱了他对公民思想言论自由的关注，而这篇文章就是对这类说法的强烈反驳。

在《自由的哲学》里，杜威是根据"选择"和"行动"这个概念来考虑自由问题的。用一种实用主义特有的开场白，杜威提议考查"选择"这个概念要"从过去转移到将来，从前提转移到结果"。杜威辩解说，通过这一转移，辩论的问题从人的自由意志是天生的还是先天决定的转移到"要人承担责任可能会使他们作出非常不同的未来行为"（第94页）这样的认识上来。杜威把这点运用于人类的可教育性上。

当孩子渐渐长大，他就会发现压在他身上的责任。当然，这并不是因为自由意志突然进入了他的体内，而是因为他对责任的假设是他未来生长和运动的必要因素。（第94页）

杜威明确地把他的主张同社会决定论区分开来。

只要包含可变的生命历史以及智性洞见和预见，选择便意味着一种审慎地改变偏好的能力。我所提出的假设是：在以上两个特征当中，我们可以

找到构成了自由选择本质的要素,也就是个体参与的要素。(第96页)

当杜威转向作为"行动"的自由时,他概括了自由两种概念之间的差异。第xxviii一种自由是没有政府阻止或群体阻挠而行动的权利或力量。第二种自由是可能需要公众行动或组织支持来达到自己的目的或意图。第一种自由概念的拥护者强调言论自由和思想自由,而忽视了实现这种自由所需要的社会条件。第二种自由概念的支持者设计了人的发展理想,而常常忽略个人权利。

杜威对这一困境的回应是强调在自由思想里把选择和行动结合起来。因此,杜威拥护在发展中看自由的观点,并以此为条件:即发展必须引导进一步实施理智选择。这样,虽然言论自由或其他传统的"自然权利"不是人类的绝对财产,但它们却是自由社会运行的必要和战略条件。

对杜威而言,这个立场并不是在洛克个人主义和黑格尔发展主义之间关于自由问题的一种妥协。当一种思想开放的经验主义认识到社会作为一个经验范畴的重要性时,这个立场就代表了一种可用于社会批评的可能性的范式。这样,一种经验主义道德哲学就不会把自己局限于展示一种伦理自然主义,而是会发展相关的含义以取得一种更高的教育理论或一种更恰如其分的自由主义解释。

III. 政治和社会评论

杜威把哲学看成文化批评的一项活动,也是经验主义科学方法的延续。他一生所写的政治和社会事件评论的范围和强度,为他的哲学树立了一个合适的个人典范。杜威的著作表达了他的信念:哲学智慧能够而且应该接近当代社会问题,这些社会问题通过注重价值上的包容性和连贯性来得以规范,并且受经验主义的影响。当然,杜威也清醒地认识到,他作为个人所见、所论、所劝、所评,他的偏好、态度和价值是他本人性情和经验的产物,反映了他个人的态度和品位。

在这种批评当代政治事务的活动中,杜威成了詹姆斯开创的实用主义传统xxix的继承人,并将之传给了他自己的学生,像欧内斯特·内格尔(Ernest Nagel)和悉尼·胡克。值得注意的是,虽然这个传统鼓励对美国政治、经济、文化组织进行有意义的批评,可是实用主义的反对者却经常把它同捍卫及合理说明美国社会和文化联系起来。

在本卷里,杜威把这种看法称为神话,驳斥了刘易斯·芒福德(Lewis

Mumford)的说法:"威廉·詹姆斯给妥协和默认的态度起了一个名字:实用主义。"(第145页)实用主义作为一种默认哲学的神话有多种原因。其中一个原因可能是意外的个人经历。实用主义首先是同威廉·詹姆斯联系起来的。当时他的许多同仁或学生,像亨利·詹姆斯(Henry James)、桑塔亚那、艾略特(T. S. Eliot)、格特鲁德·斯坦恩(Gertrude Stein),或斯特朗(C. A. Strong),都面临居住美国还是移居海外这个重大问题,而詹姆斯决定投入美国文化生活。另一个原因就是简单地把实用主义认同为美国"学派"哲学,在伯特兰·罗素、乔治·索雷尔(Georges Screl)和马克思主义者批评的眼光里,这往往同美国作风的其他负面形象联系在一起。

对像刘易斯·芒福德和其他对美国技术、艺术、政治持批评态度的人来说,他们对实用主义的敌意还含有一种可辨别的潜在动机。同他前面的詹姆斯一样,在对美国社会的态度方面,杜威是一个社会向善论者和改革者。芒福德和其他实用主义的批评者提出了一个对美国社会进行一次更有必要的改造,并对这种改造的可能性作了大致的描述。只有这样,才能把其从物质主义、资本主义和个人主义历史强加给它的腐朽中拯救出来。

了解詹姆斯和杜威的社会向善和改革态度,同了解他们的批评广度和强度是相一致的。例如,在一个相对远离偏见结果的法制体系里,杜威并不认为萨柯-万泽蒂(Sacco-Vanzetti)判决是一个个别的、可悲的审判不公现象。相反,他相信不给宽恕却代表着"与其有重大关系的""这个国家有教养的统治阶级心理上的"(第186页)一个道德缺陷。

更广泛地说,在他的论文《对美国文明的一个批评》(A Critique of American Civilization)中,杜威写道:

> 如果只看公开的和外部的现象(可以说是我们生活中公共的、官方的、由外部组织起来的一面),那么,我个人的感觉是令人泄气的。我们似乎到处都能看到僵硬、紧张、强制、组织化和标准化,以及对于机械上和数量上的效率和繁荣的热衷。(第134页)

他继续写道:"偏执和不容忍的势力从来没有这样有组织和活跃过。"当从"国内政治局面"转向国际事务时,他同样严厉:"经济形式的帝国主义政策是我们现在

的主要特征；对我来说，这是太明显了，以至不需要证明。"（第 135、136 页）

正如杜威自己说的，这种负面评论反映了他对 1920 年代后期美国社会政府和企业界的评价。相反地，对美国文化里那些志愿组织、私人的和松散的团体的潜力，杜威总是满腔热情。在这些组织中，杜威挑出了新兴的工会运动。他还预见更多民众接受教育可能会带来的重大文化影响。所以，杜威批评强加的"美国化"（Americanization），他写道："尽管所说的是贬低那些来自南欧和东南欧的移民，但是我相信，当我们的文艺复兴来临时，它会大部分来自这源泉。"（第 141页）对那些由教育家、科学家、社会工作者和编辑组成的小职业协会，给狭隘的、无想象力的企业和管理团体统治的文化带来的变化，杜威也是乐观的。

这种对公对私的双重态度也出现在他对美国在世界事务中所扮角色的讨论中。可能是出于对他支持美国介入第一次世界大战的呼应，他反对美国参加任何欧洲共同安全联盟体系。另一方面，如本卷所指，杜威在运动中带头宣布战争 *xxxi*为不合法，发展公众热情支持和平的国际关系，鼓励国际法律组织来解决冲突。同样地，虽然在美国战略和地理政治关系中，杜威是个孤立主义者，但在学术交流、文化交流以及其他促进科学或文化的合作中，他是一个国际主义者。

在杜威对 1927 年中国内乱的评论中，我们看到了这种双重性的部分证明。杜威在中国教了几年书，并参与了中国教育改革。他反对美国政府对中国的任何介入，理由是应该让中国本土的民族主义力量来寻找解决本社会矛盾的办法。在本卷中，杜威对尼加拉瓜和墨西哥表示了一种类似的不干预态度。（这里加上相关的一点：不干涉主义者所面临的道德困境，即无行动可能允许或鼓励其他潜在侵略势力更自由地达到他们的目的——1930 年代德国在中欧、日本在中国都给美国决策者出了难题——这情况在 1927 年和 1928 年时看来是遥远的。）

杜威访问苏联的报告看来同他对私人志愿组织的偏好相矛盾，因为他赞扬一个要全盘吸收私人部门的公共行政管理。但是，杜威的热情似乎主要在于学校、合作社、作为博物馆而保存的教堂、大众文化馆等地进行的一系列实验。值得注意的是，杜威没有考察社会的管理和控制机构，对官方的共产主义教条也持批评态度。不过，这还是难以摆脱这样的结论：杜威是一长排善意人中的一个，他们愿意对早期苏联组织有吸引力的表面现象作出热情的反响，而忽视了那里社会民众所受的骇人听闻的苦难和残酷的政治迫害。杜威正面评价的印象主义特征和缺乏他所评估的领导或组织的任何详细或序时的记录，进一步证实了这个结论。

当时下这结论可能有三个原因。第一,尽管苏联政府机构从一开始就侵犯公民自由,在杜威访问的那年还系统地清洗了苏联科学院,但1928年及之前的苏联社会在一些地方还是呈现出文化实验和某种程度的个人动力机制。1928年及之前的苏联电影和艺术提供了一些这方面的证据。所以,杜威有可能准确地报道了苏联社会里小部分人朝气蓬勃的活动。

第二,比较说来,杜威的记录并不出格。奥斯丁是一个有非凡分析力的严谨哲学家;他在1930年代中期访问了苏联,把热情的反应带回了牛津大学[奥斯丁想扩展他的知识,要求艾赛亚·伯林(Isaiah Berlin)推荐新近的苏联重要哲学家的著作。奥斯丁对伯林请求的间接结果是他们共同教授了一门关于"精神和世界秩序"(*Mind and the world-Order*)的讨论课,那是刘易斯的美国实用主义观点的不同构想。伯林写道,他相信这是"牛津所开的有关当代思想家的第一门课或讨论课"。①]维特根斯坦1930年代访问苏联后,一直说有兴趣移居苏联。比如说,杜威还没陷入像威尔斯(H. G. Wells)说起他1934年会见斯大林时的窘迫地步:

> 我从未会见过更坦率、公正和诚实的人了,他在俄罗斯惊人的、无可争议的支配地位应归功于这些品质,没有秘密和邪恶。在见他以前,我曾想过他处于那种地位是因为人们都怕他;但是我认识到,他的地位应归功于没有人怕他,每个人都信任他。②

第三,也是最重要的,在莫斯科审判(Moscow Trials)期间,杜威同意参与证据检查工作。从检查中发现的事实,不但证实了他原先对马克思主义经济决定论教条特征的批判,还使他成为苏联极权主义压迫组织的一位了解情况的批评家。

可是,杜威对外交政策或苏联的看法,对他作为一个政治分析家和社会批评

---

① 艾赛亚·伯林:《个人印象》(*Personal Impressions*),纽约:维京出版社,1981年,第107页。
② H·G·威尔斯:《自传的实验》(*Experiment in Autobiography*),纽约:麦克米兰出版公司,1934年,第689页。

家来说是次要的。他主要关注的是美国事件的重要发展。具有讽刺意义的是,根据杜威一贯反二元论的立场,他对公众权威的严厉批评和对志愿人士的乐观态度似乎形成了一个非常明鲜的对照。如果对一个社会的私人志愿团体抱有这样高的期望是可能的话,那么无论是政府或企业界的公众文化肯定也有起码的美德。

对 1920 年代美国的回顾似乎会支持一种重新思考,即它会少一点二元论:更实际地认识到民主国家公民所受的限制,以及赞赏以下这一点,即原先处于西方启蒙运动中心的一些国家已产生极权主义,而美国民主却避免了这种灾难性的倒退。杜威不妨退一步把这个回顾看成是我们时代历史上一个具有不可预测的、破坏性的严肃道德教训,但这必然影响到他的主张:对美国政府事务的批评轻一点,对美国团体行动的信心少一点。

可是,杜威写的有关美国文化的文章呈现了一种有个性的、倔强的和乐观的混合体。回顾地看,最终杜威的论点——对美国柯立芝时期①的苛评可能是恰当的和严厉的,就像他对教育和公民行动的期望那样是合理的。杜威相信美国"精神"(spirit)是开放和民主,它是唯一的。在前面提到的他对美国文明有力批评的结论中,他写道:

> 如果这种……新精神还没有让美国文明成为一种独特的文化,还没有给出一种新文明的希望和力量,那么哥伦布只是扩张和稀释了旧世界。然而,我依然相信哥伦布发现的是一个新世界。(第 144 页)

---

① 柯立芝(John Calvin Coolidge, 1872—1933),美国第三十任总统,1923 年至 1929 年在位。——译者

论　文

哲学和文明[①]

什么是文明？什么是哲学？许多文章已经写过这两个题目了。但是随着时间的流逝，定义也不能够消除歧义和复杂；我们只能借回避问题的实质来绕过它们。但至少对其中一个主题——哲学，我们会坦率地表明要回避什么。一个有关哲学同文明史关系的言论，只不过是用一些间接方式来陈述自己已经信奉的哲学观点。除非面对事实，否则我们不仅会回避，也会欺骗我们自己去想象我们在对一个原始的探究提出结论，而且我们不是独立地用自己的哲学概念来进行和完成的。

然而，对我自己来说，我参与讨论时有个先入想法，就是哲学同政治、文学和造型艺术一样，本身就是一种人类文化现象。它同社会历史、同文明的联系是内在的。在那些把这信念哲学化的人中间有一种通识，即过去的思想家用他们的体系反思他们当时的状况和困惑，今日的哲学会普遍地从形成文化的综合体系的影响下解放出来，而个人哲学更是如此。培根，笛卡尔，康德，他们每个人都热情地认为自己在创新哲学，因为他们把哲学安全地放置在一个独有的知识基础上；独有，也就排除了理智以外的全部东西。时间的运动揭示了这种错觉；作为哲学工作，它展示了旧的而又总是新的任务——把构成人实际心灵的传统身体调整到新颖而不迎合公认权威的科学趋向和政治抱负上来。哲学家是历史的一部分，卷入其进程；他们在某种程度上是未来历史的主人，并且肯定是过去历史

---

① 首次发表于《哲学评论》（*Philosophical Review*），第36卷（1927年），第1—9页。原文是杜威在第六届国际哲学大会上的发言，哈佛大学，1926年9月15日。

的奴隶。

那些坚持哲学的抽象定义——它面对永恒真理或现实,远离当地时间和空间——的人不得不承认,哲学作为具体的存在,是历史性的,有时间的流动,也有众多的居住地。你打开哲学史,就会发现它们写满在同一时间段和同一地理位置,为政治、工业或美术史提供了知识纲要。我不能想象一部哲学史不会把材料分成西方和东方,不会正式划分成古代、中世纪和现代;在写希腊思想时不会细分亚洲、意大利殖民地和雅典。另一方面,有些人轻视哲学事业,把它看成是乏味地、单一地注重那些无法解决或不现实的问题。只要他们不陷入庸俗,不管他们是否接受哲学是揭示永久真理的观念,他们不能否认哲学在展示人性的困境、抗议和抱负时具有重大意义。

两种思想史观点通常是作为无法调和的对立双方被提来出的。根据一种观点,哲学是理性同终极存在的最深刻交往的记录;根据另一种观点,哲学是一种当下的狂妄断言和可笑的失败。可是,有一种看法认为这两种观点有一个共同点,而且这共同点比对立更有意义。意义比真理在范围上更广,在价值上更珍贵;哲学更注重意义,而不是真理。发表这样一个言论是危险的,因为这容易被误解为:真理在任何情况下都是无关紧要的;而事实上,真理是无限重要的。在记录事件和描写存在时,当我们把断言延伸至它无管辖权的地域时,真理是非常重要的。但是,恰恰在尊重真理的时候,意义的范畴才更广;真理只是意义中的一种,即一个可用结果来证实的断言是意义的一个内在部分。在这本质上为真或为假的意义之岛以外,在意义之岛四周的海洋里,意义的真和假就无关紧要了。我们不会查问希腊文明是真或假,但我们非常关心地追问它的意义。我们也可能会查问莎士比亚的《哈姆雷特》或雪莱的《致云雀》是否真实,但是我们所指的这种真实不同于科学陈述和历史记载中的真实。

在哲学里,我们同类似于雅典文明或话剧或抒情诗里的意义打交道。有意义的历史是生活在人的想象中的,而哲学则是进入自己先前成就的进一步旅行。人的所有特征,除了他所走的泥土路或吃的马铃薯,都发生在他的思想和情感里,我们同意称它为意识。对一个木石结构的了解最终只会丰富意识,在这过程中,除了它可能得到的附加控制以外,真理是根本性的。这样,科学思想本身最终不过是用各种事件的意义来丰富生活的想象功能;出于其本身特殊的本质,它一定要受到运用和控制的某些检验。如果意义等同于存在,价值等同于事件,那么唯心主义就是唯一可能的哲学。

很平常,在物理上和存在意义上,人只能在世界的最表面抓一些皮毛。把微不足道的人和广阔的星体宇宙相比,是一种廉价的智力消遣。但所有这样的比较都是不恰当的。我们不能把存在和意义相比较,因为它们是无法比较的。人有特征的生活本身就是存在的广阔展开的意义;没有意义,存在也就没有价值或意义。物理存在和意识经验之间是没有共同标准的,因为后者是前者的唯一标准。生命的意义不在于它的存在,而在于它能激励情感,延续思维。

接下来说,在哲学和它在文明史中所起的作用之间没有明确的差异。发现并给文明中的适当特征和特有功能下定义,那么你就已经给哲学下了定义。想要给哲学下其他定义,是在寻找幻想;由此而得的概念完全是私人的解释,因为它们只举例说明了作者和注解者的特定哲学。无论从哪个角度和层面来看哲学史,印度、中国、雅典,12 或 13 世纪的欧洲,你都会看到一大堆亘古绵延的浩瀚传统。你看到有些先入之见的兴趣,它们在紧紧抓住想象时读来有些催眠;你也会看到某些抵抗、某些刚开始的造反、努力避免和表达一些新的生命价值观。在雅典,这些先入之见可能是政治的和艺术的;今天,它们可能是经济的和科学的。但是,不管怎样,还有一种知识工作要做:一定要弄清广大民众头脑中的主导兴趣,它只能通过挑选、删除、归纳和提炼来完成;为了成为大众关注的兴趣,一定要在理智上逼迫它、夸大它。否则,就理智而言,它不在意识中,因为在本质上,所有清醒意识显然都是把事情从下属地位强扭至中心地位的,这在存在上是荒谬的。哪里意识在有足够的深度和广度的意义中得以升华,哪里就有一种功能来调整和调和时代的主导兴趣和先入之见的关系。这先入之见有不同的来源,还有一种不相关的意义。例如,想一下柏拉图为了使他的新数学见识和政治抱负适应雅典的传统习惯而作出的艰苦不懈的努力;中世纪基督教的超自然主义同异教的希腊自然主义几乎是滑稽地满意联合;在近代,要把新自然科学同古典和中世纪传承下来的惯例相结合的努力仍在继续。所有思想的生命在于为新与旧之间、根深蒂固的习俗和无意识的性情之间建立一个接合点,在同新兴活动方向发生冲突时,它成为关注的热点。在特别时代新兴的哲学为更大的连续性范式下定义,这范式用于实现在不容改变的过去和必然的未来之间的永久接合。

这样,随着文明的不断变化,哲学保持了同文化史最密切的联系。它受传统潮流的浇灌,在关键时刻追溯至源头,以至于潮流可能得到新的方向;工业新发明,地球新开发,科学新发现都为其发酵、施肥。但是,文明在变化中持续,在持续中变化,而哲学不仅仅是它的一种被动反映。哲学本身就是一种变化;在这新旧接合中形成的范式不是记载,而是预言;它们是政策,是预先阻止未来发展的试图。构建某一哲学的理智获得是生成的,只因为它们是有选择和有排除的夸张。当它们声称如此这般现在是、过去也是自然记录的目的时,事实上它们宣称,如此这般应该是人类要忠心依附于其的重要价值。这样的陈述没有引用证据,可能看起来是毫无根据的。但是,我邀请你自己来检查一下任何已经有过一段辉煌经历的哲学思想,从中找出你的证据来。例如,可以看一下柏拉图的宇宙设计与宇宙和谐范式;亚里士多德的永久性循环目的与适当的潜力;康德的理智综合的固定形式;17 和 18 世纪思想中形成的自然观。把它们作为永久真理的启示来讨论,几乎是幼稚的或超出进行讨论的可能性;把它们作为存在文化的选择来讨论,清晰地表达作者相信应该和可能主导未来的力量,这些力量成为人类历史珍贵的重要方面。

所以,哲学标志着一种文化变化。哲学在形成与未来思想和行动相一致的范式时,它在文明史中的角色是积极的和变化的。人不管说什么,都会承担风险;话一旦说了,就会有一种新意;它获得一种不属于它本身的永久性;它令人恼火地进入习惯和使用;它令人讨厌地指向新努力的需求。我不是说,哲学中的创造性因素一定会扮演主导角色;显然,它的形成往往首先是保守的,是为传统中的某些选定因素和公认体系辩护的。可是,就是这些保护性的体系也曾有变更作用,即使不是一种完全的创造性作用;它们带给选择因素一种在以后人类想象和情趣(原本缺乏的)之上的力量。还有其他时期,比如 17 和 18 世纪的欧洲,那时哲学的态度是公开革命性的。对它们的作者来说,这转折恰恰是从完全错误到完全真理;对后代的回顾来说,这严格的事实内容改变不能同本意和方向效果的改变相比较。

在人类文化的发展中,哲学不但有角色,而且是一个能具体说明的角色。这个观念引起了许多反对意见,这里我想讨论两个错误概念。刚才所说(没有限定的添加)可能会提示,每个历史时期都有一个主导的哲学体系。而事实上,几乎每个历史时期都有不同的思潮和抱负;哲学体系之间的分歧是诚意和活力的证明,而不是一种指责(当然,这是从哲学角度来看,也是从揭示真理角度来看)。如果群体中的当权阶层和受压迫阶层,有人要维持现状,有人要改变,当能畅所欲言时,他们却有着相同的哲学,那么有人就会怀疑这理智的正直性。另一点更加重要。我在区分意义和真理时,在宣称真理只是意义的一种(在一定的条件下是重要的)时,表达过这个想法:似乎在人生过程中,意义是完全脱离事件过程的。这并不是意向,存在产生了意义,并在某种程度上保留了意义。因此,意义不可能完全与存在的世界无关;它们的一些启示功能应尽可能地被正确理解。这在政治、宗教、艺术以及哲学中都是如此。它们都述说存在领域里的一些事。但是,它们都有着丰富和多产的意义和价值,相比较而言,准确陈述是第二位的;而在科学功能上,准确陈述是第一位的。

在哲学的历史角色中,科学因素(正确、可证明的运用性因素)占有一席之地,可却是负面的。通过确定的观察、实验和计算,科学事实和原则所提供的意义可用来检验传统传播的价值和情感展示的价值。任何与它们不相配的东西,一定会被真诚的哲学所删除。这个事实授予科学知识一个不可计算的重要的哲学功能。但是,衡量标准是负面的;对不一致东西的排除和正面检验,根本不是一回事;正面检验要求:只有得到科学证明的东西,才能为哲学提供全面内容。这差异在于:一种是承认自己要满足确认事实的逻辑要求的想象,而另一种为了顾全单调的字面解释而完全放弃一切想象。

最后,从以上所述中可以得出这种看法:土生土长哲学的出现或缺乏,是对任何民众的无意识传统和核心体制以及他们文化创造力的一个严格考验。为简练起见,请允许我以美国文明为例。我们一直说,哲学是这样的一种文化转换:从存在到意识,从存在到一种逻辑紧凑、同已知事实吻合的想象。但是,这个转换本身就是文明的向前推进;它从来不是无中生有,即奇迹般地作用于习惯主流和趋势主流的东西。如果美国文明不能归结其为一种想象模式,如果只是重新排列有名有地位的人物,玩欧洲传下来的游戏,那么这事实本身就是我们已取得的文化衡量尺度。为这样的美国哲学审慎奋争,只不过是同样空洞和无能的另一个证据。我们的精力和活力绰绰有余。以前投入工业成就中的精力,现在大部分转移到科学中;我们的科学"工厂",已经在赶超我们的工业工厂了。特别在心理学和社会科学里,所用的努力是世界上其他任何一个地方所不能比的。如果有人说,到目前为止,结果同活动还是相符合的,那他是个无耻的吹牛者。出了什么问题呢? 我认为,问题在于我们缺乏产生指导思想的想象力。因为我们害怕思辨理念,所以就在"事实"的区域里反复地从事大量毫无生气的专门工作。

我们忘了这些事实只是数据，也就是零碎、不完整的意义；除非它们被整合成完整的思想——只有通过假设，通过一种理智所允许的自由想象，才能做这工作——它们就像残缺不齐的东西一样无用，就像不必要的挫败一样令人反感。

请不要把这看成是针对任何特定哲学思维的一种虚伪呼吁。相反地，只要是我们自己文明的一种真实结果和表达，任何哲学有总比没有好，假如它用可信的俗语表达一种持久的和主导的共同经验的话。比如，如果我们是真正的唯物主义大众，那么我们至少是引进一种新潮流并且是在一个新的高度上的唯物主义。那么，只要它足够大胆，我会欢迎一种始终如一的唯物主义哲学。因为在某种程度上，尽管附有审美的排斥性，它仍标志着一群想法进入意识，它会形成进入我们文明的自我意识。因此，它会大规模地提供想法，供应一种理智的政治形态，指导进一步观察和实验，并且整理它们的结果。只要我们崇拜科学和害怕哲学，就不会有伟大的科学；我们只会停滞不前，继续别人已想过和说过的东西。要是我所说的话里隐含有什么呼吁，那么，它就是一个抛弃任你束缚我们想象翅膀的理智呼吁，一个为大胆思辨、为有更多思想信仰的呼吁，摆脱对那些我们常称为事实的片面思想的谦卑依赖。我给了哲学一个职能，比通常所给它的要谦卑得多。虽然谦虚可以是谦卑的，但谦虚就其终极点来说，在维护（哲学）职能方面，与大胆是可共存的。这种谦虚和勇气（大胆）的结合，提供了一种（据我所知，这是唯一的）方法，哲学家以此能坦率和人道地面对他的同胞。

人类学和伦理学[①]

难题

人类学资料同伦理学的关系呈现出一个双重难题。一方面,一个难题是更为原始的习俗和观念对习俗进一步发展的影响。在道德上,传统和传递的作用就像道德的作用一样,在哪里都是强有力的。可是,这内容属于文化史,而且题目太大,不在本文的考虑范围之内。不过,其中的一个阶段属于我们目前讨论的理论范围。许多作者倾向于夸大原始文化同我们今天所熟悉的文化之间的差异。同样地,当他们发现类似之处时,就把早期的思想和习俗当作"残存"来处理。其实,很难找到某一段原始文化,它也不会在我们今天生活的某个领域或方面重复出现。除非古老的信仰和观念同现存需要和条件相呼应,在大部分情况下,传统不会起作用,"残存"也不会再现。简而言之,泛灵论、神奇和拘泥于礼节的习俗有时被看成是独有的或至少是特别的原始传统;这些现象占主导地位是由于心理学上所能观察的人性永久特征所形成的各种感觉、思维和行动。重要的现象不是幸存下来的,而是科学、技术以及其他兴趣和方法的兴起;它们在心理学意义上已经逐渐和稳健地缩小了原始的范围并减弱了它的威力。

---

① 首次发表于《社会科学及其相互关系》(*The Social Sciences and Their Interrelations*),威廉·菲尔丁·奥格本(William Fielding Ogburn)和亚历山大·戈德韦泽(Alexander Goldenweiser)编,波士顿:霍顿·米夫林出版公司,1927年,第24—36页。

对理论的影响

　　另一个更狭窄的难题关系到人类学和民族学资料对建立伦理学理论和学说的影响。对那些正在把道德问题理论化的人来说，这样的资料提供了什么启示呢？伦理学家对这种资料是怎么使用的呢？因为人类学显然还是个新学科，这个问题相对来说还是个新问题，对结果极其缺乏共识也就不足为奇了。在拥有目前如此丰富的研究数据面前，有人已经预料到了这个难题及其不同解决方法的更大方面。希腊人同各种人有交往，在交往时，习俗和信仰的多样性和对立性引起了他们强烈的好奇心。这使他们提出了问题：道德是否有一个自然和确实的基础，或者道德是否完全是"习俗"（convention），也就是当地的习惯、法令和协议；或者像我们今天所说，是否有一种绝对和不变的因素，或者道德是否都是相对的。两种回答都提供了；就像今天，那些支持自然或内在看法的人指向了事实或所谓的事实：在不同民族中，有些因素是所有民族所共有的。还有，有点像现代的理论家们，他们在解释这共有因素时有分歧，有人把它归功于人类所有的同一理由——用现代语言来说，就是良心或直觉官能，而其他人采取了一种更客观的立场，认为某些美德和义务惯例肯定会融入社区和社会生活的构建过程。

　　道德理论家使用未整理的人类学研究数据的另一个例子是：17 世纪以来，两个哲学学派——经验论和先验论——之间的活跃争论。这样，我们看到约翰·洛克（John Lock，1632—1704）在驳斥天赋观念时声称："他观察海外几个人类部落……就会自我满足，那里几乎没有称得上名的……没有被各族人民在大体上有所轻视和谴责的道德原则"，并引用传教士和旅行者的报告来支持他的观点。以后一个很长时期里，那些流行的但却不科学的类似资料为相对主义和经验主义的道德理论提供了大量依据。

克鲁泡特金

　　不过，19 世纪后期兴起的进化论激起了一种对原始道德更加科学的论述，并引发了系统而不仅仅是有争议地使用日益增多的人类学资料。贵族出身的克鲁泡特金（Kropotkin）的著作是进化论一个阶段的典型理论。他在《互助论》（*Mutual Aid*）一书里，尽力地陈述了互相帮助是动物生活中更高级形式进化的一个基本要素。通过强调这个要素，他发现，道德的非人类基础不在于生物体和物种之间的敌对斗争，而在于通过合作而发展的社交本能。他在《伦理学，起源和发展》（*Ethics, Origin and Development*）中，进一步用这种原则解释了人类伦理学的主要概念。原始人与动物为邻，仔细地观察它们的行为，认为它们有高级智慧，对动物表现的统一集体行动有深刻的印象。第一个有关自然的含糊概括是一个生物同它的宗族或部落不可分离。这样，从低级动物遗传而来的社交本能转入有意识的想法和情绪。社交和互助是如此普遍，成为习惯性的事实，以至于人不会从其他方面来想象生活。他们自己的生存条件是如此，就把"我"吸入宗族和部落。主张自我"个性"，是后来的事。所有伦理学的起源存在于个体对整体永恒的、常显的认同中。从中发展出来的是部落全体成员之间的平等思想，这是正义、公平的思想根基。

然后，克鲁泡特金努力地证明，早期人不但有一定的受奖（相反的是受辱的和受嘲笑的）行为准则，而且有在原则上必须履行而在实践中人人都履行的特定规范模式。他通过观察北阿拉斯加阿留申人发现，那里必须履行的部落条规有三大类。第一类是关于保障每个人和全体部落生活资料的使用。第二类是有关部落成员地位的条规，比如有婚姻的，有对待孩子和老年人的，有教育的，以及有关于预防、纠正个人冲突的条规。第三类是关于神圣事务的条规。克鲁泡特金的总结论是：每一个部落都有自己明确和复杂的道德准则。他的具体结论是：那里有公平或公正的明确概念，也有平等一旦被破坏后再恢复的方法，还有在部落内部对生命的普遍尊重和对凶杀（即弑兄弟弑姐妹）的谴责。在这个时期，道德的主要限制大致上是对那些团体内部的约束，虽然也有一些条规是处理部落之间关系的。

接下来的发展就不完全具有进步的性质。部落之间缺乏适当的条规导致了战争，战争加强了军事领导人的权力，这对平等和正义带来了不利的效应。随着工业技能的增长，财富积累和贫富划分也产生了同样的效应。再进一步，长老们拥有自制条规的部落传统，他们很容易把自己组成一个特殊和秘密的阶层，这就是牧师权力的萌芽。最后，这个阶层把自己的权力和权威联合在军事基础上，确立了统治者。对道德实际进化的研究，只能与在社会生活中（也就是在明确的社会团体中）具体发生的变化相结合。但是，还存在一个明显的事实，即善和恶的概念是在全体社团认为善和恶的基础上演变的，不是以一个个人为准的。很遗憾，贵族克鲁泡特金自己没能活着从事这一研究。当时，他那种联系特定社团生活来研究道德习俗和观念的方法，毫无疑问，比某些作者的方法更加合理。这些作者使用人类学数据，采用纯粹的比较方法，从一个混杂的社团里收集了各族的共同思想，但没有充分对照研究每个民族作为整体的全部情况。

韦斯特马克

韦斯特马克（Westermarck）写的一厚本《道德观念的起源和发展》（*The Origin and Development of the Moral Ideas*）呈现了比其他著作更多的有关道德的人类学资料，但不幸的是，这本书的缺陷在于无批判地接受了一种自由比较方法。他的起点是偏心理学的。他发现，进化中的基本道德因素不是来自滋生情感和思想的社会关系，而是来自表扬和责备的情绪。这些情绪近似于感谢和愤怒或反感，但与后者不同，它们不完全是个人的。因为它们是同情的（*sympathetic*），所以有一种后者所缺少的无私、不偏袒和准客观性。这就是说，它们被对方所感受，也是自己在驾驭别人的同情支持。在决定同情的支持和反感被指向的对象及内容方面，习俗被认为是个重要的因素。可是，韦斯特马克却用循环论证来进行推理，认为习俗是使感谢和反感变得不偏和无私的因素，同时也认为习俗是一个道德原则，就是因为坚持它就获得支持，破坏它就遭到反感。这循环论证是重要的，因为它必定要顺着他过分心理的和主观的起点而来。不过，韦斯特马克通过介绍情感偏爱和反感，毫无疑问，受欢迎地补充了像贵族克鲁泡特金和法兰西学派的涂尔干（Durkheim）和列维-布留尔（Lévy-Bruhl）等作者采用的客观社会学方法。但是，我们不能说，韦斯特马克的起点来自一种对人类学资料公正的思考。相反，他是从当代哲学伦理学理论出发的；因为从休谟时代起，至少就英国思想来说，这种理论已经把道德理论家一分为二：一派认为情感是首要的，而另一派认为推理是首要的。克鲁泡特金也受当代问题的影响，因为他想把发现公正或平等作为首要思想，这与他热衷于经济共产主义倾向有关。

冯特

冯特（Wundt）在他的《伦理学》（*Ethics*）一书里引用了不少人类学资料，但是他更受哲学伦理学传统的影响。他特别注重表明，一种有些抽象的反思在道德概念发展中是重要的；他想这样来说明，经过后来科学和哲学反思形成的道德概念的原始资料存在于原始的种族意识（而不是概念本身）中。他强调这样的事实:原始认可和责备的对象——他跟韦斯特马克一样,从最初始的起源顺序做起——大体上是可察觉的和外表的,而后来的概念是反思的和内在的;尽管有这个事实,但他还是认为人通常是有道德才能的,而后期发展的胚芽蕴育于早期的实践和思想。实际的演变由两股力量来决定——宗教概念和社会习俗及法律准则。

冯特的"理智主义"倾向表现在他的见解里:形而上学元素支配着宗教,即一些有关宇宙以及人与宗教关系的理论。按此思路,涉及宗教的理想客体,特别是上帝的想法,服务于一个双重道德目的:它们提供行为的范例和模式,以此与一个奖励和惩罚体系相关联,它们像道德法律的卫士和执法官那样来运作。在习惯上,还存在一个明显的理智因素,因为人类习俗依赖传统和传承的材料;这就是说,它们需要过去的意识和对未来的展望。这样,一种习俗也是一种志愿行动的标准。它介于道德和(准确地说)法律之间——类似于随个人主观愿望遵守的道德,以及用客观强制手段遵守的法律。这两个方面逐渐地背离了,只有在背离以后,我们才能清楚地区分道德和法律。由于习俗对道德发展的影响,冯特详细地考虑了与习俗有关的食物、居住、衣着、工作、用劳动为他人服务、娱乐、礼貌、交往规则、招呼等等,还有家庭、部落、市民生活的明确的社会准则。尽管细节有变化,但这些关系保持不变,这样就为历史呈现的众多习俗提供了一个真正的道德延续因素。还有,在心理学方面存在两个始终如一的因素,那就是崇敬和感情。第一个原先表现在宗教和超自然方面,第二个表现在人的方面,但是它们俩逐渐地互相结合了。这结果就是我们能划分伦理演变的三个阶段:在第一阶段,社会冲动局限于一个小地方,被认为是美德的事情主要是那些有明显优势的外表品行;在第二阶段,社会情感在与之交流的宗教观念和情感影响下,得到明确的认可,美德与一个有社会导向特征的内在禀赋相联系,可社会客体还是局限于当地或全国的社团;在第三阶段,哲学和宗教的影响把客体普遍化,影响全人类,禀赋也经历同样的变化。

霍布豪斯

霍布豪斯(Hobhouse)的《进化中的道德》(*Morals in Evolution*)一书的副标题是"比较伦理学研究"(*A Study in Comparative Ethics*)。他试图追溯道德的发展,所以必须利用大量的人类学资料。霍布豪斯认为,善这个概念是道德的中心和统一主题,所以道德的演变是赋予这个概念的内容演变和实现该内容的方法演变。霍布豪斯比其他作者更明确地提出了社会学和道德发展确切关系的问题,推断它们是密切相关的。任何一个社会发展就像它表达善的概念那样,是道德拯救,而不仅仅是影响,这在其内容上或运用范围里得到体现。因此,大部分原始民族都显示出平等对待和互相尊重的习俗,可是因为在大部分民族中,这些习俗仅作为一个事实而存在,并非一个自觉观念;贫富差异的上升就把它们淹没了。相反,希伯来人掌控习俗就像掌控某种思想一样,所以就能够坚守它们来对抗产生贫富差异的社会势力。根据霍布豪斯的观点,决定伦理演变的因素,第一是社会组织形式,第二是科学和哲学思想的形式,包括在这些标题下的流行信仰,像神话和巫术。在社会方面,道德分别同原始家庭生活、宗族组织生活、城邦、帝国、领土所属国相互关联。知识的相互关联提供了一次思考早期泛灵论和巫术的机会。根据霍布豪斯的观点,总的来说,习俗背后的势力首先主要是非道德的,即相信巫术和惧怕神灵报复。这样,要用非道德方法(像符咒、涤罪和某种抚慰的技巧)来消除容易受这些影响的罪过。相应于这个时期的社会方面,不公正首先被认为是受伤人亲属的报复理由;"正义"并不产生于一种道德目的,而是为了避免或收买一种有害的世仇。但是,当社会逐步感兴趣于维持社会和平时,它发展了对和错的概念,而不是简单的伤害和报复责任概念;与此相类似,在宗教里发展了神灵的概念,它们有兴趣保护无助的人、客人、哀求者,并为了惩罚凶杀者而惩罚凶杀者。霍布豪斯的结论是:道德发展有四个阶段,或至少是一个前道德阶段和三个伦理阶段。第一阶段,习俗惯例建立起来,但它们还没有道德守则的特征。第二阶段,具体的道德责任得到认同,但还不是建立在普遍道德原则之上的。第三阶段,普遍理想和通用标准已形成,但还没有它们的基础或功能知识。第四阶段,反思的延伸,可以发现道德为之服务的人生需求,以及为这些需求服务(包括私人的和社会公共机构的行为实施)的功能,这样就有了一个反思标准来判断行为模式和自称为道德的习俗。

结论

我们简短的概括表明,在关于人类学资料对研究道德理论的重要性或应该用什么方法来使用这些资料等问题上,我们还远远没有达成一致的意见。总的来说,道德理论中原先存在的分歧被吸收为研究资料,并被用来解释它们。不管怎样,我们可以指出一些结合的倾向。

第一,部分的分歧是来自于一个无论如何不可能实现的愿望——想要明确地区分一方面是道德概念和实践,另一方面是习俗和经济、内政、宗教、法律以及政治的关系。在早期民族中,这些特性是掺和在一起的,试图要明确表达什么是道德就显得武断,作者只能用一些在当时对他来说有特别伦理特征的标准。某些阶段的行为会随着时间的进展,与那些十分明晰的、有特色的道德概念相结合,而目前流行的实践和信仰的结合则与理论道德家设想的相差较远。换句话说,当下和早期的道德大体上是一个复杂的混合体,那些被理论家理所当然地接受和阐述的概念,除了同宗教和法律有联系以外,对流行意识几乎没起什么作用——这又一次证明了原始道德的一个特征。总之,对道德理论的高要求,一是客观研究早期社会流行的行为类型,不要人为地划分成道德、宗教、法律和习俗;二是研究这些生活习惯在内部和同其他团体交往中的传送和演变历史。这是一个巨大的任务;会完成,但很慢。

第二,行为中的情感因素被发现是普遍和强烈的。但正因为如此,它才是永恒的;它表达了一个天生的心理特征,不能用差异或历史变迁来加以解释;而应该在组织变化、习俗变迁和精神变化,即神学、哲学、科学的变化中寻找它。

第三,虽然在不同时期,工业和商业模式对行为的影响向来是巨大的,但经济决定论的先验假设是毫无根据的。一般来说,这对早期团体而言就不那么重要,因为只要基本需求得到满足就行了。就如同其他因素一样,所谈论的经济力量的上升和下降是一个具体的历史研究和分析的题目。例如,对伦理学来说,奴隶制有着无可怀疑的重要性,奴隶制的起源主要是经济上的,因为在定居的农业生活以前,奴隶是一种财产,但他更多的是具有一种义务。但是,武装征服、荣誉和优越感、性动机都在人类奴隶起源中起了作用;而奴隶制一旦建立,确实就明显地变成一种非经济手段,并以非经济的理由坚持下来了。总的来说,用纯粹的经济观点来解释任何原始社会制度,像婚姻或神话,都会受到质疑。

第四,有关伦理学发展方向究竟是离开还是倾向更多个人特征的争论,双方都没有清楚地用事实来证明。18 世纪的浪漫想法——原始人是一种自由和独立的人——已明显地被事实所否定。另一方面,有关早期人束缚于习俗的说法是极端的,或者至少是含糊的。从我们的立场来看,他们受束缚,但是他们理所当然地把习俗当作他们生活必要条件的一部分(比如,就像我们不会觉得必要的呼吸是对自由的限制），因此，他们可能比现代人较少有自由受阻碍的感觉。因为我们有许许多多的个人要求和抱负，所以对限制更为敏感。也可以这样说，我们的许多习俗已是生活中不可缺少的部分，以至于我们不感觉到，或者至少不感到它们是阻碍，但对我们的后代来说，它们也许看起来有着不可容忍的压制性。这样，对富人来说，目前的经济条件可能在将来就是很大的限制；而对穷人来说，据说目前唯一的就是自由受到限制。

没有单一发展

整个伦理演变或进步问题往往被含糊不清地提出来。毫无疑问，创立统一和普遍的道德发展平台的努力失败了。从哲学上来看，而不是从文字历史顺序来看，能否成功地理出一条单一的道德不断发展的方向也许会受到怀疑。一方面，某些基本需求和关系保持相当的常态稳定性；另一方面，这些需求被提出和被满足以及人与人关系得以保持的条件发生了重大的变化。比如，科学方法和知识在长进，经济创新和调控能力在增强，复杂和微妙的法律和政治制度有进步，这些变化都是毫无疑问的。但是，这些进步实施起来如此复杂，引发了这么多新问题，提供了这么多走错路的新方法，所以它们不能等同于实际道德的进步。这些变化提高了行为操作的水准，也提升了理想和准则的质量；但是，正是通过这一事实，它们也大大地增加了过失和过错的机会。这样，给道德演变和进步的意义下定义要小心地区分两件不同的事情——无论是善是恶，所有行为标准的变化会继续，并且以当时的流行条件来判断实际行为的对和错。

如果把前者说成是道德演变，那么我们必须认识到，这演变在大部分情况下并不是完全由道德原因引起的，而是由知识的变化、新的政治和经济条件的改变等原因而引起的。这些变化如此地改变了生活习惯，以致引发了原先道德概念范畴的扩展和内容的提升。比如说，一定形式的工业和商业扩大了人类交流的范围，增加了原先分散人群之间的联系。结果，像义务和权利之类原先的道德思想必须推广普及，而普及化的试图多多少少改变了这些思想的本质。科学变化引起了一个相似的效应。这样，哲学和科学批评的兴起不止一次地打破了道德实践和宗教思想之间的旧联系，最终，道德思想内容得以伸展和修改，以至于能够发表独立于特殊宗教信仰以外的声明。如果我们采用狭义的道德观，那么就应该否定那里存在着一个特别的道德发展的想法；如果我们采用广义的道德观，那么它就融入人类文化变化的总题目了。

相对性和稳定性

接下来的一点是：道德实际内容在不同时间和地点的相对性，在很大程度上与某些普遍伦理关系和理想的稳定性甚至统一性是一致的。正如前述，变化发生的主要原因不在于道德本身，而在于科学、政治、工业和艺术。在道德本身的内容里至少有两股势力来建立稳定性。第一是关于基本需要方面人性的心理统一性。不管人类在其他方面有多么不同，他们都有食物、保护、性伴侣、某种认可、同伙、建设性和操作性活动等的需求。这些需要的统一性就往往是那些人性不变的夸大说法的基础，它足够保证某些道德模式在变化的形式下持久循环。第二，某些条件一定要满足以维持人类的交往形式，在文化范畴内，不管人类交往形式是简单还是复杂，是高级还是低级。如果人类要共同生存，一定程度的和平、秩序、内部和谐就必须得到保证。

由于比较稳定性的这两个因素的缘故，有时关于道德相对性的极端说法是 23 站不住脚的。不过，我们不一定要借助非经验主义的说法来解释已被发现的统一性程度。每个社会都有自己共有的赞成和不赞成的方式，同样地，每个社会都有一种善与恶的对立性的看法。内容变化很大，它们来自能使要求得到满足的、可自由支配的技术和其他方法，来自社会结构的细微区别。每个社区共同体都认为对社会需要和永存作出贡献是善行。每个社会共同体都强烈地谴责阻止满足共同需要和引起社会关系不稳定的行为。这样，如果凶杀的定义是杀了兄弟或团体内的一个社会成员，那么凶杀就会遭到普遍谴责。现有的例外就像那些被公职人员判处死刑，或出于自卫，或由于战争，这些都不会被认为是凶杀。甚至还要用批判的眼光来看待那些关于不尊重财产的说法，我们首先要了解：私有制是否、在什么方面是当代的一个体制，节俭从属于慷慨，所涉及的人的相应地位相差有多远，等等。直到最近，那些追求（道德）统一性的人还这样做，因为他们认为这是对一个共同的道德先验基础的存在证明，而那些相信经验主义和自然主义基础的人才觉得有义务去寻求和强调道德的不同之处。只要追求道德统一性的动机一消失，我们就可以期待形成有关不同时期道德的统一性和差异性的共识，特别是如果不严谨的比较法让位于对各种具体文化的相关性研究的话。

精选参考文献

Bastian, Adolph. *Der Mensch in der Geschichte.*

Dewey, J., and Tufts, J. H. *Ethics,* part I. 1908 [*Middle Works* 5].

Dickinson, Z. C. *Economic Motives.* 1922.

Frazer, J. G. *The Golden Bough.* 3d ed. 1911 – 1925.

Goldenweiser, A. A. *Early Civilization.* 1922.

Harrison, J. E. *Prolegomena to the Study of Greek Religion.* 1908.

Hobhouse, L. T. *Morals in Evolution.* 3d ed. 1915.

Jastrow, Morris. *Aspects of Religious Belief and Practice in Babylonia and Assyria.* 1911.

Kohler, Josef. A series of articles upon "Recht" in various primitive peoples, in the *Zeitschrift für vergleichende Rechtswissenschaft,* XI, XIV, XV.

Kropotkin, P. *Mutual Aid.* 1919.

⸻⸻ *Ethics, Origin and Development.* 1924 *trans.*

Letourneau, Charles. *L'Évolution de la morale.* 1894.

Maine, Sir Henry. *Early Law and Custom.* 1891 ed.

Maspero, Sir Gaston. *Dawn of Civilization.* 1896.

Petrie, Sir Wm. Flinders. *Religion and Conscience in Ancient Egypt.* 1898.

Post, A. H. *Afrikanische Jurisprudenz.* 1887.

Rée, Paul. *Die Entstehung des Gewissens.* 1885.

Schmidt, L. V. *Die Ethik der alten Griechen.* 1882.

Smith, W. Robertson. *Lectures on the Religion of the Semites.* 1894.

Spencer, Herbert. *Principles of Ethics,* part II. Introduction.

⸻⸻ *Principles of Sociology.* 1923 ed.

Steinmetz, Sebald. *Ethnologische Studien zur ersten Entwicklung der Strafe.* 1894.

Veblen, Thorstein. *Instinct of Workmanship.* 1914.

Westermarck, E. A. *The Origin and Development of Moral Ideas.* 2 vols. 1908.

Wundt, W. *Philosophische Studien,* vol. IV. 1888.

身与心[①]

历史上有一段时期,哲学、科学、艺术,包括医学之间的关系比现在要密切得多,因为艺术孕育和滋生了哲学和科学。它们曾一度渴求在艺术里发现它们的主题,在各具体生活的艺术中发现科学,从作为一个整体的生命智行的综合艺术中发现哲学。

有一个当代哲学运动,就是众所周知的实用主义。它不满意于理论与实践、知识与行动分离的现状,它认为思想和随之而来的信仰就是行动的模式,并试图在行为的指令功能中直觉它们。这个运动经常被人看成异端。它确实是新颖的、特别美国化的异端,表示了一种不顾一切的盲目热情。但事实上,它表明了一种哲学思想的回归,当它流行时,反思还很幼稚但朝气蓬勃,非常乐意参与公众事务的争论,而不想过一种隐蔽和受保护的生活。那时,科学和哲学还没分离,因为它们都还没有离开艺术。一个词代表了科学和艺术,即技艺。这个想法就是要操纵理性实践和一种体现在实践中的理性。在史前时代无数的日子里,人类不加思索地追求技艺,依靠偶然成功的一点点积累,不理会原因和理由。因此,技艺那时是日常行为,为不同目的服务,只有在巫术和超自然信仰的共同媒介里才相遇。

希腊人开创了文明史的一个时代,因为他们回过头来研究这些日常行为和

25

26

---

① 杜威于 1927 年 11 月 17 日在纽约医学科学院第八十一届年会上宣读。首次发表于《纽约医学科学院公报》(*Bulletin of the New York Academy of Medicine*),第 4 期(1928 年),第 3—19 页;《神经卫生》(*Mental Hygiene*),第 12 期(1928 年),第 1—17 页。

事件,并以找出其基本原则为己任,目的是可以在一个更理智的目标追求中重建这些原则。在把技艺从日常行为和盲目积累中解放出来时,产生了科学;由于这个成就,在对条件和目的的关系有了最全面观察的基础上产生了生活技艺的概念。医学是科学解放的最早成果之一,因为希腊人认识到,就人生的整体行为来说,健康之身须有健康之心,这样医学和哲学就成了紧密的盟友。

希波克拉底学派的历史证明了这些相关事实。哲学的内涵是寻找能把大量互不相关的细节联合在一起的一个整体,科学的精神在喜爱、耐心和长期地寻找事实及其意义中有效,而医学的技艺在于运用已有的知识和所获的洞察力。这三者的联盟表现是:该学派颂扬技术;批评其他学派的医生孤立地研究病症、增加疾病种类和医疗方法;强调预后(prognosis),即不仅预测后果,而且对整个疾病过程进行重建;研究健康和疾病同环境、气候、季节和季节变化、空气、水和土的关系。希波克拉底誓言会持续证明,人和社会的关系包含在广泛的研究视野中。这初看可能像是在批评把哲学同医学混淆起来,仔细看来是在批评把医学放置在一个狭小的哲学基础上。对这个学派来说,借用赫拉克利特(Heracleitus)、恩培多克勒(Empedocles)、毕达哥拉斯(Pythagoras)的话,坚持主张所有元素都协调和谐,作为保持和恢复健康的条件。正如希波克拉底所说:"如果我们没有总体知识,我们就不了解身体。"还有,在说起被认为是神圣并用魔力妖术治疗癫痫和其他病痛时,他说:"就像其他事情,这些疾病是神圣的,而且每一种都如此。正因为所有相似的事情都是神圣的,所以每一件事都有自己的自然存在和来自自然的起因。"

27 我们现在可能笑话它们哲学和科学的粗糙,又由于这种粗糙,对哲学、科学和医学技艺之间的这种联系感到遗憾。当考虑到后来各种医学学派(教条主义、经验主义、循道宗和精气论,每个学派都跟一个特别的哲学学派有关)的发展,我们可能会更加贬低这种联系;真正的异议是针对当时知识和文化的粗糙状态而言的,哲学和医学是这种状态的牺牲品。哲学精神至少继续了寻求普遍原则的意识,也有助于防止再退回到早先的粗糙经验主义中去。

本介绍太长了,看来一点也不像在介绍今晚的特别主题——身心关系。但是,在这反思过程中,它是一个合适的话题;它引导我贴切地进入主题。那个时代是科学、哲学和技艺密切相联,其显著特征就是整体观,而身与心的问题就是指从那以后产生分离的灾难性后果。除了像身心这个特别主题以外,我不知道还有其他事情有这样灾难性地遭受传统性的分裂和孤立的影响。这讨论反映了宗教、道德和科学的各自分离，哲学同科学的分离，以及哲学、科学同行为技艺的分离。我们在教育和宗教里所遭受的灾害——比如说，原教旨主义者对人类进化的攻击就是以心与身的完全分离为依据的——在商业的物质主义和"知识分子"远离生活中，知识与实际完全脱离：这些都证明了把心—身看成是一个整体的必要性。

我们所讨论的分离是如此的根深蒂固，以至于我们的语言也受其影响。我们没有语词来表明心身在一个联合的整体中的作用。如果我们说"人的生命"，几乎没人会知道我们正是在讨论心身在行动中的结合。结果是，当我们在讨论事情时，当我们在谈论心身的关系以及想要在人的行为中建立它们的联合时，我们还得说起身心，这样就无意识地继续了我们原来努力要否定的分离。在讨论它们的关系时，我不愿考虑所有已出现的理论：泛心论、副现象论、先定和谐论、相互作用论、心身平行论等。我也不会试图去证明统一性，我将回避此问题，而花时间来解释统一性的本质，并考虑一些反对承认它的原因。

我顺便用了"运行的总体"、"行动中的统一性"这些词。它们所暗示的东西开启了我们的讨论。在行动中，只有在行为占据中心地位的适当程度时，心和身之间的传统障碍才会崩溃和消失。如果这是适当的时间和场合的话，我想可以说明，把脑力和体力分开的习惯根源在于把它们看成是实体或过程，而不是行动的功能和特性。与之相反的看法是确认：当我们从人类行动、生命运行这一角度来看问题时，身体就代表了行为的机制、工具，而心脑就代表了功能、成果和完美。我来进一步解释这个说法。

当从行动这一角度来看时，我们还可能把有些功能看成主要是体力的，把其他功能看成主要是脑力的。比方说，我们认为消化、生殖和运动是明显属于体力的，而思想、愿望、期待、热爱、恐惧是明显属于脑力的。但是，如果我们聪明一点的话，那也就把它们看成是程度和强调点的不同。如果进一步在它们之间划一条明显的界限，把一类完全归于身体，把另一类完全归于心脑，我们马上就会面临不可否认的事实。吃和消化的人同时也会有悲伤和高兴；常见的是，某种意义上吃和消化是高兴的一种效应，悲伤又是另一种效应。吃饭也是一种社会行为，喜庆餐食的情绪进入所谓消化的完全体力功能。吃面包、喝酒确实已与大众的心态融为一体，以至于承担了一种神圣的精神责任。没必要再顺着这个思路去

28

讨论其他被认为是完全体力的功能。吃和吸收食物是一个典型例子。在这个行为中,采用的方法是体力的,而由后果来决定的行动质量是脑力的。麻烦就在于,我们不看行动的全部,而是引用了众多的有关事实来证明心对身的影响和身对心的影响,这样我们在处理它们的联系时,从开始就保持了它们独立和分离的概念。事实想证明的不是游走于两样分离东西的交叉影响和互相影响,而是人为地把统一的东西一分为二的行为。

人类越成为人类,就越文明,就越少存在这样的区分:一些是纯粹的体力行为,另一些是纯粹的脑力行为。所以,有个说法是正确的,即我们可以用我们社会里体力和脑力之间的分离距离来检验某个社区是否缺乏人的发展。在当前社会里,尤其在工业界,有大量活动是机械性的,它们的运作只要最少量的思维和与之相伴的情绪。在"知识"和"宗教"团体里有大量特别的活动,体力是最少量的,少到有人会遗憾地怀疑它存在的必要性。但是,这两类行为的片面程度都标志着一种衰弱、一种在不理想条件下形成的后天习惯,每个都标志着一种接近于病理而远离健康的整体性。当行为降低到纯粹体力活动时,当一个人变成了他操作的机器的一部分时,就说明社会适应不良,这反映在那些只按体力计划办事的人所具有的凌乱和有缺陷的习惯上。

行动并不因为人们说其是精神的,并关系到那些太琐碎而不影响大局的理想之事,就会变得正常。我们对使高级理智和"精神"活动成为可能的大脑和神经系统承担的那部分的认识也是不够的。同样重要的是,我们认识到精神活动是有取舍的,其倾向异常,已到了它们最终可以不雇用和指挥身体机构来引发物质变化的程度。否则,所谓的精神事实上是沉溺于痴心幻想。

这样,心身在行动中结合的问题,是我们能对文明提出的所有问题中最实际的问题。它不是一个纯理论问题,它是一个需求,即本质上以体力为主的劳动大众有受目的和情绪鼓励的需求,有获得知识和理解的需求。它是一个需求,即所谓的高级理智和精神的功能会与所有成就的最终条件和途径,也就是身体相融合,因而有所作为,超越自己。直到这个融合能落实到行动本身——那是唯一能落实的地方,我们将继续生活在一个深情但无益、非自然的理想主义和唯灵论与无灵魂的唯物主义得以平衡的社会里。至于唯物主义,它不是一种理论,而是一种行动条件;在这种条件下,物质和机械手段同给予它们意义和价值的结果割裂开来。唯灵的唯心主义也不是一种理论,而是一种行动状态;在这种状态里,目的暗自庆幸,而执行手段和随后的公共改善却被分离开了。

当我们坚持要在融合整体中观察行动时,我们要强调——而不是忽略——区分由融合方式引起的不同的行为性质。我们要区别日常行为与带有目的和期望的行为的不同;区别冷淡(像我们常说的没人性的)行为与热情、同情行为的不同;区别标志着从现状的回撤、同过去决裂的倒退与面对现实的不同;区别因为容纳新的、多样化而扩展和发展与只适用于一致和重复的不同;区别人性里兽性的和神圣的不同;区别间隙和离心、分散和驱散、中心和连续。在我们能够作出这样的区别,并作出许多不同形式和程度的区别以前,我们就不能理解个人的行为,因为不理解,我们也就不能帮助他们管理他们的生活。因为缺乏这一点,教育就成了瞎猜,商业就成了转移和流通物质商品的赌博,政治就成了操纵的阴谋。我们习惯于把行动性质分离成两件不同的事情,这最能阻止我们取得一种有效的能力来作出这样的区别,并运用它们来指导那些需要帮助的人的行动。

我们说在行为整体里,身体代表行为的方式和手段,心脑代表它合并的成果和结果,我们有必要来说明这是什么意思。行动的身体阶段可以用两种方法来探讨和研究。我们可以把它与身外运行的过程相联系,它同无生命的东西共享这个过程。或者我们可以把它与通过特有的人的媒介物来实施和达到相联系。第一种探讨方法把行动看成是一个物理—化学相互作用的多样化综合体。这种研究更加合理,也是不可缺少的。如果有机变化被认为是独特的,脱离并且不同于那些在非生命自然界发生的变化,那么我们就不能了解它们了,因而也就不能指导和改变它们发生的方式。只有把它们同非生命自然界里的事件相联系,我们的物理和化学知识才能用来认识它们;只有到那时,我们为控制身外之事而发展的器械和技能才能用来对付身内之事。只要有机过程和变化与任何独特、非物理力量或规则有关,我们对它们的了解就是初步和偶然的。当它们被看作与非生命自然界里的过程共享时,在后者那里所发现的就变成一种重要过程的系统知识的智能工具,变成指挥身体自然的设备和技能,用来对身体变化进行卫生、医疗和外科治疗处理。

如果这些就是故事的全部,那么身体行动就会全部同化于无机行动,有脑力特性的身体行为的推论就会是不可能的。剩余的故事就是化学—物理过程进行的方式,和涉及整个有机体需要的相互作用,这样就拥有了心理特性;在人类中,至少同社会的联系会赋予它们智力特性。凡认为人类行动和非生物体或低级动物的行动是一样的想法是愚蠢的。相反的事实是，人的行为是如此有组织，结果就有了我们所谓的文明、文化、法律、艺术（美术和工艺）、语言、道德、制度和科学本身。我们通过人的行为的成果才能了解文明。有机过程被看成是一种行为的组成方式，它富有目的和意义，活泼有情，通达远见。结果，身体只是一种事实的名字，即我们无论在哪里面对事实，不管多么理想，那里就有条件和方式。唯物主义不在于对事实的一个完全和坦率的认识，而在于使方式和条件与他们实际做的隔离开来。

关于行动（action）和行为（behavior），我们已经谈了很多，现在有必要清楚地了解这两个词的意思。我们必须要注意到，特别是当我们讨论人的行为时，这个词是指包含着一种过去结果和展望未来的行为；是纵向的而不是横向的。我们可以孤立地研究一个特殊的有机结构或过程。只要这样做了，我们就把它看成类似于非生物体共享的安排和过程。但是，只有在了解了有机体的历史后，我们才能了解这有机体。我们一定要知道我们是否在研究一种胚胎、一个婴儿、一个成熟或衰老的形式。我们必须把所研究的特定事物放到一个发展过程中去。在研究一个特别的化学反应时，比方说，氢和氧使水成为存在，我们可以忽略过去的历史。我们选择一小段来研究，因为我们不关心里面分子的个性；我们只要知道一种样本是在与这些分子的个性无关的其他情况下再现和重复时发生的，这就足够了。这一点恰恰是我们在研究人的行为现象时不能忽略的。一个人在习俗和习惯里携带着过去，只有知道其中的经历，我们才能正确地观察和了解后者。一种普遍的情况是：实践者、医生、精神病医生和教育家只有在了解了他们面对现象的生活经历后，才能够智慧地处理它们。不仅需要知道病人特定症状的紊乱状态的病历，而且需要知道病人的生活经历。同样是一种普遍情况，在扰乱的精神阶段突出时，对整个生活经历了解的这种需要程度会增加。

这种事实指出，当我们说人的行为是纵向的而不是横向的时，我们说的是什么意思了。它组成历史，组成一部自传，不是写成的而是发生的。意义这个同行动的精神阶段有关的事实应该是明显的。在这个被忽略时，任何一项行为都会被看成是即时的和侧面的，这样的行为就变得完全机械了，没有智商和情商。这就是为什么当一种刺激引起一种反射或特定的反应被认为是一个行为单元时，和其他行为一起就会被认为是这些单元的一个混合物。既然简单反射没有情商和智商，那么认为心灵不是任何行为的特性就是符合逻辑的。它是一种虚构或是一种毫无意义的伴随副产品，就像彩虹的美丽涉及水蒸气对光折射的纯物理原因。这样，要说意识行为是一种虚构，那是在进行一种有前提的逻辑演绎，而不是在观察一种事实。因为意识行为、观察、分析、注意、推理的事实贯穿于整个任务，结论的荒谬显示了前提的虚假。我们知道，包含反射的组织结构实际上不是原始的和最早的。逆命题是对的，种系发生和个体发生都证明了这一点。行动一开始就包含在整个有机体里，反射机理在包容性的整体行为里，作为一种特殊变异得以演化。那种认为一个简单的反射代表了行为本质的设想，是一种典型的忽视发展历史过程的荒谬例子。结果是，一个特定时刻的行为过程的解释变成了一个全部行为本身的解释。只有在这种情况下，行为的精神作用才归于虚构的领域。

这种批评可以延伸至把整个精神现象扩大到刺激—反应一类，因为这种获得性还原反应在目前心理学理论里很流行，甚至在那些称自己不是行为主义者的学者中也很流行。毫无疑问，任何一则行为都可以被说成是对一种刺激的一个反应——就像能被解释为因果关系一样。但是，通常这个理论被采用时，它忘了考虑一个科学上和实践上非常重要的问题，即一个客体或一个情景怎样来取得能力变成一种刺激？因为要成为一个能引起反应的刺激，是物体的附加性能。有机体始终被影响它的无数条件所包围。如果因为它们同生物一起进行因果互动，我们就把它们看成是刺激的话，那么我们实际上在说全宇宙都是刺激和反应。很清楚，就分析的目的来说，这种看法把理论贬得毫无价值。我们在试图描述和解释行为的一个特别模式的发生，试图暗示一些环境特征如此重要，以至于就像刺激在发挥作用一样。使一些物体或特性成为刺激的，是整个有机体当时的情况、它的需求及其已经从事的行为。这两件事都是纵向的、历史性的。它们包括了在以前生活经历中形成的因素。在任何特别时间里的任何特别事情都是一种刺激，它之所以能引发一种适当性反应并且运行，就是因为它开动了有机体的记述经历。

在一些刺激—反应理论的模式里，有一种试图：认识历史发展的重要性。当下的行为追溯到神经系统里先天的原始"键"（bonds），或追溯到我们通常称为本能的行为。这样，早先的发展在名义上被考虑了，但这种对生活经历的认识是名义上的，而不是实际上的。哪一种发展没有被追溯，它就会被假定为行为的一种早期横截面；结果在整个行为发展中，横截面位置被忽略了。理论只是一个混合的反射单元理论的字面复述；唯一不同的是，一种"本能"或一种原先形成的刺激和反应"键"要比反射更广泛和更复杂。但是，它没有广泛和复杂到不考虑整个有机体的需要、要求和性情，所以，那基本的谬论并未解决。

35　　事实上，这种涉及来自环境的刺激过程把我们带入第二种有效的方法，以此来解释行为显然是非常片面的和不一致的，以致精神阶段或以虚构为名被否认，或被认为是神秘和不自然的。因为通常认为，刺激—反应理论把环境从行为中删掉了。它简单地把环境看作一个外在起因，以此行为才得以进行。这样，行为就完全被看成是在有机体内部运行，只是由环境来简单地引发或开始。实际上，同有机过程一样，环境已包含在行为之中。行为并不是在一个环境介质中进行的东西。如果是的话，行为就能被研究和描述了，就像在有机体里运转的东西一样，或完全脱离环境而置身于外，除了有关后者的像一触而过的刺激之类的一些部分。事实上，行为是环境和有机因素不断进行的一种相互作用。那些我们经常认为是专有的生理功能就是如此。我们不只是呼吸，我们是呼吸空气；我们不只是消化，我们是消化食物；我们不只是移动腿和身体，我们是在地上从一个地方走到另一个地方，以此来获得一个有利环境进行下一个行为。

　　要单独描述有机体的结构和过程，如果只注意有机结构，然后把结果称为行为解释，这就忽略了行为所最具特色的特征。谢灵顿（Sherrington）的经典著作《神经系统的综合行动》（*The Integrative Action of the Nervous System*）是科学发展中一部划时代的巨作。神经系统行为综合了什么呢？很简单，就是它自己，把自己像蛇一样卷起来被说成吞了自己的尾巴？显然不是，但它是整个有机体行为的一部分。那么，有机体行为是何时和怎样取得综合的呢？回答只有一个。它综合的程度就是它通过吸收后者行为中的一些因素来利用和改变它的环境。这里，利用是指环境中的某物变为一种手段来继续某行为状态，像消化食物和呼吸空气是为维持生命行为本身一样。改变是指某些环境条件事实上已经变化，

36　　使得环境被改良成一种比以前更有利于维持生命行为的形式。要脱离包含在行为之中的环境来描述部分神经系统的行为，或整个神经系统的行为，或整个有机体的行为，就像想象我们能够懂得一台机器，比方说一台织布机，却不要它使用的并在运转中织成布的材料——纱线。因为，如果精神能在任何地方找到，也一定能在行为中找到，这行为包括欲望、思维和情感的对象，要接受行为与有机体内持续行动保持一致这个前提，就要我们自己否认精神特性是源自于前提的辩

证结论。许多人如此确信地认为精神现象是现实的事实,他们愿意继续相信它们,会把它们看成一个神秘物质的证明,这神秘物质被称之为心、灵魂或意识。这样,关于行为理论的片面性就继续存在于传统观念中,而对行为的全面论述将会摒弃这种传统。

当我们考虑要摒弃人或社会环境时,在行为描写中片面地忽略环境对行为和精神状态现实的确实影响也就显而易见了。因为行动与环境的结合是同行为的智力和情绪品质有着最密切和广泛联系的。语言和其他结构符号在心中所扮演的角色问题提供了一个重要检验。我不对思维与言语和使用其他符号之间的关系提出问题。言语和使用符号是一种行为。值得质疑的是,在解释语言习惯和思维时,排除同其他人的关系,把它只看成是"嘴唇紧闭后悄悄地运作"——换句话说,把它看成是在皮下的、完全在有机体内进行的。这样一种描述把言语缩小到发声或发音,把思维缩小到发声器官和其他内部结构的无声操练。发音并不是言语。发出声音只有被用来构成另一个人的行为模式而这人又能顺利地引发说话人的行为时,那发出的声音才能成为言语。留声机或收音机会发声,会模仿发音清晰的言语;但是,留声机不会讲话。尽管发出的声音会引起别人的行动,但对这样行动的期望并非是发声的一个因素。由收音机发出的声音而引起别人行为的任何改变,并不是它行为中的一个因素。而把声音转变成言语或语言恰恰就包含着客体的社会价值,这可以从命令、要求或劝告这样简单的例子中看出。言语首先是一种行动模式,通过它,一个人的行为受其他人的期待行为或希望行为的影响,以致成为一个协调行动的组成部分。

含蓄言语的思维有同样的模式。它代表着被带入有机体习惯的社会情景。一个人自言自语是期望着以后会发生的客观后果(即环境融入的后果),是一种要最终得到那些喜欢的、转移或避开那些不喜欢的方式。这就使行为变得有理智、有思考。当"意识"作为实体被抛弃时,或作为一个由名词指定的单独过程而被抛弃时,这有好处;因为"名词"(ness)后缀表示名词是抽象的,结果在于把一种行动的质投入一件事物本身。而有意识的质还保留着;意识到行为是怎么回事,与例行程序或冲动行为之间的差异是一种事实差异,就像我们到处都能发现的那样。在神秘和非自然的意义上,除了与形成行为的相互作用范围相联系外,否认意义的现实性是件好事。但是,否定行为的质是一种意义就是另外一回事了,是在驳倒自己。对于这一学说的提议者而言,在此主题上,意义对他人来说是不存在的地址；他们指望别人懂得他们的语言，而不是被当作无意义的杂烩；他们促成某些后果，其路径是：在理解的前提下修正行为，并且其语言行为被这种反应期待所修正。他们理所当然地认为一些行为是有意义的；接受这一点就是暗示了某行为，比如说他们自己的行为，在观察和分析中所得到的结论是有意识的，即意识到它是关于什么的、它在干什么、它想干什么。完整的行为概念（正如包括历史和环境）可取代那种摒弃心灵而只考虑机械行动行为的理论，可取代那种使心灵尊贵、把它置于孤立王国的理论。

这样一来，有人用我们的开端来提醒我们，使我们回忆起更美好的时光，那时知识和行动、理论和实践的分离还未被裁定，那时艺术作为知识引导的行动还没有被人轻视、讨厌和诋毁，完全沉浸于自我冥想；那时知识和理性还不那么"纯洁"，以致被玷污而进入行动及更广泛的联系，它能有所作为是因为使用了身体的物理手段。有迹象表明这是必然的，因为一方面是知识的延伸，另一方面是实践提出的要求，试图取得我们自行负责的类似成就。我提出以下建议来结束我的发言：在教育艺术中急需这样的整合，只有当科学人员、哲学家、医生和精神学家互相合作，这样的整合才能成为真实。

教育艺术是强迫每个人受教育的艺术，不管他是否感兴趣，因为它密切地关系到他自己的行为。一个人可能一开始兴趣比较狭窄，比如说，只关心他孩子的或者他同行的教育。但是，他马上就不得已地发现，由于早期教育的不足，他的基础不扎实。由于总体教育情况不佳，职业教育的结果有限而且被扭曲。概括地说，提高教师培训看来也不能保证改善教育。家长、学校领导、纳税人有最后发言权，而这最后发言权的性质又取决于他们的教育。他们可能也会阻止或者歪曲最好的计划。教育就在这样的圈子里循环。那些受教育者也是那些施教者；习惯已对教育事业产生了深刻影响。在人人都发展到没有偏见、愚蠢和冷淡以前，似乎没有一个人能在完全意义上真正受教育。

不可能完全离开这个循环。毫无疑问，教育会提出许许多多走捷径的解决方案，以此来回归自己。这是在正确方向上加快步伐，排除障碍，增添有效力量。最主要的障碍是那些传统上与心和身分离有关的实践，结果忽视了培养有知识和理智的行为是教育发展的全部目的这一点。身心分离已影响到学习的每一科目、教授和训练的每一种方法。更重要的是，它解释了理论和实践的分离、思维和行动的分离。最终产生的是一种所谓的文化教育，它倾向于学术和学究式的，但无论怎样也是脱离对生活的关注的；还有一种工业教育和手工教育，说得好听一些，是运用工具和方法，并没有智能地把握宗旨和目的。这种分离教育的后果已在我们文明国度大规模显现出来。医生在一系列的疾病中碰到它们，更不用说浪费和致残。那分割之墙已开始裂开，但还远远没有倒塌。心和身的人为互相分离，已经可以从各方面得到彰显。至少那些在传统上注重心灵的人和那些忙于身体相关事务的人已经开始合作了。任何好的学校建筑计划就是一个很好的说明。设计师、工程师、卫生专家、教师和政府公务员可能齐心协力。但是还有许多人应有发言权，比如心理学家，他被排除在外，这样的合作就缺少平衡。举例说，把几千名学生圈在我们学校的大楼里，既需要管理大批孩子却又采用千篇一律的管理方法，了解医生对此有何评价是有意义的，他们是否被咨询过，他们的意见是否会被采纳？对学前教育、幼儿园与家长学校的高涨兴趣，医疗检查的发展，社会卫生的影响，参观学校制度和把学校当作社会中心来用，都是另外的证据，说明由于合作行为，学校脱离生活的做法已成为不可能。但是，即使是 *40*最乐观的人也不会认为我们已经突破了外部壁垒。导致教育分离、分裂的势力还非常强大。其中最主要的（再重复一遍）是心和身的分离：它已经体现在科学和哲学以及宗教、道德和商业中。要完全实现心身结合，就要等到哲学和科学在艺术中结合，尤其要在最高艺术——教育艺术中结合。

兼容的哲学思想[①]

41　　目前有相当一部分人习惯性地把社会作为哲学反思的一个原则,把它看成相当于,甚至高于物理的、有机的和精神的一种力量。还有一些人,也许更多的人郑重其事地拒绝把"社会"作为描写和解释哲学目的的一个范畴,并试图把它看成是形而上学与人类学和社会学的混淆。他们最多能接受的是:文化资料可能会揭示有关最终题材的人类信仰的起源和历史。接着,有人会声称,它只是一种熟悉的起源谬论,把信仰史混同于信仰的本质,并把这种说法塞入人类文化史以外的任何地方。这样的情况值得注意,我希望尽可能地说明那些认为社会思想具有真正哲学重要性的人怀有什么意图。

　　在开始说可能比较方便,联想行为或相连行为是所有存在物的普遍特征。知识借助于相关客体,除非有人认为相互联系是主观的入侵,或是按照休谟的说法,只有观念是互相联系的;作为科学神经的关系,它同事物的联想有关。我们注意到,观察相关事物的质只有在联想中才呈现,因为潜在性只有在交流中才能释放和实现。此外,随着联想的方式和范围变化,潜在性的呈现也会变化。本说明只有一个正式的方式来引起大家注意这个事实,即在解释某个元素时,比如

42　　氢,就像那名称所暗示的,我们不但要按照水组合的潜在性,而且最终要按照其一系列模式相连行为所产生的后果。[②]

---

① 首次发表在《一元论者》(*Monist*),第 38 卷(1928 年),第 161—177 页,原文是在美国哲学学会东部大会上的发言,芝加哥大学,1927 年 12 月。

② 万一有人反对使用潜在性和发挥潜在性的概念,我们可以指出,尽管有些拗口,但事实是可以这样陈述的:不同联想模式的事物引起不同的效应,这还包括由种种联想运行所引起的一系列效应;我们对它们的认识是相适应的。

以这些考虑为前提,我们要注意,任何事物进入联想的形式数量越多和种类越多,我们描述和了解它的基础就越好,因为联想越复杂,可考察的潜在性释放就越多。由于事物通过容易区分的方式呈现在我们面前,有更小和更大的范围区分,有更简单和更复杂的种类区分,形而上学的描写和理解看来是这样区分的,这关系到联想活动最广阔和最完全的范围。我说,如果给予"现实程度"这个词组一个经验上的概念意义的话,那么这个意义就会取决于贯彻刚才所建议的思路。① 总而言之,通向结论的道路看来是畅通的,一个正确衡量任何事物的哲学阐述的适宜性在于:这个阐述能在哪种程度上把事物放到最广阔和最复杂的、可供观察的联想范围里。

在作出这样的主张时,我知道有人在运用相反的方法,著名的哲学家也推荐它:这种方法建立在对终极的、无关联的单一体偏好的基础上,不同作者称之为本体、资料等。在我看来,我们应该从单一体开始还是从复杂体开始,是当前哲学方法中最重要的难题;比如说,这就打破了现实和理想之间的传统界限。或者说,我们不得不在心理上和实践上先从复杂体开始,哲学要等到我们着手单一体研究时才开始,方法的难题依然存在。单一体是孤立和自足的呢,还是理智分析的结果呢? 在特性上,它们本身是理智的而不是存在的,因此它们的价值就在于它们为我们提供了方法,使我们从一开始就对复杂统一体有了更好的了解。时间不允许我们考虑这个基本问题。我很满意地观察到,终极的和孤立的单一体是哲学的唯一实在的假设似乎是以下想法的唯一可取的逻辑方法,即我们所讨论的联想的互相影响的范围越大越复杂,哲学思想的客体本质对我们就展示得越充分。因此,讲到底,方法的问题就是孤立的单一体是否能被确认,而又不自相矛盾到最终和自足的地步。那些不把它们看成是实在的人,看来是接受了上述立场。

联想和联想范围的事实确定了"现实程度",我们以此为出发点来讨论"社会"作为一个哲学范畴的价值,但这仅仅是一个出发点。因为社会作为一个独特的联想模式是特指人类组合形式,根据科学发现,它们是后来才出现的。所以很容易出现异议。有人反驳那种看法——在典型的人类意义里"社会"是一个重要

---

① 也许值得我们顺便注意,在这样考虑的基础上,像"层次"(levels)和"突变"(emergency)这样的概念,看来是非常容易定义的。

范畴,他们说,恰恰相反,社会是一种非常特别的联想事例,所以,意义也就有限;它当然同人类有关,但只是细节问题,而不是一个重要的原则。我的引言只想对这样一种反对意见作一个期待性的回答。联想本身几乎不是一个完全的正式范畴。它的内容仅来自于组成经验素材的不同形式的联想。这样,我们得承认,从人类意义上看,社会是一种受时间、空间表现形式约束的联想形式,它不能同一般联想相对比。要决定它的意义,不能把它同普通意义上的联想相比较,而是要把它同其他联想的特殊形式相比较和对照。

以下的事实指出了我们以上讨论的特别意义,即作为一个哲学衡量尺度,联想的范围和复杂性是十分重要的。如果涉及的联想不过是出于仪式和乏味的顺从行为,如果它要被用于哲学的描述和理解,那么它指出了学习和分析呈现在经验中不同形式联想的必要性。我们的争论暗示了,在这样一个明确的联想类别比较中,人类意义上的社会是所有已经历过的最丰富、最充实、最微妙的类别。没有必要像第一次一样走过所有形式,来发现要比较和对照的不同的典型模式。在思维过程中,它们已经变得很熟悉了。彻底接受社会形式还要等待适当的认可,除此以外,还有物理的、生命的或有机的和精神的形式。我们难题的要点在于决定这些形式中哪一个能表达更广更多范围的联想。在总体上,联想只是一个母体,其内在物就是联想实际呈现的自然界事实。确实,联想的范畴只不过是一个高度抽象的、在特殊形式中是常见形式的符号。

这篇论文的主题是比较。不过,在进行比较以前,清理一些概念是有益的,这些概念把"社会"作为一个范畴意义导致了误解和低估。刚才,我提及联想的事实,正如它们在人类生活中展现的那样。这提及的事实暗示了,社会事实是自然事实本身。这个暗示还反对一种通常由物理学和社会科学的反对而引起的成见;也就是说,自然科学被不言而喻地认同为纯粹物理。只要这个想法在脑后悬着,社会和自然就成了相对立的概念;企图找到一把能打开社会的自然之锁的钥匙马上会被认为是荒唐的;这个想法转而引起对"社会"鄙视的不认可。可是,否认社会和自然之间的对立,是"社会"作为一个范畴意义的一个重要因素;有些人把"社会"作为一个哲学范畴;如果有人有兴趣要找出那些人的意图,那么这人就应该先问他自己:目前自然科学和社会科学分离的含意是什么? 他是否愿意经过思考而接受它们? 对头脑清醒的人来说,否认分离不仅是可能的,而且是出于采用任何方法上的连续性原理的需要;还有,后面会指出,这也是社会现象本身的需要。依据连续性的假设——如果那也能称为假设而又无法否认没有自相矛盾的话——尽管可以说社会的表现形式受到时间和空间的限制,但它还是提供了哲学上的兼容范畴。

当前社会科学和自然科学的分离,并在这分离后还接受那附属于社会的含义,产生了一个双重危害。哲学或许能够帮助社会科学的主要点,也就在此。就社会科学是建立在自然和社会现象鸿沟之间的概念而言,科学是断章取义的、随意的和不可靠的。这句话需要一个对社会科学的现状分析调查来证明。但是,现在能大胆断言社会现象里有一些与众不同的特别情况的社会学家寥寥无几;所以,我们面临一个自相矛盾的情况,社会现象割裂于物理和有机体的思考,但还是用物理、有机或心理学术语来解释,而不是用典型的社会学术语来解释。在心理学中,坚守一个纯粹个人和私下主题的传统要直接归因于对精神现象的社会条件的忽视,而间接是由于这个忽视来自社会和自然科学的分离:因为只有承认社会和自然科学的联系,才能提供中介术语,从而把心理现象和其他方面连接起来。种种的行为主义,为了反对物理和精神的非自然隔离,就把后者完全抛弃了,把它们压缩到物质现象里,完全用物理科学来解释它们。在政治学里,我们可能注意到一种在接受非自然范畴(像超越的"意志")和用物理术语(力量冲突和调节)来解释政治现象之间的游离。最近,有经济学家写道,经济学忽视了技术在工业中的地位,以致一代人虽然受过经济学"教育",但几乎完全不懂经济事务。[①] 很明显,技术直接与物理科学发展相联系,这并不意外;要指出的是,这一点同所有对抽象的"经济人"提出合理的反对意见有密切关系。在同自然现象产生联系以前,在社会现象里,经济人在同法律、政治、技术和其他文化结构的现行关系中无法找到他的位置。

这些不过是随意而简洁的说法,其所暗示的含义即哲学在理论上能够给社会科学提供服务,这种服务取决于对社会范畴的坦率承认;社会范畴具有连续性,具有物理的、生命的和精神的包容性。

不过,这种对各门学科的包容不能当作是在暗示接受这样一个哲学概念,即把专门科学的前提或结果完全等同于一种分析,或者是一种综合。相反,科学本身就诞生于社会文化的某些阶段,它们从中取得物理的和智力的手段,也依此来

46

[①] 特格韦尔(Tugwell):《工业的成熟》(*Industry's Coming of Age*),第 vii 页。

确定它们的目标和问题。唯一能"批评"专门科学的前提,而自己不会陷入伪科学的危险的,是那种考虑到科学的人类学(最广义的)基础的哲学,就像那种能综合它们的结论而不会陷入危险的哲学,它是置身于这些结论之外而又把它们放入更广阔的社会生活环境中的哲学。

现在回到要点——社会作为一种高级哲学范畴——上来,理由是它标志着最广阔和最丰富的、凭经验可接近的联想范围(把哲学放在经验可证明的基础上而不是神秘学基础上是理所当然的),有必要指出,因为表述简洁,我们的论述在语言上难免有些含糊。当然,社会现象本身不等同于社会范畴,后者来自于前者,并采用一种理智分析来决定什么是它们的特别性质。现在,我在这里不讨论社会范畴的重要性以及最终必要性的问题,或决定什么是组成社会特别本质的特征,而是要讨论全部的社会现象。为了哲学分析,这要在物理的、有机的和精神的现象的联想模式里进行哲学分析,而后者能吸取新特征,展现新功能。换句话说,我在这里暗示,事实上,社会现象确实呈现了独特的东西,而这为现象的自然主义描述提供了钥匙;当它被排除时,哲学解释也就是莫明其妙的了。对那些接受这个观点的人来说,证明作为一个形而上学范畴的"社会"价值的压力在那些习惯把社会看成是微不足道的人身上。那么,他们认为什么是社会现象呢?如果社会现象不是在最为广阔而复杂范围的联想行为或互动的普遍特征的范例,那么它们说明了什么呢?我看到只有一种对他们的公开回答,它有两个选择:要么社会现象是无序的,是一个赘疣或一种侵入,意外地和无意义地伴随着其他现象而产生;要么它们没有特别的外来源。事实上,它们就是物理的、有机的或心理的现象。难道这中间的哪一种观点不是和社会现象的可观察特征相矛盾的吗?

根据初步的观点,社会现象通过更为狭窄、我们称为物理的方法呈现出来,并且纳入与自身有联系的事物。设想社会现象仅处于物理现象之上,会得到荒唐可笑的结果;对事实作最随意的观察就能否定这样的观点。要是没有物理因素的土地,包括所有的自然资源(和障碍)的能源形式,来代表"土地"这个词,社会现象是什么呢?要是没有使用物理能源的工具和机器,社会现象是什么呢?或者没有物理器具和设备,从服装、房子到铁路、寺庙和印刷出版,社会现象是什么呢?不,社会不是一个肤浅范畴的社会。肤浅的是那种看法,即他们没有看到,在社会里,物理被带入一个更广阔、更复杂和微妙的交流系统,致使它能释放出原来因为缺少充分交流而被封闭的潜力,能吸取新的特性。

同样的想法也适用于有生命或有机的社会内涵。社会成员是具有动物特征的人类;但是,当他们具备人类特有的联想时,有机特征就有了变化,甚至有了转变。某些生理因素在性生活、生育、未成年和需要照顾的阶段和过程中,肯定会蕴涵于家庭生活的功能之中。但是,不管动物式的性欲作用有多大,家庭组合总比纯粹的生理因素要有更多的东西。人类联想范围里包含纯粹生物有机转变的事实是明显的(注:从叫喊到演讲的重大变化),这就导致了以下一点:为了解释动物和人的不同,相信对非自然和超自然因素的有益干预。但是,断言人只是动物和一种外部力量侵入观点之间的不相容是显然的。还有一种被经验事实完全证实的说法,那就是,当新潜力得以实现,当对有机物的交互作用的阐释范围上升为更广阔和更微妙复杂的、形成人类社会的联想时,分歧就出现了。

因为从物理方式引申而来的特性已被哲学接纳(用另一种说法,唯物主义至少是勉强地被列入哲学行列);因为用生命现象模式,用物种、发展和目的概念设定的哲学(除医学、神学、法律外的所有学科)被大量地接纳,所以至少可以说,把社会从一个正统范畴的角色里排挤出去反而显得武断了。

精神有一个公认的要求,为自然存在的描述和解释的分类服务,这在唯心主义哲学中明显存在。有些人否认这些理论有实现它们要求的能力,就像另一些人否认物理的生命有实现的能力。但是,思想以及物质和生活,至少被接受为范畴陈列室中受尊敬的一员。可以说,如同物理的有机现象一样,精神是包含社会现象要素的,因为只有在联想以参与和交流的形式展现时,精神在经验上才是可分辨的。接受这样一种想法看来是合理的,就像接受一个值得实验的假设,即精神以及物理生命的隐含意义在这种联想的相互作用中显示出来。这个暗示是:不是它们在社会以外就没有可描述的存在,而是在它们出现的范围内,并在形成社会的相互作用范围以外运作,它们就不会展现全部力量和意义,而这正是哲学的传统职责所在。

在阐述了把社会当作一个范畴的意图之后,我们还要以总结的形式概略地论述一下受它影响的几个例子,这些例子能澄清一些未解的哲学问题。我们可以方便地从刚才提到的问题开始,就是精神在一般存在物中的地位;为了便于我们讨论,无论是直接的客观认识,还是间接的审美的、情感的和道德的关系,我们把意义作为"精神"的同义词。哲学讨论出现一个二难推理,甚至是三难推理。

49

精神被看作是(1)一种神秘入侵,它以某种无法解释的方式发生在自然规律中;(2)一种产生幻觉的,或用现代语言来说,是一种副现象;(3)本体论的,无论是同物理的东西在同一层面上的存在截面,还是存在本身,所谓物理的东西只是伪装的形式或是"表面现象"。有人可以争论说,问题的长期存在和那些非常对立的解决方法的本身就强烈地表明,情况的有些因素被略去了,而这些因素是理解的关键。无论如何,这些无法调和概念的存留是对寻求能够消除如此对立解释的负影响的一个挑战。现在,当回到社会时,我们发现交流在所有公共生活中存在和凸显;我们也发现,作为在共同行为中的一致或同意条件,交流需要意义和理解。这就是说,我们发现意义不是一种反常,也不是一种偶然产生的意外特性,而是存在事件的一种构成成分。我们发现意义是一种可描述的、可证实的经验现象;它的起源、形式和结果都能被具体地检查和追溯。它所呈现的不是一种指令,也不是一种昙花一现的东西,更不是一种在先前存在中已有结构的复本,而是一种物理生命现象在更广阔、更复杂交互作用过程中所实现的附加特性。它在持续和发展一种特别可观察的事实时,具有一种特别、具体的可证实的功能。这些就被称为具有社会性。我们没有必要求助于纯粹形而上学和辩证法的思维方法,临时采纳它们来"挽救"精神的现实性和重要性。意义、心灵世界的家园,稳稳地处于和维系在一个经验可观察的存在次序中。这个次序处于同物理生命现象一起的遗传连续性中,实际上,这些现象已被接受并融入一个更大的联想交互作用范围。我们不必追溯到精神的先前物理性上,更不用求助于极端的手段来使它成为无所不包的,以至于物理被当作精神的一种伪装的和有幻觉的"外表"。社会为我们提供了一个对个人来说是可观察的"心灵王国"的例子,作为一个参与成员,进入那个王国,有机活动就被转换成有精神特征的行动。

这些想法并不是要证明已有立场的真理;可是,它们严肃地推断出一个值得实验的假设;作为一个从原因开始的假设,即从一个经验上可证实的事实,而不是从概念开始;概念本身没有这样的观察源,但它们被发明出来就是为了要解释本来无法解释的事实。第二,通过与操作有关的可观察的实际知识结构,只有用社会性词汇才能理解;通过运行,在尊敬的意义上说的知识已被具体地建立了,即被测验和证明过的,是有牢固基础的,而不仅仅是看法和异想天开的信念。有牢固基础的知识,我指的是有证据的信念,这证据是可证明的。这样,能划分出这意义上所说的知识对象与仅仅是看法与轻信,甚至思想(不管这思想如何内在的自我一致和正式有效)最简单的区别就在于:区分社会所证实的和私下所能容纳的。只要看法和理论未被交流,或者已被交流但却未在相关行为中被认可,看法和理论最多只是知识体系里的候补成员。详细讨论这一点,就是削弱这一点。自明之理是:科学之所以为科学,是因为观察、实验、计算是这样做的,所以能够报告给别人,别人也能重复做。现在,当思想简单地从外部附加给一个本身完整的思想时,这个报告和重复完全被误解了。它们表明,思想本身在这期间被孕育和发展,能够同别人交流,被别人理解,并被接受和运用于合作行动。报告、交流不只是在私下自言自语中或以自我为中心的观察中已形成和完成的思想。个人实验和自言自语的整个操作,每时每刻都受社会媒体的影响;媒体宣布结果,接收反馈。当然,刚才所说的还没有充分表达意思。不能简单地说,思想的典型发现不能进入知识,除非是在社会建议和接受的框架里;而是说,语言和思想在联系到符号和象征时是不可理解的,除非是作为取得一致行动的方法。

顺便也可以说,非公开的思想作为知识的一个候选者,通过社团组织成为共有的相关行动(它还包括物理条件,如果能撤回的话,因此也易于受物理结果的检验),有助于理解甚至可能开启另一哲学思考之奥秘,即作为主体的精神本质。因为从社会作为一个范畴的角度来解释,后者不会以一种异常,更不会以一种鬼怪、一种入侵或完全令人不快的错误源形式出现。思维与其结果是以假设来呈现自己的,它们要求对社会行动进行试验,因此,作为主体也就会有错误和失败。但是,它们也奉献了自身拥有的一种正面的和建设性的功能。因为它们不仅仅要被社会现状(已经被接受和建立的相关行为秩序)接纳为候选者,而且是变化的社会秩序的当然要求者,在其所提倡的非常行动中得以实现,以此也会受到检验。有时,要求是有限的,它只影响到所选团体的行为,而这团体成员是某一领域的专家;有时,就像新政策的提议一样,它有很大的号召力。但前一种要求(主要是说科学专家)有发展方向;不能把它封闭起来;不管怎么样,它们在原则上没有任何不同。

在给予说明时,一连串的哲学问题会使人感到困扰;当社会被用作描述和解释的一个范畴时,这些问题就会得到阐明和澄清。可是,我们几乎可以随意地从道德领域里吸收东西。设想一下有关道德差异和道德判断客观性的讨论,经常在个人偏爱(尽管是私下,但有时还是为公众所接受)与为"保证"其客观性而求助于纯粹的先验思虑之间游离不定。当提出以下那随便的暗示是教条的,即当

52

社会被用作为一个范畴时,和当社会被看成已经包含了物理、有机和心理时,问题就解决了;但是无人能公道地否认,当问题的成分被放入这个上下文时,整个问题就承担了一个不同的方面。①

一个相关的题目与人类道德生活的"自然性"有关。有人说它是自然的;也有人反对说,这种观点是把道德生活完全降低到动物水平。但是,在社会关系中,当具有人类生活特点的联想的不同形式得到认可时,这种明显的选言推理就毫无意义了;因为这种认可不仅承认而且宣称,这些关系认识到新的和唯一的、在自然联想的更低级领域里没有表现出来的性质。有一种理论概括了在这个问题上卷入的一切,学思想史的学生熟悉这种理论。一个接一个的思想家,从赫尔德和康德到黑格尔,都宣称发现了人类历史的重要意义:人从完全沉浸在"自然"状态中斗争到"精神"状态的完全胜利,这胜利包含了对物质性和动物性的理想化消除。要知道,根据这一学说,只要能得到经验证明,最好是从物理环境和生物体不断更新的意义上去进行阐述;当后者进入人类社会承载的文化范围时,更新就发生了。这是一个事实,不是一个推测,即在教育过程中,在用相关政治、法律、宗教、工业、科学和艺术机构的方法和结果来参与的过程中,自然的和动物的本性都得到了改造。在刚才提到的学说里,"精神"是一个超验的和盲目的名字,用来称呼在所谓社会文明阶段里经验性地展现自己的东西。

以上提到的哲学问题只是用作说明的样本。它们最多提供了一份简单的目录,但也是非常不完整的。它们的出现指出了一个哲学描述和解释的方案,它必须被完善和充实,才能实现和检验"社会"作为一个哲学范畴而表明的东西。这正是哲学的历史要求,使它全力地追求全面和整体的理想。要知道,整体要么通过具体的经验方式和同无限多样性一致的方式表现出来,要么只是一个辩证的推测。我不能说我们所知道的社会就是整体,但是我要强调指出:这是我们的观察所能接近的、最广阔和最丰富的整体。这样,对想要做更多整体想象解释的人来说,这至少是一个适当的始点。还有,不管怎样,它提供了始终如一的经验哲学一定要用的术语。只有全心全意地把它作为一个高尚事实和想法来接受,经

53

---

① 比较下列文章里有关审美判断主观性的论述,《关于美学范畴的起源》(On the Genesis of the Aesthetic Categories),J·H·塔夫茨:《芝加哥大学十周年纪念出版集》(Decennial Publications of the University of Chicago),第 3 卷。

验哲学才能繁荣起来,才能躲开追随传统感觉论的经验主义的无能和片面。洛克经验主义对一种教条(忽略了所有经验中的联想特性)的承诺是那种特殊唯名论的来源,唯名论的目标是唯我论的怀疑主义。结果,经验主义不再是经验的了,而变成一种绝对特殊主义的暗示的辩证构造。经过反馈,无论通过"思想的综合作用",还是通过永久性本质,它导致了借助外在提供的联想原则。最终,这些体系随着它们所对应的经验特殊主义的真理而兴起或衰落。这样,社会作为一个范畴,在对目前思想体系进行批判评价时,它是重要的;在直接运用到讨论生命和心脑这样一个难题时,它同样是重要的。

显现和现象①

55在哲学思想中,现象这个概念起到了重要的和多样的作用。在古代哲学中,在特性上,它是本体论的,用来表示一个存在王国;这王国深受不完美或非存在的影响,因而处于不稳定和变化之中。在当代思想里,它多半是一个认识论的概念。就本体论来说,存在只有一种;但是当它的感觉受影响,或其本身受认知官能和认知条件影响时,在主观论上比原来的状态有了改变。当然,在古代和当代思想中,源自现实的现象的特性都会引起反感。对一个经验主义者来说,无论他从形而上学还是从认识论上来认识这种现象特性如何无效,他一定具有传统教条所误解的经验基础和起源。因此,他有责任给现象意义的起源和作用以分析解释,诸如承认经验事实,消除历史误解。

"现象"用最简单和基本的形式来表明事实:有一些事情在某一特定时间内是明显的、显然的、公开的、敞开的、突出的、显著的;与此相反的则是暗藏的、隐蔽的、潜在的、掩盖的、遥远的。就是这一注定其本身不久"出现"或开始变得明显的事物,在什么明显和什么暗藏之间存在一种联系,以此显现什么才具有一种代表功能。它是一种显露、表明、展示。它只能被理解为:某物除本身以外所能达到的终结点,它可能是暗藏的(就像先知展示上帝的旨意);或者在另一种联系56中,它可能是公开的(就像奖章展示战争的胜利)。进一步说明这个功能非常重要,应该为它自立一章。我们把在第一感觉中要显现的事列为第三,当作隐藏的或者不明显之事的线索,也当作寻找它的根据,如记号、标志和证据。

---

① 首次发表在《哲学杂志》(*Journal of Philosophy*),第 24 卷(1927 年),第 449—463 页。

I

"显现"这个词可能最好地、特别地表达了现象的首要而单纯的中性意义。世界就是这样组成的,事物出现和消失;现象的反面不是现实,而是消失。由于旋转,海上灯塔的灯光时隐时显。同样地,由于地球的旋转,太阳早上出现、晚上消失。树叶在春天生长,在冬天凋谢。船驶向大海,大地就消失了;过了几天,大地又出现了。在感觉或知性上,"现象"这个词所表达的意义就出现了,就像脑海里一段模模糊糊文字的意义"渐露端倪",或者像爱迪生眼前出现了一条期盼着的发明线索。现象表示了显著、突出、明显、显然和一目了然。它的反意是隐匿、暗藏、隐蔽、不在和遥远。一本书出版了,一个国王不时现身于他的子民面前,一个演员每天出现在舞台上。在可计算的日期中,某次月食出现了。

如果在"显现的世界"里有形而上学的问题,那么,在一个"消失的世界"里肯定也有形而上学的问题。在现实中,这显现和消失的相互关系很重要;它表明一个阶段性的暂时过程的存在。稍后一点,我们能够用自己的解释来更好地讨论这个暂时性特征的重要性。现在,我只想强调,任何存在问题的发生只能与包含阶段周期的暂时过程的展现有关。当一事物出现时,它在当下此处才得以实现。如果亚里士多德关于潜在性和现实性的范畴还在流行,我们就很有可能说:正在显现标志着一种潜在性的当下此处的现实化。无论从哪个观点来看,我们必须说,因为某一有着不同阶段的客体与其他事物之间有着多方面的关系,显现也就标志着这个客体的一个历史阶段。这样,月亮的不同现象外观,像月缺月圆,是来自内在的展现;也标志着现实的程度,它的活动运行同地球运动有关。

可是,有人可能会反对说,认识论方面的问题是不能如此简单处理的。有人会争论说,因为现象总是对人而言的,所以它依赖于某事物在心中或意识中的出现;我想,正因为如此,现象往往被称为呈现,而呈现被视为精神状态,或至少是经过大脑加工的事物。但是,现象不代表特征的全部或具有普遍性,不代表一种内在特性;而代表一种附加关系。一个男孩出现在学校里,要点名报到。没有人要去假设这个出现会取消他的存在或减少他的真实性。这只是标志着他个人经历的一个阶段,是由他与学校、班级、老师的关系来决定的,就像他的缺席也是一个阶段,由放假、生病、逃学之类的关系来决定。所以,一种呈现代表了与另一机体有关的事物的存在。我看见我面前的桌子。如果我闭上眼睛,就看不见桌子了——一种特殊的关系就结束了，也就是说，它与我机体的某个部分有关。

这种关系是物理的、存在的，而非认识论的。这种关系的成立确实是知识的一个必要条件，可是，它从以下两种意义上来说都不构成知识：事实上已经知道的事物，或者将要知道的事物；这是一个探讨的主题、一个终极于知识的调查主体。太阳照着大地，给它温暖；又光照万物，助它们成长。或者，以有机体为例，它的现象就像闹钟的响声，发出信号开始一天的运行职责。它完全可能因为是什么而被人了解、被人认可，或者可能为发现它是什么而当作一个探索需要来呈现。可是，这两种意义上的认知表明，除原来的现象外，还有正在发生的事情；那个正在显现的事进入一个更加错综复杂的关系。简而言之，当现象是认知的一个先决条件时，它就不是一个认知问题。再进一步说，我们一定要注意，决定一件事要出现的关系是明确的、能详细说明的，不是不加区别的。一张桌子不见了——不是绝对的，而是与视觉有关的；眼睛闭上时，它可能还近在身边。有机关系的明确特性是现象的条件，忘记了这一点，就会在很大程度上把它当作仿佛包含一个唯一性的问题。

II

"现象"的第二种意义是陈列、展示、表明和揭露。在一些情况下，这个意义强化了前面所说的。从一种强调的意义上来说，事物栩栩如生、壮观的现象是一种"表演"，就像一个杰出的球员或者一个儿童音乐家的成名，往往被称为一种"现象"。但是，在许多情况下，表演或表现的概念蕴涵所指现象的纯粹显著特性以外的东西。它清楚地要我们注意整个时间周期和一个特定情况下的特定时间段之间的联系。显现的第一种意义就蕴涵这个联系。但是，表现的概念是比把自在转成自为更进一步的东西。它把现象指定为一个兼容整体中的一员。放烟火可能只是一种灿烂的现象，但也可能是一个隆重的庆典事件。列队可能是一种多彩的游行，但也可能是一个欢庆。展示在当下是一种表现：它回忆起整个情景，因此对它的参照就把意义给了那正在显现的客体，事物的现象就成了它的表达。所以，一次发脾气的特殊行为揭示了一种长期的禀性，它是一种持久事物的短暂爆发；同样，在表现一时贪婪时，也会显示出一种勇气。一个演员出现了，但并不是说一个缺席的人出现了。作为一个演员的出现所指的是一个角色或演出的一个部分，它蕴涵着整部戏，而这演员只是戏中的一个角色。比较说来，角色

58

这个话题本身可能是无意义的,但这个戏少了这个角色就会有缺陷。一个类似的情景是一名律师代表客户出庭。他的出席完全是代表性的,但却是实现代表的必要阶段。他参与了在解决分歧过程中的法律程序。这样,现象的自为就表示了一种附加的关系。太阳出来了,它的出现是它运行的一个阶段。它不用代表其他东西的出现来实现它的特殊地位,从而它的代表职能会对整体作出明确的贡献。但是,如果我们把太阳的升起与整个系统的构造联系起来,那么,就可以说那特殊事件就是一种展现。一方面,它被看成是整体的一个必要部分;另一方面,只有把它放到与作为整体的组织化系统的关系中,它的意义才能被理解。

　　"现象"的第二种意义把我们引向第三种特别的、理智的意义,它决定了"现象"的逻辑重要性。一个代表性的展现几乎是合适的或完美的——就像律师、外交官和演员的例子。我们说他们有或者没有真实、忠实地履行了他们的职责。他们可能不称职(misrepresent)。再则,对一个代表或一个外交官来说,我们要求他们提供资历,(资历)申报和权利的问题就来了。当一种现象被当作一种展现时,先决条件是要有一个有机整体。整体被认知了,那么各部分的特殊地位和角色也就理所当然地认知了。可是,设想一下,如果有人怀疑这正在显现的事物是否有权利代表另一事物,那对牵涉的申报要求在可能"展现"以前一定要调查清楚。代表性的能力不是被设想出来的,它的呈现是一个难题,要进行探讨。不过,我们一定不能混淆问题的实质。我们可以说,说一个人是一个代理,或者他自称代表他人的利益,这都是假的。这并不是说"现象"是假的或者是不真实的,而是说授予这角色所需的客观关系是不足的。代表的资历够吗?被挑选者的个体性质是什么?在获得同其他客观事物关系的感觉知识中,存在着一个认识关系,但不存在认识论通常意义上的认识问题,即某物和认识者有一种直接和唯一的关系。

　　"现象"的一个典型例子是:在某些交易中,有法律责任的问题,这时,形成一个代表职能(作为对整体的贡献)的确切、客观的参照就有待讨论。"声称自己"是代理的某人究竟有没有一个委托人? 或者,一个人声称自己是代表另一个人来达成某一协议,他是否真正有代表权? 或者,把两个问题并在一起,他的声称有代表特征吗? 如果有的话,他被授权处理的某些义务能被委托人义不容辞地承担起来吗? 不管怎样,这里有个问题,即某个断言是否被作出或暗示了? 如果是的，那么，上述构成这个整体的与他物的关系能否证实此断言？有问题就有探索。不管用什么方式，反正问题的解决依赖于发现与他物之间所存在的关系。如果忽略了这些客观关系，那么"现象"就会被看成是表示一种联系事物背后或内在的关系，这似乎是完全不同的一种东西。关系就被固定在一个共同生存的横断面上。因此，所显现的"现实"就在一个不同的存在王国之中。但是，事实上，那些背面的或隐藏的是同类的他物，但为了确认所声称代表功能的真实性，我们必须进行探索。"背后"的东西与显现的东西是同质的。

当一个声称的代表关系遭受质疑且需要通过调查与其他事物的关联才能解决时，我们显然处在一个"现象"的思想意义的王国里。那显现的东西指的是什么？那声称的代表能力是否有效？这牵涉到真相和假想。在这个意义上存在着进一步的关系，它含有第二种情况，即表现与展现被当作某种不容置疑的情况。当现象的第二种意义表明它同一个具有包容性整体有联系时，整体的本质就决定了它的不同展现是按顺序排列的。所以，第三种意义表明，有必要确定一种真相包容在整体内；或者更通常地说，有必要确定整体中的互相关联，而真相实际上是一个组成部分。这个确定牵涉到一组复杂的关系。"太阳出现"的命题蕴涵着所谓"升起"的事件关系到太阳，这是一个经历一种变化周期的持久客体。当我们说"升起的太阳是太阳系结构的一个表现"，这就关系到整个体系；而太阳在一个确定的地点和时间出现，只是那体系的一种功能。"布斯以哈姆雷特的角色出现"的命题同样是真的，它暗示着《哈姆雷特》这出戏（或者可以说是整个莎士比亚体系）是一个包含性的整体；还有"柯立芝是美国的合法总统"这个命题，也是如此。但在后面一个命题中，"合法"引出了一种关系，这种关系在第二种意义中还不明确，如果我们设想这命题被否定了，那么这就显而易见了。这里有一个有效性或真相的问题。这个体系不再被理所当然地包括在特定阶段"展示"（manifests）它但又必须要寻找的那部分中。有必要确定显现对象的真实性质，因为我们可以说：它是整体的一个代表部分。

III

在后面的那个确定中，有一个"三位一体"的关系。第一，人的基本特性是维持他自己作为代理或者作为官员来"呈现自身"的关系。这是一种反身关系。第二，有必要结论性地确定这种关系，那主张是官员、角色，或是部分委托人、或是所代表的人之间存在着某种关系。第三,根据这种确定,他就因职责与同他打交道的那些人之间而存在某种关系。这第三种关系构成了我们眼前呈现的不同意义特征。结果是:当某一职能的主张要求成为合法时就遵守,当某一职能的主张要求不合法时就不遵守;正是这种结果,使它在有疑问的情况下,有必要确定主张的正当性。因为一个人是法律官员,他会同其他人有特别的交往,他会同他们保持有效的联系;如果他是没有这代表能力的一介平民,那么他就不会有这种联系了。显然,布斯扮演某一角色,与某人主张布斯来扮演同一角色,是两回事情。 62
起初,那些有关人士、那些受扮演那角色影响的人,可以喜欢或者不喜欢它。但如果主张被证明是无效的,他们就有办法补救,他们可以运用主张来回应。

我们选择那些具有代表性主张的人作为典型的例子。举这些例子的目的是为实证检验作准备,即一个显现的客体被认为具有一种特别的代表能力和职能,那就是一种他物的符号或证据:一个人自己并没有作出主张,而主张是由那个把事情作为证据或者作为他物符号的人作出的。同样的,这种"三位一体"的关系在两种情况中可以被找到。所以,分析这种情况就很重要,即主张是自己作出的,而不是依靠别人把或者用显现的客体作为代表。当某事被认为是烟,而烟被认为是火的信号时,这里就有一种附加的、不同的、同后果有关的特征;后果随着代表角色是否正当而不同。当有人把显现的客体当作一种火警,那就会引起对火的适当反应和后果。否则,那人只会对那个显现客体的表象或者呈现的特征作出反应,而不会对信号作出反应。这样不同的对待和后果也出现在对一种声音和一句同样的话语声音作出的反应中,因为话语有意义,代表着超越自己的东西。同样,我们说我们究竟是在同含有显现形式的整体打交道,还是在同一个整体里的显现客体打交道,这不同点完全在词语。但是,在现象作为他物的符号或者证据时,有必要确定主张的符号关系是否正当或有效,因为反应行为和后果取决于对这个问题所得到的答案。

IV

整个事情的要点在于这反身关系的本质:一个以内在特征显现的客体关系到使它能够成为他物符号的特性。那显现的客体处于迹象中的说法是老生常 63
谈,那说法是一种赘言。可是,是什么的迹象呢? 这个问题引出了一种当符号的物的内在特质,即一种反身关系。他物也作为符号包含其中,而同它的关系也会从显现的客体本身反映出来，这一点从以下的事实中看得很明显：在我们不知道它们是什么东西的符号时，我们把它们当作符号。这发生在每一个探索中，因为探索就蕴涵着：第一，某个显现的客体是个符号；第二，我们还不知道这是什么东西的符号或迹象。这种思考方式是不可能的，除非在那显现客体中建立起它本身主要特性和重要职能之间的区别和联系，就像一位县治安官既不能把他的职能认同为具有所有他个人特性、需求和能力，也不能把后者完全理解为他的公务能力。他必须辨别自身的哪些特点是属于他的（就个人来说）和哪些是属于他作为官员的，同时还要把它们联系起来。除非他做到了后者，否则他的职能就成了一个纯粹的无实体的职能；只有通过那些属于他作为一个人所具有的手、腿、舌头和智能特性，他的职能才能实施。

我们可以看另一个说明例子：声音被用为他物的符号——语言的话语。一个婴儿首先把声音当作声音——大人把它当作语言的声音，而婴儿分不清究竟是无意义的声音还是准音乐。是否把它看作符号取决于：既不把它看成仅仅是声音，也不把它认同于它所指的事物。这也就是说，我们一定要把声音和它所表示的特性区分开来，结果是有减有增。前者影响到声音的基本存在特征，后者影响到声音的符号功能。前者把声音简化为一种运载工具或转运工具；后者给予声音尊严和地位。数学符号是个好例子：显现客体的直接特性被减至接近极小值，让它同任何现象保持完全一致，以致能增进有效代表的重要性。各种联系对那作为符号物的反应，就是再确定它以前的地位。

64　　这种反身关系的功效是非常重要的。它是了解传统对现象本质的误解的线索。这种误解的关键在于，它注意到并记住了即时的存在特征的简化，同时它忽视了这个简化是由于和为了作为他物符号功能的履行，就像在我们的货币体制里，从表面上看，金银的价值被简化为一张纸，但这张纸作为负债的代币的同时又增添了价值。简化被认为是内在的东西，是属于这样的一种存在。显现的客体确实存在，但却是缺少自我证明的存在。所以，它就被说成是零碎的和有内在缺陷的，是存在次序中的一个令人费解的异常物。这样，"现象"的贬值就不可避免地产生了。

这种分析也适用于对现象本质的认识论的误解，虽然现在与"三位一体"中的第二种关系有特别联系，即显现物作为可疑客体的符号和那只是个符号之间的联系。一种作为代理人"显现"的情况的合法性并不取决于一种直接而唯一的关系,即一个人与他呈现自身的那些人的关系;而取决于他同他人的先前关系。所以,用某种东西作为这个或那个推论客体符号的有效性不在于它同知者的直接关系,而在于它同他物的特定关系。只要这些关系有问题,我们就可以说它"显然地"在表示这个或那个。"它似乎是如此。""显然地"和"似乎"与它同知者的直接和共存关系毫不相干,同它受这种关系影响的内在特性也无关。它们指明了一个推论客体的可疑状态。一旦推论的最终判断被中止,某个显现客体会得到一种独特的知识状态,就像在以下命题里所表达的那样:"这纸币似乎是假钞","这病人好像是得了伤寒",等等。

"现象"在这里表示一种保证和预防,这是所有谨慎的推论性探究的特点,而不是表示由于和知者相联系,才有对现实的一种内在失真。通过使用"好像"、"似乎",注意力要放在推论客体的还不确定的状态上;与此同时,要记录事实:那出现(第一层意思)的事物被附加上一定的证明力量。要允许忽略这个部分的、非决定性的、代表能力的特别阶段;由于显现物本身和知者的联系,"似乎"不可避免地被看作是某个显现物的特性。

V

可以认为,在进行的讨论中,我们发现一种对"现象"范畴的解释不同于在希腊思想中发现的真实现实。人们现在已经掌握了探究方法,证明它们能有效地解决因推论受挫而带来的难题。当然,还有在许多情况下,尽管某物从存在的显示来看是毋庸置疑的,但我们还是不了解它究竟指的是什么,这样我们就不能完成尝试性的推论。但是,在很多情况下,我们的研究方法已成功(还有在许多情况下我们已经设法改进了有缺陷的方法,直到它被证明是合适的为止),在实践中,我们认为这些情况是推论受阻的例子,把这个主题放一边作进一步探讨。我们用主题来确定研究的问题。可是,在表达存在的两种次序,即现象和本体之间的区分时,实验分析的方法还不具备,机械和数学工具的智力解决方法都是缺乏的。结果,世界就充满了异常——无疑是存在的东西,但不被人理解,也不与他物有适当联系。说它们自成领域,是一个方便和自然的泛泛而谈。在缺少方法的情况下,把它们在一系列事件中串联为一个个成员,然后解释它们,把它们互相归类为"现象",这些都是能够做到的。

事实证明了这个解释:本体被对立地认为是更高的和对比的存在领域。显现的物出现在感性知觉中,眼睛、耳朵、手是它们确定存在的传导体。另一方面,受到推论的客体定义了它们的意义,还构成它们的全部现实;就推论而言,它们是思维的客体。推论和思维是同义词的说法是对的。现今,总体上说,我们的科学技术发展了,我们能够在实验上控制条件,使一个推论客体本身可被呈现为是可知觉的,如果不是它的全部,至少关联到它的一些关键特征是可知觉的。那通过计算得到的存在的主题内容,至少是一个用于观察的应试者。当观察分析的方法不适合把计算的客体引入视野或使它们显明时,它们就被当作是假设。但是,希腊研究方法没有提供假设存在的"范畴",同样也没有提供暂时未定的"范畴"。所以,可理解的客体为可感知的客体提供了意义和稳定性,它被看成是最终的,它不是媒介。这就是本质上的、整体上的思维客体,就是本体,而在使用物理和数学方法进行的推理中,所显现客体和推论客体之间是不分类的。因为这样的推论通过插入媒介进行,而这样的媒介足够多而紧凑,充当着时间连续体中的成员。因为缺少这样的方法,希腊人的思辨从显现客体一步跳到了思维客体;缺少媒介的连接环节,必然把后者推入一个非时间领域。

只作为现象的可感知客体和作为最终现实的可理解客体之间的严格区别就是这样一种推断,从一个推论研究方法欠缺的时期进入一个实际应用的方法并没有对这种区别加以区分的时期。要牢记的重要事情是:当下研究客体组成时,可感知或显现客体就不再关注推论了什么,而是关注什么随它一起被包括在一个综合系列里或一个包容性的整体里。任何情况下的物理研究都能说明这里所断言的是什么。比如说,当我们满意地了解了所谓疟疾的病症或现象时,病症或现象是通过疟蚊的部分生活史,并联系疟蚊寄生主人的生活史来呈现的。当属于某一客体范畴的断言的推论完成时,显现(被感知)物被当作符号和被推论(可理解)的客体在研究和迟疑的推论中失去了它们所拥有的孤立的单独性,它们两者都成为一个互相关联的包容性整体的成员,以致"显示"范畴就能用上了。质疑和探索时期的特点,就是了解显现物和它是什么意义之间的一对一的孤立关系。这样就明白了我们的认识焦点为什么要完全集中在知觉或显现客体和确切的推论或可理解客体上。它们是字意上的术语,是包含整体的界定终点;把注意力给后者会一无所得。这种情况类似于锁着的门和找钥匙的情境。现实就是打开门锁的整个行动。但找钥匙是真正的关键行动,就像锁界定了问题。只要对应的钥匙找到了,行动就自然进行了。在清醒的意识中,它的被忽略,恰恰是因为它被理所当然地认为，它把意义给了钥匙和寻找钥匙。

VI

不管怎样，我们暂时放下对认识论误解的解释。以下这样的命题表达了递延推论或某种消失的但意指的客体的关系，"这看来像是纯牛奶（但可能是脱脂牛奶）"。但是，这样的命题，"它看来是蓝色或者灰白色的"就有一种截然不同的智力力量。人在高楼上——"从这里看，街上的人看上去很小。""那远处的山看上去是蓝色的。""铁轨看上去合并起来了；手杖似乎弯了；这硬币似乎是椭圆的。"这样的命题（近来更成了冥思苦想的思辨对象）加上它们的逻辑地位，有一种现成的解释，也就是说，把显现的物当作他物的符号。在以上分析的例句中，正是推论的客体才完全"显明"，即显明但并不确定的符号意指。刚才阐述的命题指的是被用来证明客体呈现自己的方式。当显现客体一显明，它们就阐述了它，这是我们的第一个中性知觉。可是，它们阐述它有一个目的，即确定眼前证据的真实本质。"手杖在水里看上去是弯的"并不是说显现的客体看上去是弯的。它是说，看来是什么东西弯了，虽然不一定是手杖；可能是光线。

第一步是提高我们的警觉，不要依赖"似乎"、"看上去"这样的含糊措词。我们必须详细说明它在眼睛、耳朵、触觉和嗅觉方面的显现。如果我说一根出水的笔直手杖看上去弯了（蕴涵同眼睛的关系），我只指出了一个客观事实，这可由照相机来检验、由著名的物理原理来解释。同样地，我说一只移动哨子会因为距离远近而声音有高低，我指的是同耳朵的事实关系。尽管这可能看来不太可信，但却带来了一个重要问题，即我们离火远一点，就会感觉火冷了一点。以下是创建"问题"的过程。那火确实只有一种温度。那么，这事实怎样同那事实（在不同的距离，火好像有不同温度）一致呢？这当然不可能，但这种说法是混淆到了荒谬的地步了；毛病出在这问题上，而不是在解释答案上。受火影响的空气温度随着距离而变化，这是一个物理事实，所感觉的是空气的温度。这样，说我们离火远就感觉冷是陈述一种颠扑不破的事实；如果不这样说，反倒有问题了。

看来像是要个花招，用"看"、"听"、"感到"这样具体的词代替"看来"、"似乎"这样普通的词来解决这"问题"。可是代替的作用在于提醒我们，要注意充当符号的物的现象的一种特定关系，要注意被当作一种条件（一种物理的或因果的条件）的特别神经机体部分。目前讨论的命题清楚地阐述物的确切本质，而这物是在使用之前被用作证据的物。

这就变得清楚了,如果我们不作出明确的或结论性的判断,诸如"笔直的手杖在水里看上去是弯的",而只是说"现在有一个用眼睛看是弯的形状",这是陈述事实,但不管推论性的运用是怎么形成的,这仍是一个关于显现客体的事实。如果我们说"从这个角度,这硬币看上去是椭圆的",我们是在陈述一个正确的判断。如果我们说"现在有一个用眼睛看是椭圆的形状",我们在描写现象的本质(我们的第一种意义)作为使用推论的第一步。但是,可能有人会说,我们去掉了所谓的问题,过分地简化了情况。可能有人会反对说,真正的问题在于存在许多现象,要回答的问题是:如果有的话,那么哪一种现象是或相当于真实的客体(手杖或硬币)?比如说,对眼睛来说,为什么垂直视角下显现的圆形被定为优先于其他现象呢?回答是:那不是这么回事,它得到优先在于它是一个更好的符号。这就是从经验中学到的东西——把各种显现的客体作为推论他物的基础。

一个人用眼睛看了一下他正在刨平的木板边,说"它看上去是直了"。那是对事实的简单陈述,就像跟他说"这是一块板"一样。如果他说"这是直的",他是对他眼睛所呈现的东西作了一个推理,也许是错的。当他固执己见地说"它看上去是直了",他就把自己局限于陈述显现物的本质,而搁置了推理判断,这就像一个地质学家把他的报告局限于说,这石头上有些显示三叶虫的记号,而没有进一步说它们就是三叶虫化石。在任何这样的情况下,作出判断的人实际上认识到显现客体的条件的复杂性;它们包括木板的边和他的感觉—大脑器官。这两个条件都包含于时间系列中,而最后的阶段就是显现的客体。认知的输入并没有被指派给视觉,但视觉器官被认为是其所是,是显现或者呈现什么的物理因果条件之一。人们不相信这个作为符号或者证据的现象的恰当性,然后依靠另一现象的生成,整个过程类似于条件有意多样化的物理实验。一个人用手指摸着木板边,说:"这里和那里不平。"这暗示并不是说触觉现象比视觉更真实,而是说,为了一定目的,它为要寻求客体提供一种更好的符号。如果有人还心存怀疑,那他可以借助机械器具——借助同他物的关系而不是同机体的关系——来确认那要作为符号的现象。在实际存在中,所有"现象"站在同一层次上;作为符号,有些要比其他更好,就像有的证人提供的证据要比另一个证人提供的证据更好,虽然他们所说的是同样的现实发生事件。

VII

最后,我们来做总结。原始和中性意义上的现象就是原先遥远的、隐藏的或迷糊的显现物,进入视野,进入实际存在。当那显现物被毫无疑问地指向它是某个整体中的相关成员时,它就被称为显示、表现、展示、表述。但是,这个指代往往不能直接形成,一定要寻找它所属的东西。明显的客体现在被当成证据,它获得了某物或他物的符号或是索引的角色。在其反身关系中,它设置了一个要探索的问题。现象现在是某物的现象,而它本质的确定要从显现客体、从与其一致的其他同盟推论而来。现在,"显现"暂时地套用了"看来"的形式,而不是"展示"的形式。但是,"看来"不是表示某物看来是存在的,而是某一客体看来是被拍出了:"看来"表示一种试图做但暂时被限定的推论。最后,为了控制推论,往往有必要陈述一下作为符号的显现客体的因果条件。在运作中,摸、看、听、闻或尝的机体条件已被具体化了,"显现物"具体地体现在摸、看、听、闻或尝等方面。这个过程不同于科学家指定具体的物理器具来产生现象,以此作证据进行推论。

这一点值得仔细探讨。它始终蕴涵着:像看、听、摸、尝这样的术语涉及有机体器官,涉及产生特别显现客体的一种因果条件,而不涉及某个知者、某种认识论的推论。这个关系是一种推论中要被使用的安全维护。因此,这种陈述极为类似于一个科学实验者所承受的辛苦:他要确切地指定实验器具,从中得到课题内容,进而推理出某些结论。如果一个人使用显微镜取得课题内容的证据,那么他说得出他所从事的课题的本质和方法,以致另一个人可以判定怎样能使客体显现。像某事"看来是这样和那样的"的陈述,完全是同一类型的。不同的是:一方面,显微镜看因果条件有了更高的精确度;另一方面,无论是什么事物的现象,有机机制的存在是一个条件。一个相似的法则适用于感官在不同条件下的运用,并依赖于各个不同的感官;不是因为以一个感官为条件的现象本质上比其他现象更真实,或者比那推论的东西更不真实,而是因为这样能更好地保障以推论为目的的主题内容。所以,在实验室里,各种随意的条件就是为了一个理由:取得更多的证据材料以及它在不同阶段的运用来作为其他部分运用的检验手段。

我们已经把"现象"的总体概念分成几种意义;在特别的上下文情景中,每一种意义都不同。当我们使这些意义明确,每一个都恰到好处,不把一个特征转移和混同于其他特征,这样就能达到消除传统的误解。以下的命题阐述了四种不同的情景:(1)太阳出来了(升起,从云里冒出),这是原始和中性意义。(2)太阳在这个地点和时间显现,展示了这系统结构的某些特征,太阳和月亮都是属于这系统的;它是某类命题阐述的结论,即任何已完成的研究不被认作有效知识。(3)太阳看来在这个静止的地球上从东向西移动(明显移动),这是对一个推论客体的陈述,蕴涵着担心和怀疑它是否正确,或者一开始就是被否认的;也是对另一个推论完整客体的陈述,像"实际上,对地球来说,太阳是静止不转的;地球旋转和它的旋转说明了显现客体被(错误地)用来作另一个推论的基础"。最后(4)对眼睛来说,太阳就像 25 美分的硬币那么大;这个事实陈述是对它实际大小推论的一部分,或者是有关距离的一个推论,等等。

72

当然,从"形而上学"的某种意义上来说,在否定形而上学把现象解释为存在的一个低级形式中,并不意味着否定所有形而上学的意蕴。相反,全部争论就建立这个事实上:在四种命题中,每一种存在主题内容都是一系列或者是时间顺序的互相关联要素,它们组成一个包容性整体,而现象是其中的成员。如果这个存在事实被否定,那么某种形式的坏形而上学就是必然的结果了。这意味着包含了一般的认识理论。相反,分析指向以下事实:作为它的先决条件,认识需要一个显现的客体,而它来自一个包含所有因素的整体,包括有机体;完整的认识客体恰恰是这样一个互相关联和自我展示的、包括现象的整体。

“半心半意的自然主义”[①]

梯利(Thilly)先生以赞成的态度引用桑塔亚那，将我的思维模式形容为半心半意的(half-hearted)自然主义，这体现了哲学术语与哲学概念的含混之处。[②]在桑塔亚那看来，自然主义是值得追求的，而我对它的忠诚太过短暂，因此要受到批评。[③] 而在梯利先生看来，我的半心半意其实是拯救了我，它救赎般地在我原本纯粹的机械唯物主义中加入了一些唯心主义的张力。在思想史上，没有一个词比“自然”更具有多样的含义了，自然主义由此也就具有了不同的意义。 73

我缺少编撰辞典的能力，因此不会试图去指出自然主义一定或应该意味着什么。然而，我要借此机会谈一谈经验论的自然主义——或者说自然主义的经验论——对于我来说意味着什么。我不期望能提供什么新的或者我之前没有反复指出过的观点。不过将讨论集中在这一点上，也许能够将我的思想大意表达得更加清楚，同时也可以说明，为什么我的自然主义在哲学上对立的两方看来，都会显得半心半意。

桑塔亚那说：“在自然中，没有前景或背景，没有此处，没有当下，没有道德的神坛，也没有能把其他所有事物削减至边缘和远景的真正中心。”(本卷第 373

---

① 首次发表于《哲学杂志》，第 24 卷(1927 年)，第 57—64 页。本文是杜威对桑塔亚那和梯利的回应，前者的原文见附录 1，后者的原文见附录 2。

② 见梯利的《当代美国哲学》(*Contemporary American Philosophy*)，载于《哲学评论》，第 35 卷，第 532 页(本卷第 395 页)。桑塔亚那的《杜威的自然主义形而上学》，载于《哲学杂志》，第 22 卷，第 680 页(本卷第 375 页)，以下桑塔亚那的引文均出自此文。

③ 同上，“我自己便是一个教条主义式的自然主义者”，第 687 页(本卷第 383 页)。

页)这是一个教条主义的论断,但我这样说并不是出于指责。桑塔亚那承认自己是一个教条主义的自然主义者,而在我看来,任何一个人要想做成一件事,必须或多或少是教条主义的。然而即便是一个教条主义者,也会被问及他是在何种基础之上提出他的主张的,这不是要他提供什么证据,而是要问这些主张所带有的前设是建立在何种信念平台之上的。我认为,无论对桑塔亚那还是对其他人来说,他们对于自然的这一论断并不是自明的。如果考虑到桑塔亚那自称自己的思考是在脱离了任何形而上学的情况下展开的,并且还自信地认为,全心全意的自然主义是不可言说的,是对不可知的跪拜,是对人性的誓言①,那么,他的这一论断的广度与意义便是十分惊人的。在我看来,桑塔亚那关于自然之特征的论断并不是建立在自然知识之上的,相反,自然特征的表达是通过描述其负面和对立面来实现的。桑塔亚那所否认的自然特征,是那些属于人类生活的、处于人类活动场景当中的特征。这些特征伴随着人而存在,因而只能归属于人;自然,不管它是什么或不是什么,一定不具备这些特征。简言之,桑塔亚那的预设是自然与人之间的分裂。并且,人若不被视作是一个在物理上具有广延的身体,便只能作为机构、文化与"经验"出现:前一种人是实在的、实体化的,后一种人则是似是而非的、欺骗性的,因为人有中心和远景之分。

在我看来,桑塔亚那的自然主义是没有支撑的,正如在他看来,我的自然主义是气息短促的一样。然而,正是我所谓的自然主义,让桑塔亚那在自然与人(或者你也可以说是社会人或传统人)之间放置的鸿沟变得不自然且缺乏可信度;并且,如果我对文化史的把握是正确的,这一鸿沟还能让人联想到那些超自然的信仰。在我看来,不管是群体性还是个体性的人类事物,都是物理世界和前人类世界中的自然之投射、连续与复杂化的过程。自然与人之间并不是两个不同的存在领域,它们之间并不存在鸿沟与"分叉"(bifurcation)。正是因为如此,

自然之中既存在着前景又存在着背景,既有此处又有彼处,既有中心又有远景,既有焦点又有边缘。如果不是这样,人的历史与状态便会与自然完全断裂,莫名其妙和不自然的条件和因素便会插入。对于任何持严肃的连续观的人来说,认为时空中的存在不分此处与当下、亦没有视角之分的观点不但是不可信的,还表

---

① 桑塔亚那:《杜威的自然主义形而上学》,自然主义者"发自内心地轻视前景,他们爱自然的伟大,在无限之前陷入沉默",第 679 页(本卷第 374 页)。

现了一种理性传统的后遗症,这种理性传统在特定的历史时期内发展并兴盛于物理学领域。使这一观点变得可疑的并不是实用主义或任何特殊的哲学观点,而是自然科学的进步。持连续论立场的人或许会辩解说,因为人类经验呈现出了那些在桑塔亚那看来自然所并不拥有的特征,自然当中一定包含着这些人类特征的原型。新物理学认为,有必要用自己的概念去描述物理世界。①

桑塔亚那的许多零星的论断都表明,他的不可知论在细节上并不如他在正式官方声明中所说的那样完整。在讨论特殊问题时,他时常指出他分享着普通人的信念——在正常的有机体与适当的工具及技术的保护之下,人类经验也许能够获得关于事物本质的可靠指示。我们不仅仅通过"动物信仰"(animal faith)去相信某些值得崇拜的实体存在,还通过理性去把握它们的构成和关系。我们可以对这一立场作如下的归纳:人类生活(文化、经验、历史……无论选择何种名字)的主要特征指示的正是自然本身的显著特征——中心与远景;偶性与实现;危机与间歇;历史性、统一性与特殊性。下面是我的"形而上学"的范围与方法:人类在受难、享乐、磨练、失败与成功中所展现出的主要而连续的特征,以及标志了这些特征的艺术、科学、技术、政治与宗教,体现了人类生活于其中的世界的真正特征。这一方法与任何研究者所持的方法并无二致:进行一定的观察与实验,并运用既有的观点进行计算与解释,继而真正找出一些关于自然的某些有限方面的结论。如果说《经验与自然》提出了什么新的东西,我应该说,其新颖之处并不在于提出了这一普通人的"形而上学",而在于提出了我们应该运用这一方法去理解那些使哲学陷入麻烦当中的特殊问题。

在这种理解之下的"经验",明显与英国心理学传统中的用法对立,这种差异我已经在批评后一种用法时艰难地指出了。不过,我有理由认为自己已经远远地脱离了洛克(Locke)、休谟(Hume)和詹姆斯·密尔(James Mill)的影响,因为通过一些批判性的净化,我所做的只是让经验回到了它日常的、非技术化的意

76

---

① 桑塔亚那认为我在《经验与自然》中所用的概念——"事件"(events)与"事务"(affairs)——带有这样一种味道,即我试图将真正的"自然"淹没于一种包罗万象的人类道德主义当中。事实上,我是依据下面这些事实来使用这些概念的:首先,当下物理科学正基于自身利益被迫使用这些观念(即便没有确切地使用这些词语);其次,从哲学的角度来看,根据我的理解,桑塔亚那将自然视作一个单一的实体,而这一实体的组成与变化都是虚幻的。这种形而上学超出了我的理解,并且看起来像是被桑塔亚那正式抛弃的理性主义唯灵论的残余。

义。在这个意义上，用桑塔亚那喜欢的说法来说：经验构成了前景。但是，经验的前景也是自然的前景。我和桑塔亚那的不同就在于这一点：他认为前景像屏风一样遮住了背景，而在我看来，我们思维的展开形式恰恰是前景作用于背景之上。桑塔亚那明显认为前景是置于人类直觉、经验与背景之间的，而在我看来，人类所经验着的正是前景——自然本身的前景。桑塔亚那也许还认为，只有除去了前景的背景本身才是自然。对此，我不敢确定，不过我可以确定的是，前景本身就是自然的一个有机的组成部分，自然并不是由相信人之动物性的宗教信仰所设定的黑暗的、不可知的深渊，特别是在这种动物性本身也是一种信仰的情况之下。

基于这些观点，读者也许能够大概想象得到，在读到桑塔亚那认为"只有直接的才是实在的"（第 378 页）这一观点对我来说是自明的时候，我受到了多大的冲击。① 桑塔亚那文章的很大一部分都在讨论这一信念之后果的辩证发展；当然，这种发展是解构性的。因为桑塔亚那认为我持这样的观点，所以他认为我对于他没有将熟巧的辩证法用于暴露整部《经验与自然》中的大量矛盾只有心存感激。我的"工具主义"理论认为自然是再生的，自然存在（natural existences）之间有效应性联系，并且知识总是中介性的和关系性的，这些都是明显与"只有直接的才是实在的"相矛盾的。不过，也许因为桑塔亚那对于我所讨论的某些特殊问题缺乏兴趣，我才不至于陷入上面所说的那种命运。我要再次重申：我认为，每一个被经验到的事物都有其直接性；我还认为，每一个自然存在，基于其独特而直接的存在特殊性，也都有其直接性。因此，被经验到的事物的直接性特征并不是似是而非的，也不是非自然的硬塞或超自然的强加。然而，具有特征并不等于就是这些特征，当然，这也不是绝对的。我对于特殊问题的很大一部分讨论在于

_____

① 为了防止沉默被当作赞同，我要在这里特别地声明：我的立场与桑塔亚那加在我头上的立场大相径庭。（第 380—381 页）如果我持的是他所说的这些立场，那么他的反驳是有说服力的；然而这些立场对我而言，就像对他而言一样都不真实。正如他所说的，"实践排除了"任何这样的信念。即便我不是一个像通常被称作的那样的实用主义者（或者至少是那一种实用主义者），我也不会轻率地试图将对实践的尊重与排他的决定直接性结合在一起。桑塔亚那说："属于前景的相对明显的优势已由一个生物上的偶然事件变成了一个形而上学的原则。"（第 382 页）但是，我不认为前景是一个偶然事件，我也不认为生物上的事件较之于物理上的事件是处于半途（mid-distance）的，因此，我的"形而上学原则"是：联系中的前景可能被用作决定后景之特征的方法。在我看来，将前景当作"偶然事件"，正表明了桑塔亚那思想中的非自然因素。对此，《经验与自然》中有很多参照，我只提出一个：第 262 页（《杜威晚期著作》，第 1 卷，第 200—201 页）。

试图指出,我们应该将所处理的对象的特征视作直接事件与间接联系之间的"交叉"(intersections)或者"互相贯穿"(interpenetrations)(我想不出更好的词来表达了)。同样,我在批判各种哲学理论时也指出,它们往往是孤立地强调了一面而没有顾及其他。坦率地说,我不认为经验的直接性是似是而非的或非自然的,因为缺乏直接性的自然是不能存在的,在这种情况下,"实体"也就成了"本质"的同义词。然而,这样一种自然主义太过全心全意,很难被接受。

桑塔亚那说:"假如我说,'每一个理念都来源于(emanate)自然',杜威会认同我所说的,但他的理解是:每一个间接事件都来源于某些直接事件。而我的意思是,每一个直接事件,比如说感觉,都起源于生物的层面。"(第381页,注释)这一关于我的信念的论断特别地说明了桑塔亚那的预设,即我认为只有直接的才是实在的,因此并不存在与背景相对的所谓的前景。我要再一次指出的是:如果说"意识"是一种高于一切意义上的前景,那么经验要远大于意识,经验深入背景,而背景同时又上升至经验。我同意理念"来源于"生物层面,其他评论家甚至批评我,说我眼中的这种"来源"是虚化的、无实质的。事实上,在我看来,理念的东西,比如说感觉,同它所起源的生物层面的东西一样真实,比起那些没有感觉的生物层面的东西,感觉表达了事物之间进行互动的更高一级的需求;因此,我不说理念的东西更为真实,但至少其实在性更为完整。虽然感觉具有直接性,但我并不认为感觉就是直接的。感觉当中包含着联系,它自身包含着某些将它唤入存在的不明显的条件,否则它永远成为不了符号,也不会具有任何认识价值。为了避免这一论断被解释成桑塔亚那所说的意思,即感觉的概念来自作为术语的生物概念,我要加上一点:我是在实实在在的存在意义上来说理念的东西来自于生命层面的。桑塔亚那接着又说,理念的东西源自于"大部分不为人所知或无法为人所知的动物性生命过程"。在这一点上,我和桑塔亚那之间也许存在着分别。很明显,感觉的生物性进程及其趋向结果的历史(这里,不同于桑塔亚那,我建议使用"历史"和"事件")在很大程度上并不为人所知;但是在我看来,造成这种状况的原因并不是因为经验给我们设置了一个屏障,而是因为我们还没有充分探明经验的含义。对桑塔亚那来说,如果我理解得对的话(不过,可能我对他的理解比他对我的理解好不了多少),经验用他的话来说是"无法为人所知的",但既然如此,为什么要认为经验产生的条件是生物性的呢? 这样做是不是因为所有经验的过程都是似是而非的和常规的,因此为了防止出现实体、上帝、物质这些不可知的深渊,我们可以随便选用一种说法来解释经验?

79 　　桑塔亚那认为他在我暗含的行为主义中发现了我的实际立场,并且认为我的这一立场同他对生物性基础和理想之具体化的考量是一样的。然而桑塔亚那总是尽可能让别人很难同意他的观点,因此,他批评行为主义是"外在论"(externalism)特殊的"美国"形态。不过,真正的冤屈还在于,桑塔亚那认为将思维与动物性功能联系在一起的行为主义注定要否认心灵本身。毋庸置疑,一些自称是行为主义的心理学家正在做这样的事情。但是,桑塔亚那由此认定我要么是一个这样的行为主义者,要么是一个思辨的唯我论者,并且尽管前者的趋势强烈,我的经验主义还是将我推向了后者。但是,我要说,《经验与自然》的主要论点是:人类经验既是智性的(当然其中包括错误的智性)又是情感化的行为。换言之,我试图将心灵与物质这两个被桑塔亚那完全分开的世界在自然主义的基础上重新结合在一起。我知道,这种尝试并非寻常,甚至也许注定要失败,但我希望自己的笨拙不会成为人们判断这一尝试的价值的基础。我们一定要重复进行这种尝试,我希望成功的程度会越来越高。不过我非常确信的是,在桑塔亚那的前提之下,成功是不可能的。但为何不改变那些前提呢? 我也许过于依赖社会媒介或传统媒介,但还不至于相信社会或传统已经对物质和心灵的问题盖棺定论了。

　　桑塔亚那说,我所认为的前景是一个社会性的世界,是社会媒介;并且,他还将此界定为传统(convention)(这一界定,我认为并不公正)。若要接受"传统"这个概念,就必须再次声明我已经指出过的:"传统"并不是常规的,也不是似是而非的,而是自然事物之间的互动,并且这种互动是以交流的形式表现出来的。一个"符号"可能是常规的,比如一个声音或纸上的一个记号(它们本身是物理性的存在)可以表征其他事物,然而一个(功能性)符号的根基一定在自然存在当中,人类的联合体则是在这一根基之上结出的果实。我能够理解桑塔亚那认为社会媒介是常规的,然而这种偏见不过是人类存在与非人类存在之间结构错位的另一个证明。我将这种错位称为没有支撑的自然主义。

80 　　如果我真的认为只有直接的才是实在的,那么桑塔亚那可能马上会指出,在我的结论中存在一个涉及社会的基本矛盾。他说,我有"将个体消解为他的社会性功能"的倾向(第370页),用逻辑化语言来说,也就是我将直接性消解成了间接性。然而,我发现在人类生活中——从它的生物性根基到它结出的理念花果——同时存在着个体性的事物和群体的事物。因此,我认为自然中同样存在这两方面的事物:一方面,每个事物中存在的不可约的、直接的"自性"(itselfness);另一方面则是每个事物(依其所是)与其他事物的联系,缺少了这种联系,任何事物"既不能存在也不能被理解"。就我所知道的物理学上的发现而言,结论都是由检查物理存在本身所得到的结果证实的。经验既是个体化的又是群体化的,并且经验与作为背景的自然之间又是连续的。作为一个自然主义者,我认为自然同样也具有这两点特征。桑塔亚那否认自然中存在此处、当下与视角,而我则认为,自然中存在着此处、当下与视角,并且它们都是复数形式的。我不想从对于某个词的使用中推出什么结论,但是桑塔亚那使用的单数形式表明,他认为经验是某种单一而私人的东西;并且,其他这样使用经验这个词的人也持有类似的观点。将自然限制为一个单一的此处、当下与视角显然是荒谬的,如果这是唯一的出路,我宁可同桑塔亚那一样对此加以否定。然而,事实上,自然中存在着不计其数的此处、当下与视角,就像自然中有不计其数的存在一样。并且,将它们并入一个无所不包的实体,只会让这一实体变得不可知,这也是绝对不可知论的逻辑前提。同时,这样的合并还会让实体变得不可把握,因为这样的实体缺少了供其吸收和实体化的对象。再进一步,所有此处与当下的事物都处于互动当中,它们组成了一个互动与联合的世界(虽然没有通过交流而形成更为完整的联系)。也许有人会说,我的语气过分地夸大了经验的联系性,这也是因为由错误的心理学所统治的传统经验理论(而体现在桑塔亚那身上的传统自然观,则是由错误的物理学所统治的)忽视和否认了这种联系性,正如桑塔亚那想做的那样,传统的经验理论将经验看作一种单一而孤立的此处与当下。

　　我的目的不在于批评桑塔亚那的哲学,而在于清楚地声明我的立场,从而与强加给我的立场作出极为必要的区分。这是驱动我的一贯意图,即便我接下来要说,我认为,在桑塔亚那那里,存在着两种并置且从不互碰的思路和立场。在他处理那些传统哲学学派的争论暂时缺席的特殊问题时,他看起来是一个真正的自然主义者。这时候的他认为,经验中的事物并不是似是而非的和常规的,而是自然的真正延伸(尽管是片面而歪曲的,因为关于自然的科学论断要依赖物理学、化学与生物学)。然而另一方面,桑塔亚那还坚守着一些固定的标签,并认为每一种哲学(包括处于反思之下的他自己的哲学和其他人的哲学)都必须被贴上合适、固定而绝对的标签。当他脱离传统标签的影响,自由地处理一些问题的时候,我不但从他那里受益颇多,而且在绝大部分情况下都认同他的观点。但是,当他处理某个思想体系,并试图在这一体系与其自身体系之间作出必要区分的时候,他的自然主义就缩减成了对于某种包容一切的不可知物的模糊信仰,并且除去这一信仰,所有的人类生活都成了虚幻的假象。只有在这样的理解之下,我才能解释为什么我和桑塔亚那之间同时存在着如此巨大的认同与分歧。就像是爱尔兰人的一个说法:两人之间极为相似,但又以其中一人为甚,除去上面指出的桑塔亚那思想中我不敢苟同的部分,我很乐意成为那个与其相似的人。

意义与存在^①

在《意义的意义》(*Meaning of Meaning*)一书中,奥格登(Ogden)与理查兹 (Richards)引述了威克斯(J. H. Weeks)在《在刚果食人族中间》(*Cogo Cannibals*)中所提到的一件事:"记得有一次,我们想知道桌子用什么词表示。当时有五六个男孩围着我们,我用食指敲敲桌子,问他们:'这是什么?'一个男孩说这是 *dodela*,第二个说是 *etanda*,第三个说是 *bokali*,第四个说 *elamba*,第五个说 *meza*。"后来我们才弄清楚:"第一个孩子以为我们想知道敲打这个词,第二个以为我们想知道表示桌子材料的词,第三个以为我们想知道表示硬的那个词,第四个以为我们想知道那个表示盖着桌子的东西的词,最后一个也许因为想不出其他东西,才给我们桌子(meza)——那个我们真正想要的词。"^②

我认为,这件事同霍尔(Hall)教授近期写的文章的第一部分很有关系。^③ 在那篇文章中,霍尔认为他遵循了我在《经验与自然》中提倡并使用的指示性方法(denotative method),他选择了我讨论意义的几个段落,认为这种选择等同于经验的指示性方法所要求的"指示"(pointing)。我不能抱怨霍尔对这些段落或我的哲学作了严厉的批评,也不能抱怨霍尔的批判仅仅是基于文字分析。但霍尔似乎忽略了下面这个事实:"指示"并不像伸出一个手指或敲击桌子那么简单而

---

① 首次发表于《哲学杂志》,第 25 卷(1928 年),第 345—353 页。本文是对霍尔文章的回应。霍尔的文章见附录 3。

② 《意义的意义》,第 174 页。

③ 《"意义"在杜威〈经验与自然〉中的一些含义》,《哲学杂志》,第 25 卷(1928 年),第 169—181 页(本卷第 401—413 页)。

直接。在《经验与自然》中，对于"指示"的解释往往还包含"展示"(showing)与

"发现"(finding)，比如，"如果有这个起点或道路的话，它会把我们带入直接的不可言传的事物存在中去"。① 也就是说，任何观念、推理、理论、假设都是对要走之路的指示，它们的价值在于指出一种方法，并且这一方法的价值要根据其解决情境的能力得到检测。因此，正如文章一开始的事例所显示的，"经验的指示性方法"并不是直接指向事物（这里的事物包括书中的某些段落），而是将某些引导性的观点作为方法用于直接经验到的情境上。因此，对于语境的考虑是必不可少的。并且，在交流过程中，往往由于参与者没有分享一个共同的情境，因此不能互相理解。上面的这个事例证明，一旦涉及对于观念与符号的理解，分享共同的情境是必须的。基于此，我要作出以下这些评论，希望我的这些评论能够引向并解决这个涉及"意义"的情境，同时有助于形成一个共同分享的情境并促进理解。

I

霍尔在文章中指出，在我对于意义的讨论中，他至少找出了五种不同（可能还是矛盾的）类型的意义。有些情况是交叠的，因此我先把它们一一列举出来，然后再对此进行讨论。首先，霍尔引用我的一些原话来证明，我认为意义只局限于交流，因而也就只局限于语言行为。② 霍尔又引用了我的其他一些在他看来与这一观点相反的论断，在他看来，这些论断表明，我认为"意义"是先在于语言与思维以及建立在语言与思维之上的社会性参与的。霍尔的第二组引文涉及意

义发生的时间性关系，他似乎想以此指出，在正式将意义局限为对未来的指涉之后，我只能被迫引入"内在的时间性整体"。霍尔的第三个论点指出的是意义的工具性(instrumental)特征与完成性(consummatory)特征之间存在的明显矛盾。霍尔的第四组引文考察的是"指涉性的"(referential)意义与"内在的"

---

① 《经验与自然》，第86页（《杜威晚期著作》，第1卷，第74—75页）。"不可言传"这个词给我们带来了一些困难。"以非象征性的方式在场"也许可以表达其中的含义。我们可以就某个当下在场或"当下拥有"(had)的情境说一些什么，但我们不可能用几个符号或符号的组合将这一情境复制出来。

② 霍尔不仅在第170页(本卷第402页)上使用了"局限"一词，而且在文章的第二部分中多次强调使用了这个词。

(immanent)意义。而霍尔的第五个论点将我们带回了他的第一个论点：他试图用一些引文来说明，我有时会自相矛盾地说意义产生于人类有机体与物理环境之间的直接互动，而与社会性中介或"交流"的功能无关。

首先我要声明，霍尔在他文章的第二段正确地表达了我的大致立场：我认为事件自身能够"获得意义"，或者说，"意义产生于自然当中"。

1a. **局限于交流。**——先谈霍尔的第一个论点。我所指出的是，事件通过交流的事实"获得"意义，而这些事实是在人类的某些互动环节中可被观察到的经验性事实。然而，"获得"与之后的发展并不是一回事。霍尔并没有引用只言片语来证明意义的进一步生长乃是"局限于"其原始条件的。我说（我确实在他引用的文章中说过），"没有语言，意义便不可能存在"，这并不是说——也不是暗示——原始条件就等同于之后的所有状态。不光如此，我还在霍尔所引文中清楚地说道，"（语言的）后果反作用于其他物理事件和人类事件，并赋予它们以意义"。霍尔武断地责备我将意义限制为语言行为，然而，比这一责备更为重要的事实是：我在《经验与自然》中花了相当大的篇幅来指出，在交流建立起来之后，它的形式会延伸到所有的行为与事物上，而这些行为与事物也由此成为其他事物的符号。"自然语言"的观念并不是我的原创，我对此所作的贡献不过是指出，自然事物的声音与信息起源于人类的交流。① 霍尔对于指示性方法的错误使用在于，他没有意识到对起源的讨论是在何种语境下进行的。这样做的后果是：他对那些考虑到了进一步发展与功能的段落作了不合法的延伸。

1b. **质与意义。**——霍尔认为，因为我指出意义起源于那些构成了人类社会生活的明确特征的自然事件的互动，所以在我看来，意义是先在于任何交流的。这一观点犯了与上面类似的错误[这一论断可以应用于第 170 页（本卷第 402 页）上那一段落的后半部分，以及第 173 页（本卷第 405 页）上所表达的观点]。我当然认为，交流中的意义起源于某些自然的"先决条件"，这些不可或缺的先决条件包括直接的质（immediate qualities），它们在心理学上被称为"情感"（feelings）；正如我所指出的，这些直接的质是意义的生存性基础和"材料"

85

_____

① 这层意思影响了霍尔在其文章的第二部分所展开的讨论，因为他的讨论是基于对前面提到的"局限"的武断指责之上的。比如他所举的航海的例子[第 174 页（本卷第 407 页）]，这个例子完全同我的立场一致：在航海中，海纹以及其他一些事物可以传达给我们一些语言上的术语所不足以传达的信息。

(stuff)。如果我们说这些质或情感本身就是意义，那么霍尔才能指责我前后矛盾。我明确地认为，这些质或情感先在于且独立于任何语言功能（即使是最宽泛意义上的符号功能），并且这些质或情感以更精细的方式来指导行为。但是，我明确否认这些质或情感就是意义。霍尔也许认为它们就是意义，他也许还能给出他为何这样相信的理由，但是他没有资格暗示或声称我也持同样的观点，并进一步指出我的说法存在着矛盾。①

2. 时间性问题。——我确实认为，通过将潜在的后果等同于它们的性质（就像一个普通的名词在实践上所作出的任何指示一样），事件获得了它们的意义。同时我也认为，我们之所以有责任回到之前的条件，是因为我们要批判地寻求有效的意义。所谓有效的意义，是那些有资格被当作事件之真正意义的意义。当我们要确定真正的后果是什么的时候，我们必须将一系列事件的进程（有时候是一个漫长的进程）纳入考量。

3. 工具的和完成的。——要想正确地确定意义，我们就必须考虑到"历史整体"或"内在的时间性整体"，因为虽然存在的意义是由预期中的或潜在的后果构成的，但后果只有在与历史的联系中才能被适当地确定下来。当我们明确地将这种历史纳入考量的时候，工具性意义和完成性意义之间的区分就出现了。我想没有人会质疑下面这一事实：有些事物的意义是由其作为工具去获得或完成其他事物所决定的；同样，有些意义是作为获得其他意义的手段而得到确定的。

工具性意义同时还明显地暗示了一种未来的目标或一种最终的、完成的意义，对于未来的目标而言，工具性意义才是工具性的。根据经验性的方法，没有任何一个意义永远和天生是工具性的或是完成性的，意义的状态和角色是由实际情境决定的。因此，我们就需要将一个情境看作一个"历史整体"。先在的事件，或者说作为准备性条件的"有效"事件，定义了工具性特征；而那些包含了之前事件的最后事件或结束事件，则具有完成性意义。从作为整体的时间性进程的角度来看，工具性意义与完成性意义是相互关联的。我之所以如此强调"历史

---

① 在第 173 页（本卷第 405 页），霍尔引用了我的一个关于质的论断，他在"质"这个词后面插入了这样一个表达："直接意义——在这里，也就是感觉。"事实上是霍尔自己持这一观点，而我对此则是持拒斥态度的。霍尔将这一观点强加在我的头上，然后说我是自相矛盾的，这自然是很容易的。

整体"中意义的相关性,还有一个原因,那就是哲学中有太多将工具与结果分裂开来的例子。为了批判这些观点,我们有必要指出:任何事件,不管它的工具性特征如何明显,对于之前的事件来说,它依然是完成性的;并且,因为事件的完成性意义中包含着持续的事件进程,所以完成性意义也具有工具性价值。因此,我 并不是无心地引入"历史整体"从而让自己变得前后矛盾,相反,"历史整体"是我的整个假设的一个有机而自恰的组成部分。

4. 指涉性的和内在的。——目前对"意义"的使用,毫无疑问是含混的。我们说某物意味着某物,是说前者指示了后者,前者是后者的符号。这就等于将一个事物当作另一个事物的证据,或者推得另一个事物的条件。比如,我们说烟意味着火的时候,指的是:当我们观察到烟的时候,就能推得火的存在。然而,事件还能够基于其自身而获得意义,因此在刚才提到的例子里,某些事物会被我们直接把握为"烟",烟的特征属于被我们观察到的烟的事件,虽然在其他一些情况下,"烟"也许是一种指示或推断所得的特征。我分别用"指涉性的"和"内在的"这两个词来区分这两种情况,以避免我们通常在使用"意义"时所带有的含混。

这种含混并不是我创造的,我只是在当下对"意义"的使用中发现了这一含混之处。这里的问题只涉及意义的这两种用法与我关于意义的整个假设之间的关系。(1)认识到意义的这两种不同用法与意义起源于交流的理论是一致的。当声音作为符号被用来代表自身以外的事物时,它就首次获得了意义,并且在进一步反复使用之后,声音所代表的事物就变成了声音的"内在"意义[霍尔在第179页(本卷第413页)以"猫"为例说明了这种情况]。根据我的假设,只有对指涉性或证据性意义的有效结果不断重复,内在意义才会产生。(2)从时间性的角度来看,作为符号的事件所指示的意义只能在某个行为的后果中被经验到,而这一行为则是建立在将某个存在当作符号或证据之上的;意义在经验的进程中是后来的或将来的。我们要基于时间性整体去批判地检验意义的有效性。(3)这样,一个指涉性情况的完成性意义就变成了它的内在意义,也就是在之后的情境被理所当然地拿来使用的意义。因此,在我看来,我的整个理论的各个部分之间并不存在矛盾,相反,它们是一个相互指示和支撑的整体。

II

我们在前面讨论的是霍尔文章的第一部分,霍尔在这一部分中对我进行了各种引用；我们在前面还预先讨论了霍尔文章第二部分的某些章节。但是，我们还没有涉及他在第二部分提出的一个很重要的观点。[①] 如果我对霍尔的批判把握正确的话，他的观点大致可以表述如下：我无法在我所说的无意义的事件与有意义的事件之间作出区分，除非我通过赋予前者一些性质或特征而将意义带给它们。并且，我的这种区分暗示了一种起联结作用的实体，而这种实体本身就是一种意义。因此，霍尔指出，我所作出的实际上是局部的、不完善的意义与更为完整和丰富的意义之间的区分，而不是无意义的事件与有意义的事件之间的区分。根据我的理解，霍尔文章的第三部分正是对这一观点的正面展开。因此，我将就霍尔所提出的负面批判和正面建构进行回应。

我先要简略地讨论一下霍尔在对我的立场作逻辑分析之后所提出的论点，这样做的理由很快就会显露出来。毋庸置疑，当我思考某物，或者某物进入思维之后，它便获得了意义。并且，当我们指向某个无意义的事件时，这一事件就进入了思维的领域，同时也就被赋予了意义，即便是"没有意义的存在"这一意义。我们还可以更进一步：指出某物是一个事件，就是赋予其性质或特征，从而也就是赋予其意义。所有这些都是确定无疑的。但是，如果要用这些去证明先在于和独立于思维的事物自身就拥有意义，就是另一回事了。这样的论点将思维的境况转换成了存在的特征，这种转换并没有说服力。如果我们假设，一些原本没有意义的存在在进入思维之后获得了某些意义（在我看来，事实确实如此），那么上面这些论据就失去了作为证据的价值。这就像是观念论者曾经用过的一个证明，他们说实在论者的断言"存在某些与心灵没有关联的事物"本身就假设了事物与心灵是关联的了。

根据我的理解，霍尔的正面论点有如下两点：首先，起指示作用的符号本身就是意义；其次，符号所指示的也是意义，不过这一意义更大、更丰富。因此，符号与被象征物作为局部意义与完整意义联系在一起；虽然我们很少能够获得完整意义，但我们总能感觉到它在那里，供我们去作更为详细的探索。霍尔说："符号与意义并不是两个互相外在的、自我封闭的整体，相反，符号是意义的一个真

---

① 我不希望给人留下这样一种印象，即我认为我在《经验与自然》中对意义的讨论并不存在疏忽或不一致的地方。霍尔所引的一段话中就有这样一处地方（我想这是唯一的一处），如果是这处地方误导了霍尔，那么我认为我应该对此负责。这处地方是霍尔在第 170 页（本卷第 402 页）所引的"正义的感觉"。无疑，我在这里从"质"（或"情感"）偏移到了具有意义的质，或者说"感觉"。

正部分。"(第 413 页)"指向意义的事物与意义本身"并不是"分离而互相外在的"。比如,一名水手在暴风雨中听到呜呜声、轰隆声和断裂声,"这些声音意味着船帆的拴绳被刮脱了。很明显,这里的符号并不外在于它所指向的意思"(第413 页)。

让我用自己的假设来重申一下上面的讨论。意义有两种可能的情况:指涉性意义与内在意义。在前一种情况中,存在着一个具有指示性意义的事件作为其他事物的符号或证据。如果那个海员是个新手或外行,就会属于这一情况。他听到尖啸声和断裂声,会想到这表示有事将要发生,但他只能去推论(*infer*)——把声音作为符号,想方设法找出这声音意味着什么。可是,如果这个海员是有经验的,他之前经过检测和验证的推论马上就会直接成为他知觉的对象:对他来说,这个声音就是意味着船帆的拴绳被刮脱了。"内在意义"指的就是这种情况,而充满猜疑的外行将某个声音事件等同于断裂的声音,这其中同样也发生了"内在意义"。在这些情况中并不存在指示性的符号与被指示物的区分,有的只是具有直接意义语境的、作为整体情境的"当下拥有"(had)。然而,根据我的假设,"内在意义"只存在于之前的指涉性意义或反思性(推论性)意义的结果中。并且,具有内在意义的事件也会作为符号,以指涉性意义进入其他情境中。比如,就像外行听到声音后会问这意味着什么一样,有经验的海员在知道船帆的拴绳被刮脱之后,就会问:下一步该怎么走? 或者,我应该怎么做?

回到霍尔的观点。他和我在下面这一点上存在着明显的不同:在他看来,声音内在地就是一种意义;而在我看来,声音是一种被用作或当作符号的事物,因此,"意义"指的是声音与其他某物之间的关系,这一关系的功能或职责在于成为其他某物的符号。关系的确定与划分,是通过推论的运作实现的。同样,我们也不能不加限定地说,被指示物就是意义。被指示物是拥有意义的事物,是被拿来满足指示性事物或事件之需要的事物。当然,指示性的事件并不是自我封闭的,因为如果它是自我封闭的,就不能作出指示了;成为一个指示性事件的根本意义,在于这一事件处于指示的关系之中。当推论完成的时候,一个"整体"便出现了;"整体"是一个不再区分指示物与被指示物的情境,因为推论的完成在于我们直接"拥有"了一个情境,我们可以直接"走向"这个情境,并从这一情境再次出发。

在我看来,正是因为霍尔认为符号与被象征物自己的意义是基于其自身的,而不是由推论性关系得到的,他才无意识地回避了整个问题。他说:"符号并不是一个自我封闭的整体,相反,符号是意义的一个真正部分。"但是,当我们将一个事物称作一个"符号"时,霍尔的问题就已经解决了:称一个事物为符号就是赋予其意义。真正的问题在于:一个事物是在何种条件下成为一个符号的,或者至少是,事物究竟内在的就是符号,还是因为作为符号或证据在推论中的使用而成为符号? 霍尔这样写道:"符号在语言中的任意性,让人错误地以为指示性的意义(meaning that which refers)与被意味的意义(the meant)之间是分离而相互外在的。"(第 413 页)我认为,指出指示性的意义与被意味的意义只是在简单地回避问题。对于霍尔的论述有一个很明显的回应:他是在将语言复杂化。"指示性意义"是对某些作为符号的存在或指示性条件的简短表达,而"被意味的意义"则是对某些被意图或在推论中被指示的事物的简单表达。霍尔的观点是:指示性的事物内在的就是一个意义,也就是说,指示性事物本身就意味着一个意义。我的观点是:通过成为一个证据性的符号,一个事物得以指示另一个事物,在这一关系中,两个事物都获得了意义。即便霍尔的观点是对的而我的是错的,我们也不能通过利用将语言复杂化之后所产生的含混来解决问题。"猫"的例子与"船帆的拴绳被刮脱"的例子都证明了我的理论,即内在意义来自之前指涉性意义或反思性关系的成功结果。正如之前所指出的,我们不能受通常对于"意义"的含混使用的影响,并要留心不要从一个意思无意识地偏移到另一个意思。

这里的讨论并不是要证明我的观点或是证谬霍尔的观点。我的意图是想要将我们的立场明显地区分开来,并弄清楚霍尔得出下面这个结论的前提,即"存在"本身就是一个大的意义整体中的局部意义。在我看来,他的论点机巧地复述了唯心主义的立场,比如,罗伊斯(Royce)在区分外在意义与内在意义时所持的立场。意义的问题当然是当代哲学中一个最重要的议题。很遗憾,我的文章必须带有这样的争议性,但我想对霍尔在其文章中所表现出来的友好态度和尖锐性表示赞赏,同时我要感谢他能提供给我一个机会来重申我的某些观点之间的相互关系。

自由的哲学①

最近一本关于主权的书在考察了关于主权的几种理论之后,得出结论:"主权概念的发展反映了政治思想的一般特征。一直以来,这一概念的不同形式表达的都是对于各种事业的辩解,而不是对于知识的无偏向的喜爱。这一概念在不同时期意味着许多事情,而对于它的攻击也来源广泛,且指向不同的目标。我们要从它们的用途而非真假来理解所有政治观念的起源。"②道德概念也许同样如此。毫无疑问,"自由"这个词被用在了许多事情上,这些事情披着各色羽衣;并且,"自由"这个词的魔力在很大程度上来自它与不同事业之间的联系。因为需求不同,它的形式也不同,它的"用途"在于帮助人类处理许多困境。

自由主要被用来满足道德需求和促进道德兴趣。道德需求和道德事业的核心是选择,这一断言假设了很多东西。赋予选择以尊严、表达选择在人类事务中的意义、将选择置于人类道德斗争和成就的中心从而来放大其意义,这些愿望都反映在自由的观念当中。我们有一种不可战胜的感觉,那就是:选择就是自由;没有选择的人是一个傀儡,这个人的行动没有一个可以被称作是他自己的。缺少真正的选择,也就是那些表达在行动中的、让事情变得与原本不同的选择,人只不过是由外在力量运作的被动载体。上面这种感觉既无法自我解释,也无法

自我证明,但它至少为关于自由的问题提供了一个元素。在需要我们对此进行

---

① 首次发表于《现代世界中的自由》(*Freedom in the Mordern World*),霍勒斯·M·凯兰(Horace M. Kallen)编,纽约:科沃德-麦卡恩出版公司,1928 年,第 236—271 页。
② 保罗·沃德(Paul Ward),《主权》(*Sovereignty*),第 167 页。

检查的事情中,选择是其中一件。

然而,关于自由的核心是选择这一观点的理论证明从一开始就与其他兴趣混在一起;正是这些其他兴趣,而不是对于选择的无偏见的检查,决定了广泛流行的自由哲学的形式。人天生要去表扬与指责、奖励与惩罚。成熟的文明设立明确的公众代理人去"审判"人的行为模式,有罪的人就会受到惩罚。人们根据自己的行为受到表扬、指责和公共性惩罚,这一事实表明他们是可靠的或负责的。如果我们进一步追问可靠性(reliability)的基础,惩罚的事实就引起了我们的注意。除非人类对他们的行动负责,否则对他们的惩罚就是不公平的;如果人们的行为是不得已而为之的,那么让他们为自己的行为负责、指责并惩罚他们的过程中哪里有公正可言? 因此,关于自由选择的哲学就发展成为一种对于法律兴趣的辩解——惩罚责任(liability to punishment)。这种发展的结果就是自由意志的理论,即意志作为一种力量处于选择的背后,是选择的发起者,是责任的基础,也是自由的本质。意志具有进行中立选择的力量,也就是说,它可以自由地选择一种或另一种方式,不由任何愿望或冲动所支配,而仅仅出于驻留于意志本身之内的因果性力量。这种看待选择的方式已经根深蒂固,以至于人们普遍认为选择与任意的意志自由是一回事。①

我们的调查值得在这里停一下,让我们在刚才所说的选择与自由意志(这里94 的自由意味着无动机的选择)的联系中更为仔细地检查一下选择的本质。我们无须进行深入的分析,就能发现这一理论中存在着两个严重的缺陷。要负责的是人、一个具体的人。如果行为不是来自人,来自由具体的习惯、欲望和目的所组成的人,为什么这个人要负责并受到惩罚呢? 意志表现得像是外在于实际个体的力量,而这一力量却是行为的真正而终极的原因。因此,意志所拥有的随意选择的自由并不能让一个具体的人为他的选择负责。无论还要说什么或还有什么没说,选择同实际的人类性情和特征的联系一定要比这种意志哲学所允许的更紧密。

我们似乎陷入了一种绝望的两难。如果一个人的本性(nature),无论是天

---

① 这种把对自由概念之发展的阐释与法律主题联系在一起的做法,也许会受到质疑。从由罗马帝国成长起来的法律思想对于道德观念的入侵中,我们可以找到这两者之间的历史性联系。罗马法和各种道德思维模式的影响,以及后者与基督教教会(欧洲道德的养护者)之神学和实践的结合,将这一联系永久化了。

生的还是习得的,让他做了他所做的事,那么他的行为同一棵树或一块石头的行为有什么区别呢?在这种情况下还存在需要负责的理由吗?但是,如果我们从事实的角度而不是从概念辩证的角度来看这一问题,就会发现其中并无任何可怕之处。要人承担责任也许会给他们的未来行为造成决定性的不同,而要树或石头承担责任则毫无意义,因为它没有后果,也不会造成任何不同。如果我们把未来的后果而不是先在的因果条件作为责任的基础,就会发现自己同实际的实践是一致的。婴儿、白痴、精神失常者和完全错乱者不需要负责,要求他们负责是荒谬和毫无意义的,因为这对他们的未来行为没有任何影响。当孩子渐渐长大,他就会发现压在他身上的责任。当然,这并不是因为自由意志突然进入了他的体内,而是因为他对责任的假设是他未来生长和运动的必要因素。

我想,通过将问题之所在从过去转移至未来,从前提转移到后果,我们完成了一些事情。我们可以通过圈养方式改变有些动物,比如说狗和马的未来行为。我们可以想象一个人的行为因为他被对待的方式发生了改变,他的行为与原本的行为不同了,但是,像狗或马一样,这种改变也许只是由于单纯的外部操纵,就像由线拉动的木偶一样。因此,整个故事还没有被完全讲出来。肯定有一些内部的实际参与引发了同选择和自由相关的改变。来自内部的这一事实,排除了诉诸作为原因的意志这个容易的解答。只有人自己参与的选择才是真正的选择,那么,这一论断又意味着什么?

为了回答这一问题,很明显,我们至少要走得再远一点。优先选择的行为是所有事物的一个普遍特征,对于原子、分子、植物、动物和人类来说都是如此。我们知道,存在物普遍地在一些事物面前保持冷淡和中立,而对另一些事物则有正面或负面的积极反应。这些行为的"偏好"或不同反应,是出于存在物的自身构成——它们"表达"了事物的性质。选择性行为对实际发生的事情作出了显著的贡献。换言之,虽然我们对于某个事物变化的描述可能是基于其他事物的变化,但我们不能如此来解释让变化具有特定性质和方向的事物的存在。选择性行为证明了事物中至少存在着一种基本的个性或独特性。对人来说,这种偏好性行为并不完全等同于选择。但除非选择中至少包含一些在性质上同其他行为连续的东西,否则为了将真正的现实归因于它,我们只能将人与自然分离开来,并将人在某种意义上看成是超自然(按这个词的字面意思)的存在。选择不只是但至少是行为的选择性。

那么,选择中还包含了什么呢? 我们也许还要再作一次迂回。从无生命物到植物,到动物,再到人,复杂的程度逐级递升;同时我们还发现,由于生活历史或过去经验的影响,选择性回应的种类也在增加。偏好的展现变成了整个生命历史的一个"功能"。为了理解一个人的行为,我们必须知道其生命的进程。人对于大量不同的条件,是易受影响的、敏感的,并且还会有不同的、对立的经验,而低级动物则并非如此。因此,根据过去经验的范围和种类,人的当前选择性回应能力就有了大量不同的可能性。人的当前偏好是其生命历史的一个功能,而生命历史则是复杂的,因而也就有了行为持续多样化的可能性,或者简言之,人的显著的可教育性。这一因素并没有涵盖由偏好转为真正选择的全部,但它涉及作为一种自由模式的选择中所包含的个体参与和个体贡献。我们之所以强烈地感到自己不是像无生命物那样被推着行动,在很大程度上是由于这一因素。然而,"背后"推动力的种类是如此多样,它们与自我的关系又是如此紧密,我们的偏好常常会变得犹豫,不同的偏好会同时出现在我们面前。

因此,在属人的语境中,选择表现为众多偏好中的一个,但这并不是说所选的偏好是既定的,并且比其他偏好要强,而是说在偏好的竞争中形成一个新的偏好。如果我们能说出这一新的、决定了的偏好是基于何种基础之上的,那么我们离所要寻找的东西就很接近了。答案并不遥远,也不难找。随着观察和预见的发展,我们不需要进入事物的实际流动,就有能力形成代表事物互动与运动的符号和象征。因此,新的偏好也许反映了心灵的这种运作,特别是预见各种互相竞争的偏好会产生的后果。如果要总结一下,我们可以说(未来的探究也许会验证或证实下面的说法),石头有它自己的偏好性选择,它的选择来自一种相对固定和严格的结构,它对以这种或那种方式行动的结果并没有预见。而人类的行为则恰恰相反。只要包含可变的生命历史以及智性洞见和预见,选择便意味着一种审慎地改变偏好的能力。我所提出的假设是:在以上两个特征当中,我们可以找到构成了自由选择本质的要素,也就是个体参与的要素。

但是在进一步检查这一观念之前,我想先讨论一下另一种自由哲学。到目前为止的讨论都是关于选择的事实,这种排他的强调也许会让一些读者变得不耐烦。有人也许会认为这样一种自由观过于个人化和"主观化"了。这与人们为了摆脱压迫和专制,争取体制和法律自由而斗争、流血和牺牲的那种自由有什么关系呢? 这一问题马上会让我们注意到一种自由哲学,这种哲学将问题由选择转向了公开和公共意义上的行动。约翰·洛克的观点足以体现这种哲学,可以说,洛克是古典自由主义的创始者。自由是与选择一致的行动的力量,是将愿望和目的付诸运作,并执行所作出的选择的实际能力。经验表明,有些法律和体制会阻止这样的运作和执行。这种妨碍和干预构成了我们所说的压迫和奴役。事实上,值得我们为之斗争的自由是通过废除这些压迫手段、专制法律和政府形式得到保证的。这是一种解放,是拥有并主动展现行动中自我决定的权利。对许多人来说,强调与自由相关的选择的形成看起来像是一种逃避;并且,与下面自由的形式比起来,是一种无用的形而上学碎屑。这种自由的形式是引发革命、推翻王朝的愿望,也是衡量人类自由事业进步程度的标准。

但是,在检查这一观念与已经提出的选择观念的关系之前,我们最好考虑一下另一个要素,该要素与之前提到的古典自由主义的政治主题混合在一起。这一要素就是经济。即便是在洛克那里,财产、工业和贸易的发展在很大程度上创造了下面这种感受:既存的体制是压迫性的,我们需要改变这种体制,赋予人在行动中表达选择的力量。大约一个世纪之后,洛克所写的这一隐含的要素开始变得明显,且占据了主导地位。19 世纪后期,人们的注意力从执行选择的力量转到了通过自由(即无阻碍的)劳动和交换实现需求的力量。检测一个体制是否自由就要看它是否阻碍了工商业需求的运作,是否能够享受劳动的成果。这一观点与早期的政治观念混合在一起,形成了风靡大半个 19 世纪的自由主义哲学。它进一步导向了下面这一观念:政府的所有积极行动都是压迫性的,政府的原则应该是"放手",其行为应该尽可能地被限制为保证个体的行为自由,使其免受他人因为行使类似的自由而对其造成的干涉。因而也就产生了放任主义(*laissez-faire*)和将政府限制为只行使法律和警察功能的观点。

在大众的眼中,上面这一观念同样也以非经济的形式出现,只不过是用直觉或冲动代替了需求。这一形式与经济上的自由哲学拥有同样的心理学根源,且在流行的"自我表达"哲学中占了很大的比重。然而,对于这一思想基础和思想起源上的共同体来说,却存在一个讽刺性的事实:最热情地支持个人和家庭关系中自由地"自我表达"的人,往往是工商业中同类自由最激烈的反对者。他们很清楚,在后面的领域中,一些人的"自我表达"(尽管严格地与法律保持一致)也许会阻碍其他人的自我表达。一般的观念是:个人自由在于"自由地"表达冲动和欲望,不受法律、习俗与社会反对限制;并且,我们不需要通过技术性的经济概念,就可以更为直接地得出这一观念。

　　无论我们如何定义直觉和冲动,它们都是人的"自然"组成部分,这里的"自然"指的是"天生的"、原始的。这一理论赋予了这个原始结构一定的内在正确性,即给了冲动一个头衔,让它除了在直接而明显地干涉到其他类似的自我表现的时候,可以进入直接的行为当中。但是,这一观念因此便忽略了自我在产生冲动和欲望时与周围介质的互动,特别是社会性介质。这一观念认为,冲动和欲望是内在于人的"本性"当中的,它们处于原初的状态,并不受与环境互动的影响。与环境的互动因此被认为是完全外在于个体的,且与自由无关,除非它干涉到了天生的直觉与冲动的运作。我们只需研究一下历史就会发现,这一观念同它在经济自由主义和政治自由主义中的理论同类一样,是一个"虚弱的谣言",是正在消失的理论教条在道德和政治中的残留;这种教条认为,来自上帝创造之手的"自然本性"是完美无缺的,邪恶乃是来自外在或"社会"条件认为的干涉和压迫而产生的堕落。

　　上面这一论断的要点,在于指出了古典自由主义所阐发的政治、经济理论的根本谬误。这些理论认为,个体被赋予了固定而现成的能力,自由就是在不受外部限制阻碍的情况下运作这些能力;并且,这种自由几乎能够自动地解决政治和经济中的问题。政治理论和经济理论之间的区别在于:前者认为自然权利是原初而固定的,后者则认为自然需求是原初而固定的,但在涉及两者关于自由本质的共同前提时,这一区别是可以忽略的。

　　自由主义运动几乎在每个方向都取得了很大的成就。它激励并指引改革者去改变那些已经变得具有压迫性的体制、法律和安排。它所做的解放工作是伟大而必须的。那些"自然的"政治权利和人类的"自然"需要(人类作为自然的存在被定义为一个原初而天生的、道德或心理上的固定结构),实际上标志着一种新的潜力:基于某些原因所引发的社会生活的改变,这种潜力只被少数阶级所拥有。在政治方面,少数阶级发现自己的活动受到了封建体制残余的限制;在经济方面,新兴的制造业和商业阶级发现自己的活动也受到了来自相同体制的妨碍和阻扰:以牺牲商业和贸易的财产利益为代价,来保护与土地相关的财产利益。这两种阶级的成员大致相同,并且都代表了新兴力量,而他们的对手则代表了过去既有的、体制化的利益,且对这些新力量一无所知。在这种情况下,政治自由主义与经济自由主义随着时间的推移而融合,而它们的融合又必然促成了解放的工作。

然而，历史事件的进程足以证明，它们解放的是它们所代表的特殊阶级，而不是全人类。事实上，当这些新的获得解放的力量发动起来的时候，实际上是将新的负担和新的压迫形式强加给了没有特殊经济地位的广大民众。然而，要想恰当地搜集证据来证明这一论断是不可能的。幸运的是，我们并无必要来援引相关的事实。几乎每个人都承认存在着一个新的社会问题，这一问题对任何政治和法律问题都有影响；并且，无论这一问题被称为劳资关系、个人主义对社会主义，还是雇用劳动者的解放，其基础都是经济的。这里的事实就足以证明，早期自由主义学派的理想与希望已经被事件挫败，事件的进程确确实实地否认了他们所设想的普遍解放与利益之间的普遍和谐。过于"个人主义"是通常对自由主义学派的批评，但我们也可以说它不够"个人主义"，这种说法同样贴切。自由主义的哲学是这样的：它帮助那些拥有优先、特殊地位的个体获得解放，但并不促进所有个体的普遍解放。

因此，反对古典自由主义的关键并不在于"个体"与"社会"这些概念。

古典自由主义的真正谬误在于认为个体天生或者从一开始就被赋予了权利、力量和需求，人们要求体制和法律的，不过是消除那些阻碍个体自然才能"自由地"活动的障碍。障碍的消除的确能够解放那些之前就拥有思想和经济手段的个体，让他们利用改变了的社会条件；但是，其他人则只好听命于那些占据有利位置的人通过解放后的力量所带来的新的社会条件。有人认为，只要将同样的法律安排公平地运用于所有人（不管他们在所受教育、资金掌握，以及控制由财产体制构成的社会环境上的差异），人们就能平等地自由行动。事实证明，这一观点完全是荒谬的。实际的（也就是有效的）权利与要求是互动的产物，它们并不存在于人性原始而孤立的构成当中（不管是道德的还是心理的），并且单单消除障碍是不够的。障碍的消除，只是解放了那些碰巧由过去的历史事件分配的力量和能力。很多人认为，这种"自由"行为的运作是灾难性的。无论在理智上还是在实践上，唯一可能的结论是：自由（也就是根据选择而行动的力量）的获得依赖于积极而建设性的社会变革。

我们现在有了两种看起来相互独立的哲学，一种认为自由就是选择本身，而另一种则认为自由是根据选择而行动的力量。在探究这两种哲学是否一定要相互独立，或者是否可以在一个单一的概念中联系起来之前，我们最好思考一下另一学派的另一条思路,这条思路同样将自由等同于行动中的运作力量。这一学派清楚地意识到,这种行动的力量依赖于社会条件,并试图避免和纠正古典自由主义哲学的错误。它用一种体制的哲学来取代个体的原始道德或心理结构的哲学。这一思路首先是由 17 世纪伟大的思想家斯宾诺莎(Spinoza)开辟的。虽然当时自由主义哲学还没有成型,但他的思想却预见了极为有效的批评自由主义的手段。在斯宾诺莎看来,自由就是力量。个体的"自然"权利就在于做任何他能做之事的自由,霍布斯可能也持这样的观点。但是,人能做什么呢? 要回答这一问题,显然要看他实际拥有多少力量。斯宾诺莎的整个讨论就是基于这一点展开的。实际的答案是:原始状态下的人只拥有非常有限的力量。"自然的",也就是天然的人不过是他们所属自然的一部分,几乎是无限小的一部分。用斯宾诺莎的术语来说,他们是"样态"(modes),而不是实体。由于仅仅是一部分,任何部分的行动都受制于其他部分的行动和反行动。即使部分有产生行动的力量(这种力量存在于任何自然事物中,无论是无生命物还是人),也没有将其完成的力量。行动始终处于无限而复杂的互动网络当中。如果一个人仅仅根据他的私人冲动、胃口或需要,以及他对行为目的和行为手段的私人判断来行动,那么他就只是无限复杂整体中的一个从属部分,与一根树干或一块石头无异。他的实际行动取决于自然中其他部分同样盲目而片面的行动,其结果是奴役、虚弱和依赖,而不是自由、力量和独立。

这条路并不通向自由。然而人有理智,有思考的能力。人不仅是物理存在的样态,也是心灵的样态。只有拥有了力量,人才是自由的;而只有当人根据整体而行动,并通过整体的结构和动力得到强化时,人才有力量。作为心灵的样态,人具有理解其所属整体之秩序的能力;通过理智的发展与运用,他可以认识到整体的秩序与法则,从而让自己的行动与其保持一致。只要人分享了整体的力量,他就是自由的。这种将自由等同于理性运作的观点,具有一些明确的政治含义。没有一个个体能够克服他想要作为孤立部分而行动的倾向。关于整体构成的理论洞见既不完整也不稳定,它会屈服于直接境况的压力。对于一个理性的生物来说,没有什么比有效地维持他的实际理性(或者说有力的理性),并将这种理性当作另一种合理的存在更为重要了。我们作为整体的部分而联系在一起,并且只有他人在关于整体与部分的性质上得到启蒙从而获得自由,我们也才能获得自由。法律、政府、机构等所有的社会安排都是有理性的,并且与整体的秩序一致；而整体的秩序则是真正的自然或上帝，我们在其中的任何地方都可以找到不受阻碍而行动的力量。要想更为完整地挑战洛克和自由主义学派的哲学是困难的。人的自然（这里的"自然"是这一学派所理解的自然）状态不是力量而是无能，不是独立而是依赖，不是自由而是服从。无论法律多么不完善和糟糕，它至少认识到了普遍性以及部分之间的相互联系，从而像教师一样，将人引向理性、力量与自由。最坏的政府也比没有政府要好，因为认识到法律和普遍关系是绝对的先决条件。自由并不是通过单纯地废除法律和体制，而是通过将对于事物构成的必然法则的认识逐渐浸透到法律和体制中去而获得的。 103

除了带来非难，很难说斯宾诺莎的哲学（不管是作为一般的形式，还是在社会层面上）有任何的即时效应。然而大约两个世纪之后，德国兴起了反自由主义哲学及其所有相关观念和实践的运动，斯宾诺莎被整合进了新的形而上学体系中，从而获得了新的生命和意义。这一运动可以被称为体制化唯心主义（institutional idealism），其代表是黑格尔。黑格尔用被称为精神的单一实体取代了斯宾诺莎的双面实体，并用一种进化的或展开的方式，而不是用几何图形式的关系，来重述整体的秩序和法则。根据黑格尔所理解的辩证法方式，这种发展在本质上是无时间性的或逻辑的，然而这种整体的内在逻辑发展又连续或暂时地外显在历史当中。绝对精神通过在法律和体制中一连串的零星步骤来体现自身；法律和机构是客观理性，通过参与这些体制，个体变得理性而自由，因为他通过参与吸收了体制的精神和意义。财产体制、刑法和民法体制、家庭体制，以及最为重要的国家体制，都是外在行为和自由的理性工具。历史记录了自由通过体制发展而获得的发展。历史哲学则将这一记录理解为绝对精神之客观形式的逐渐显现。这种对于古典自由主义观念的批评和挑战并不是可预见的，而是一种审慎的反思和反应。自由是一种生长和成就，并不是原始的拥有。自由的实现要通过法律和体制的理念化过程，以及个体对这一过程始终如一的积极参与；同时，这种参与不能废除或削减个人的判断和需要。

现在，我们要面对的是自由哲学中的关键性困难：作为选择的自由与作为行动力量的自由之间的关系是什么，或者它们之间有没有关系？除了名称之外，这两种理解自由的方式有任何共同之处吗？因为很少有材料来引导我们，对于这一问题的处理也就变得更为困难。总体来说，这两种自由哲学的发展都很少考虑对方的观点，但它们之间一定有某种关联。如果不表现在外部行动上，不通过 104

行动上的表达给事物造成不同,选择就毫无意义。行动的力量并不像雪崩或地震那样,否则它的力量就不会那么珍贵。形成自由的力量(指挥问题与后果的能力)必须同表达在选择当中的人格有所联系。在我看来,无论在何种情况下,自由的根本问题在于选择与无阻拦的有效行动之间的关系。

我先要解决这一自动向我呈现的问题,然后再对此进行进一步的讨论;这样做并不是为了证明这一解决方案,而是为了指出坚持它的理由。作为选择的自由与作为行动力量的自由之间,有一种内在的联系。一个智性地表现个体性的选择能够扩大行动的范围,而这种扩大反过来又会给我们的期望带来更好的洞见和预见,使我们的选择更为智性。这是一个循环,但是一个不断扩大的循环,你也可以说是一个不断扩展的螺旋。这一论断当然只是一个公式,为了赋予其意义,我们不妨先从负面来看。比如,一个来自盲目偏好和未经反思的冲动的行动如果没有和周围的条件发生冲突,那就算幸运了。条件也许会反对偏好的实现,切断它,阻碍它,使它偏离轨道,从而陷入新的、也许更为严重的纠缠当中。但也有幸运的时候,情况也许碰巧很顺利,或者有人天生就有扫除障碍与阻力的力量。这个人因此获得了一定的自由,因为他有行动的力量。但这种结果是由于偏爱、恩惠和运气,与他自身并没有任何关系。他迟早会发现,自己的行为不符合条件。一次偶然的成功只会强化鲁莽的冲动,使人更有可能在未来屈服,当然持续好运的人除外。

另一方面,假设上面这个英雄的行动通过一个选择,表达了他对后果进行思考之后得出的偏好,也就是一个智性的偏好。后果依赖于他与环境之间的互动,因此他必须将环境也考虑在内。没有人能预见所有的后果,因为没有人能意识到产生后果的所有条件。每个人的行为都要比他所知的更好或更差,好运或者环境的合作仍然是必要的。即使带着最好的想法,行动还是有可能失败。但是,只要一个人的行动真正体现了智性的选择,他就能学到一些东西,就像一个探究者可以通过由智性指引的行动从科学实验中学到些什么,无论实验失败还是成功,失败的实验甚至帮助更大。他至少可以找出之前选择的问题所在,他可以选择下次做得更好。"更好的选择"意味着更具反思性的选择,而"做得更好"则意味着与那些实现目的相关的条件更好地协调。这种控制或力量永远都不可能是完全的,运气以及来自环境的无法预见的有利支持总是会存在的。但是,这个人至少养成了在意识到环境实质与事务进程的情况下进行选择和行动的习惯。更为重要的是,这个人能让挫折与失败为他将来的选择和目的所用。之前的每一件事都服务于他的目的——做一个智性的人。外部的任何失败,都不能阻止他去获得这种力量或自由。

刚才有句话中暗示智性的选择可以在不同的层面或不同的区域中运作。比如,有人擅长在经济或政治事务中进行智性的选择,在这些情况下,他是精明而有策略的,因而也就拥有行动的力量或者说是拥有自由的。但道德家们总是说,在终极意义上,这种成功不算成功,这样的力量不是力量,这样的自由也不是自由。

我们不需要进入伟大的道德导师的劝告性说教,便可以引申出他们的以下两个观点。第一,环境中的条件是多元的,因此存在着不同领域中的自由。智性的选择可能选择由一组特殊条件构成的特殊领域——家庭的、国内的、工业的、金钱的、政治的、慈善的、科学的、教会的和艺术的,等等。当然,我并不是说这些领域是截然分离的,或者说它们之间的分割没有任何人为的因素,但在这些界限之内,特殊形式的选择以及特殊形式的力量或自由得到了发展。第二(在划分真假力量和自由时强调这一点),可能存在这样一个领域(这些道德唯心主义者认为,这一领域肯定存在),其中任何人都能获得自由和力量,不管他们在其他的领域中受到怎样的阻碍。这一领域当然是他们特别地称之为道德的领域。更粗略但更具体地说,任何人都可以选择友善、助人、公正和有节制,并在行动中获得成就和力量。我不会这么轻率地说这些伟大导师的洞见中缺少对实际的观察。但是避开这一点,任何人都可能会有信心作出一个假设性的论断。如果这一观点是正确的,我们就有方法来削减幸运境遇与天生能力的力量,使它们弱于个体性因素本身的力量。在特殊领域中,即便是最大程度的成功、力量和自由,也相对听命于外部条件。在这些领域中,除了友善和公正之外,其中再没有其他法则了,也就是说,其中既没有对立的事物,也没有事务的进程。不管挫折与失败是否存在于其他行动的模式中,这些领域中的选择依然可以获得自由和力量。这就是道德预言家们的实际主张。

有一种观点否认两种自由模式(作为智性选择的自由与作为行动力量的自由)之间存在着密切联系,一个例子也许可以帮助我们厘清这一观点。在决定某个偏好在行动中到底是无用的还是有利的条件方面,他人的态度与行为当然是最为重要的一部分。比如在某个家庭中,由他人形成的环境对孩子的所有选择一味迁就，这个孩子就能轻易做他想做的，极少遇到阻力，大家总体上都是配合他实现他的偏好。在这一范围内，这个孩子似乎拥有自由的行动力量，因为他不但没有受到阻碍，甚至还得到帮助。但是很明显，他只不过是幸运罢了。他是"自由的"，仅仅是因为他的周围环境碰巧就是这样的；对于他的性格和偏好来说，这只不过是碰巧或偶然。很明显，在这种情况下，并不存在智性运用偏好的生长，相反，这只不过是将盲目的冲动转化为规则的习惯。因此，孩子获得的自由只不过是表象，当他进入其他社会条件时，这种自由便会消失。

现在再来考虑一个反例。另一个孩子的自发偏好不断受到阻碍、禁止、干涉和唠叨，他总是受到与其偏好对立的情况的"教训"（这种教训的意味并不少见）。那么，我们是不是可以说这个孩子凭借经过深思的偏好与目的发展了"内在"自由呢？这一问题自己就能回答：这种情况的结果毋宁说是病态的。对于自由（并非只是无限制的外在力量）来说，"教训"的确是一个必要的初步条件。然而，我们对于教训的主要认识存在着歪曲。只存在一种真正的教训，那就是能够产生观察和判断的习惯以确保智性期望的教训。简言之，人们不会考虑去获得行动中的自由，除非他们在行动中遇到的条件阻碍了他们的原始冲动。教育的秘密在于调和那些影响思想和预见的偏好与阻碍物，并通过这种对于性情和观点的改变来影响外在行动。

我举的例子都是家庭中或学校里的孩子身上发生的情况，因为这些问题都是我们熟悉的，辨识度也高。但这些情况与成年人的工业、政治和教会生活并无二致。如果社会条件为一个人的自发偏好准备了有利的前景，并且体制及赞美和认可的习惯也让他做事变得容易，这个人获得的正是行动相对不受阻碍的外在自由，就像那个被宠坏的孩子一样。但是，就选择的多样性和灵活性而言，他并没有多少自由：偏好被局限在已经铺好的路线上，最后个体变成了成功的奴隶。除此之外的绝大部分人，仍处在被"教训"的孩子的状态。他们要想实现自发的偏好就很费劲，环境，特别是既存的经济条件，都不利于他们。然而，禁止他们直接运作自然偏好，并没有赋予他们以智性的选择，就像一个没有机会来自己尝试的孩子一样。这样只会让他们崩溃，让他们变得漠不关心，并转向逃避和欺骗；并且，他们还会对那些对偏好不加限制、放任自流的情况产生补偿性的过度反应。精神和道德病理学文献已经让我们对这一后果以及其他的后果很熟悉了。

我希望这些例子至少已经将我们的公式解释得很清楚了：自由是一种让选择变得更为灵活多样、更具可塑性、更能认识到自身意义的行动倾向，这种行动倾向同时也扩大了选择能够不受阻碍地进行运作的范围。这一自由观有一个重要的含义。正统的自由意志理论和古典自由主义都在某些已经给予或已经拥有的东西的基础上定义自由。在内容上，前者非难无动机的选择自由，后者则非难自然权利与自然需求，这两者之间存在着一个共同的重要元素：他们都认为，自由存在于先在的、已经被给予的东西。而我们的观点则恰恰相反：自由存在于尚未存在的、处于生长中的东西；自由在后果中，而非在前提中。我们自由并不是因为我们静止不变，而是因为我们正在变得与原先不同。康德的自由哲学也许可以帮助我们发展这一观点。从年代上看，康德要比黑格尔和他的体制化唯心主义早一辈。避开繁琐的技术细节，我们可以这样来看待康德：他深受自然科学的兴起以及因果性观念（被定义为现象之间必然、普遍或不变的联系）在科学中所扮演角色的影响。康德认为，因果性原则可以被用在所有的人类现象和物理现象中，它是所有现象的法则。这样一条现象之链并没有给自由留下空间。但是康德相信责任，而责任则预设了自由。作为一种道德存在，人并不是现象，而是本体王国中的一员；而作为物自体的本体，则具有自由的因果性。我们这里关心的是康德的问题，而不是他的解决方案。基于自然主义的立场，我们如何能够说一个行为既是由因果性决定的，又超越地自由于任何决定性？这个问题太过神秘，我在这里将此略过。

然而康德所指出的问题，对于当代意识具有最为重要的影响。包含所有事件的法则观念几乎已经变得无处不在了。在这一观念下不存在任何自由，除了说人在其构成中有某种超自然的东西。而康德的本体人和超越人，不过是将这一观念用让人印象更为深刻的措辞表达了出来。

这种陈述自由问题的方式公开指明了下面这一假设：自由要么是先天拥有的，要么就什么都不是。这一观念如此流行，要想质疑它的价值似乎是没有希望的。但是，假设我的每一个想法、说的每一个词在某种意义上都是由因果性决定的，因此，任何有足够知识的人都可以解释每个想法和每个词的来源，就像科学探究者在理想状态下有望解释物理事件一样。我们还可以假设（这一论点是假设性的，因此我们也许可以让自己的想象大胆一点），我说的话也许会影响那些更为有心、更能认识到其他可能性的听者的未来选择，从而让其未来的选择更为多样、灵活和恰当。先在的事实会剥夺未来偏好实际的质吗？会拿走它们的实在性，使它们产生不了显著的效应吗？我认为，没有比下面这种迷信观念更为僵化的了，即事物并不是其所是的样子，它们所做的也并不是我们看到的那样，因为事物本身的存在也是基于因果性方式之上的。水之所以是水，是因为它做了什么，而不是因为它的成因是什么。智性选择同样如此。对此，在前提中寻找自由的哲学与在后果和行动的发展中、在生成而非静态存在中寻找自由的哲学，会有非常不同的观点。

然而，我们不能将生成的力量同对于先在事实的考量分离开来。变得不同的能力，即便我们据此定义自由，必须是一种现存的能力；在某种意义上，它必须是当下存在的。探究到这里，所有存在都具有行动中的选择性这一事实再次出现，不过带上了新的含义。说电子和原子有偏好听起来也许很荒谬，也许还会带来偏见。但是，这种荒谬完全是由词语的使用造成的。其实，根本之处在于：电子和原子具有某种晦暗而不可削减的个体性，这种个体性体现在它们的行动以及它们以一种方式而非另一种方式行动的事实当中。在描述因果性序列时，我们仍然要从个别的、特殊的存在物和事物开始。我们能够以某种一致性和规则性来陈述变化的事实，并没有消除偏好与偏见中原始的个体性元素。相反，法则本身就预设了这种能力。我们不能企图通过将每个事物都视作是其他事物的作用来逃避这一事实。无论我们追得多远，都不得不承认个体性；因此，我们还不如省下这功夫，就从这一不可逃避的事实开始。

简言之，任何事物都具有某些独特的东西，并且这些东西会进入事物的行为当中。科学关心的不是事物的个体性，而是它们之间的关系。法则或一致性的声明（就像所谓的因果性序列）告诉我们的，并不是事物的内在所是，而仅仅是这一事物的行为与其他事物的行为之间的某种不变关系。这一事实暗示了存在的一个终极而不可削减的特征，那就是偶性，但这一点过于复杂，这里就不再深入了。不过，我们可以在许多当代科学哲学家那里找到证据证明（这些哲学家并没有特别地考虑自由，他们只是在解释科学方法与科学结论），法则并没有解释事物的内在存在，而只处理事物与其他事物的关系。如果在适当的场合，而且也有足够的知识，我想我能够指明，物理科学中正在发生的巨变正是与这一观念联系在一起的。旧的理论带来的是混乱，它们将关于事物之间关系的知识当作关于事物本身的知识。正是因为认识到了这种混乱，现在的物理理论中出现了许多更正。

如果要清楚地把握这一点对于自由观的完整意义,我们需要更进一步的详尽阐述,虽然不是在这里。然而,这两者之间的联系是存在的,我们也能看到这一联系的一般性质。所有事物都有偏见、偏好和反应上的选择性,这一事实虽然不是事实本身,却是任何人类自由不可或缺的条件。目前存在于科学家当中的一个趋向,是将法则理解为统计学上的,也就是说,法则陈述的是在大量事物(这些事物中没有两个是完全一样的)的行为中找到的"平均数"。沿着这条思路,我们可以得到的结论是:法则以及自然现象(包括人类行动)中的一致性和规范性绝不会排除作为具有特殊后果的特殊事实的选择。没有法则会排除有其特殊运作方式的存在的个体性,因为法则涉及的是关系,而关系则预设了个体的存在与运作。如果选择是一种特殊的行为,具有特殊的后果,那么科学法则的权威不会以任何方式对这一现实产生不利的影响。问题被还原为一个事实:什么是智性的选择? 它对人类生活的作用又是什么? 我不能再叫你们去走已经走过的地方,但是我想说,之前我们提出的这些思想揭示出:在自由的名义下,人们实际珍视的是那种多样而灵活地生长,且能够改变倾向与性格的力量,而这种力量正是来自智性的选择。因此,对于自由的常识性实践信念已经有了良好的基础,虽然关于这一信念的理论证明常常是错误的,甚至是荒谬的。

我们也许还要再进一步:变化中的一致性关系不但不是实现自由的障碍,还为——在它们被认识之后——发展自由提供了帮助。再以之前提到的假设性情况为例。"我的想法是有原因的"这一说法指的是想法的产生与起源(并不是想法的本质),这是一种与其他变化联系在一起的变化。即便只知道关系,我们获得所要观点的力量也会大大增强,同时我们的观点对于他人观点和选择的影响也会增强。对于产生选择的条件的认识同智性地引导选择的潜在能力是一样的。但这并没有消除选择的特殊性质,选择仍然是选择。但这时的选择是智性的选择,而不是麻木而愚蠢的选择;同时,这种选择将我们引向无阻碍的行动自由的可能性也增加了。

这一事实解释了思想自由与言论自由在我们的社会和政治生活中所占据的战略地位。用赞美或劝告来谈论这种自由的重要性,是没有必要的。如果我们之前的立场——自由存在于由偏好到智性选择的发展过程当中——是合理的,那么这种特殊自由的核心特征就能够得到解释。根据整个自由主义的理论,保证思想和表达自由所必须的就是移除外在的障碍:移除人为障碍,思想就能运作。这一观点包含了个体主义心理学的所有错误：思维被认为是一种天生的能力或官能，为了运作它，只需要一个外在的机会。然而，思想是人类工作中最为复杂的。如果说其他技艺是通过有序的训练获得的，那么思维甚至需要更多自觉而连贯的注意力。同其他技艺一样，思维并不是从内部发展的。它需要有利的客观条件，就像绘画需要颜料、画笔和画布一样。思想自由中最重要的问题是：社会条件是阻碍了判断和洞见的发展，还是有效地推动了它们？我们理所当然地认为，为了保证特殊工作（比如数学）中的思考能力，特殊的机会和长期的教育是必须的。但是，我们似乎认为在社会、政治和道德问题中有效思考的能力是来自上帝的礼物，并且这种赠予是自发创生的。很少有人会去辩护这一粗略陈述的理论，但在总体上，我们都是将它当作真的一样在行动。甚至我们审慎的教育和学校的运作都是在灌输某些信念，而不是在促进思考的习惯。学校是如此，其他社会公共机构对于思想的作用何尝又不是如此呢？

在我看来，这一状况解释了当前对于自由的实际核心——思想自由——的冷漠。有人认为，某些法律上的保障足以保证这种自由的可能性。对于法律保障的破坏，即使只是名义上的，所激起的不满似乎越来越少。的确，法律限制的单纯缺乏也许只会激起一些不成熟而愚蠢的观点；并且，这些观点的表达可能是无用或有害的，因此大众的情绪似乎越来越不反对公开审查的执行。对于人类自由事业的真正强烈兴趣，会体现在社会机构对于证据的好奇、探究、估量与检测善于怀疑而永不停止的关心上。当我看到我们的学校和其他机构的主要目的是发展永不停止且有辨识力的观察力和判断力，我开始相信，较之于为了让他人服从我们的意志而将我们的信念强加于他们之上，我们更关心自由。

还有另一个相似点。人们常常认为，言论自由（无论是口头，还是书面）独立于思想自由，并且在任何情况下，我们都无法拿走思想自由，因为它存在于我们无法触及的心灵当中。没有任何观念比这一观念更加错误了。交流中的想法是思想觉醒（不管是别人的，还是我们自己的）的一个不可或缺的条件。产生的想法如果不能获得交流，要么逐渐消失，要么就会变得歪曲或病态。公共讨论与交流的公开气氛是观念和知识诞生不可或缺的条件，也是其他健康与充满活力的生长所不可或缺的条件。

总之，自由的可能性深深地扎根于我们的存在当中。它伴随着我们的个体性，我们就是独特的自己，并不是他人的模仿者和寄生虫。然而，像其他所有的可能性一样,这一可能性必须得到实现;并且像其他所有的可能性一样,这一可能性只有通过与客观条件的交流才能实现。就个体自由的问题而言,政治与经济自由的问题并不是补充或事后的想法,更不是偏离或累赘。因为为了实现我们每个人的结构中所带的自由的潜力,那些形成政治和经济自由的条件是必需的。变化中持续而一致的关系以及将这些关系认识为"法则",并不是对自由的阻碍,而是使我们具有生长能力的必要因素。只有当个体的偏好(个体的偏好就是个体性)发展成了智性,不再是抽象的知识和思维,而是预见和反思的力量,它们与社会条件的互动才能以有利于实现自由的方式进行,因为预见和反思的力量让偏好、愿望和目的更为灵活、机警和坚定。长久以来,自由都被认为是一种运作于封闭而终止的世界中的不确定的力量。实际上,自由是一种运作于世界中的坚定意志。这一世界在某些方面是不确定的,因为它是开放的,并且朝新的未来而运动。

哲学[①]

115　　在每件事都被质疑的地方是没有问题可提的,提问的能力依赖于已被承认的东西。当下的探究理所当然地认为,人类生活的世界正在经历一场广泛而飞速的变化,而这场变化的原因正是物理科学与技术工业。在认可这一当代文明特征的基础上,现在的问题是:这对哲学意味着什么? 哲学家是否能够高高在上,漠不关心且置身事外? 还是,这一情况对他们说了些什么,并且说得那样急迫,它的声音是否必须被听见? 有人提议,对这一问题的回答是肯定的。这一回答是基于另一个被承认的前提之上的。人们理所当然地认为,哲学问题与解决这些问题的理论是由过去或当下的某些社会介质所产生的。哲学的真正主题存在于某些文化状态中,虽然所有的文明都足够复杂,以致为不同的思想家提供了极为多样的主题。然而,无论是当代的、希腊的、印度的,还是中世纪欧洲的,哲学家们都从文化中吸取那些与他们的性情和愿望最为相宜或最为敌对的元素。现实主义的内容毫无疑问来自社会介质中已经存在的;而唯心主义的内容,则是通过从社会介质中的缺陷、堕落与邪恶中抽身后退得来的。

　　许多哲学家都倾向于撤回到过去和远处,这种倾向并不是私人的特质,而且
116　　总是更容易被理想化。过去提供了一种令想象活跃且较少束缚思维的气氛,而当下文明对于过去的延续则将这一求助必要化了。自古希腊以来,欧洲文化就

---

① 首次发表于《人类何去何从:现代文明概论》(*Whither Mankind: A Panorama of Modern Civilization*),查尔斯·A·比尔德(Charles A. Beard)编著,纽约:朗曼-格林出版公司,1928年,第313—331页。

86　杜威全集·晚期著作·第三卷

是一种外借的文化。生活的基础和主要价值都是外来的,而不是本土的。罗马文化借鉴了希腊与东方,而中世纪文化则承袭了希腊、罗马、犹大亚(Judea)与亚历山卓(Alexandria)所无上珍视的每一样东西。我们所说的现代文明,是这些外借元素挣扎着适应新元素的过程。哲学家一直在下面这两种努力之间摇摆:一方面是获得平衡、拒斥债务、宣布破产;另一方面则是(虽然不是经常地)清算债务,并建立现代生活的偿付能力。在一个大部分建立在外来传统之上的文明中,较之于当代因素和新因素,思想家更加关注传递的外借物,这一点不足为奇。培根和笛卡尔一开始就声明独立性与原创性,但他们名义上所拒斥的资源依然是他们所从事的理性事业的资本。

然而自 16 世纪以来,新旧之间的张力足以影响到哲学思想的进程。特别奇怪的是,在新世界,也就是美国,这种张力最少被感受到。事实上,那些新要素的影响力最无限制的情况也是思想家(除了一些非职业的思想家)最为适足地依赖外借资本的地方。由此看来,自然科学在工商业中的运用越改造实际生活,职业哲学家就越忽视当代的情境,并热衷于操纵欧洲传统中那些脱离生活语境的部分。由此造成的结果是:认为美国对人类反思思维作出的贡献,是微薄而贫瘠的。这一观点既没有展现由于接受活生生的传统(通过与攻击性和破坏性力量的斗争,这一传统保持了它的重要意义)而产生的生命力,也没有展现由于欣赏主导当代生活的实际力量而产生的生命力。

有些欧洲哲学是为安慰和补偿而设计的避难所。然而,人们至少因为意识到了迫近的危险才去寻找这些情感与道德的避难所。其他哲学则一直都在审慎地抗议着承袭的传统,它们的意图是革命性的。还有一些哲学则将调和与中介作为自己的任务。这种情况的结果是:这些欧洲哲学在它们自己的社会语境中孕育了丰富的意义。一位法国历史学家有可能用取自典型的社会运动的标题,写一部法国哲学史。直到 19 世纪,英国哲学还是在审慎地为自由主义和社会改革提供信条;而英国哲学在 19 世纪后期对于德国思想的依赖,则是试图找到适当的手段来抵消早期自由主义进入行动之后所造成的分裂结果。通常认为德国思想是欧洲思想体系中最思辨和最彼世的,但事实上,它要么是高度技术化的社会辩文,要么是社会变革的方案。在俄国,每一个社会运动,不管是保守的,还是激进的,都公开地,甚至是明目张胆地将它的方案和某些哲学理论模式联系在一起。比如,美国学生会困惑地发现:列宁认为,作为其实际运动的一部分,有必要投身于反对每一个偏离正统辩证唯物主义的德国哲学理论的激烈论争,尽管有些在我们看来只是无辜的理论。

与欧洲哲学的生命力相反,美国的职业哲学以最严肃的态度将理性形式从它们的实际环境中抽取出来,并以超然的态度研究它们。美国哲学是这种或那种形式的唯心主义、实在论或实用主义,但这些都没有在美国生活中激起一点涟漪。桑塔亚那(Santayana)是唯一一位系统地运用对美国生活的平静反应,并将其作为哲学要素的美国思想家;但他是西班牙血统,且已经不住在美国了。威廉·詹姆斯(William James)是一个杰出的"异数",他理智地运用了在他的时代被人们所意识到的特殊的美国传统。然而,詹姆斯在国外的影响也许要比在国内更大;在国内,人们仍然在批评詹姆斯过度地赞颂了美国生活中那些最没有价值的东西。除了这两个人,我们只好跳出哲学圈子,到爱默生(Emerson)、梭罗(Thoreau)和沃尔特·惠特曼(Walt Whitman)那里去寻找对美国生活的批判性评估与报道。

¹¹⁸ 上面所描述的情境中,有许多松弛和断裂的迹象。这种超然的态度不能永远地持续下去。如果实际情况不足以对此形成挑战,来自欧洲齐声批判的挑战可以说是足够了。这种挑战所产生的并不是辩解式的证明,更不是暴躁的反驳。这是一种对于理解的挑战。我们的唯物主义、商业主义、狭窄的实用性、天真的不成熟、匆忙的不耐烦是什么呢?我们所谓的"实践唯心主义"、对于"社会服务"的热爱、个人主义同集体主义标准和一致性的奇妙结合是什么呢?将和平理念同对其他民族自治权的尊重(在外人看来,这种尊重的扩展看起来像是我们所熟悉的经济帝国主义)结合在一起的意义是什么呢?出于什么原因,我们兼有自满与无休止的不满呢?又是出于什么原因,我们有着众多的规范性法律,而在实际操作时又毫无法律呢?为什么我们的政治与思维如此尊重法律,而我们的实践却总是越过所有法律界限去走捷径呢?我们可以永远像这样问下去。

如果欧洲的批评者是正确的,即欧洲,也许还有东方,正在被"美国化",世界正在变得跟我们一样,那么这种挑战就更加不容置疑了。因为这一事实(或者说预言——无论它包含怎样的真理)将我们的注意力召回到下面这一核心事实:当代生活中最活跃的力量,是不仅与自然科学相一致、更与科学发现的技术应用相一致的习惯的生长。实际上,当前工商业技术的每一个方面都植根于物理学家或化学家在实验室中作出的某些发现。的确,对"实践"人来说,这一联系如此明

显，以致我们晚近工业生活的一个特征是由商业资助的实验室的发展。这些实验室的数量大约有五千个，其中更为重要的一些从事的是"纯粹的"研究。即便我们想这样做，也不能将当前文明的科学层面同它的技术层面区分开来。

在机械文明中实现的科学与技术的紧密结合，对我们最宝贵的哲学传统来说，是一个挑战。因为古典传统的一个显著特征是知识与实践的分离，并且在这一分离中，知识受到褒赞，而实践则被贬低。早期的欧洲哲学投身于庆祝沉思性的生活，而自然科学的兴起并没有严重地扰乱这一传统。虽然最为真实的实际知识早已采用了实验的方法，哲学家依然继续用早期的、完全是沉思性的概念来解释知识，而不顾实验必须依赖于物理工具和机器的发明与使用这一事实。实验室人员对于机械设备的依赖，并不比工厂工人少。实验室人员有意识地使用详尽的理论工具和理论化计算，而工厂工人对此毫不知晓。然而，实验室人员可以忽略这种辅助性的理性工具，因为对于他们来说，这种理性工具已经物理地体现在他们所操作的机器当中了。机器真正体现了现代生活的逻各斯，这一事实的重要性并不会因为任何程度的反感而有所缩减。

但是，人们实际追求知识的方式的改变对哲学的影响甚小。哲学尽可能地保留了两千多年前形成于古希腊的概念，当时人们还没有想过实验的方法，而机器设备的缺少也确实不可能让这种方法成为可能。哲学尊重科学，但它的敬意针对的是科学的结论而非科学的方法。就认识运作和认识功能的本质而言，哲学家们争论的是：知识是不是对实际事物的直接把握和直觉，抑或，能够直接被认识的事物只有心灵中的印象和观念。他们争论感觉或理性是不是知识的基本保证。但是，各学派都保留了这样一个观念：无论在何种情况下，认识都是心灵与事物之间的某种接触或互动，并且这种接触或互动是独立于实践行为的需要和工具的。乍一看，除了对职业哲学家来说，这一事实并不重要。但实际上，它包含了一般人性中两个最为重要的问题，并且将这两个尚未解决的问题当作它的解决方案。因为这一事实当中不仅包含了真理的本质以及获得真理的器官的问题，而且包含了这样一个假设："实践"的本质是单纯功利的、商业的或政治的，它并不带有任何理想性的内容。就像把知识的新酒倒入传统观念的旧瓶当中一样，认识的沉思性本质和功能实际上指出了：观念与智性栖身于一个自我封闭的领域中，并且，重要的人类事务都是在下面这种个人或集体的观点下执行的，即应该借用科学结论来实现金钱收益和比别人强大的力量。

119

120

当前社会制度的批评者们常常认为，工业文明的邪恶完全是机械技术统治的产物。人性似乎内在地想要有一个神来敬拜和有一个魔鬼来憎恶。机器已经变成了一种广为传播的、宗教信仰中的魔鬼。但是，这一控告忽视了以下事实：我们既存的体制和利益都扎根在过去当中，而机械工具的用处并不在于这些工具本身，而在于它们与成熟于前工业时期的信念和观念之间的相互纠缠。在这种情况下，将邪恶归罪于机器与工业的做法是急躁多于启蒙。唯一可以确定的一件事是：当人们思考并相信一套符号，却以与他们公开的、有意识的观念相左的方式行动时，一定会造成混乱与虚假；并且在这种混乱当中，人性中顽固不化且缺乏方向的元素贪婪地攫取着那些看似可得的、直接而就近的东西。要让哲学为文明的分裂状态负责的想法是荒谬的，文明的分裂不过是反映了生活本身的分裂。然而，未经改造的哲学赋予这种分裂以理性的形式，并通过理性的证明将这种形式永久化了。不管思想家的观念渗入大众意识的过程是多么缓慢，在理智的方面，解开缠结、澄清混乱的第一步还是要靠思想家。只有先整理好自己的屋子，他们才能提供计划与规范来更好地整合人类的活动。在我看来，这一事实定义了美国哲学与文明的联系。

121　　古希腊哲学与中世纪哲学的综合至少在一个一致的信念体系中，反映了它们本时代的条件与抱负。古希腊和中世纪的观念可以被用来为它们自身的行为和体制提供根据和目标。作为其结果的宗教—哲学信念组织渗透进人们的心灵，并与他们最深的希望和恐惧协调一致；它满足了人类的最大需要，也就是一个能够赖以生活的权威。这一权威体系的核心要点在于下面这一确信：知识是由心灵直接接触实在，并以启示为补充得来的；并且，如果将这种通过理性和信仰得来的知识投射到死后更为幸福的生命状态，我们就能直接拥有和享受终极实在——上帝。也就是说，将方法与结果同实际行动孤立开来的认识论是古典理论的本质，并且这一理论具有权威性，因为它设定了生命的目标以及实现这一目标的方法。

　　物理科学中新方法的兴起，震动了传统理论。每个人都很熟悉由传统天文学（支撑并证明关于地球、天国、地狱的普遍信念的"科学"）与哥白尼和伽利略天文学之间的不相容所导致的冲突。今天，在关于生命体（动植物）的观念领域，我们都熟悉一个类似的、但不那么激烈的冲突。基要主义（fundamentalist）与现代主义（modernist）之间的对立，是16世纪所受到的震动的最近一次表达。然而，熟悉这些事实本身并不等于熟悉了一个更为重要的考量。这些特殊的冲突不过是某种内在冲突的外在而可见的标志,这种内在冲突涉及的是知识与真理的本质,以及获得知识与真理的方法。这种真理以及获得它的方法是终极的权威,或者是人类最终效忠的根据,而这种冲突则触及了信念深处以及与信念相连的行为和体制模式。

因此,现代思想必须将认识的问题作为它的核心问题,这一点实际上是不可避免的。我们需要冗长而技术化的讨论来证明之前的论断:对这一问题的思考,是由那些在实验性探究还不存在的时期所形成并保留下来的观念所主导的。这里我只能举一两个例子。一个能说明问题的例子是这一问题的表达方式:知识是可能的吗? 如果是,又是如何可能的? 知识的局限和范围又是什么? 对知识的实际寻求会这样来回答后一个问题:只要我们能够发展出探究、测量、象征、计算和测试的工具,知识就是可能的。这种回答也许到目前为止还没有出现过。人们一直在承袭前提的基础上寻找解决知识的合法范围问题的答案,这些前提包括心灵、感觉和概念的本质,以及心灵与已被定义的实在之间的物理关系和认识论关系。这种思维方式与探究结果毫无关系。

然而,在知识可能性的问题中存在着某种讽刺。就在科学以前所未有的速度推进的时候,哲学家却在问知识是不是可能的,并且当答案是肯定的时候,其证明却是基于心灵、感觉或理性之上。实际获得知识的程序,一直都是通过直接进程得到检查的。通过检查事情实际是如何做的,人们发现行走、讲话或飞行是如何可能的。难道还有其他方法能够发现知识是如何可能的吗? 哲学家自然而然会采用最转弯抹角的方法,除了这一原因之外,这条道路为什么至今还没有被人走过也许还有其他解释。真正的解释是:哲学家一直都在忙着调和传统与新的科学运动。从传统的角度来看,一个关于报道知识是如何获得的说法可能完全对立于传统的心灵观(心灵是与身体以及其他实践行动代理者分离的),严重而复杂的问题由此产生。哲学家并不是一个独特的阶层,他们反映了存在于体制和信念中的传统对于人类心灵的控制,甚至是在人们用与传统不相容的方式进入从未涉足的领域的时候也是如此。

另一个例子来自一个相关的领域。现代伦理哲学中最深刻的问题,是如何将人的自由与科学中那个被称为"法则的统治"的层面调和起来。人们已经提出了各式各样的解决方案,从否认自由的实存到假设一个超越自然、能够保证人的道德自由的领域。如果我们将注意力放到当代人类活动的实际情景,讨论便会转向一个完全不同的方向。因为技术文明的每一个方面都显示出:关于自然之一致性和必然条件的知识获得的每一次进步都能增进人的工作自由(也就是对自然的控制),并使他能够根据自身目的引导自然能量。这种运作的力量也许不符合传统对于自由的定义,因为这一定义产生的时候,人们还在受自然条件的奴役,从而只能将自然把握为逃离自然条件所强加的束缚。不过,人类对于自由的这部分实际需要至少可以被觉察到。并且,人们对由此所获得的自由的思考并不充分,仅仅将其把握为能够实现已有欲望的不断增加的自由。自由更值得思考的一面是释放新的欲望,以及创造和投射之前没有听说过的目标。这种新型自由(渴望和争取各种新的可能性的自由)的感觉,就是一种生活在一个无限进步的新世界中的感觉。这一事实让我们去思考之前提到过的"实践"观念的降格。只要心灵脱离并高于自然条件的传统观念还持存着,上面的这种感觉就必然只能是浪漫主义的;而在实践中,这种新的控制也只能被主要用于个人的物质利益。

因此,传统主义者有一个现成的反驳。他们会说,这种把握并执行欲望的自由(好像它就是人类所珍视的真正自由)体现的只是工业文明对价值与理想的降格。因为根据传统的归类,所有能够具体实现的欲望都严格地划入经济领域,也就是渴望物质事物与物质繁荣的领域。那么,传统主义者问:精神自由是什么呢? 与人类生命中的尊严和高贵相关的自由是什么呢? 艺术、宗教交流和崇拜、道德抱负的不受束缚的飞翔又是什么呢? 他们问:还有什么能比通过物质手段来解放经济需求并将此与重要的、人的自由联系起来的做法更能证明工业文明所引发的堕落呢?

这一问题是很深远的。在考虑它之前,我们最好讨论一下另一个特殊的反对意见。

这一反对意见会说:这一立场体现了对既存工业条件的自满。由机器构成、被机器限制的文明不但没有扩展人类对于目的及其实现的控制,反而剥夺了人类的闲暇,并将他们所剩下的闲暇都用于疯狂的寻欢作乐和愚蠢的展示中。这种文明带来的不是自由,而是机器的奴役。工作被剥夺了乐趣,艺术感已经从艺术行为和艺术作品中消失了。大众沦为了机器的附属品,而那些得以摆脱这一命运的人,在大多数时候只是通过束缚他人的活动来表现他们所夸耀的自由。

只有无情的冷漠，才能在这种情况下看到人类自由的进步。

支撑这一控告的事实是不容否认的。无论是大众在任何时候的悲惨状况，还是由于距离和无知而导致的对于过去的轻易理想化，都不能完全解释这些事实。更要紧的是，需要探究那些被指出的邪恶究竟有多少完全归罪于机器，又有多少是由于那些被永久化了的、发展于美好的农业和封建时代的欲望模式、思维习惯和体制所导致。因为对大众所处邪恶条件的意识，以及对它们是令人厌恶的、是良心和意志应该反抗的这种认识，本身就是工业文明的产物。在早期的文明中，我们找不到这种反抗；在地球上还没有受到工业破坏的地方，我们也找不到这种反抗。工业文明特殊的地方并不在于奴役人类大众，让他们必须过一种艰苦的、不稳定的生活，因为这种情况在任何时代、任何地方都存在。工业文明特殊的地方在于对这种情况的意识及不满逐渐增加，并相信这是不公正和不自然的，是一个要被消灭的怪物。直到工业文明发达到足以带给全人类更高层次的自由生活，直到通过机器手段控制自然资源使我们能够想象属于全人类的闲暇，这种态度才能够产生。这里强调的这种事物的状态是工业文明的产物，但人们长久以来理所当然地认为，这是事物秩序的一部分，这种事物秩序是自然的、必然的和天意的。

广义的现代民主运动为我们的"人道主义"抱负提供了背景。机器时代的结果，是将更广泛、更平均地分配幸福与闲暇的理想从天上转移到地上。这一点是真实的，尽管这一理想在地上的实现同在天上一样被怀疑包围。这一转移所体现的事实与包含在下面这一信念中的问题紧密地联系在一起，即工业文明不可避免地降低了人的高级兴趣，最多以牺牲将人的生活同野兽的生活区分开来的价值为代价，提供给我们更多获得物质安逸的自由。这一反对意见的麻烦在于：它的证明或者说假设太多了。用物理手段来获得更高程度的物质保障，并不天然地敌对于高级生活技艺和生活价值中的创造性努力与欣赏性享受。我们反倒会认为，即便没有到拥有大量剩余财产的程度，物质保障的增加也会释放想象与情感，让它们更为丰富地去追求理想的兴趣。

我绝对不会声称这一设想已在当前的文明中实现了。双目清明的人不会否认，当前生活的特点是疯狂地攫取物质商品，热衷于外在力量的获得，以及盲目喜爱愚蠢的奢侈和空虚的摆设。然而，对这一事实的完全认识只不过提出了一个供我们探究的问题，并没有解决任何问题。为什么呢？一种可能性是人性一

125

126

贯如此,而工业的发展则给那些人性中的主导要素提供了手段,让它们有机会表达自己:人生就是如此,人们一有机会就热衷于追求物质力量和物质享受,而不是宗教、艺术和不偏不倚的科学。但是,接受这一解释意味着承认人的高级价值是偶然的和补偿性的。这一解释让我们接受这样的观念:人性天生就是如此低级,只有穷困、牺牲和苦难的神圣归训才能提升人类,使之超越自身。即便如此,人们所抱怨的邪恶的原因也在于人性,而不在于工业文明。工业主义的降格只能这样来表达:自然人最终拥有展示自身的手段,工业文明的邪恶只不过是影响了人性的构成。

这一可能性将我们带入了一种绝境。那些仍然忠诚于精神兴趣的人也许会抱怨、责骂或者退入隐居。然而根据他们自己的声明,他们对这种文明的堕落状态也无能为力。可是,还存在另一种可能性。当前对物质以及物质繁荣的过分狂热,也许是人类长时期挨饿和受压迫的结果。它也许主要是之前那些被吹捧的时代的产物,在这些时代中,人的高级价值是受到尊重的。在这种情况下,所谓的人的低级欲望(对舒适的需求、对物质享受的需求、单纯出于对力量的追求而愚蠢地喜爱凌驾于他人或某物之上的力量)并不是由于人们热衷于精神兴趣,而是由于周围外在条件的力量而受到限制。当压力被移除之后,这些需求便释放出来并变成行动,其强度同之前压迫它们的力量是对等的。在这种情况下,当前正处于过渡期的不平衡状态;并且希望这种长期受压抑的胃口在暴食之后能够恢复到一种正常的平衡状态,这种希望并不完全是乌托邦式的。浪子回到父亲的家中,带回的是通过经验积累起来的智慧,而不只是重复外部力量强加给他的训诫。

127　用之前的反常状态的夸张反弹来解释工业主义的某些突出的邪恶,会让人对那些构成了我们所继承的标准的价值的性质产生怀疑。只有少数人直接分享了这些标准,而大多数人则只能将它们当作信仰,他们是通过别人的情感或行为经验到这些标准的,并且这种经验是滞后的。这些标准的根基很浅,否则,工业主义的进军不会如此轻易就颠覆了人们对它们的效忠。

事实是:那些我们仍然用于俗常判断的标准(我们不但用它们来判断价值,还用它们来判断标准)太过传统了,并且这一传统中的元素距离现代生活的实际如此遥远,以至于当我们试图对当前的情况作出批判性判断时,会茫然不知所措。我们仍然要用早期的那些成熟的标准吗? 如果是这样,那么我们预先就可以知道结论。因为在工业文明的影响下,这些标准已经失去了活力,当被用于衡量工业文明时,必然受到谴责。并且,这种谴责并不局限于对于理性心灵之邪恶的谴责,还应拓展到对于全部工业和科学方法的谴责,因为后者才是成因。那么,我们要采用那些产生于新的技术和科学趋势,并与其保持一致的标准吗? 然而,困难之处在于:这些标准还未被公开和揭示,我们并不知道它们是什么。毋庸置疑,有些无知是因为工业文明本身的新异和不成熟。但是,下面这一事实又加强并复杂化了这种无知,即哲学思想一直以来都主要在培养旧传统,而不是在探索实际条件的意义及其固有的可能性。这种情况的结果是:产生一种名义上和形式上的对于标准的理性忠诚,这些标准与现存的文明几乎无关;同这种忠诚联合在一起的,还有对于那些我们并不努力去理解的力量的实际服从。哲学从实际中的撤退,伴随并促进了旧标准与旧理念之运作力的衰退。

因此,我们又回到了这一问题:哲学同以工业为主导特点的现存文明的关系是怎么样的? 除非通过辩证的灵活性,哲学摇身变成了补偿性庇护的伊甸园,否则,它就必须面对这种情况。哲学的工作是从混乱的信念中重建理性秩序。我们所讲的这种混乱,乃是由于承袭自旧文化的观念和理想与当前文明的主流兴趣和运动之间缺少调节;这种混乱本身的起源并不是哲学性的,对哲学来说,它是材料和机会。对哲学的职责来说,"接受"是一个含义模糊的词,它可能表示将事实作为事实接受下来,也可能表示将事实作为价值甚至是价值的衡量标准接受下来。在这个意义上,任何不接受重要事实的哲学,都是一种逃避的哲学。我认为,这一名称甚至也适用于那些将哲学的合法工作限制为分析科学前提或综合科学结论的理论,这种工作是同科学在生活中的位置和功能孤立开来的。哲学不得不接受技术工业在当代文明中的控制性角色,这是一个操作性的事实。这种接受并不是要将工业文明的特点作为它的价值,但在对工业文明的价值作出任何有效批评之前,必须先要有这种接受,否则批评就是一种抱怨和情感宣泄,而不是一种理智的鉴别。

上面的讨论可以被总结为:工业文明给哲学家带来了双重的挑战。哲学家的一个任务是去发现保证了自然科学之进步的实验方法的完整意义。为了作出这一发现,需要修正甚至放弃固定的关于心灵、思维和真理之本质的既有观念,而这些观念则是由前实验时代传到我们这里的。我们必须基于有能力的探究者在获得事实与原则的过程中实际所做的模式,来发展关于这些以及相关主题的观念。要完成这一任务是困难的，并且其意义不仅仅是技术上的和职业上的。它实际上意味着一种新的调查和批评社会机制及习俗的逻辑。因为心灵的实验性习惯还未涉足这一人类具体生活的领域。17世纪的哲学家做了一项伟大的工作，将物理知识从束缚中解放了出来，并奠定了一条让它可以安全前行的道路。现在存在着一个类似的机会和需求，要将关于社会事务的知识（法律的、经济的、政治的、宗教的）解放出来。在实验方法在这一领域得到实现之前，开始于三个世纪之前的科学革命仍然是不完整的，并会遭到歪曲和误用，正如现在当它触及大众意识并落实到实际行动中时，它实际上是扭曲而歪斜的。

哲学家的第二个任务可以这样来表达：由于科学的应用，我们必须在人类所控制的新工具与新的力量资源的基础上，重新考虑工具与后果、手段与目的之间的关系。总体来说，哲学史所展示的是在以自身为目的的事物与仅仅作为手段的事物（作为手段是事物在本质上并不考虑作为价值的最终来源的目的本身）、本体与现象、物理与观念以及物质与精神之间作出的分割。所有这些分割都植根于目的与手段之间的分割。这些对象被赋予了最终价值，其观念的形成并不涉及既存的条件和现实的因素；而后者则是执行观念、实现欲望和目的的唯一手段，其结果是：那些更高、更远的目的变成了仅仅是"唯心主义的"，也就是浪漫的、感伤的、补偿性的。就像一个工程师鄙视材料与能量，因为它们都只是物质性的。我们对"现实主义"因素（也就是存在某个特定时间的事物）的把握和处理，同样也受到了这一问题的影响。因为我们孤立地看待和使用这些因素，它们也同样变得僵化而固定。人们认为，对实际条件的考量意味着单纯的调适与一致。然而，因为欲望和目的、设定目标或可预见的目的是人性持久的功能，所以从结果上来看，这种态度指出了：实际条件是某些目的的手段，这些目的是近在手边的、基于直接条件的，可以通过操作获得，并在生存的层面上被我们享有。因此，操作性的和控制性的"目的"同那些公开的、被伤感地崇拜着的理想毫不相关。目的相对比较琐碎而表面，它们是将条件用作手段去指导享受或行使控制他人的力量。这才是混乱、虚伪、无意义的变化和动荡不安这些工业文明的典型特征的最终来源。

关于手段与目的、物质性存在与理想可能性之间的关系，哲学是基于新技术带来的对于代理者和工具的控制之上的，这种哲学不能像过去的哲学一样，以作为单纯的死后解剖而告终。这种哲学所提供的动力是朝向未来的。它的影响在于重申那些包含在作为我们传统遗产中的宗教、艺术、文学、道德和政治当中的理想或精神元素。这些元素经过修改，同它们借以实现的事务状态之间产生了操作性的关系。在同样的思维运动之下，现存的条件不再被看作是固定的、只有通过一些外在而偶然的介入才会改变；它们不再是行为的模式和衡量标准。这里值得再一次同 17 世纪的科学情况作一个类比。17 世纪产生了一群思想家，他们对一小部分天文、物理和化学领域的工作者所作出的初步努力进行了澄清和组织。这些思想家演进了一个清晰的观念体系，这一体系为后来的工作者提供了信心和勇气，并对他们的活动给出了方向和建议。

在之后的一个世纪中，也就是"启蒙"时代，哲学家将他们的注意力转向了人，转向了人性与人的兴趣。在新科学的方法与结果中，他们看见了用"理性"来完全控制人类体制和人类努力的希望。他们预见了一个从过去所有的压迫中解放出来的时代，因为对于这些压迫，人们一直都是无知的，而迷信又将它们永久化了。一个无限进步和无限完善的时代已经到来，但历史的进程却违背了他们的雄心壮志。"理性"并没有承担起控制和引导的角色；理性与科学的新应用被当作了提升个人与阶级力量的工具，以及新奇而疯狂的炫耀和享受的手段。理性带来的不是福祉，而是无管制的竞争、冲突与混乱。因此，以当下不偏不倚的眼光来看，19 世纪的哲学充满了反动精神。人惯于向后看而不是向前看。19 世₁₃₁纪哲学的伟大理性贡献，在于发现了作为过去之记录的历史。"进化"是一个概括了历史之发现的观念。进化的观念被阐述为一个遵循前定进程的宇宙力量的观念，对此，创造性和指导性的人类智性的干涉是微不足道的。19 世纪最为体系化的哲学运动是德国观念论，它将进化论同欧洲古典宗教传统和古典哲学传统的元素混合在一起，并引发了后者的一次思想复兴。这一运动的许多方面都展现了崇高性，但又都带有病症。然而这一运动在本质上是辩解性的，它证明了：体制的现存状态体现了处于缓慢进化过程当中的某些内在的绝对观念或绝对精神。事实上，这些哲学支持的是默许和无力，而不是指导和再创造，因为它们将内在的理想价值赋予了已经存在的东西（这里的内在，指的是独立于审慎的行动对既存事物可能作出的改变）。

一个将他的思考同以技术和工业为主要特征的当前文明结合起来的哲学家，不能忽视这些运动中的任何一个，正如他不能忽略形成于古希腊和中世纪的、起支撑作用的古典传统一样。如果他忽略了传统，他的思想就会变得单薄而空洞。但是，我们要运用这些传统，而不仅仅是尊重它们，或者用新颖的词汇将它们包装起来。并且，工业文明本身已经发展到足以形成自己的传统。如果美国在工业文明的道路上比旧世界的国家更加进步，那么这一传统的意义在美国应该比在其他地方更加清楚。然而如果我们不进行观察和研究，就不能读懂这一传统；如果没有一定的思想上的同情，有效的观察就不能实现。对工业文明进行观察和反思，从而辨识它的意义（也就是它的可能性），这样的观察和反思就是哲学，无论我们将这种辨识叫作什么。拒绝观察和解释新的、特殊情况的哲学或许能获得学术上的成就，或许能建成一所设备齐全的健身房来进行辩证法的操练，又或许会给自己披上文学艺术的外衣，但它不能给我们混乱的文明提供照明、指引方向。只有对现实感兴趣并能坦诚而同情地面对现实的精神，才能做到后面这一点。

132

对美国文明的一个批评①

当鲁宾逊·克罗索（Robinson Crusoe）坐下来将他收到的祝福与麻烦列在一 133
张借贷表上的时候，他是为了自寻乐趣。我们有这样的感觉：当对我们的文明作
类似的评估时，我们所做的事与鲁宾逊一样，也就是沉溺于社会性的辩护当中。
这并不是唯一的难堪。一个人可以白纸黑字地写下他的经济来源和债务，但这
一结果反映不了他的健康状况以及思想和道德情况。因此，我们有可能以或多
或少的精确性来逐项列举美国生活的得与失，但我们并不知道这些得失之于社
会繁荣的意义。比如，有一个巨大的增长：十年之内，我们的中学和大学生人数
增长了250％，但这意味着什么呢？犯罪和违法也有所增长，但这又意味着什么
呢？这些得失的成因与后果都不明显，缺少关于原因与效果的洞见，我们甚至无
法猜测这些事情代表的是我们文明中好的部分还是坏的部分。一个外国访问者
可能会对我们国家说一些好话，而另一个则可能会留下一堆严厉的批评。我们
也许会同意，这两种说法在根本上都是真的，但对前一种带有一些骄傲，对后一
种则带有某种恼怒。但这些事情意味着什么呢？它们的表面之下是什么呢？即
便是在美国文明的得与失之间找到了平衡，我也不应该对此感到多么地确信。

很幸运，这并不是我的任务。这一任务已经由各个领域的特殊人才完成了。 134
不过，当有人叫我试着总结一下美国生活的方向与性质的时候，我感到了巨大的

---

① 首次发表于《明日世界》（*World Tomorrow*），第 11 卷（1928 年），第 391—395 页。增补后再次发
表在《美国文明的最新收获》（*Recent Gains in American Civilization*），柯尔比·佩奇（Kirby Page）
编，纽约：哈考特-布雷斯出版公司，1928 年，第 253—276 页。

疑虑:我们正走向何处?我们正朝哪个方向运动?变化中的事物的价值在于它的后果,而当前条件与力量的后果并没有呈现出来。评估就是一种预测,而那个能够预测我们社会体系之未来的天文学家又在哪里呢?

然而如果这些只是个人的疑虑,我就不应该沉溺于表达它们。这些疑虑更像是以一种独特的方式指出和证明了美国文明的现状和前景。我这样说的意思,并不只是我们还处于社会的转型期和流变期这样一个老生常谈。我的意思是:第一,如果在对立的两栏中列举出得与失,我们发现的是具有不同寻常的广度与深度的悖论与对立;第二,这些对立证明了当前状态最为显著的特征,也就是内在的张力与冲突。如果说有一个内部分裂、自我矛盾的文明存在,那就是我们今天的文明了。如果有人只看到了某些症状而忽视了其他,他要么会给出一份阴暗的报告,要么会给出一份亮丽的报告,并且每一份都是同样公正的。

如果只看公开的和外部的现象(可以说是我们生活中公共的、官方的、由外部组织起来的一面),那么我个人的感觉是令人泄气的。我们似乎到处都能看到僵硬、紧张、强制、组织化和标准化,以及对于机械上和数量上的效率与繁荣的热衷。如果我们只看绝大多数个体(这里的个体也包括那些志愿者团体)在不同领域中的活动,那么就会看到鼓舞人心的巨大生命力。这种内在与外在、私人与公共方面的对立是我们的文明最有意义的特征,它的存在与范围就是我所说的全部要点。

我认为,所有关于我们生活的特殊方面的文章都至少隐晦地反映了这一对立的事实。请允许我几乎是随机地提一些明显可见的标志。在国内政治中,有一种超乎寻常的冷漠,这种冷漠不仅表现在放弃投票上,还表现在公众对于高位腐败看似平静的冷漠上。另外,之前从未有如此多的公开性和如此多的具有真正科学性质的调查与暴露。除非有人认为公众玩世不恭的冷漠是彻底腐败的证明(这种腐败不仅是一些官员和商人的腐败,也是美国人民整体心态的腐败),否则我们就有理由认为,政治生活中的流行态度本身就指明一种逐渐增长的感受:我们正逐渐将依靠与希望放在那些比政治更深层的代理者身上,并且存在着这样一种不可言说的、仍处在摸索中的感受,即美国人民的真正需要必须由比我们的传统政治体制所赋予我们的更为基本的手段来满足。如果并且只要我们的政治冷漠是由于对当前条件下的既存政治形式的普遍不信任,那么我们就有理由相信:只有当政治兴趣复兴的时候,那些比我们承袭下来的政治机器更能真实地体现社会生活的社会力量才能改变那些政治机器。

涉及不宽容的问题时，国内的政治情况为我们呈现了一个更为明显的对立。偏狭与不宽容的势力从来没有这样有组织、这样活跃过。这里只要提到已成气候的"三K党"就足够了。另一方面，美国有可能第一次在历史上选出一个罗马天主教徒来当总统。这一对立也许看上去并不非常重要，但至少在我看来，它是我们整个情况的深刻症状，我将这一症状称为内部分裂和内部张力。那些收紧和巩固反作用力的因素同样也造成了一种更加自觉而坚定的自由态度。组织与外部力量依然在于那些反作用力，然而自由的态度却处于酝酿和内部生长的过程中，并且未来也许是在后者这一边的。这样，之前引述的事实就带上了一种在孤立的时候所不具备的重要性。

关于这一点的一个更为重要但又更为模糊的例子，是思想和言论自由的整体状况。这样公然地违背美国体系中那些根基性的东西，在我们的历史上是从未有过的，这一点自不待言。人们通常将这种反应的特别增强和战争联系起来。毫无疑问，这种联系是正确的，但战争只是一个机遇，而不是决定性的原因。源头在于更为之前的、我们的政权对于经济力量的逐渐控制。另一方面，自我批评的精神从来没有这样警惕而具有穿透性。如果说我们的自满变得更加喧嚣而自觉，那么我们的自我批评和辨别精神亦是如此。诸多专门的文章已经对这一事实作出了足够的说明，因此没有必要对此重复或引用证据来证明。如果说我们是自己"最好的伙伴"，那么我们现在同样也是自己"最严厉的批评者"。与公众的、有组织的审查与压制对应的，便是对于缺陷和邪恶的自发的、私人的探索与展现。从表面上看，揭发丑闻的时代已经消失；然而相反，这种爆发相对来说是外部的和表面的，它处理的是特殊而外在的疾病。19世纪90年代的暴露与谴责热潮一过，批评精神就转向内在，开始关注背后的思想和道德原因。

最近，在读了阿瑟·加菲尔德·海斯（Arthur Garfield Hays）的《让自由之声响起》（*Let Freedom Ring*）之后，我有两种心情。一种是深深的羞愧与低落：距离那些应该成为我们政治与社会结构之基础的原则，我们已经如此遥远。另一种是感觉幸亏我们还有这本书，以及其中记录的为了自由而进行的勇敢战斗。我想知道，如果说之前已经有了像这本书一样的对于压迫的记录，是否还有其他书像这本书一样展示了为保持公民自由而进行的勇敢而不懈的斗争。我觉得，反应力量之能量的巩固也许标志着它们的恐惧有充分的依据，认为与之对立的社会势力在反对它们。毕竟,黑名单与"关键人物表"还会时不时地出现;对我国将被布尔什维克化的这种荒谬的恐惧,也许表现为这样一种症状:那些拥有力量的人即便是在自己的天国里,也还是不能完全放心。

我认为,在国际问题中存在着一个类似的矛盾。经济形式的帝国主义政策是我们当前的主导标志,这一点在我看来非常明显,无须证明。然而,无论休斯-柯立芝政府的表达多么虔诚,人们正在逐渐地认识到这一政策的本来面目。因为这一认识而引发的抗议只有在偶然的情况下,才能通过行动得到有效表达,这一点同诺曼·托马斯(Norman Thomas)在他的文章中所指出的墨西哥的情况是一样的。然而,如今的我们已经不像之前那样困倦了。在海军的支持下,我们得以在尼加拉瓜继续推行我们的经济政策。曾经有一段时间,类似的干涉(我要向我们的当权者道歉,因为我没有称之为"调停")并没有引起人们的注意,除了下面这种虔诚的希望:我们正在将对上帝的得体畏惧慢慢地教给许多半开化的人。对于巨大的社会变化的感知往往远远滞后于变化本身,这种滞后让我们无法对变化的运作进行修正。然而,对经济帝国主义之发展的感知也许并没有滞后于事实,因此这种感知极为重要,在其他问题上亦是如此。我们有理由希望这种感知足够跟得上潮流,从而对当代产生影响。

战争及其所带来的"和平"的直接作用是:加强我们在国际上的孤立,并让这种孤立越来越被意识到,这一点毋庸置疑。虽然很愚蠢,但"国际"这个词在很多方面都很可疑,因为它带有俄国与第三国际的味道。虽然"美国化"的过程不像前几年那样激烈了,那些僭称自己为"美国人"的老移民仍然对新来者怀有恐惧。上了黑名单的人并不是因为犯了什么大罪,而只是因为赞成了战争非法化或是坚持美国要遵从国际法庭。然而另一方面,个体对外国事务的兴趣比之前任何时候都更广泛和富有同情心,并且大量的志愿者团体都在激发和满足这种兴趣。如果公开而外在地来看,我们比之前任何时候都更加民族主义化了,那么就思想和道德潮流而言,我们也更倾向于国际化了。整个和平运动不再那么负面了,单纯的反战少了,建立积极的国际合作的决心多了。正如"追求和平的进步"(Advances in the Quest for Peace)这一章所指出的,和平运动变得更加现实了。战争期间,有人可能因为断然宣称战争的起因是经济上的竞争而入狱,而现在却是从将军到百姓的一个普通话题。在现在所有的国际摩擦中,理智的人已经知道该看向何处,要注意什么,这是一个伟大的进步。并没有充分的证据证明这一启蒙足以抵挡危机中有组织的宣传；并且，我认为，那些关于自由、正义，以及以结束所有战争为战争目标的炫目概括，已经失去了它们大部分的效力。

如何来衡量一种文明，这是一个长久以来一直悬而未决的问题。什么是文明状态及其进步程度的衡量标准呢？是它的精英（élite）、它的艺术和科学产物，还是它的宗教深度与宗教热情？又或者是民众的水平，或者是普通人所获得的安心与安全的数量？由于其在文学、音乐和戏剧上的成就，革命前的俄国是否已经处于欧洲文明的顶点？还是说，如果新俄国成功地提升了民众的生活（即便以这些成就的衰退为代价），那么它就站在了一个更高的水平之上？争论的两边并不存在共同的前提，因此也不可能找到一个解决方案。一方可以说自己代表了作为最终衡量标准的理想的实现，并指责另一方使用纯粹物质性的低标准；而另一方则可以指责前一方对大众（对于他们来说，为生活而斗争是极为重要的）的幸福与安全带有一种贵族式的苛刻冷漠，并去探究某种将大多数人排除在外的技艺和科学的价值，或者去探究某种用遥远的至福之梦来补偿当下所受苦难的宗教的价值。

在评估美国文明所取得的进步时，这个问题很明显是关键性的。我们衡量的基准线在哪里？那些致力于赞颂美国生活的人一致地指出了下面这一事实：在美国，不管从一个绝对的标准来看有多么糟糕，普通人的命运至少要比其他国家或其他时代的人要好。

但是，如果被问及这种普通生活的思想与理想内容，这一说法就不是那样令人确信了。现在我们已经听惯了对乡巴佬和愚民的谴责，即便我们削减其中的夸张成分，剩下的真相也足够让人沮丧。我可以很容易地用证明民众生活之琐碎性和表面性的证据来填满剩下的篇幅。也许我们只要参照查尔斯·默兹（Charles Merz）在《伟大的美国花车》（*The Great American Band Wagon*）中的一段幽默的描写就足够了。如果将高级文化的成就作为评价的标准，那么即使是最乐观的人，也不会给我们的文明一个很高的分数。举一个例子，我们用于科学研究的工厂设备要远远优于任何欧洲国家，如果用投入的资金来衡量，它也许甚至相当于欧洲的总和。但是，我们得到的成果并不与之匹配。人们希望科学的成果能够直接运用于商业，这种压力是巨大的，因此大众的英雄是发明者，而不是研究者和发现者。伯班克（Luther Burbank）和爱迪生（Thomas Edison）是重要而特别的名字，而威拉德·吉布斯（Josiah Willard Gibbs）和米克森（Albert

Abraham Michelson)却是没有存在感的微弱传说。

这一争论涉及终极标准,因此,正如之前已经指出的,除了选择支持一方,没有其他的解决方案。但我们可以说,到最后,普通人的安全度、安心度与生活舒适度的提升可以被看作是一个机会,这一机会让我们有可能参与到更多理想的价值当中。并且,如果一个文明之前的成就并没有造成大众对于精神价值的普遍参与,那么这个文明中至少存在着某些缺陷。单单是产生机会就要做很多事情,但如果机会没被利用,实际的结果就是责备与谴责。因此,问题在于:如果说我们的文明在物质基础上具有相对的优越性,那么在此之上,在宗教、科学与技艺、生活的舒适与优雅诸方面,我们能有何建树?

这是一个涉及未来的问题。下面这个老说法中包含着某些真理,即我们忙于对美洲的物质征服,而无法去关注那些高层次的东西。但是,因为前一个任务已经大体完成,我们现在要问后一部分进行得如何。当着手进行时,我们必须让"文化轻哼出声"。拓荒者的特殊美德已经随着拓荒者的时代离去而离去。标志着这一自我引导的时代的巨大而富有生命力的能量在哪里?只要调查一下直接情况,我们马上就会发现:大部分能量都被用在了疯狂赚钱以及赚钱之后同样疯狂的物质享受上,而那些没有赚大钱的人模仿着"享受美好时光"。有人认为,在征服了一个洲之后,我们自己的灵魂也被胜利的物质果实所征服。繁荣富裕就是我们的上帝。

如此描述的情形指出了最糟糕的一种可能性。不过,关于事情的另一面,我们可以说很多,也可以指出许多有希望的标志。这一系列的文章专门是写美国文明之所得的,而我似乎过于强调过失了。但是,之前所说的至少可以将最终的问题提到前面来,也就是得失的衡量标准。我认为,强调过失还能对我的主要观念有所辅助,即我们正处于内在冲突与分裂的痛苦当中。最坏的情况发生在我们的外在和公共生活当中,而处于另一面的则是那些还未经组织的早期力量。人们可以将报纸和在报摊上看到的杂志看成是代表了我们公共思想生活中有组织的一面。一份发行量超过一百万的典型小报(其发行量几乎是其他风格的报纸的三倍)与大量的"忏悔"杂志,就能说明大部分的问题。而与此同时,将严肃主题流行化和人性化的书籍以前所未有的数量出现,并受到惊人的欢迎。我认为,这一事实说明了正在兴起的某种真实而富有生命力的东西,并且从结果来看,这些东西也许比外在的主导性因素具有更大的潜力。作为一个孤立的事实,

140

它证明不了任何事情;而作为一个症候,它也许又是极为重要的。绘画、音乐、戏剧与诗歌中兴趣的自发性发展要更为深刻。与上一代的平均值相比,这一代的"最佳畅销书"一定会高出许多。

这里,我们可以相关地提一提教育的情况。我们没有必要对夏普(D. L. Sharp)先生在他的文章中已经说过的东西再作评论。成人、家长和学前教育以及初等教育和高等教育中的兴趣与活动获得了迅速而有力的拓展,这一点不能被忽视,而进步学校获得的显著发展同样不能被忽视。但是,最不寻常的事情是中等教育和高等教育的扩展。没有人知道它的原因或意义,但它的速度和广度并不亚于一场革命性的变革。曾经有一种说法,20 个小学生中只有一个能上高中,100 个小学生中只有一个能上大学。现在的小学生人数只是中学生的 5 倍,而 20 个小学生中就有一个能上大学。并且,令人吃惊的是,自 1910 年以来,这种扩展是以加速度进行的。比如,大学和职业学校的学生人数是 30 年前的 6 倍,而中学生则是 30 年前的 10 倍。即便我们的教育质量被人说成是最糟糕的,但下面这一点仍然是真的,那就是我们正置身于历史上最了不起的社会现象当中。我们不可能去测量这一变化所释放的潜力,但说它不会带来未来的思想丰收,这是不可信的。正如我之前所说的,虽然不能确定它的原因,但这一变化至少显示出我们终于开始实现全民教育机会平等的理想了。我相信,这一发展的出现,一大部分是由于第二和第三代移民地位的上升;并且,尽管来自南欧和东南欧的移民受到各种贬低,但我相信,当我们的文艺复兴到来时,这部分移民将会是它的主要来源。

这一模式的反面当然是特殊的利益团体在民族爱国主义的幌子下,为了自身的目的而对公共和私人教育所加强的控制。最近被揭露出来的电气照明和电力公司对学校的利用,就是这样一个例子。就我所知,没有哪个事实比下面这个事实更加重要了:为了制造统一的公共舆论和公共情感,公关代理人接到的指示是将"媒体与学校"放在一起,作为需要受到影响的机构。在我看来,这些被揭露的事情在某些方面比那些石油丑闻还要险恶,因为它们代表的是公共行为源头上的腐败。无论如何,我们都有了一个醒目的例子来说明我所说的内在冲突与张力。我们的民主至少足够先进,以至于懂得如何更好地控制大众意见与信念。历史上曾经有这样一段时期,少数人不需要走形式去听多数人的意见。由媒体代理、"公共关系顾问",以及媒体和学校的宣传所进行的征服管理,至少证明上面那个时期已经过去了。我们已经有了足够的、通过公共舆论进行的政府管理，因此有必要让进行统治的经济力量试着去规范那些创造意见的代理者们。

如果我们问哪些力量会赢，是那些有组织、知道自己的目的并懂得用系统的手段实现其目的的力量，还是那些自发、私人而零星的力量（就像那些造成高中生扩招的力量），我想，这就是摆在面前的我们文明的问题。要回答这一问题，就要进行也许是没有根据的预测。我们要回归的是信仰，而不是看得见、摸得着的证据。然而，我们有理由去希望一个有利的情况。其中一个理由是下面这一事实：不管我们的文明是怎么样的，它都是一种传播和既有的循环。我自己将美国生活的本质想象为福特汽车：一方面是机械化、标准化与外部效率的顶点，另一方面则是实际存在着的巨大流动性和个体无休止的运动。由此产生的流动性是漫无目的和毫无方向的，它可以很容易地表现为单纯的为运动而运动，以及单纯追求变化的速度。然而无论如何，运动和不稳定性是存在的。为了自身目的而控制这些运动和不稳定性的工业力量，通过某些规律自动地增多且增强了它们。这样，分裂与张力就增加了。标准化的、组织严密的工业技术持续地释放着意料之外的、无法预见的个体力量。在控制这些力量运作的过程中，工业技术压迫性和机械化的行为倍增。认为这一过程是在必然而无意地自取灭亡的假设，仅仅是一种补偿性的幻想吗？对此的回答，取决于我们如何把握个体人性的终极结构，以及当个体获得解放时又会产生何种潜力。

我们旨在提高大众水平的社会实验是前所未有的，这一说法已是陈词滥调了。然而，我们不能将这种努力的范围同我们文明最常受批评的一面分离开来，即它对数量的热情是以质量为代价的。无论对文明还是对个人来说，它们的缺陷同它们的价值都是联系在一起的。并且，提升大众的理想同传播的事实是紧密联系在一起的。我们追求民主的先辈们明显认为，在一定的政治机构被体制化之后，理想中的对于大众的提升就会自动出现。然而，对历史的一个讽刺是：这些政治机构被少数拥有终极经济力量的人间接而不是直接地挪用与操纵着。同时，这些工业力量创造的机械化所引发的传播在范围上是前所未有的。欧洲批评家在批评我们的文化时，常常忽略下面这一事实：他们所批评的许多事情，都可归结于我们是在被迫完成被欧洲回避掉的任务。在欧洲人批评我们没有高层次文化时，他们略过了以下事实：几百万欧洲移民在这里得到了他们在本国永远不会有的机遇。因此，美国文明中大众化和数量化的一面就具有了独特的正面意义。所有事实都指明，如果我们应该实现最终衡量文明的高级价值，那也是一项靠大众合力实现的，而不是少数几个被选中的精英的工作。这种实现要通过社会渗透与传播。

如果我还没有具体地触及我们生活中的工业和技术层面，那是因为我认为它处于中心和主导的地位。它是传播和分配的机械化途径。并且，它的最终问题并不是如何分配最终受其影响的金钱收入。的确，我们不能忽视这个重要问题，但它的重要性是基于下面这些方面之上的：对无法估量的因素的分配、教育的传播，以及思想和艺术生活之价值的分享。不可否认，专注于生活的经济层面是唯物主义，由此判断，我们的文明也是唯物主义式的；同样不可否认的是，我们打破了年代久远的、旧世界中对物质和理念的分离，而对这种二元论的解构是任何作为整个民族之财富的高级文化的必要前提。这种建构性的功能，也就是将经济和物质基础作为广泛分享理想化目的的手段才刚刚开始。但是，这已经足以提供给我们从未存在过的、用于传播的运作机构。虽然这种说法的性质更像是预言而非记录，但我不认为从长远来看，有任何事物能够击败或严重扭曲经济力量的正常传播。

我们已经暗示过的紧张、压迫和机械标准化都体现了阻止和改变这一正常趋向的意图。个体潜力的解放以及个体能量和自愿结合的能量的唤起，都显示出实际作用所表现出来的形式是不成熟的，而相反方向的作用则都是有机的。我们的信仰最终在于个体以及他们的潜力。我这么说，与其说是指有时为了与联合相对而言的所谓个人主义，而毋宁说是指运作于自愿联合之整个过程的个体性。如果说由外部强加的组织是其中的一个外在景象，那么在这一景象的背后与底下运作的则是被解放的个体性的力量，这种力量以自己的方式进行实验，以寻找并实现自己的目的。历史证明，无论多么零星和不成熟，这种力量将最终战胜所有既有的体制化形式，不管后者是多么牢固地建立起来的。

我想在结束的时候作一个自白：我认为，自己在写作的时候，过度地受到了那些具有压倒地位、有自我意识的批评的影响。事实上，我相信我们在文化传播上已经有了很多成就，不管"传播"这个难懂的词意味着什么。所有人类文化都应具有的一部分，就是要看到分享其中的其他人。新近习得的自我意识让我们在谈论社会服务与实际理想主义时有所犹豫，这些被用烂的词已经带上了某些荒谬的色彩。任何时代的任何民族都不像我们的民族那样充满着分享精神。如

144

果说缺陷伴随着特质,那么特质也伴随着缺陷。孕育着一致性的过度社会性同样也会让我们不安,除非那些较为不幸的人也能够分享利益。每一个重要的文明都赋予"文化"以新的意义。如果这种完全不像旧世界之博爱与仁慈的新精神还没有让美国文明成为一种独特的文化,还没有给出一种新文明的希望与力量,那么也可以说,哥伦布只是扩张和稀释了旧世界。然而,我依然相信哥伦布发现的是一个新世界。

实用主义的默认①

神话有许多种,有的鼓舞人心,有的则令人麻木。自然神话——至少它们的最初形式——是鼓舞人心的,因为它们是对眼前景象自发的想象回应。而文学批评和历史解释的神话却在走向死亡,它们没有生气,并且将主题强行塞入既有的形式中,从而让知觉的感受性变得迟钝。这样的神话在对过去哲学的阐释中成长,并且总是倾向于覆盖和隐藏过去反思的现实。这些神话通过那些文学版本得以繁荣,而正是通过那些文学版本,哲学家的思想才让公众获知。因为哲学家经常太过于专注他们的职业技术和专业法则,以致丢失了公众,除非他们将彼此作为自己的公众。即便是实用主义和工具主义这样的新运动,也已经逐步积累起一些神话,并且这些神话已经取代了思想本身。也许是这些不幸的名字本身创造并鼓励了这些神话的传播,这些名字同样也在某种程度上让这些思想成为流行的教条和受谴责的对象。

我的文章的标题体现了对这种神话的一种解读,它是从刘易斯·芒弗德(Lewis Mumford)的《黄金岁月》(*The Golden Day*)里借用过来的,并且总结了芒弗德的根本批评。芒弗德说:"威廉·詹姆斯为妥协和默认的态度起了一个名字:实用主义。"不满于这种称呼,芒弗德又为默认的观念加上了标题:"紧跟着是瘫痪的实用主义",或者"实用主义是一种至福的麻醉剂"。"这种态度"意味着什么?詹姆斯默认的又是什么?根据芒弗德的说法,他生活的美国是南北战争之后的镀金时代。他更关心的是如何将他自己的模式表达清楚,而不是如实地表

---

① 首次发表于《新共和》(*New Republic*),第 49 期(1927 年),第 186—189 页。

达詹姆斯的思想。他甚至这样说："詹姆斯只是在哲学上将镀金时代的日常经验杂烩重新加热一下。"詹姆斯是他那个时代中主要的异教徒和思想叛逆者，他持续地反对每一个在行为和信念中被体制化了的东西，并勇敢地为那些即便不是被遗弃、也是不流行的且通常被忽略的事业而斗争，而芒弗德笔下的詹姆斯居然是这样的！这就是神话的紧迫性与危险性。如果我们将芒弗德的方法反用到他自己身上，那么，我们可以称之为1920年代口号时代的默认预言家。

出于某种原因，芒弗德对我比对詹姆斯更公平一些。但是，为了将他的公式套用在我身上，他不得不将我从来不曾持有过的民主和"调整"观念强加给我，而这些观念是我在教学和文章里一向反对的（即便是徒劳的）。为了证明我自愿诚服于工业功利主义，他从我的文章中摘引了下面这段话："如此理解之下的艺术在质上特别的是工具性的。它是一种教育的实验装置，它为了一种专门的用途而存在，即训练心的感知模式。"如此等等。这段话的读者必然会这样推断，而这也是芒弗德所希望的：这段话代表了我的艺术观，即艺术的特征单纯是工具性的。然而，这段话所出自的整个章节则是在讲，所有真正的艺术都展现了已达到完整性和"最终"点的、具有完成性特征的经验；并且，虽然我强调艺术对于"精神的更新"有所贡献和辅助，但这并不是艺术的底线，也不是功利性的。所引用的段落直接反对这样的艺术观，即艺术是个别的、少数人的经验，这种经验晦涩难懂，而不是对所有潜在经验的逐步完善。这一点暗含在"如此理解之下"这句引文当中；引文之前的几个词也明确表达了这个意思，那就是"隐居的美学家"，在这些美学家看来，艺术是"工具性的"，因此艺术的价值并没有被全部否定，它的价值在于开启"可被观察与享受的新对象"。我在芒弗德所引的那段话之后这样写道："这是一项真正的服务，然而只有结合了困惑与自满的时代，才将那些行使这一特殊功用的作品一律冒称为艺术。"我的文字风格一定像芒弗德所说的那样"模糊而无定形"，因此他将那个我认为是结合了困惑与自满的艺术定义归到了我的名下。

而威廉·詹姆斯则很少需要防卫，我们完全不需要防止别人颠倒他的全部精神和思想，并以某种模式来塑造他；并且，我也不认为对于我自身观点的几个误解能重要到值得我写这篇文章的地步。以上所说的，对于下面这个真正重要的问题来说，只是引介性的：批评同被批评的社会生活之间的关系是什么？更具体一点，哲学同它的社会介质和社会产物之间的关系是什么？我认为任何一个有能力的思想史研究者都不会说,存在着这样一种哲学,这种哲学只是对当时时代的主流特征的公式化默认。我们不需要将这些主流特征公式化,甚至也不需要为此辩护,它们主导着时代,这样就够了。同样,历史上的每一种哲学在某种程度上都是一种反思、一种理想化、一种为其时代的某些趋势所作的辩护。然而,让哲学成为反思和批判的是:它所选择的元素和价值是同其他因素相对的,并且后者也许是最为明显、喧嚣和显著的因素;也就是说,从某种比例和视角上来看,所有的严肃思维都结合了实际的与可能的,实际性提供了联系与坚固性,而可能性则提供了理想,这些理想是批判的基础,也是创造性努力的来源。这种可能性究竟是实际的可能性,还是由外部引入并加以应用的可能性,这是一个关键的问题。

因此,就有这样一种感觉:实用主义哲学是一种对实际社会生活的报道,同样,任何不是私人的和让人迅速遗忘的思想赘疣的哲学亦是如此。哲学家在一开始并不是要设计这样的报道,他们往往太过于关注特殊的传统,他们的工作是在传统内部证明任何这类任务的前提。他们关心的是尽力去解决那些来自专业传统之冲突的问题,因此这些问题是专门性的和技术性的;通过这些问题,哲学家只能间接而晦暗地看待当代事务。但是作为人,他们至少在潜意识中保留了足够的人性,使他们能够感受到自身文明中那些非技术和非专业的倾向与问题,并在这一文明的特征中发现探究与分析的主题。不管怎样,哲学家的主要方法与结果都必须从技术性的语境中被翻译出来,进而被放入更为自由和公共的场所当中,这是必要的,也是合法的。除了技术性理论的制造者,任何人都不会对这种移位的产物感到惊讶;但如果缺少这种移位,这些理论隐藏的重要意义就既得不到解放,也得不到检验。在用专门的哲学思考处理更宽泛的人类关系时,文学和社会批评的职责也随之得到珍视。然而这一职责的实行是困难的,它要比进行技术化的哲学思考本身更难,正如任何真正自由的人类工作要比技术性任务更难实现一样。先入之见、固定模式和不顾道德的急迫欲望往往是致命的。虽然这种批判性的解释中一定蕴含着某种模式,但这种模式一定是立体的和流动的,而不是线性的和紧致的。

那么,我们应该如何来谈论作为美国景象之反思性报道的实用主义和工具主义呢? 更具体地说,在承认詹姆斯的思想同美国生活开拓性的一面之间,以及工具主义同我们的工业主义之间存在着一定联系的情况下,我们又该如何来理

148

解这种联系？芒弗德认识到，詹姆斯对开拓性生活的反思本身是真实而重要的。但是他说，一种"有价值的哲学必须考虑到比某个单一时代的主导性经验更广的经验"。这一点毋庸置疑，然而，两三个世纪中的主导性倾向也许会向温和的心灵揭示出某些与所有时代都有关的重大意义。对于这些倾向的夸大，也许能够揭示出某些至今为止被遮蔽起来的东西；也许正是因为缺少这些东西，才会导致早期的思想图景被歪曲和稀释，而对这些东西的揭示则变成了一种改造。芒弗德说，詹姆斯缺少一种世界观。但他说过的话中，没有一句能够让他有资格去评说詹姆斯与拓荒精神之间的关系。宇宙并不是封闭而固定的，它在某些方面依然是不确定的，且处于成形过程之中；宇宙是冒险性的，且自己承担风险，它牵连到所有分享它的人，无论通过行动还是通过信念。这样的观念在芒弗德看来，也许只是常识，算不上是一种世界观。可是，如果我们没有以足够的耐心来研究詹姆斯，不知道这一观念是如何变成他所有的特殊主题的（从信念的意志到他的多元论，从彻底的经验主义到他的道德与宗教思想），我们对詹姆斯的认识就是不够的。在讨论这些特殊的主题时，詹姆斯并没有以正式而浮夸的逻辑游行来展示这一起控制作用的世界观，而这并不会让批评者的任务变得轻松。但这种风格体现出，这一主要观念如何真实而自发地充满了詹姆斯的思考。任何其他文学表现模式都不能如此忠于中心思想。

也许只有年龄足够大的人才能以某种完整的印象回忆起詹姆斯的工作所带来的思想氛围，从而认识到詹姆斯带来的不仅是一个世界观，而且是一个革命性的世界观。他同时代的职业哲学家甚至懒得去批评他的哲学，光是嘲笑就足够了。詹姆斯在哲学上多少是一个快乐的、充满奇想的天才，同时在气质上碰巧又是一个心理学天才，难道这不是自明的吗？在詹姆斯将之前大量散落在其他著作中的观点收集起来，并冠以"实用主义"这一不幸的名字之前，他并没有受到重视。并且很久之后，除了代表詹姆斯的世界观，任何意义上的"实用主义"都会归于湮没（这种湮没也许是件好事）。但是，詹姆斯的名字会存留下来，连同他的一些基本观念：宇宙是开放的，其中充满了自然化之后的不确定、机会、假设、新事物和可能性。我们越是将詹姆斯置于其历史的语境下研究，他的观念就越显得原创而大胆。如果未来的某位历史学家偶然地将詹姆斯这一观念的产生同美国的拓荒（詹姆斯本人没参加）联系起来，我相信这位历史学家会看到，这一观点同时代性格的距离就像南极离北极那样遥远。那个时代的工作是获取，关注的是安全;它的信条则是:既有的经济制度是尤为"自然的"。因此,在原则上是不会改变的。

然而美国现在是工业化和技术化时代,而不是拓荒时代了。也许实用主义的后期形式——工具主义——是一剂止疼剂,能够把人的想象和欲望与生活中残忍和堕落的方面调和起来。自然科学以及由此而来的技术是当前文化的主导趋势,虽然这种趋势在美国比在其他地方更加显著和突出,但它在范围上是普遍的,在任何地方都是这样。无论是有意识地还是潜意识地,这些趋势一定在产生"工具主义"中扮演了某个角色,这种说法并不是一个不合理的假设。那么然后呢? 如果我们面对这一现象,又不想为了安慰而撤退,并去"掠夺"其他的风土和时代,该如何做呢? 这里需要的是批判,而不是默认,这一点无须赘言。但是,没有理解也就没有批判。无论我们如何利用生命的对比阶段来辅助这一理解,就像桑塔亚那提出希腊与印度、爱默生提出黄金时代、芒弗德提出梭罗和惠特曼一样,然而,如果没有按其本意来理解自然科学与技术,我们的理解就是外在而武断的,而我们的批判也就是"超验的",最终只不过是私人的自负。

哲学中的词汇,特别是称呼,远不是自明的。然而对成见不是那么深的心灵来说,"工具主义"这一概念也许意味着将自然科学与技术把握为工具,通过在这些主题中找出适宜材料而体现的心灵的逻辑理性同样也是工具性的,也就是说,不是最终的、完整的,也不是世界和生命的真理或实在。我应该假定,工具当中包含着它们的目的,也就是那些不是工具却控制着工具的目的,以及为此使用工具和代理者的价值。毋庸置疑,哲学所记录的几乎完全是自我矛盾和自我愚弄的例子,但是它会要求一个非常缺少逻辑感和幽默感——如果这两者之间有任何区别的话——的心灵去试着将工具主义普遍化,并试着去建立一种关于工具的理论,这里的工具指的并不是任何事物的工具,而只是为了获得更多工具的工具。"工具主义"所对应的恰恰是被芒弗德设定为目的的那些价值,为了实现这些价值,自然科学及所有的技术、工业和勤奋精神的贡献都是内在的,而不是外在的和超验的,也不是通过训导的方式来实现的。对于既存的工业主义和沉重的科学所作的本质而内在的批判是:工具变成了目的,它们偏移了自己的内在性质,因而变质了。科学和技术的理想化并不是通过默认的方式实现的,而是要认识并赞同下面这一点:那些使人类生活变得有尊严并赋予其意义的理想价值本身,在过去也是不稳定的、任意的、偶然的、在分配上受到垄断的,这是因为缺少控制的手段，或者说，缺少那些自然科学得以通过技术装备人类的代理者和工具。不是所有呼喊理想的人都能进入理想的王国，能进去的只有那些知道并尊重通向王国之路的人。

民族主义的果实①

同这个世界上大多数有影响力的事物一样,民族主义是好坏纠缠的混合体,即使对邪恶的人来说也是如此。对于民族主义,要想诊断出我们不希望看到的结果是不可能的,更不用说去考虑抵制它们的方法了,除非我们完全认识到了希望看到的特征。因为这些结果所提供的弹药和武器被险恶的利益集团用作了进攻和防卫的手段,从而使民族主义成了一种为邪恶服务的力量。

民族主义的善良性质同它的历史起源联系在一起。民族主义至少是一场远离那些可憎条件的运动:一方面是教区制度,另一方面则是王朝专制。对一个国家的兴趣,至少要好过将视野局限于一个教区和省份。从历史上来看,民族主义也同个人绝对主义和王朝统治的衰落联系在一起。忠诚于一个民族,肯定要比忠诚于一个被赋予上帝认可的共同信仰和被神袍覆盖的世袭家族更为进步。的确,许多迷信的敬畏和愚蠢的情感已经进入了民族主义,但无论如何,比起一个统治家族来,作为整体的国家人民当然是一个更好的奉献对象。除非民族精神成长起来,否则公共精神在实际上并不存在。在这两个历史变革之外,民族主义还同受压迫民族反抗外来帝国统治联系在一起。如果想看创造民族主义之动机中最有力的一种,我们只要看一看50年前的希腊、昨日的爱尔兰,以及今日的中国和印度就可以了。

本文的目的并不是要考虑这些成果。但需要指出的是,如果没有这些成果,民族主义也不会被降格成为那些基本目的。通过有意识地跨越教会和村庄的地

① 首次发表于《明日世界》,第10期(1927年),第454—456页。

域去团结其他人,通过对自己国家政府一定程度上的参与,那些在打碎外国枷锁寻求解放的斗争中所产生的热情和忠诚为民族主义提供了材料,而这些有时会让一个国家的精神变得具有侵略性、善疑、易妒、可怕,并带有强烈的敌意。如果一个国家对于它的广大公民来说并不意味着某些正面的价值,那么,民族主义就不会像现在这样被经济帝国主义和战争利益(无论是潜在的,还是公开的)所利用。卡尔顿·海斯(Carlton Hayes)令人信服地指出,民族主义已经成了大众宗教,并且也许是当前时代最有影响力的宗教。在危机中,面对这种至上的忠诚感,其他的忠诚都可以被毫不犹豫地牺牲掉;但这种忠诚感不可能变得如此炽热,除非人们认为他们在其中找到了一直以来诉诸宗教信仰的那些祝福:保护崇高的价值,防卫对于这一价值的任何威胁,简言之,在纷乱的时代建立一个永在的庇护所。

然而,这种体制化的宗教已经超越了个人的情感。这里的体制化是指:宗教包含了一整套坚硬的习俗、根深蒂固的行为习惯,以及公认的、经过组织的办事标准和方法。这些形成社会体制的习惯是如此基本,以致大部分都不能被有意识地认识到。但是,它们随时都能够左右行动,而且在被扰乱的时候,会产生强烈的情感爆发。被接受的实践必须被理解并解释为理性的、合意的,它们必须得到证明。因此,除了情感和习惯之外,还发展出了为将人类行为"理性化"的信条、观念体系和神学。在这些观念中,或者至少在表达这些观念的口号中,信仰对于社会救赎来说成了义务性的和必要的东西,而不信或冷漠则变成了异端。这样,从一种不可置疑的情感性忠诚出发(这种忠诚是至高的,以至具有了宗教性),民族主义侵入了整个生活。民族主义代表了经过组织的行为方式以及一整个由被视为正当的信念和观念所构成的系统,在面对批判或探究时,人们诉诸这些信念和观念,从而为每一个所谓的"国家"行为辩护。通过反复重申、羞辱异端、恐吓反对者、盛赞(如果不是崇拜)忠诚者,以及教育和宣传(唉,现在我们已经很难区分这两者了)的所有代理者,那些用于辩护和呼吁的表达已经变成了思想的替代品。这些表达就是公理,只有叛徒和心怀不轨的人才会怀疑它们。最后,这些理性化的结果代表了理性的完全让位。偏见、成见、盲目和例行的习惯变成了最高的统治,但是它们的统治又披着唯心主义标准与高贵情感的外衣。

一方是对爱国主义的赞美,另一方则是对它的贬低,任何同时听到这两方言论的人一定会感到吃惊:同样的词竟能表达如此天壤之别的意义。爱国主义可以被用来指示与狭隘的自私兴趣相对的公共精神，当被这样用时，爱国主义是作为共同体的一员，是强烈忠诚于共同体利益的同义词；为了共同体的利益，个人愿意作出牺牲，甚至是最大程度的牺牲。在这样的理解之下，爱国主义当然受得起它所获得的所有赞颂与崇敬。但是，由于民族主义式的宗教及其理性化的结果，公共精神的测试标准与标志变成了对所有其他国家偏狭的漠视。爱国主义降格成了对内在优越性的可憎确信。一个国家仅仅因为它是别的国家这个事实而变得可疑，它即便不是实际的敌人，也是潜在的。我不认为一百个人里会有一个人不将很大程度上的排他同爱国主义联系起来，而任何排他都是对每一件超出其范围的事物的潜在蔑视。那些欢欣地将桑柯（Ferdinando Nicola Sacco）与凡泽迪（Bartolomeo Vanzetti）处以死刑的拉比们，证明了爱国主义可以腐蚀到何种程度。[①] 这种爱国主义不但延伸至外国，还延伸至我们国家中那些最不加批判地"忠诚"于我们的体制的外国人。成千上万个在我们的共同体中最受尊重的人相信，只有迫切要求处死这两人，他们才向自己的国家或者马萨诸塞州展现了爱国主义，因为这两人犯下了双重的罪名：他们不仅是外国人，还轻视了我们的政府形式。

如果不是证据确凿，我们很难想象任何一个理智的人会举着这样的标语——"我们的国家是对的，其他都是错的"——去游行。但是，唉，我们不能怀疑，这些口号表达了一般与爱国主义联系在一起的感觉。公共精神作为提升本国利益的积极兴趣，被贬低并堕落为作这样的用处，这要怪民族主义，并且我们对民族主义的控诉首先就是这样一个事实。

非理性情感的一个特征是：在大量的事物之间创造统一，而这些统一只存在于激情当中。如果有人告诉那些以自己的"实际"和"具体"为傲的人，说他们为之献上无可置疑的忠诚的民族是一种抽象、一种虚构，他们一定会极为愤怒。我这样说，并不是说民族不存在。某个地域的成员共同分享着传统与观点，作为这样一个持久的历史共同体，民族是实际存在的。然而，千百万人宣誓要为之牺牲其他一切忠诚的民族，则是一种只存在于情感和幻想当中的神话。民族荣誉的

155

---

① 桑柯与凡泽迪都是美国的意大利移民，且都是无政府主义者。他们被控于 1920 年在麻省南布伦特里（South Braintree）的一家制鞋厂犯下了持械抢劫的罪行。尽管存在着可疑的弹道证据，并且数个目击证人都证明：在罪行发生当日，桑柯身在波士顿，而凡泽迪则身在普利茅斯，但两人还是于 1921 年被定罪，并于 1927 年 8 月 23 日被电刑处死。——译者

观念及其所扮演的角色就是一个标志。个体也许会受到侮辱,也许会感到他的荣誉受到了威胁。但是,将一个地域性的民族国家当作一个个体,认为它有暴躁易怒的荣誉需要捍卫,并要以死亡与毁灭的代价来雪耻,这样的想法不过是我们在任何野蛮部落的记载中都可以找到的万物有灵论。但是,如果这样想的人认为美国不会时不时地发动一场战争来保卫它的民族荣誉,那么,他就是一个轻率的乐观主义者。

就目前以及未来很长一段时间来看,民族利益确实存在。出于民族利益的考虑,国家必须保护公民远离恶疫和不必要的侵扰,保证他们享受到合理程度的经济安逸与经济独立,保护他们远离犯罪和外来侵略,等等。但是,民族主义已经制造了一个完全虚假的民族利益观念。如果一个大金矿刚好落在阿拉斯加的边界上,成千上万的美国人会满腔自豪,就像如果金矿碰巧落在英国领土,会有成千上万的美国人感到沮丧一样。他们会觉得自己似乎某种程度上是金矿的受益者,同时会认为似乎某种程度上自己所属的国家的利益从整体上获得了提升。这个例子有一点琐碎,但它所指出的精神是人们默许——如果不是积极赞同——柯立芝新国际法版本的原因,这一国际法涉及的是美国公民在外国的财产权。柯立芝这一革命性版本的要旨在于(如果他心口一致并知道自己在说什么的话):任何公民或公司在外国(心照不宣地,这里并不包括那几个超级大国)的任何财产权或财产利益都是国家利益,如有必要,要用国家力量来保护。

民族主义的顶点是国家主权的理论。主权原本乃是严格地局限于个人的,至少是局限于王朝的。君主拥有至高的力量,国家是他特有的领地或财产。我们可以从历史上来解释这一理论:伴随着中央集权王国的成长,封建制淡出,封建贵族的力量被削弱,而这一理论则是这一过程的一部分。这一理论同时还与国家反抗教会的斗争以及世俗统治者向教会权威提出的政治独立联系在一起。历史学家已经清楚地告诉我们,国王神圣权力的理论原本意味着世俗君主至少拥有教皇或大主教那样的神圣权责。但是,随着现代领土国家的兴起,主权的观念与属性从统治者手中传到了被称为国家的政治集合体那里。

在这样做的过程中,主权不但保留了绝对而不负责任的个人力量(或者说只对上帝负责,而不对任何尘世力量或法庭负责的力量)这一观念所固有的所有邪恶,而且还具有了新的破坏能力。

无论如何伪装,国家主权的理论不过是否认了一个政治国家的法律责任或道德责任。它直接宣告了政治国家拥有无限且不可置疑的、在任何喜欢的时候去做它想对其他国家做的事情之权利。它是一种国际无政府主义理论；并且，存在着这样一条规律：那些最猛烈地谴责作为国内和国际原则的无政府主义的人，也是那些在国际关系中最积极提倡无政府主义式的不承担责任的人。国际主义是他们所诅咒的一个词，他们用尽各种手段赋予这一观念以凶险而有害的意义，并忽视了下面这个事实：国家主义只不过意味着国际关系要服从负责的法则，而在公民关系中，这种法则却被认为是理所当然的。这一理论在平时当然不会被推向逻辑的极端，各种让步和妥协让它得到了缓和。然而，将战争作为解决严重国际争端的最后仲裁，以及通过将战争等同为爱国主义来颂扬战争的做法都证明：不承担责任的主权还是一个基本的观念。因此，当我提到一个国家随心所欲行事的"权利"时，我谈的是一个流行的谬论。因为权利在这里只是力量的一种客气的说法。在世界大战中，我们通常谴责德国奉行"强权即真理"的观念，但每一个培养和执行国家主权的国家都犯了同样的罪行。并且，这一情况并没有因为下面这个事实而得到改善：对国家主权需要什么作出判断的，实际上不是组成国家的公民，而是一群外交官和政客们。

《157》

民族国家的结构是建立在爱国主义、民族荣誉、民族利益和国家主权四大基石之上的。在这种情况下，难怪民族国家这一建筑的窗户对来自上天的光线来说是关闭的，难怪建筑里面居住的是恐惧、嫉妒与猜疑，也难怪战争的命令经常从它的大门发出。

帝国主义不难[①]

158　　我想，我和我的许多同胞一样，长久以来都有这样一个模糊的想法：帝国主义是一项我们或多或少有意识地采用的政策。虽然这一想法还没有清楚地成型，但我已经有了一个先在的假设：国家变成帝国主义的原因是它们想变成并选择变成了帝国主义，因为它们认为这样做有好处。然而，一次对墨西哥（美国的帝国主义正在这一国家建立）的访问打消了我的这个想法。对于墨西哥来说，要想降落到帝国主义这个特别的地域，可以说异乎寻常的简单。一方面，美国是一个拥有可供出口的金融资本与工程技术的国家，同时是一个对原材料（尤其是铁和油）有需求的制造者；另一方面，墨西哥这个工业落后的国家拥有大量的自然资源和一个低效或不稳定的（或者既低效又不稳定的）政府。这样，第一个国家无需意图或愿望，便被卷入了帝国主义的政策当中；在这种情况下，即便是盛行的相反愿望，也不会成为严重的障碍。商业的自然动向、英美对合同及其神圣性的法律理解，以及国家有责任保护国民财产的国际习俗，这些足以导致帝国主义。

　　帝国主义是一种结果，而不是目的或计划。要想防止它，只能控制产生它的条件，而控制手段的一个最大障碍之一正是下面这种公众意识，即帝国主义的愿望是无辜的。当有人指责它的目的时，帝国主义感到愤愤不平，接着是充满怨159恨，并在还没弄明白怎么回事之前就慌乱地冲向了危险的对抗。即便是对那群请求本国进行干涉的人来说，对帝国主义愿望的指责听起来也是相当奇怪的。

[①] 首次发表于《新共和》，第 50 期（1927 年），第 133—134 页。

他们会愤怒地宣称,他们想要的只是对生命与财产的保护;如果自己的政府不能提供这样的保护,它又好在哪里呢?

在墨西哥,也许还包括其他拉美国家,门罗主义(Monroe Doctrine)的延伸含义使情况进一步恶化,而正是这种扩展的含义成为帝国主义在美国得以发展的一个主要原因。美国法律禁止欧洲国家的投资者和特许权所有者要求他们自己的国家进行干涉来保护他们。这样,压力就转到了美国身上,除非我们行动,否则我们就是占着茅坑不拉屎:我们自己什么都不干,又不让别人干什么。这样,美国就成了其他国家商业利益集团的一个托管人。这种情况的一个后果是:原本可能分散于几个国家的敌意联合起来指向了美国。最有希望发生的一件事是:我们的人民关于美国的西班牙裔族对门罗主义的看法有了生动的认识。我们中的大多数仍然因为自己赞成门罗主义而沾沾自喜。我们认为,这是一个善举,为此所有中南美洲人民都在(或者应该)感激我们。我们并没有考虑这些国家中条件的变化:力量和民族意识的增长,使他们对被我们当成小孩子来监护感到反感。我们没有意识到,这种条件的变化乃是因为我们发展成了一个拥有大量资金且在寻找投资机会的国家,并且这一事实让南面的国家觉得我们比欧洲更加可怕。结果,神圣的门罗主义就同所有让我们陷入帝国主义危险的力量纠缠在了一起。

普通美国公民很少知道美国的商业和金融利益集团侵入墨西哥的程度。他们并不会想到下面这一点,也就是从理智的墨西哥人的角度来看,墨西哥正处于(或曾经处于)变成美国的经济附属国的危险当中。就像在迪亚兹政权(Diaz regime)之下一样,墨西哥人民也许会在某天早晨醒来的时候,发现他们的自然资源、农田、牧场、矿厂和油井已经大部分被外国人(主要是美国人)掌握了,并且是在为外国投资者盈利。我清楚地记得,一个美国的商业特许法律代表是如何愤慨地将当前的政权同迪亚兹政权进行对比的,他说:"迪亚兹有一个长期不变的命令:美国公民的任何抱怨都要在当天得到处理。"这是他对迪亚兹政府天真的颂扬,与此相对,对美国投资者来说,卡勒斯政权(Calles regime)自然是糟糕透了。

我并不是说卡勒斯政权不提供任何法律申述的机会,我也不是说它不让人们进行抗议。从墨西哥的角度来看,政府正在为控制自己的国家进行着斗争,就像是在进行一场战争,太谨慎于法律细节也许就意味着失败。一个异常坦率的前墨西哥官员对一个美国商人这样说："我们当然要想尽办法通过立法和行政来阻碍你们。在商业上，你们比我们能干也更有经验，如果我们不从其他方面拉平，你们很快就会拥有整个国家。"这些事情表明，一个工业发达的国家同一个落后国家之间的关系最终会滑向这样的情况：成熟的既定法律权利最终会遭遇一种强烈的民族情感，因此，如果没有政府的干涉，这些权利就很难维持。

居住在墨西哥的美国人，包括那些没有特许权和不直接受新法影响的人，有着几乎一致的民族情感，这一点说明帝国主义会多么容易地紧跟着经济剥削出现。这些美国人会否认这一点，并且就他们的自觉意图来说，他们大部分都会真诚地否认其中有任何帝国主义的败坏。他们所要求的只是对美国权利的"保护"。根据他们的谈话，他们不喜欢的东西大致可以排列如下。首先，他们对那些毫无商业兴趣的美国人感到愤怒，后者来墨西哥待上几个星期，同巧嘴的墨西哥人说说话，并且带着通常的反"华尔街"陈见，离开的时候多少变得有点亲墨西哥了。在当地，人们会很高兴地将这样的访问者交给死亡行刑室。人们认为这些访问者完全是无知的，但是他们认为自己比"在这里居住多年，并且知道墨西哥迫害美国人且无视美国人权利的我们"更知道墨西哥与美国的正确关系。威尔逊总统不是这类人，但墨西哥人和美国居民都不喜欢他：墨西哥人不喜欢他的行动，美国居民则不喜欢他反对特许权的讲话，因为这个讲话"鼓励了墨西哥的布尔什维克主义"。

接下来是对美国国务院的愤怒，这种愤怒乃是基于下面这个事实："它从来就是发通知，不做其他事情。"大家都明白，在墨西哥那边，"做事情"意味着什么。在这一方面，超级爱国者会认为，"做事情"意味着像发生在尼加拉瓜那样的力量展示。他们当即就明白，这不仅意味着战争和持续的游击战，还意味着要在几年之内控制政府并管理墨西哥事务。当然也会有一些通常看来诚恳的话，就许多美国人的意识来看，这些话是相当真诚的。我们当然应该建立一种行政模式，并多办学校；而且，在向墨西哥人演示了如何管理一个国家之后，我们应该在它运作良好的时候将其交还给墨西哥人。移居国外有些年头的美国人很容易就将自己政府的真诚与高效理想化，同墨西哥的腐败、低效以及最主要的不稳定进行对比。有传闻说，美国外交圈最喜欢甚至广为分享的一个观点是：大不列颠和美国应该联合起来进行这项慈善活动。赫斯特（Hearst）先生最近动情地呼吁两国之间更密切的合作，上面这个观点是不是他心里所想的呢？

有一个熟知墨西哥的美国石油业者,他喜欢冒险,比那些自以为是的尊重法律者更吸引人。他告诉我们,他们并没有要求国务院的支持,只不过是想让政府别去管他们。他说,有一个他们能够照管好自己的标志:曾经有一段时间,墨西哥已经有三个州准备好独立了,这三个州包括韦拉克鲁斯(Vera Cruz)、塔皮柯(Tampico),还有一个在北边、靠近美国边境并已有美国移民居住的州。他说,在塔皮柯,两千名美国石油工作者都带着枪。这个说法可能带有一点浪漫主义的夸张,但其中也有事实的痕迹。当然,要进行革命的并不是美国人,而是那些心怀不满的墨西哥人。不幸的是,美国国务院说不行。

162

根据人们的谈话,位于不被喜欢第三位的是卡勒斯政府。

关于这种心态,我们可以举出无限多个例子,这种心态的背后是英美的体制化心理(特别是关系到执照、合同和其他的法律问题)同西班牙和拉丁气质之间的冲突。这两种气质如同水和油一样互不相容,不幸的是,并没有人真心想要去发现并使用任何乳化剂。正如通常发生在外国小殖民地中的一样,本土的"盎格鲁-撒克逊"心理会增强,而不是减弱。墨西哥经历的这几年内战、混乱和破坏,使外来者很容易就维持一种优越而高傲的态度。国际法的原则——国家有责任而不仅仅是权利,在国民的权利受到侵犯时出面给予保护——使利益与传统之间的冲突变成了对于和平的严重威胁。我们的宪法体系是一个额外的危险来源。宣布战争之前,一定要咨询国会。但总统是陆军和海军的统帅,并且在"支持总统"和"支持国家"的口号铺天盖地的情况下,想制造一种利于开战的境况是非常容易的。

公众舆论用不寻常的力量与机敏发出了反对美国干涉墨西哥的声音。但是困难的起因,即帝国主义冒险事业背后的力量是持久的。在我们最终的和平逃脱当前的危机之后,这些力量依然会存在,如果我们能够逃脱的话。公共情感如果要永久有效,就必须做的比抗议的更多,它必须通过永久地改变我们的习惯表达出来。当前,经济条件、政治安排与传统结合起来,让帝国主义不难实行。有多少美国公民已经对官方重申门罗主义有所准备了呢?又有多少人愿意自己的国家正式作出如下声明:去落后国家投资的美国公民要自己承担风险?

"作为别国的一个榜样" [1]

163　　　1918 年 3 月 9 日,萨蒙·O·列文森(S. O. Levinson)先生在《新共和》上发表了一篇标题为"战争的法律地位"的文章。这篇文章第一次提出了战争非法化的公开倡议。去年 4 月,白里安(Aristide Briand)在一次公开演讲中说:"法国愿意承诺与美国一起致力于两国之间的战争非法化(用美国的表述)。"不久之后,他表明了他的话并不是随便而不负责任的言论:他以法国外交部长的名义,正式向我国的国务院提出:两国应该通过正式协定来彻底放弃将战争作为相互之间的政策工具,并约束自己用和平的手段解决任何性质的争端。几个月前,凯洛格(Frank B. Kellogg)国务卿对此作出回复,建议以多边协议取代双边协议,并努力保证所有的大国都要执行。

　　这一回复的直接效应是延缓了双边协议,现在这两个提案的最终命运都握在上帝手中。但无论最终结果如何,我们都有理由希望谈判不会陷入僵局,我们很难在历史记载中找到更富戏剧性的事件了。十年之内,这个关于国际关系的影响最为深远、由毫无官方关系的个别公民提出、没有任何大的经济组织支持的并马上被指责为乌托邦的观点,已经进入了两个大国之间的可靠谈判。我们要走很远,才能找到类似的例子。

164　　　白里安与欧洲媒体对凯洛格国务卿提案的反响清楚地表明,这一观点自此会被明确记录,不会被抹去。多边协议的提案被宣布为不受欢迎的,因为它与国

----

[1] 首次发表于《新共和》,第 54 期(1928 年),第 88—89 页。詹姆斯·T·肖特韦尔的回应,见附录 4;杜威的答复,见第 168—172 页。

际联盟一些盟国之间的战争状态相冲突。有些人反对美国加入国联,理由是:第十和第十六条款会让美国参与到欧洲战争当中。而这一立场现在得到了官方的确认,这使那些遭到国联朋友强烈否认的人找到些许满足。

人们不会怀疑《纽约世界》(New York World)对国联带有敌意。今年1月12日的社论这样评论凯洛格国务卿的回应提案:"它建议所有国家都应该签署放弃战争的协议。对于这一提议更为精确的描述是:这一协议是要放弃国联盟约、洛迦诺公约(Treaty of Locarno),以及所有法国的防御同盟。因为今天整个欧洲的政治体系是建立在以下理论之上的:不是要放弃作为政策工具的战争,而是要保证向任何破坏和平的国家发起战争。"(着重是我自己加的。)这段话已经将情况说得再明确不过了。但是,如果那些反对我们加入国联的人将美国体系与欧洲体系对立起来,会发生什么呢?《纽约世界》的这篇社论还指责国务卿的提案是荒谬和业余的,认为它会引发愤怒,导致确实的惨败。再次引用这一社论:"欧洲的观念是:要通过普遍保证对任何用武力破坏现状的国家发动战争来保持现状。"还有一些人认为凯洛格的提案并不是不恰当的,只要它清楚地说明欧洲的"观念"是上面所说的那样,虽然我们并没有理由认为这种澄清是凯洛格的原本意图。从现在开始,我们至少要知道,欧洲的立场是什么,以及在知道了欧洲会为保持现状而发动战争之后,我们的立场又是什么?

不过,我不愿意这样想:因为欧洲对战争体系的承诺是不能挽回的,所以美国与欧洲出于和平的兴趣而进行的任何体系化合作就会因为这一僵局而变得不可能。博拉(William Edgar Borah)参议员2月5日在《纽约时报》上发表了一篇重要文章,他的一些观点似乎并没有引起注意。首先,他指出,白里安原先的提案会因为他反对多边协议的理由而受到阻碍。如果美国要对国联的签约国发动战争,而国联理事会又裁定我们的战争是不合法的,那么法国对国联的义务就会迫使它与我们交战,那么两国之间的协议也就变成了一张废纸。然而,更为重要的是博拉提出的一些建设性要点。他指出,如果不但是那些大国,还有那些需要特别安全保障的小国都签署了多边协议,如果,进一步,某个签署国违反条约,对一个国联盟国发动了战争,那么,根据合同约束力的每一条规定,一方违例就会将其他各方从执行条约的义务中解放出来。在多边协议中插入这样一个条款并不难。国联盟国也就能够履行它们的义务,自由地去帮助那些受到攻击的国家。美国和其他非国联国家可以在这样的情况下,自由地选择它们想要的立场。简言之,看来有一个简单的方法来打破这一僵局:尽量让这一协议包括更多而不是更少的国家。

这样看来,法国所要采取的唯一合乎逻辑的行动就是同美国一起争取让尽可能多的国家签署协约,因为足够多的支持国不但可以促成放弃作为政策工具的战争,还可以让国联盟国履行它们所有的义务。这样的行动不但没有"用鱼雷攻击国联",反而增强了后者的地位。并且,法国这样的行动同白里安的初始提案是完全一致的。正如博拉参议员在他的那篇文章中提醒我们的那样,美法两国的这一协议会"作为别国的一个榜样"。

然而,在回复凯洛格将战争非法化的协议延伸至其他国家的提案时,白里安提出了一个并不包含在他第一次提案中的想法,也就是将"侵略"战争非法化。美国人的和平观念已经有很大一部分被诱骗成了一种信念:必要的第一步是定义构成侵略的要素,然后才是在如此定义之下,将那些进行侵略的国家非法化。这一观念已被广泛接受,以至于现在人们经常认为,国联的义务就是基于攻击侵略国家的共识之上的。然而这种想法是完全混乱的,盟约中根本就没有"侵略国家"一说。并且,虽然人们常常提出,为了改进战争非法化的观念,这种定义是必须的,但这种定义本身还是显示出了人们对这一观念几乎完全的无知。当前的战争是一种被既存的国际法合法化的体制。战争体制的非法化与一个国家的非法化是完全不同的。使用后一种观念的人,依然在用合法化的战争这一术语来思考和讨论问题。

我们需要对把"侵略战争",也就是把侵略国家非法化的观念之引入作出解释。要找到对此的解释并不难。我们已经引用过的《纽约世界》的话是:"要通过普遍保证对任何用武力破坏现状的国家发动战争来保持现状。"这一表达包含了法国会满意的任何关于"侵略"的定义。侵略国家强烈地质疑了现状,或者说,质疑了由战争协议得出的解决方案。欧洲大国的外交相当适合担当宣布某个国家为侵略者这一任务,如果这个国家在有力地煽动修改《巴黎和约》,即便它并没有拿起武器来保证这种修改。在实际条件下,法国同处于国联之外的波兰和捷克斯洛伐克的协约(白里安现在强烈认为,这一协约不可能变成多边协议的一部分)已经带上了邪恶的色彩。美国的诚意是毋庸置疑的:在将一个侵略国家非法化之前,必须先对"侵略"进行定义。但是,如果我们注意到欧洲的现状是由《巴黎和约》固定下来的,并且国联是这一解决方案的武装卫士,那么从欧洲的立场来看，让美国成为"侵略"非法化协议的一员，就是让它保证战争条约的后果，包括其中所有的不公正。恐怕美国的抱负已经因为由欧洲的实际情况得来的"侵略"概念（就像法国及其盟国所定义的"侵略"）而消失殆尽了。

《纽约世界》在社论中提到的用武装力量保证现状并不是未经充分考虑的，该杂志之前的社论已经将这一点表达得很清楚了。12 月 3 日的社论写道："用'修改'来替代'侵略'，用'维持《巴黎和约》'来替代'安全'，这样我们就获得了这场无止境的辩论的真正含意。"因此，看到《纽约世界》与一群有国际意识的美国人一起，支持白里安的立场，反对凯洛格的立场，我们感到很惊讶。《纽约世界》在 1 月 14 日的一篇社论中说："国联、洛迦诺公约与各种同盟都是建立在这一观念之上的：不是放弃战争，而是向任何破坏和平的国家，也就是侵略国家，发动战争。"《纽约世界》至少对这一点不抱幻想：在法国及其盟国的心目中，"破坏和平"就等于修改《巴黎和约》，那么为什么《纽约世界》不用它巨大的影响力反对白里安插入"侵略"这个字眼呢？对于美国的和平爱好者来说，看来只有一条出路，那就是坚定而一致地支持凯洛格提案——签署放弃战争的普遍协议，从而贯彻白里安为世界各国树立一个榜样这一原初观念的精神。如果其他各国不愿抓住这一机会，只能是因为它们希望保留用战争来提升国家野心的权利。如果情况是这样的话，那倒不如没有协议，因为它掩饰了实际情况，并麻痹了和平爱好者，让他们陷入对于和平前景的彻底妄想之中。

答詹姆斯·T·肖特韦尔[①]

168　　编辑先生:很难猜想,美国人民是基于什么来批评凯洛格向白里安提出的提案的,即签署一项多边协议来放弃作为政策工具的战争,比如在肖特韦尔教授对我最近一篇文章的回应中,就暗示了这样一种批评。这些批评似乎有一些含糊,似乎背后有一些东西没有被表达出来。但是我认为,它们并不是有多么反对提案的多边特征,它们是拒绝这个国家进一步就放弃"侵略"战争、保留"防御"战争进行谈判。于是,终止和可能的僵局便引发了对于定义的讨论。

　　即便如此,反对的理由依然并不完全清楚。在回复中,肖特韦尔区分了赞同一个定义与接受一个定义的实际意味(比如根据定义,某个国家被裁定为侵略者)。因为在他看来,除了免除国际法对侵略国家的保护,这一定义并没有提出其他实际的措施。它并没有指出这一免除之后实际会是什么,反侵略者的措施依然没有落实,而对于定义的讨论也就似乎变成了一场学术活动。然而我们不可能设想,反对国务院立场的那群人会因为纯粹的学术理由而终止谈判。并且,肖特韦尔明确地指出,在对于定义的需求与博拉参议员的建议——如果一个国

169家违反多边条约,其他签署国便自动解除履行条约的义务,它们可以自由地采取自愿的措施——之间存在着重要的实际区别。由此,博拉参议员的建议让国联盟国在国联反对"侵略"国家的条款下,自由地承担它们必须履行的义务。在肖特韦尔的这两个论点之间,我看不到一致之处。如果所要的仅仅是不包括任何

[①] 首次发表于《新共和》,第 54 期(1928 年),第 194—196 页。詹姆斯·T·肖特韦尔的原文见附录 4。

具体的实际后果的学术定义,那么经由博拉参议员的建议而得到解释的国务院提案已经超越了这一定义,因为它允许国联盟国去履行任何合作性防御战争的义务。如果这一定义是超越学术的,那么就国联盟国而言,这一定义与它所反对的博拉参议员的建议有着完全相同的立足点。于是,下面这一假设是不是不理性的:反对背后未被表达的愿望是,美国应该像其他国联盟国一样,承担采取行动反对"侵略"国家的义务? 在这种情况下,对定义的坚持乃是出于这样一种愿望:希望美国赞同一个它已经公开且正面拒绝的定义。

然而一个醒目的事实是:通过它最为重要的盟国,国联自己已经拒绝定义如果某个盟国违反条款,它会采取什么行动。国联作出了各种尝试去定义这些措施,但迄今为止毫无进展。最终结果是:到目前为止,各盟国都实际各自保留了决定与行动的自由,在这一方面,这些盟国与美国以及其他非国联国家的立场并无两样。如果说将定义整合进谈判和条约中具有实际的重要性,那么,坚持将定义作为先决条件的做法不但表明美国应该在这一定义的掩护下做它迄今为止公开拒绝的事情,而且表明这一定义应该成为让欧洲各国履行它们拒绝履行的承诺的工具。承认这一愿望会解释美国那些反对群体的立场,并让后者摆脱缠绕它们的含糊性。

有人争辩说,欧洲大国的犹豫是因为美国不介入,因为没有一个大国(当然,英国除外)能够承担有可能让它和我们国家交恶的行动。因此,各国便纷纷采用各种间接手段(凯普决议①就是一个例子),努力劝说美国同意遵守国联关于侵略国家的决定,并且不要坚持某些属于中立国的权利。从这一角度来看,我们便能够理解为什么美国坚持要有先在的定义,然而这一要求也许是可理解的,但不一定是理性的。

因为用不可能采用的手段让美国停止为世界和平而进行合作,是不明智的。据我判断,对一场未来的欧洲战争来说,美国根本不可能通过精心阐释的定义去间接采取那些会让它丧失判断与决定自由的行动。并且,美国也不会像《新共和》最近几次的社论所提出的那样,为了欧洲的利益而这样做。因为就战后条约所形成的体制化现状而言,那些胜利的国家实际已经获得了安全,而来自美国的承诺会让它们打消任何如下的念头:出于正义而进行调整,并保证持久的和平。

170

———————————

① 参见本卷边码第 433 页的注释。——译者

唯一的实际问题是：有没有什么手段让美国的行动加入到为了国际和平的合作当中，同时又不会将美国绑定在欧洲既存的解决方案上？国务院的提案为我们提供了这样一个机会，但令人气馁的是这一提案不但没有得到一致而衷心的支持，反而成了美国一个重要和平团体的批评对象。美国的反对只会鼓励欧洲外交部怀抱一种完全虚幻的希望：让美国承诺支持欧洲的现状。因为这种希望是虚幻的，所以美国作出的任何鼓励它们的行动，都会在同样程度上延缓我们在和平进程中的任何官方的积极合作。我认为，美国的和平爱好者会慢慢地承担这一责任。

171　国务院的提案没有获得美国人民的支持（表现为人们实际支持的是白里安的立场），这一点阻碍了美国在和平进程中的积极合作，因为这些批评不但使美国不得不作出一些已经被公共舆论拒绝的行动，还鼓励了欧洲国家继续为获得我们的帮助而作出错误的努力。并且，在使我们就放弃战争的先决条件达成定义上共识的过程中，这些批评乃是基于对正确程序过程的错误理解之上的。凯洛格国务卿的想法如果被欧洲大国接受，那也只是会议与谈判的预备步骤，而在何时何地考虑细节和推敲措词则是由未来的谈判决定的。如果在这些谈判的过程中，有些欧洲国家拒绝放弃战争，美国与欧洲国家也就不需要支持为了维持现状而进行的"防御"战争，那么失败的责任也就不在我们身上了。但是，为什么要事先作出这个假定呢？为什么不认为欧洲国家对于和平的愿望是真实的呢？为什么不能放弃对当前体系的无条件拥护而去相信未来呢？

当然，下面这种想法是荒谬的，即欧洲国家接受凯洛格提出的战争非法化的多边协议，作为解决争端的一种手段，只是预备性的。有批评说博拉参议员的建议对于后果不承担责任，这一批评完全忽略了下面这一事实：他完全赞同修改国际法并建立具有实际司法权的世界法庭的想法。那么，为什么要坚持事先的定义，而不去相信未来的谈判会对当前的国际法作出必要的修改，不去相信会议和世界法庭未来的进一步行动呢？在放弃战争的观念被作为基础接受下来之后，相信前进与发展的现实情况似乎要比相信事先的定义更为明智。

我并不会假装知道未来这样的国际会议能否成功地得出某些定义。法庭拒绝定义欺骗，就是因为没有定义能够做到不留下让人投机取巧的空子。法律依赖由特殊情况所揭示出来的事实，去决定欺骗是否存在。定义防御和侵略战争也许会遇上、也许不会遇上同样的情况。不管怎样，任何对国际和平事业的实际奉献都包括相信未来的发展,而不是相信任何存在于先在定义中的魔法。如果没有向往和平的普遍意志,无论有无定义,任何事情都得不到保证;如果向往和平的愿望确实存在,那么它就会表达在之后的谈判与会议中,表达在法律的修改和各国最高法院的工作中,这比固定而正式的事先定义要好得多。我要再问一次:坚持将定义作为未来行动的先决条件的做法背后是什么呢?

用讨论战争使和平非法化[①]

173面对任何关于人类关系的新方案，公共舆论的自我调整都是缓慢的。较之于外在行为，习惯更坚实地盘踞于信念以及思维和理解模式当中。白里安提出要以意义深远的多边协议来放弃战争，当前对这一提议的大部分反应都体现了用旧观念来解释新思想的思维惰性，即使新思想同旧观念是刚好相反的。"非法化"政策的拥护者经常说，非法化观念要想被理智地听取，最大的困难在于下面这一事实：即使直面战争合法性被否认之后的局面，想象还是会将当前的情况，即战争是解决争端的最终合法手段，投射进来。

"非法化"观念因为白里安的回复而获得了新的地位，数量相当大的一批人对此的反应证实了上面这一说法。当各国严肃地认同"永远不用除和平手段之外任何性质或来源的方式解决困难或冲突"时，应该或者说也许会发生某种情况，但是人们并没有将"非法化"的观念放在这一情况之下进行讨论；相反，他们的讨论主要围绕战争展开：如果签署国中的一个违反誓言并发动战争，会发生什么情况呢？我们很难找到（我想是不可能的）一个比它更好的例子，来说明已经养成的用战争来思考国际关系的习惯了。类似地，当人们讨论国联与提案的关系时，被置于台前的主要事情并不是通过刺激与加强国联的工作以寻求合适的174解决争端的和平手段，而是这一提案对国联实际或暗含的发动战争能力的影响！这种看待问题的方式，时髦的说法称之为"现实的"，在我看来则是墨守成规的愚蠢。

[①] 首次发表于《新共和》，第 54 期（1928 年），第 370—371 页。

讨论的一个可笑特征是：考虑到国联通过其成员国同某个发动战争国家的关系，大家认为，所有因为条约而必须参战的国家都会遵守诺言。然而，当条约变成了通过其他方式而非战争来解决争端时，人们的主要考量就变成了各国（当然总是其他国家）不会遵守诺言的可能性，即使这是迄今为止最为全面、意义最为深远的国际文件。

开战的条约似乎有一种不可抗拒的吸引力和约束力，而不开战的条约则完全可能是一张废纸。

《纽约世界》将此简化为一个公式：欧洲通过国联认同用允许开战的条约来维持和平的政策，并且毫不怀疑这些条约会获得神圣的遵守。这一表述很好地说明了《纽约世界》的坦诚，尽管它支持美国加入国联，但它还是以最不合胃口的方式将国联的功能呈现给美国公众，这其中包括大部分支持国联的美国人。虽然我个人并不支持《纽约世界》所提倡的政策，但我并不认为下面这一点是真的：国联对于和平的主要功能在于通过发动联合战争来维持和平。我应该这样认为，即便有些人认为联合战争是某些意外情况下的必要措施，他们仍然视之为最后一根救命稻草，而不是国联的主要考量。然而，这一公式在《纽约世界》4月11日社论中再次出现。社论指出："欧洲是在通过向发动战争的国家开战来维护和平的原则上组织起来的。欧洲毫无放弃这个原则的意图。"

我没有任何权利为欧洲代言，指出它愿意或不愿意干什么。然而虽然不是这样一个崇高的角色，像我这样的外行，也会怀疑刚才所说的这一"原则"可以作为将一个大洲"组织起来"的基础，即使各国已经犹豫而含糊地对此作出了承诺。*175*对此，外行人也许会产生些微的怀疑：以一种模糊而不确定的意愿去进行一场共同战争，是否确实是一个组织原则。基于这一怀疑，人们会进一步怀疑：基于欧洲明确拒绝的前提，《纽约世界》的再次声明是否覆盖了白里安上次回复的全部或者最重要的那部分精神。《纽约世界》指出："白里安先生已经用彬彬有礼但又完全符合逻辑的步骤，将凯洛格先生领到了这一点：宣布战争非法化的提案，实际已经变成一个定义美国对国联政策的提案。"对于还不习惯用战争来思考国际关系的人来说，似乎还存在着一个更为真实的说法：谈判已经走到了这样一点（也许其中凯洛格先生起了很大一部分的引导作用），美国和国联盟国必须要讨论程序与机制的性质和运作方式；只有通过这些程序与机制，以和平方式解决争端的共识才能有效地转化为现实。

这样说只是在重复指出白里安立场的根本本质：应该寻求并运用和平手段来代替战争手段以解决争端，从而终止关于多边协议的谈判。有些人也许会认为（他们的思维不会超越新闻标题），签署一个普遍协议会结束整个事情。很难相信任何有责任心的政治家会赞成这一想法。当然，战争非法化的每一个积极支持者一直都认为，任何这样的普遍声明只能是实现和平调整的初步手段。它只是为了仲裁、调停、会谈、为战争非法化而修改国际法，以及为建立国际法庭而展开进一步谈判的准备步骤。

在讨论当前的谈判状态时，我们认为，这些谈判主要考虑的是战争。这一观念已经造成了伤害，它的伤害与危险是实际的。美国公众，可能还有一些参议员，必须为接下来要作的努力做好准备，为了给争端的调节提供必要的和平手段，这些努力是必须的。然而，对于开战之后会发生什么的讨论，将人们的注意力从这一根本需要上引开了。如果我们的讨论并没有让公众对这一必要性做好准备，并对此措手不及，那么即便协约谈成了，我们也会面临另一个失败；这个失败会羞辱我们的民族自尊心，并给世界带来悲剧性的后果。

霍尔姆斯大法官与自由主义心灵①

"当人们意识到时间已经推翻许多富有战斗性的信念时，他们会比相信自己
的行为基础更加相信下面这一点，即思想的自由交流能更好地实现终极的美好
愿望；并且，检验真理的最好标准是思想让自己在市场竞争中获得接受的力量，
而这种真理则是我们安全实现愿望的唯一基础。无论如何，这就是我们宪法的
理论。它是一个实验，就像所有的生命都是一个实验一样。"②

如果要我选择一小段话来总结我国最优秀的法律思想家的思想气质，我想
我会选择上面这一段话。它虽然简短，却包含了三个突出的信念：智性的结论是
生活最终的引导性力量；思想和表达的自由是实现思想这一引导性力量的必要
条件；生活和思想都是实验性的。这三个信念在本质上是一类的，而这类信念在
我看来是唯一持久的，也就是对于自由的信仰。因此，本文考量的是体现于霍尔
姆斯大法官著作中的自由心灵与实验心灵的同一性。

认为霍尔姆斯大法官没有社会哲学的说法会引起误解，而且在某种意义上
是不正确的。但是从另一种意义上，也许是从社会哲学中最常见的观念上来说，
我认为，这种说法又是极为正确的。霍尔姆斯大法官没有社会万能药可以散发，

---

① 首次发表于《新共和》，第 53 期(1928 年)，第 210—212 页。
② 引自霍尔姆斯大法官对阿伯拉姆言论自由案(Abrams free speech case)提出的异议，见费列克
斯·法兰克弗特(Felix Frankfurter)发表于《哈佛法学评论》(*Harvard Law Review*)1927 年 12 月
号的文章《霍尔姆斯大法官先生与宪法》(Mr. Justice Holmes and the Constitution)。我很高兴能
借此机会来表达那篇文章对我的恩惠。除引用法兰克弗特的文章之外，本文的所有引用都来自
霍尔姆斯大法官的《法律文集》(*Collected Legal Papers*)。

没有固定的社会方案，也没有固定的目的需要实现。他的社会哲学和法哲学是来自生活哲学以及将思想作为生活一部分的哲学，也只有在这一更大的联系之下其才能被理解。作为一种社会哲学，"自由主义"涵盖了下面整个范围：一端是心灵的一种模糊气质，通常被称为有远见的；另一端则是规定社会行动的目的与方法的明确信条。前者过于模糊，不能为行动提供稳定的指导；后者则过于具体和固定，会导致教条，进而导致一个不自由的心灵。作为一种智性方法的自由主义在作为行动的方法之前，首先是作为实验的方法出现，它基于对社会愿望与实际条件的洞见之上，因而逃脱了这一困境。它代表了科学的思维习惯在社会事务中的应用。

霍尔姆斯大法官已经做了这种应用，他的做法是有意且审慎的；并且，作为一个法官，他只将这种应用局限于法律事务。但这些事实都没有影响他工作的价值，他的工作体现了运作中的自由主义心灵的模式。他这样写道："一个人可以崇高地生活在法律中，也可以生活在其他地方。在其他地方，他的思想也可以在一个无限的视野中找到统一，他的生命也许会饱受挫折，也许会为英雄行为咽下苦酒，也许会疲于追逐不可得的东西。生活提供给每个人的，仅仅是可以让他凭此开始思考或开始奋斗的一个事实。如果我们的宇宙是一个单一的宇宙，并且如果这个宇宙是可思维的，我们能够在理性中从一部分进展到另一部分，那么生活给予我们的事实是什么就无甚要紧了。……思想家的工作是将从某个事物通向事物整体的道路修整得更加平整，并展示出事实与宇宙框架之间的理性联系。"霍尔姆斯大法官表达了对乔治·赫伯特（George Herbert）的钟爱：

> 谁为了你的律法打扫了房间，
> 让你的律法和行为变得美好。[1]

但是在他看来，这一诗句"不但具有思想意义，还具有道德意义。如果世界是理性思维的对象，那么它就是一个整体：到处都存在着同样的法则，每个事物都相互联结。如果是这样，便不存在低劣之物。在任何事物中，我们都可以看到

179

---

[1] 出自英国玄学诗人乔治·赫伯特（1593—1633）作于 1633 年的诗歌《万能药》（*The Elixir*）。——译者

普遍的法则"。霍尔姆斯大法官耕作的土地有限,但是因为他"崇高地生活在其中",所以他的法哲学和社会哲学也是崇高的,且并不狭窄。他的哲学表达了通过一个无限的视野所看到的过程与问题,并表达了这样一个宇宙——在这个宇宙中,所有的行为都是实验性的,因而必须获得思想的指引,这种思想必须是自由的,永远在生长和学习,从不放弃追求真理的战斗,从不因为尚未证实的确定性而停歇,也从不死亡般地安息在某个公式之上。

"宪法是一个实验,就像所有的生命都是一个实验一样。"根据我们社会生活的框架,共同体或"人民"通过立法行为成了社会实验站。如果说,霍尔姆斯大法官赞成赋予立法行为一个比其他法官重复建议的、更加广泛和自由的余地,这并不是因为他认为颁布的特殊措施总是明智的。不难看到,在许多情况下,如果他是立法者中的一个,就不会投赞成票。并且,他的态度不是因为相信人民的声音就是上帝的声音,也不是出于对流行判断的理想化,而是因为他相信,在社会生活结构的界限之内(每一种社会生活形式都有着有限的结构),有组织的共同体有权利去进行实验。并且,在他的视野范围之内,法律与政治权利本身便是基于下面这一事实的:从长远来看,实验是发现智慧是什么以及谁拥有智慧的唯一可靠的方法。思想上的自负会让一个人相信自己的智慧是社会行为的试金石,而科学精神的谦虚则使它认识到,由大量人参与得到的结果是社会行为唯一的检验标准。时间已经推翻许多富有战斗性的个人智慧。即使一个人的智慧已经成熟并确定到可以成为其自身行为的根基,他还是要尊重别人的信念,以至于允许它们进入社会生活的公开市场去进行自由竞争。法庭决定充分地证明了:我们需要超越低级灵魂的勇气与慷慨去坚持"我的同意与否与大多数人在法律中体现意见的权利无关",并声明"宪法法律同其他发明一样,是需要一些运气的"。

在某些大的界限之内,我们的社会体系是一个实验,并且要经受经验结果的 180 考验,这一信仰体现在了霍尔姆斯大法官的不耐心当中,他不想通过来自固定概念的辩证理性、通过"将词语推向干瘪的逻辑极端"去解决社会政策问题。"我最反对的是在词语的绝对强制力之外运用第十四修正案,以阻止作为共同体愿望的一个重要组成部分的社会实验。""对于本法庭来说,重要的是避免从第十四修正案极为一般的语言中抽取出一个由迷惑人的确切性组成的体系。"霍尔姆斯大法官重复警告我们要反对"迷惑人的确切性",这里的"确切性"只意味着用一个单一的、通过形式逻辑发展而来的明确意义来固定一个概念;而这里的"迷惑"则是指认为可以将生活之流限制在逻辑的形式之内，然而我们不可能用任何简短的篇幅来说明这一观点全部的实际含义。"司法决定的语言主要是逻辑语言。逻辑方法与逻辑形式抚慰了我们对于确定和静止的渴望。然而一般来说，确定是一种幻想，静止并不是人类的命运。逻辑形式的背后是对各种相互抵触的立法理由的相对价值与重要性的判断。……你可以赋予任何结论以逻辑形式。""躺在一个公式上是一种麻木，时间一长，就意味着死亡。"

　　但是，最不正确的莫过于由此推断霍尔姆斯大法官对确切、清楚和一致的理性推论漠不关心。实际上，他反对的并不是逻辑，而是假逻辑，这种假逻辑是将由虚构的固定概念所构成的古典体系，以及这些概念之下包含的确切类别应用于决定产生自活生生的愿望冲突的社会问题。他想要的是一种概率逻辑。这样一种逻辑，包含了程度上的区分以及对加在某个观念之上的限制的考量（这种考量通过呈现那些表达了相邻但又相互抵触的兴趣的观念，从而代表了某种愿望形式的价值）。为了满足这些要求，他只能借用测量与称重的手段进行比较的方法，同时又尽可能远离科学。他以一种新的逻辑兴趣反对用古典逻辑对法律的统治，在这种新的逻辑那里，精确性是物质的或量化的，而不仅仅是形式的。依赖于一个形式概念——比如应用于合同关系的自由概念——进行推演的做法只会阻碍法官给出自觉而明确的社会决策理由，指出他们为什么希望执行这一种而非那一种愿望。因此，形式逻辑就变成了一种借口和伪装，而形式逻辑背后的判断与选择就只能是"含糊而无意识的……但形式逻辑依然是整个程序的根基与中枢"。"我认为，法官们自身并不能恰当地认识到他们在权衡社会利益上的责任。这一责任是不可避免的，而法官通常总是对进行这种考量感到反感，这样做的结果只能让判断的理由与基础变得含糊而无意识。"形式逻辑变成了一个掩盖那些秘而不宣的经济信念的面具，而这些经济信念正是法官所支持的社会利益的成因与效果。我们可以将那些实际并不掌控某个结论的理由归于某个结论，但我们不能对一个结论的真正前提不作解释和陈述，很难想象还有什么比后者这种做法更加不合逻辑的了。

　　从积极的一面看，霍尔姆斯大法官让我们对他想要遵循的逻辑方法无可怀疑。"教育的生长是关于衡量的知识的增长。……它是用量化判断取代质性判断。……在法律中，我们只能偶尔得到一些完全是最终而量化的确定，因为原告或被告对法官都有所恳求，而这些相互抵触的社会目的价值并不能被压缩为数字并精确地固定下来。……但进步的本质在于我们应该尽可能地做到精确。"霍尔姆斯大法官贬低了法律史研究所扮演的不正当角色,他说,他"盼望这样一个时刻的到来,到那时,历史在解释教条中所扮演的角色会变得非常之小;并且,我们会将自己的精力花在研究要获得的目标以及希望它们的理由上,而不是花在机巧的研究上"。较之于形式逻辑对法律的体系化,或者对法律的历史性研究,更为重要的是"从内部建立起法律的假设,而这种建立是基于精确衡量的社会愿望而非传统之上的"。他在另一个演讲中说:"理性地研究黑体字法(black letter law)①的人也许是当下的人,但未来的人一定是精通统计学和经济学的人。"总结起来说:"我认为,(法律)最终依赖于科学,因为最终要尽可能地由科学来决定不同社会目的的相对价值。……很有可能,在统计学和所有现代工具的帮助下,科学高于一切的共同体依旧永远不会存在。但这是一种理想,没有了理想,生命的价值又何在呢?"

182

霍尔姆斯大法官的思想中有一种明确的现实主义张力,而这种张力一定也存在于任何实际的而非模糊、空洞的希望的自由主义当中。他反对形式逻辑虚妄的确定性,反对将词语和公式当作事实,并警告在制定任何"社会改革"计划时,要权衡先在的利益与所受的损失,这些都表达了上面这一点。他相信,智性的道德在于我们清楚地知道自己想要什么以及必须付出什么才能得到;在他看来,真理就是我们不得不相信的,或者说是我们思想界限的体系。我们可以在他的观念中看到一种作为预测的法律,这样的法律可以告诉我们社会力量最终会在何处冲击已被采纳的行为。有时候,他的现实主义几乎变成了这样一种信念,即任何在公平竞争与生存斗争中赢得胜利的就是合适的、好的和正确的。

然而,所有这些话都要放在他持久不变的信念中来理解,也就是在该说的已说、该做的已做之后,智性和观念是解决社会问题的最高力量。在纪念马绍尔大法官(Justice Marshall)时,他说:"我们依靠符号生活。……今天这个日子标志着这样一个事实:所有的思想都是社会的,并且走向行动。借用一位法国作家的话来说,每一个思想都会倾向于首先变成一种教义问答,然后变成一套编码;并且,根据它的价值,有一天,沉思也许会在没有帮助的情况下登上王座,并……将发射一种具有不可抗拒的力量的电波,独裁整个世界。"他不止一次地指出,今天

---

① 在某个特定领域中被普遍接受的、已不需要对此进行争论的基本法则。——译者

的世界更多是由笛卡尔和康德统治,而不是由拿破仑统治。"即便是从实际目的来看,理论最后一般都会变成最为重要的东西。"因为事实是有力的,所以关于事实的知识——它们指向了什么,如何得以实现——便是更有力的。

我们生活在一个所谓的理念与理想的力量已经幻灭的时代。自由主义的衰落,正是这种不信任的一部分。要在一个物欲横流的世界中依然相信思想的力量,是一种不可思议的幼稚。对于那些正在丢失信仰的人来说,霍尔姆斯大法官的著作是一种滋补剂。他的观念总是超越其所处时代至少一代人,他的许多最富影响力的陈述是以异议的方式提出的。然而,耐心与勇气——如果两者之间有任何区别的话——是自由主义心灵的一个必要标志。终有一天,霍尔姆斯大法官提出的原则(即便是少数派的异议)会被普遍接受;并且,在他的教导之下,会出现一个例子来说明他对思想力量的信仰是正确的。对此,我毫不怀疑。当这一天到来的时候,霍尔姆斯大法官的精神将会第一个提醒我们:生命依然在继续,依然是一个实验;那时和现在一样,在任何公式上躺下就等于是在邀请死亡。

我为何支持史密斯[①]

从政治上来说,我投票支持史密斯(Smith)州长竞选总统的理由既不深刻,也不深远。我之所以在一开始就提出这一事实,是因为它确实关系到我投票给他的原因:我认为他的当选——即便没选上,也算是他的竞选——有一种人性化的社会效应。我不会太过希望史密斯的当选可以清除那些占据当下美国社会生活太多空间的虚伪和欺诈,但是我相信它会减少这些不正常的肿胀。如果说针对我们特殊的政治需求,我对某个政党将来的成就特别有信心,那么我应该投票给诺曼·托马斯(Norman Thomas),因为我认为,这些需求是同更为基本的经济重建问题而不是同那些在任何情况下都可以想到的民主党问题联系在一起的。但是,美国人民还没有成熟到可以面对这个问题。虽然我希望有更多的力量投入社会党的竞选中去,无论它能为这种社会成熟度作出什么样的准备。在我看来,直接的需求是影响我们在进行社会讨论时的普遍倾向,引入一定程度上的坦率和出于人道的同情。因此,我想简要地提出一些方向,我认为,史密斯州长的竞选和当选(如果成功的话)能够促成这一结果。

1. 我不认为禁止生产和销售含酒精饮料的问题已经得到最终解决。我相信到最后,在这个特殊的问题上,社会福利比所谓的"个人自由"更加重要;并且,我没有理由相信,这个问题已经最终关闭讨论了。但当前的处境让人难以忍受,也许最让人难以忍受的是聚集起来的政治和道德上的虚伪。艾尔·史密斯已经 将问题公开化了,他已经驱散了问题周围秘密而不真诚的氛围;我们不再能够将

---

① 首次发表于《新共和》,第 56 期(1928 年),第 320—321 页。

问题放入秘密的壁橱中。仅仅是为了感激史密斯清除了最为有毒的氛围——而共和党和胡佛先生都在鼓吹这种氛围并使它永久化——我也要投票给史密斯先生。

2. 同样的考量也可被用于偏狭和不宽容的问题。在这个问题上，就像对待烈酒问题一样，美国人的情感是不真诚的，而如果说之前的普通观察没有显示出这一点，当前的竞选正在将这一点清楚地表现出来。把被一些讲演歪曲的所谓"宗教"投入政治中是一件很糟糕的事，但是因为我们的社会与思想生活中有如此多的偏狭，将它们公开化只会是有益而无害的。除非公开暴露问题，否则，藏身在问题及其对我们所宣扬的社会理想的否认中的谎言就会永远得不到处理。

3. 虽然就像我已经说过的，在面对根本问题时，我对民主党不抱多少期望，但史密斯先生担任州长时的记录证明了下面这个事实：只要他的影响能够扩展，民主党的处理至少会带上一种人道而同情的精神。作为管理者，史密斯先生至少等同于胡佛先生，但是对于同胞的人道感控制了他超凡的管理能力，就像硬性的"效率"（这一效率旨在增强那些最要被削弱而不是加强的经济利益集团的地位）控制了胡佛先生的管理能力一样。有人试图将胡佛先生作为一个伟大的人道主义者，"推销"给这个国家的女性们，我很难想象还有什么做法（无论是有计划的，还是无意识的）比这一做法更加不真诚。在紧急的时候，胡佛先生是一个有效、博爱、半慈善的管理者，我对此并不怀疑。但是，我没有看到任何迹象表明他对为同胞的日常生活而设的政策（无论是国内的，还是国际的）具有任何人道的洞见，而这种洞见则是由对于社会需求的意识所支配的。他的整个教条——自满的资本主义式个人主义、获得经济成功的权利和义务——让他继续着"繁荣"的虚伪宗教。而根据我的判断，这种宗教是现存的、维持着我们的社会基调与社会倾向中不现实成分的最大势力。

心理学与正义[①]

桑柯(Nicola Sacco)和凡泽迪(Bartolomeo Vanzetti)死了。所有关于他们是否有罪的讨论都不能让他们死而复生。这个问题现在融入了一个更大的问题，186那就是我们保证公正的方法，而这一问题进而又融入了一个更为全面的问题，那就是美国公众舆论与情感的基调和倾向，因为它们影响到对任何涉及种族分裂与阶级利益的社会问题所作出的判断与行动。这些更大的问题并没有随着这两人被处决而消失。当然，并不是他们的死第一次提出了这些重大问题，这些问题由来已久，并且自世界大战以来愈演愈烈。但是，对这两个无名的意大利人的定罪与处决掀开了一个新的历史篇章。我们所经历的某些生活片段已经是亮点中的亮点，从此以后不会被忘记也不会被忽略。它们会沉重地压在许多人的良心上，会以无数意外的方式扰乱情感，搅动最不思考、最俗常的人的思想。

我无意大范围地讨论这一新篇章所揭示的许多事情。我的讨论只局限于一点，这一点本身看来不大，却有着重大的意义，那就是富勒(Fuller)顾问委员会的报告所揭示的本国主流文明阶级的心理。我并不是不尊重那些与该委员会成员的名字联系在一起的重要活动，毫不夸张地说，他们所写的文件决定了他们在人类历史记忆中的位置。公正地说，未来会认识到这一文件是超越个人表达的，是典型和象征性的，它代表了20世纪30年代美国有学识的领导者们的心理状态。187因为我的目的有限，所以不会讨论其他话题，更不会讨论桑柯和凡泽迪是否有罪。比我能干的人已经处理了这些问题。我的主题是：展现在这个报告中的作

[①] 首次发表于《新共和》，第53期(1927年)，第9—12页。

者们的态度与精神倾向。

在对此的讨论中,该委员会对将两人定罪的方法的声明给出了他们的底线。他们说:"无论是贝蒂荣(Alphonse Bertillon)人身测定法还是指纹测定法,没有一种检测或方法本身就具有重大的意义,但将它们合在一起就有可能产生一种完美的鉴定;没有一种情况是结论性的,但将一些情况放在一起也许就能提供理性无法质疑的证据。"在将两人定罪的过程中,其作用的并不是每一个孤立的情况,而是所有情况相互关联之下的累积效应。我引用这一事实并不是要质疑委员会的声明,也不是要引发关于间接证据的旧争议,而是因为与该委员会在处理其他问题时所采用的标准与遵循的方法联系起来看,这一事实具有重要意义。因为这些其他问题都被分割了,无论是在总体上,还是在细节上;每一件事、每一个主题都被当成是孤立的,都可以不涉及任何其他事情而自行处理。累积性原则不但没有受到重视,还被有意地抛弃了。为什么? 人们,尤其是那些训练有素和有教养的人,不会无缘无故地颠倒他们的标准与程序。

我们可以在下面三个地方找到上面这个一般性论断的证据。首先是总体的处理方案,也就是报告的框架;其次是对框架的前两部分所进行的分割与相互孤立;再次是委员会在处理一个根本性的重要问题时所采取的方式。

报告的框架被阐明如下:"委员会被要求所做的调查似乎包括回答下面三个问题:(1)在委员会看来,审判的进行是否公正? (2)基于后来发现的证据,是否应该核准重审? (3)委员会是否毫不怀疑地确信桑柯和凡泽迪犯了谋杀罪?"前两个问题是委员会要处理的问题中的元素,这一点没有人会怀疑。至于委员会是否可以像陪审团一样决定并陈述他们关于两人是否有罪的意见,人们会持不同的看法。在全世界对这一审判与定罪的关注之下,这种看法的不同在于人们是否认为,随着事件的发展,同司法问题比起来,有罪与否的原始问题暂时变得次要了。

不管怎样,对前两个问题的分割,对公正审判问题与新近发现的证据(这些证据并没有被视为问题的元素,而是被视为独立而孤立的问题)的处理都说明了下面这个事实:委员会并没有面对,甚至没有提及摆在世界面前的主要问题。这一问题是:将所有的考量都放在一起,我们是否有合理的理由怀疑在对两人的直接处决中存在着不公正? 将审判是否公正与新证据是否有价值这两个问题分开处理的做法,断然否定了累积性的原则;而在宣布两人有罪上,这一原则已经被接受并被宣告了。委员会的这一方法没有直面下面这个事实:这两个问题是主要问题共同的组成部分,也就是说,如果立即执行了死刑,那么不公正是有可能发生的。

委员会的整个程序是与司法无关的,委员会的存在本身就证明了人们广泛相信正义并没有得到伸张,不管那两个人是否有罪,这一案件的许多情况都表明他们还没有被证明有罪。并且,委员会可能建议的任何行动,可能给出的任何建议,可能得出的任何结论,都是与司法无关的。州长的职能是执行,他不是司法系统的一部分。州长对委员会的任命是与司法无关的,后者的功能同样也是如此。州长被委托保护定罪者,使他们免受很有可能存在的司法不公。他的权力是通过赦免或减刑来实行宽恕,而不是去定罪或推翻法庭的决定。委员会的职责是在州长实行这一功能时引导他的良心。那么,他们为什么要像陪审团和法庭那样行事呢?为什么要采取这样一种严格的法律方法,甚至如果被定罪者马上就要被处刑,他们还是要把出示肯定存在的(不是很有可能存在的)司法不公的担子推到被告头上?

不管这个问题的答案是什么,我们很确定地知道委员会是如何回避这一问题的。他们将这个问题分割成几个问题,然后不顾它们之间的互相联系,对它们进行单独处理。在司法不公这一方面,旧审判的问题与拒绝根据新证据进行重审的问题具有最为明显的累积性特征。将它们的净效应联系起来放在一起,问题就得到了定义。那么,为什么要将它们完全孤立起来呢?我们只有在委员会处理这个问题的态度中找到答案。

这一态度明显地体现在分割成三个问题的报告框架中。只有在我们考察了前两个问题的细节之后,这种孤立处理在程序决定上的全部力量才能体现出来。根据报告,每一个问题下面都有六点。虽然每点自身都是"非结论性的",但是如果将它们放在一起,是否可以形成一种能够引发合理怀疑的证据性力量?委员会甚至没有暗示,就做了这样的处理。从体系上来看,每一点都是同其他各点分开的,这样甚至不可能产生累积性效应的问题。涉及原始审判的六个考量点包括下面这些要点:法官的偏见、起诉律师停留在被告的激进主义上、法庭的气氛、所谓的联邦政府官员的干预。但是,每一点都是孤立的,对它们的处理也是孤立的。

这种方法完全不同于将两人定罪时所用的累积性方法,人们越注意到两个程序的细节,这种对照就越醒目。在累积性程序中,重心被放在下面这些事实上:桑柯的"总体形象"被公认为"像"真正凶手中的一个;他承认拥有的一顶帽子同凶手的"在颜色与总体外观上有相似之处";被捕时,他所拥有的一把手枪同谋杀所用的手枪是"同一类"的;虽然专家认为子弹不一定是从他手枪里打出来的,但委员会"倾向于相信"那些认为子弹是从他手枪里打出来的证人,如此等等。让我们进行一个简单的思想实验:如果我们通过六个考量点引证出审判是不公正的,但委员会还是使用分割的方法进行处理,那么这些分裂的考量点又会变成怎么样的呢?

在是否要根据新证据进行重审的问题上,也有六个考量点。其中一点是一个叫古尔德(Gould)的旁观者所提出的证据(并没有在审判中出示):两名被告并不是他所看到的凶手,当时他离现场很近,以至于一颗子弹穿过了他的大衣翻领。并且,根据审判记录,被告在审判中并不知道这一证据。原告知道古尔德在凶杀现场,但没有传他出庭。委员会努力为原告开脱,将不利的证据强加给被告。他们所采用的方法是典型的:用高度法律性的论证来削弱公认事实的重要性。我们可以将这一程序与委员会处理那个新证人的程序作一个对比,那个新证人的证词可能会打破桑柯不在场的证明。委员会这样说,"这个女人有些古怪,行为也并不是无可指摘的,但委员会相信,根据她的这个情况,她的证词是完全值得考虑的"。然而更为重要的,是他们对古尔德证据的评语:这一证据"只不过是累积性的",尽管还有其他证人作证凶手并不是桑柯和凡泽迪![1] 委员会并没有在此止步。他们自愿提出:"似乎不存在任何理由认为古尔德的证词会对改变陪审团意见产生任何影响!"这句话的意思几乎不可能说陪审团是不受证据影响的,因此对于陪审团角色的这一假设,体现了委员会自己的态度;尤其在讨论

是否要在进行新审判过程中这样说之前的陪审团时,就更是如此。

然而,这仅仅是引证的六点中的一点。其他几点是:马德罗声明凶杀发生时,他同另一个帮派在一起;有证据证明,旧陪审团主席有两处明显的偏见;一个专家为原告提供的证词是:在他正面拒绝说那枚致命的子弹是从桑柯手枪里打出来的之后,原告律师安排他证明这枚子弹同之前从桑柯手枪里打出来的子弹

---

[1] 有人会说法庭不准许在只是累积性的新证据上进行重审,但这一答复对这里的情况并无帮助。因为既然整个程序处于司法之外,采取一个纯粹的法律立场又有何意义呢?

是"一致的"。报告本身就是我们所能找到的、最令人信服的采用非累积性方法的证据,这种方法将每一个证据都削减至单独一点,将它们孤立起来并最小化,同时将所有有利于另一边的新证据放大到极致。因此,桑柯帽子中被用来确认其身份的借条,被说成是"一个微不足道的证据,在委员会看来根本不足以成为重审的理由"——委员会的论点是:单独这一点并不能成为理由。然而,如果作为拒绝任何累积性原则的证据,这件"微不足道"的事情就不再微不足道了。还有,两名新专家作证说,那枚致命的子弹并不是从桑柯的手枪中打出来的;同时又有另两名新专家持反对意见,而委员会则在检查了照片之后得出结论:"后者提供了更令人信服的证据。"换言之,虽然问题在于是否存在以新陪审团进行重审的理由,但委员会自己承担了陪审团的功能,处理了新证据,并否决了重审。

委员会的先在态度还通过第三个方面自我揭示出来,那就是他们处理激进主义的方法:据称两个被定罪者的激进主义对陪审团与法官产生了影响,而鉴于这两人是外国人,这种激进主义就更加凶恶了。这个案件最吸引公共注意力与公共兴趣的就是这个方面了,这也是委员会存在的基本原因。洛伊尔(Lowell)、斯特拉顿(Stratton)和格兰特(Grant)在接受富勒州长的任命成为委员会成员时,也接受了对于全世界每个国家的责任。但他们的记录显示了他们是如何放弃这一责任的。他们承认激进主义,他们承认激进主义在导致非法拘留和遣送中的偏见效应。但他们承认这些事实,仅仅是为了证明原告律师的行为!原告律师已经对桑柯展开了交叉盘问,"这种对他的社会与政治观点展开的检查初看起来过于严厉,而且是为了给陪审团造成偏见,而不是为了检查被告声明的诚实性这一法律目的"。但是,委员会又原谅了被告律师,他们否认激进主义的证据影响了陪审团!他们也承认法官在庭外的"轻率"谈话之上形成的偏见,但又声明这种偏见并不是导致审判结果的一个因素。激进主义对于被告被捕时行为的影响被忽略了。这几乎是一个心理学常识:人,尤其是头脑经过训练的人,只有在受到某些隐秘因素的影响时,才会用这种颠倒的方式来理论。

这些都是写在报告中的事实。毫无疑问,委员会对审判时的公众情绪状态,以及这种情绪状态对导致不公正和非法行动的实际(不仅仅是可能的)效应是完全了解的。他们提到了"麻省东南部对赤色分子大规模的逮捕,所幸的是被美国巡回法院的安德森法官阻止了"。除非是非法的,否则,这种行为很少被法官阻止,即便阻止了也是运气好。另外,"在非正常的恐惧与轻信的状态下,几乎不需要什么证据就能证明任何人是一个危险的激进分子。在我们的大学里，无害的教授和学生被指控持有危险的观点"。这种歇斯底里传播如此之广，已经从外国人和无知的劳动者传到了大学教师和学生中间。而原告律师的交叉盘问，看起来就带有这种严厉而有偏见的特征。并且，几年之后，在公众舆论平息之后，这种状态依然影响着委员会的成员，即使这些人经过了高度的训练，不像是陪审团那样的普通人。不管怎样，委员会认为，生活在恐惧与轻信的时期当中的陪审团并没有受到影响——当时几乎不需要什么证据就能指控并确定一个人为赤色分子；况且，这些陪审团成员拥有的还不是少量的证据，而是清楚获证的激进主义事实；并且，作为平常人，他们没有经过训练的头脑并不能辨别偏见，因此，可以想见，他们也就不能怀疑地看待偏见！

委员会是如何得到这一非凡的结果的呢？是通过两种转移问题（一种是直接的，另一种是间接的）的方法。直接的方法是询问十个可以接触到的陪审团成员，并接受他们的保证：他们当时并没有受到法官态度与审判方式的影响。"每个人都对此感到确定：被告是外国人和激进分子的事实，并没有影响自己的观点。"换言之，这些人现在确信（而委员会完全接受作为审判最重要的一个方面的这一确信），他们对"恐惧与轻信"的传染病是免疫的，尽管对于"危险的观点"，他们不只有"少量的证据"，还有确凿的证明。谁要相信就相信吧！不相信并不是怀疑陪审团在作出声明时的真诚性。如果在这样一种氛围中，他们能够意识到这一力量对于他们信念的影响，他们就是非凡的人了，甚至比委员会的成员还要不同寻常。如果意识到了对他们产生作用的这种影响，他们就能够在它产生以前采取措施来减轻它。并且，他们的声明是在几年之后作出的，而在这几年间，他们的行为已经成了激烈争论的主题，并且他们自己也成了严厉批评的对象，所以他们用上了所有的防卫机制。但是，委员会照单全收了他们的保证！委员会相信，法官承认的存在于庭外的偏见到了法庭上就扔掉了，就像他脱下外套披上法袍一样。这一信念同样表现了委员会对于基本心理因素的漠视。

更能自我揭示的，是委员会对于原告提出的"犯罪意识"的处理程序；原告认为，囚犯在被捕时所作的假声明就证明了这种意识的存在。被告争辩说，之所以作出假声明，是因为他们意识到自己是激进分子和外国人，害怕被逮捕和遣送。委员会首先原谅了原告律师看似严厉而带有偏见的盘问，理由是需要他来检查他们所承认的、用来解释他们被捕时行为的激进主义的真实性。接着，委员会不但确定被告真诚地相信这些观点的证据并不能左右陪审团的意见,并且非但没有用这一证据来支持被告对于自身行为的解释,反而认为这一证据同被告的犯罪意识是一致的(即便不能作为犯罪意识的实际证据)！这其中的方法,也许是这个最为非凡的文件中最为非凡的事情了。

委员会的论点是这样的:是被告们自己在审判中坦白了自己的激进观点。在他们被捕时,"人们并不确定桑柯具有这样的观点。搜查赤色分子的美国当局并没有发现任何证据能够让它们合法地遣送或以其他方式处理这两人"。虽然存在大规模的逮捕,但"这两人没有被逮捕"。

因此,原告律师看来严厉而带有偏见的起诉方法是合理的,这种方法并没有在恐惧与轻信的时期让人产生偏见。并且,虽然被告是激进分子,并且大规模非法逮捕和遣送时被逮捕的事实为起诉律师提供了证据,但它并不能否决被告在被捕时显示出了"犯罪意识"这一理论。其中的暗示是:被告并不是根据自己是令人讨厌的激进分子这一认识来行动的,相反,被告的行为应当是基于缺乏对当局的某些认识！

较之基本心理学的力量,提及另一个次要的事实,也许会削弱这一案件。对于汤普森(Thompson)先生的行为,委员会仅仅提到,有时他的行为表明"被告的情况一定是相当绝望的",因为他已经用尽了所有的手段。当然,委员会参与的事件表明,被告的境况确实非常绝望,而汤普森先生比其他任何人都更有机会认识到这种绝望多么具有悲剧性。但是,不同于委员会自己给被告的定罪,汤普森先生确信他们是无罪的;汤普森先生的社会和政治观点是保守的,他牺牲了大量时间以及社会和职业身份,英勇地为了被告与狂热的妒忌进行战斗,以维护自己司法公正的声誉。然而,委员会对汤普森先生只是草草带过。委员会缺少一种简单却又必须的大度,对此我只能看到一种解释。

置于历史台前的记录已经充分地呈现了一种态度,对于这一态度的揭示让人感到无比耻辱。耻辱感近似于有罪感:我们竟能容许这种展现在记录中的心态在一个宣扬尊重正义、献身平等友爱的国家中发展起来。

195

中国与大国势力：
II.干涉——对民族主义的一个挑战[①]

196 　　克罗泽尔(Crozier)将军为我们写了一篇有趣的文章,谈到了那些让中国难以建立起一个统一、稳定和有效政府的条件。对此,他还补充了一篇更为简短的文章,谈到用武力来征服中国倒是相对容易的。这两个声明实际上形成了请求几个大国最好用协调行动来干涉中国的基础。这种干涉的性质完全是利他的,是建立在帮助中国寻找自身统一的基础之上的,是帮助中国发展自己的民法和政府,将中国从军阀与官员合伙的贪婪干预中解放出来,直到将一个运作顺畅的政府交还给中国人民为止。这听起来像一场梦,如果尝试了,也许会变成一场梦魇。

　　即使他关于中国的观点曾经大体上是正确的,他也遗漏了一个极为重要的事实。他没有估计到在近几年民族情感的不寻常发展之下,中国人对于善意干涉可能接受的程度。我相信,下面这件事是不可能的:写关于中国政治事务的文章,却又像克罗泽尔那样不涉及这方面的情况。中国还不够强大、不够有组织来创建一个统一的政府,这一点相当对。要达到这一目标,也许还要好几年的时间。不过中国已经强大到能使任何那样的计划成为泡影。

197 　　克罗泽尔极大地低估了中国人民依靠外国势力组织起来抵抗政府的可能性和有效性。的确,中国人民依然缺乏正面联合与建构性联合的能力。不过,他们有巨大的能力进行负面组织,也就是抵抗。最近几年,对于反抗外国干涉的鼓动

---

① 首次发表于《当代历史》(*Current History*),第 28 期(1928 年),第 212—213 页。本文是杜威对克罗泽尔文章的一个回应,克罗泽尔的文章见附录 5。

已经唤起了这股力量并付诸行动。外国干涉的增加,会使它成为一股不可抗拒的力量。中国人是派系化的,但是只要外国人存在,外国的干涉就会将他们焊接成一个坚固的单位。克罗泽尔将军认为(显然是基于从香港发来的报告),没有政府力量的支持,他们甚至不能成功地组织起一次抵制运动;然而因为政府在外国代理者手中,政府力量的支持自然就不可能了。八年前,中国抵制日本人的运动才开始的时候,我刚好在那里。这场运动是由学生发起的。亲日的政府并没有支持运动,反而试图通过武力镇压运动。在短短几个星期内,内阁被推翻了。普遍认为,这一抵制运动对日本利益的损害如此之大,从而使日本改变了对中国的态度。

从那以后,运动趋于迅速和广泛。商人和学生组织起来,而在所有的工业中心,工人也变成了有组织的力量。除了抵制与消极抵抗的手段,政府提出的计划也因为中国人民的不合作而流于破产。计划的成功依赖于募集中国人,让他们学习现代的行政和法律程序。唯一会为有武装支撑的外国政府服务的,只可能是那些腐败的、追求私利的阶级。他们的同胞会将他们视为叛徒,而外国政府则会变成一具空壳。外国政府也许会持续好几年,而中国距离自治政府的距离并不会比今天更近。事实上,伴随着鼓动,会产生基于敌视外国人的仇恨与团结,最后的状况会比最初的更糟。

克罗泽尔将军自己坦率地陈述了建立外国干涉势力之间的合作和建立一个真诚而理智的、真正为了中国人民的政府的困难,但是对于问题的这些方面,我们没有必要多说。正如克罗泽尔将军所言,"我们所承认的运用我们力量的唯一正当理由,是保卫我们的利益和本国公民的生命与财产"。他将这一点看成是自私的。但这是唯一能找到的理由,因为国家的政治意识知道下面这一观点是多么的荒诞,即存在一种真正和善的、不考虑自己的和理智的干涉。已经进行的干涉,通常是掠夺性侵犯和对从属民族的剥削。克罗泽尔将军想把强大的帝国主义势力团结起来,将帮助另一个国家(一个像中国那样有着如此不同习惯和传统的国家)作为其唯一目的,这一理想在我们生活的世界上只是一个梦。

西方国家用了几个世纪才从类似于中国的政治条件中兴起,形成现在这种诚实而有效的自治政府。中国需要时间来实现这一过渡。中国需要我们的帮助。但中国需要耐心的、富有同情的和教育性的努力,以及缓慢的思想交换和交流过程,而不是通过武力强加于其上的外国统治。

真正的中国危机[①]

　　我应该强调标题中的"真正"二字。显而易见的危机充斥着每天的报纸：外国人被杀，房屋遭洗劫，安全受到威胁，以至于外国人都被集中到几个港口，并被警告离开这个国家，离开战争的混乱与内战的残暴。但是，在我们听到的所有谣言、传闻与事实中，有鉴别力的人经常会注意到这样一个信号：中国正在经历着一场真正的危机。整个隐藏的宣传意图——有时是公开的——是反对民族主义运动和势力的。而北方的势力总是轻易地让人失望。这是为什么呢？

　　要了解实际情况，最直接的方法是问：如果撤退的山东军队（它的指挥官之前是个土匪）确实进行了杀人和洗劫，新闻的基调会是什么？答案是：这些事情一定会被掩盖，它们会被看成内战的不幸伴随物；并且人们会说，败军在撤退时往往乱来。无疑，正当的赔偿要求会向北京政府提出。但上海和伦敦不会请求美国协调干涉和封锁中国港口。换言之，不会有人吵着要我们帮广东人反对北方人。就像之前的新闻都带有反对民族主义者的色彩一样，新闻也会倾向利于北方人的一面。我无法想象，任何了解中国所发生的事件的人会否认这一说法。

　　再问一次，为什么呢？这一报道新闻的双重方法意义何在呢？如果北京政府真正能够代表团结而完整的中国去反对不法叛乱分子，那么采取这种双重方法是可以理解的。如果北京有一个稳定的政府，能够维持一般的权威，并拥有道德和法律权威，那么这样的区别对待是可以理解的。如果北方军队大体上更守纪律，举止更为有序，那么这样做也是可以理解的。然而众所周知，上述每一条

---

① 首次发表于《新共和》，第50期（1927年），第269—270页。

假设都与事实相反。

多年来,北京政府一直都是一个盲目的生物,被每一个掌权的军阀所控制。同许多人一样,我见过掌权的总统和内阁先大声训斥某个将军,宣布他是叛徒,悬赏他的头颅;几个星期以后,又全部收回,并颁布同样的法令来反对那些请求他们作出第一个公告的将军们。我还清楚地记得当时的惊讶:我刚到北京的时候,我们的公使雷恩什(Reinsch)先生告诉我,没有外国势力的承认,北京政府的寿命实际上不会超过一个月。我没住多久就确信,他所揭示的并不是什么秘密。对整个国家来说,北京政府并没有权威性。它的支持者为了自己的目的而截留了收入,筹募并支持自己的军队以供自己使用。并且,这种现象在有组织的反抗北京的起义出现之前就早已存在了。

不,下面这个简单的事实可以解释我们所接收到的新闻基调与倾向:民族主义政府代表着一个民族运动,而在现在的情况下,任何一个民族运动都注定是反对外国的,也就是反对外国公民因为旧条约而享受的特权。在汉口和上海这样的商业和工业中心,大量的外国人都反对所谓的广东人革命,这不足为奇。我们不能完全用严格的经济理由来解释他们的这种反对。美国在中国的经济利益并不大,但是在大的中心,在传教士的圈子之外,美国人一般分享着英国居民的感受,这些感受在外国人俱乐部中聚集和兴盛。大多数记者在这些俱乐部中吸收各种思想,收集他们的新闻。中国人的整个生活模式已经同建立在单边特权的旧政权之下的各种情况紧密联系在一起了。看到一个旧的、看似稳固的秩序从根基上被动摇,确实是令人不安的。这就是在中国所发生的,这才是真正的危机。从"国家"这个词的现代意义上来说,中国正在成为一个国家。

在这样一种情况下,为了更好地看待事物,需要大量的镇静、洞见和同情心。那些直接受新秩序建立影响的人自然只会认为,这是一种被不守规矩的精神所鼓动的排外表现。但是,下面这一点非常重要:站得远一点的人会认识到,这种排外只是一个伟大的内部革命的外在表现。一个有 4 亿人口、占据一洲疆域的民族不可能不经历巨大的阵痛,就从一个中世纪集成体转变为一个现代国家。这一转变准备了 10 年,现在已经达到了一个明显的高潮。处于这个国家中的我们,除非记住这个事实,否则就不会理解中国所发生的事情。

有一天,我收到一个美国人的私人来信,他在中国的一所教会机构教书。他的家和个人物品遭到了洗劫,他的职业生涯被打断,他的生活也许不得不重新开始。然而他写道:"民族主义分子最终是对的。我们所有在中国的外国人都无法脱离一种旧的秩序,而一个新的、进步的中国一定要消除这种秩序。对此,我们不能尖刻,因为在他们急于摧毁这一结构的时候,他们并不能区分出那些支撑这一结构的人。"我们不可能期望所有遭受苦难的人都能有这样的大度和远见,然而我们这些没有遭受苦难的人应该知道这些话表达了整个问题的本质。我所说的,不过是放大了他的说法。

我不想给读者留下这样的印象,即民族主义力量的一次胜利,即便是占领北京,就能完成这一转变。将中国变成一个现代国家的全部任务,要由几代人来完成。然而,我们正在见证这一转变中戏剧性和关键的一幕,这一幕如果成功,将会标志世界历史进程一个明确的转折。历史上几乎没有可以与之相比的事件,在我们的时代可以说没有,即便是世界大战也无法与之相比。我们已经习惯了地方主义和种族歧视,因此,这样的声明在聪明人看来也许是愚蠢的。但是我怀疑,在肤浅的泡沫与喧嚣之下,大多数伟大的历史变化在其同时代人的眼中都是晦暗模糊的。我们认识亚洲处在我们的世界之外,我们很难认识到那里发生的任何具有伟大重要性的变化。但是当这些变化产生了后果,并被置于历史的视角当中,重建亚洲最古老和最多数民族的生活至少会具有像欧洲脱离中世纪后进入现代文化那样的意义。而下面这些问题——这一变化给几千个外国人所拥有的特权带来的影响、英国对印度的控制,以及其他当下显著的方面——都可以作为一本书中的章节。用长远的眼光来看当代的事件并不容易。但如果没有这样的眼光,我们只会将中国的事件视为单纯的喧哗与骚动以及激情的混杂体。这一结果不但在理智上是不幸的,而且在实际上也是危险的,因为它标志着一种倾向;基于这种倾向,种族、肤色的偏见与有意的宣传进行着灾难性的运作。我们对于中国的历史性同情有被破坏的危险;并且,由于误解引起的情绪高涨,中国未来的不幸事件会将我们拖向支持欧洲的、同我们的传统和利益背道而驰的政策。

苏俄印象

I. 列宁格勒提供的线索①

彼得格勒更名为列宁格勒,这无疑是一个象征,但我心中又在犹豫,不确定它究竟代表着什么。有时候,它看起来标志着一种完成、一种业已完成的灵魂轮回。而在其他情况下,则可以将它想象为一种尖刻的讽刺,因为我们可以想见,当前政权的敌人在看到这座以列宁的名字命名的寒酸而破败的城市时所感到的恶意满足。布尔什维克宣称已经开创了一个崭新的、更美好的世界,但这座城市颓败的、几近衰落的状况却足以说明问题。然而我们也理解,彼得用他的雄心壮志唤醒了这座城市,他给予的不仅仅是一个名字。这座城市中的一切,都诉说着他那永不停歇的创造力。也许被人们称为沙皇的彼得,实际上是第一个布尔什维克人,而列宁则是他真正的继承者与接班人。

不管怎样,虽然这座城市邋遢凌乱,城墙是泥灰的,油漆也剥落了,像一件破旧的华美衣袍,可它仍然是活动的,具有生机与活力。人们像摆脱了某种巨大而沉闷的负担,同时又被唤醒了释放活力的意识。据说,阿纳托尔·法朗士(Anatole France)在访问俄国的时候,拒绝统计数据、累积材料、调查"条件"。他走到街上,从当地民众的手势和表情中获得自己的观点。我以前从未到过这个国家,因此对眼前的直接所见缺少比较的标准。但是,我也见过其他国家的普通民众,难以相信这种全新生活所表现出来的是假象。我愿意相信自己曾读到的:俄国有许多人生活在监禁和压抑的痛苦中,也有许多人处于流放之中。然而事实是:这里也有许多人在街上散步,在公园、俱乐部和剧院里聚会,也常常参观博

203

204

---

① 首次发表于《新共和》,第 56 期(1928 年 11 月 14 日),第 343—344 页。

物馆,这一事实就像他们不折腰、不愧悔的风度一样确凿。于是,人们不由地会产生这样的想法:前一种事实已经过去,它只是革命过程中的一段插曲;而第二种事实则属于当下和未来,革命的本质在于它释放了生活中的勇气、活力与信心。

我还沉浸在初到列宁格勒的几天里它所带给我的冲击。调适是困难的,我过得有些恍惚。但是逐渐地,我形成了一个明确的印象,随后的经历也证实了这一印象。我对共产主义和第三国际耳熟能详,对于革命却知之甚少。我也听过很多关于布尔什维克人的事情,知道最后的革命得以完成,靠的是他们的发起。我现在意识到,任何历史研究者都应该认识到的是:革命所释放的力量不是任何数学意义上的功能,也不是那些事件推动者的意见和希望。在理解俄国正在发生的事情时,我竟忽略了如此明显的历史事实,我为此感到十分气恼。于是,我把自己的误解怪罪于别人——我对革命的追随者、歌颂者和批评者、敌人都一样心生埋怨,我觉得他们对布尔什维克和共产主义的所谈所写误导了我,使我对革命更基本的事实一无所知——然而,这一更基本的事实也许只能被暗示,不能被描述。这场革命不仅是政治和经济层面上的,更是心灵和道德层面上的,它是一场人们对于生活需求和可能性的态度的革命。我的这种反应也许使我有低估理论与期望之重要性的嫌疑,恰恰是这些理论和期望扣动了扳机,释放了被压制的能量。我还不知该如何试图表达共产主义模式和布尔什维克的理想在这个国家当下生活中的确切重要性,但我倾向于认为,塑造俄国最终命运的决定性力量不在于共产主义的当下状态(这种状态并不存在于任何实际意义中),甚至也不在于共产主义的未来,而在于这场革命是民心所向,这一民族得到了解放,并意识到了他们自身。

205　　　　这样的结论也许看似荒谬。对那些认为马克思主义正统构成了俄国革命的全部意义,并吸取了俄国布尔什维克传统观念的人来说,这样的结论是一种冒犯。我并非有意要轻视布尔什维克的马克思主义对俄国乃至对世界的意义,但我也确信,现阶段的事务与那些只能被称为革命的事情相比是次要的。因为正是共产主义者们自己告诉我们:现在尚未达到共产主义,而是处于共产主义的过渡阶段;在历史辩证法中,布尔什维克主义的功能就是消灭其自身;无产阶级专政只不过是阶级斗争的一个方面,是为了反对在其他国家存在的资产阶级的资本主义专政;它注定会消亡在新的综合体中。当下的阶段是一个过渡阶段,这是一个人们能够轻易接受的明显事实。人们会说,这一过渡阶段是通向马克思主义历史哲学所提出的确切目标的必要阶段,然而,鉴于已经兴起的新能量,这一原则有一种陈腐的绝对论形而上学和过时了的线性"进化论"的味道。

但我有一种更为真实的印象,那就是:可以理所当然的想见某些形式的共产主义也许正是当下"过渡阶段"所存在的问题,尽管极少有证据证明这一过渡阶段真正存在。但人们不由得感到,如果这一过渡阶段最终形成,并非因为它套用了详尽且业已定型的马克思主义哲学的公式,而是因为这类事情顺应了一个被革命唤醒的民族的意愿,并且以人民自己的愿望所决定的形式出现。如果它失败了,则是因为革命所激起的能量具有过多的自发性,以致其自身无法适应基于不相关的条件之上的公式——只除了一种假设,即历史变革存在单一而必然的"规律"。

无论如何,如果从列宁格勒的表象给人的印象判断,共产主义还在遥远的未来。这不仅因为连苏俄的领导人也认为当前的状态只是第一步,甚至连第一步也没有完成,还因为所有的外在表象都表明当前的主导经济还只是一种货币经济。我们曾经猜测,在既没有关于过去事件的认识,也没有对其经济状态的先在预期的情况下,到达列宁格勒之后会有什么样的印象? 当然,我们不可能把既有的偏见清除得足够干净再来回答这个问题。但我强烈地感受到,我之前应该意识到世界的其他部分在心理与道德上的真正不同;同时,我也应该认识到,苏俄的经济形势并不是特别地不同于那些还没有从战争(国外的与国内的)、封锁和饥荒所带来的贫困中恢复过来的欧洲国家。

最初的印象是贫困,虽然不是极度短缺;更多的则是一种感受,觉得可能所有的贫穷都是一样的,共产主义的唯一不同就在于大家共享贫穷的命运。然而,我们很快就能看出其中的区别。通过衣着与举止,我们马上可以区分出四个阶级,或者也可以说是等级;这些阶级,我们在世界上任何一个大城市都会遇到。其中极端显眼的人并不多见,尤其是在奢侈与显摆的这一边。虽然比起纽约或伦敦来,这里的各阶级之间的界限是渐变式的,但区别依然存在。虽然有些商店,特别是食品商店门外排着长队,但并没有代表着不幸的明显标志;人们的营养良好;剧院、餐馆、公园和娱乐场所都挤满了人,而且在这些地方的花费价格不菲。商店橱窗里摆满了我们在任何地方都可以见到的东西,虽然质量通常就像廉价市场里的东西;同别的地方一样,橱窗里的儿童玩具与廉价珠宝吸引着更多的人群。很明显，货币的流通极为容易，正如我刚才所说的，在质上，即便不是在量上，那里完全是货币经济。

我将自己局限于最初几天的印象中，至少是那些经过随后事件的加深与确认的，以及那些直接浮出表面的、没有受到问题、解释与讨论影响的印象。不过，由之后更为明确的探究得来的特殊知识对之前的一些印象进行了修正。由此我们得知，人们这样自由地在娱乐和必需品上花钱的主要原因是：因为整个政治控制是反对个人积累的，因此钱被视为一种直接和当下享受的手段，而不是一种未来行动的工具。类似地，当我们探入表面之下，对苏俄经济体系类似于任何贫困国家的第一印象就会因为下面的认识而得到修正：政权虽然明显是资本主义的，但这是政府资本主义而不是私人资本主义。不过，这些后来的修正是将印象转化成了观念，而不是消除第一印象本身。对我来说，实际结果是明确地转变了先入之见。我感受到，这场巨大的人类革命带来了生活中生机、勇气与信心的爆发，或者毋宁说这场革命是由这些东西构成的。认为这场革命在本质上是经济的和工业的观点，也在同样的程度上退到了背景当中；这并不是说这一观点不重要，尽管它已经成为过去，而是说，现在看来，这一观点并不是这场人类心理革命的起因，而是后者的附带事件。可能是因为愚钝，我在美国并没有得出这个结论。如果站在历史中进行回顾和判断，这一结论可能就是我们应该预期到的。但是，正如我所说的，布尔什维克政权的支持者与敌人强调经济的喧嚣论调迷惑了大家，反正我肯定被迷惑了，因此只能记录那些极为强烈且不在预期之中的印象：在俄国，革命是一个显著的事实，这场革命在前所未有的规模上释放了人类的能量，因此不但对这个国家也对世界有着无法计算的重要意义。①

---

① 自从上面这些文字发表以来，一些评论认为，我将革命的经济层面的次要性表达得太过了。但是我并没有否认，经济革命的政治方面——也就是将劳动者，特别是工厂工人的利益，从社会底层提升到上层——是这场心理和道德转型中的一个不可或缺的因素（作者再版时所加）。

苏俄印象
II. 处于流变中的国家^①

在第一篇文章中,我试图描述我在列宁格勒目睹俄国生活面貌时所产生的 208
总体感受。但是,放弃传达这种单一而全面的印象,而是用不同的方式记录由这
个或那个特殊接触所引发的想法或情感应该更为容易,也可能更具有启发性。
要想完成上面这个任务是困难的,因为在不能长期停留、缺少广泛交流和语言知
识的情况下,我们很难得到正确的信息。在俄国,跟多少人交谈就能获得多少种
观点,即使是那些可以被当作事实的事情;要么就是尴尬地回避问题(出于某些
理由,后面这种情况,我在列宁格勒比在莫斯科碰到的多一些。在列宁格勒只能
窃窃私语的事情,在莫斯科可以大声谈论。在莫斯科,回避的氛围变成了欢迎的
讨论。我不知道为什么会这样,可能过去的棺衣连同它的无情还笼罩着列宁格
勒,而面向未来的能量则聚集在莫斯科)。

比如,虽然主要关心的并不是经济条件,但我对那方面的事务自然会有一些
好奇,也会提一些问题。这里有一大批商店为了钱和利润,将货物卖给任何类型
的顾客,就跟世界其他地方类似的商店一样。这些商店是如何进货和管理的呢?
其中多少是政府拥有的,多少是合作式的,合作式商店同国家的关系又是怎样
的? 私人企业有多少? 诚实的公共责任是如何得到保证的? 又由什么样的技术
来控制牟取暴利的诱惑? 这些似乎都是自然而天真的问题,但要回答它们却并 209
不容易;并且,这些回答互相之间并不十分一致。在某种程度上,解释是相当容
易的,当然这并不包括那些有足够兴趣去仔细了解情况的人;每一个旅行者都知

---

① 首次发表于《新共和》,第 57 期(1928 年 11 月 21 日),第 11—14 页。

道在世界任何一个地方收集错误信息是何等容易。不过,有一个背后的原因伴随着这一事实,这一原因在我看来具有一般性的意义;任何对俄国事务的评价都应该认识到这一原因,并将其考虑在内。这一原因的本质可以从人们在第一时间对我的问题所作的答复中体现出来——我的问题是:合作式商店的性质是什么? 得到的回答是:它们其实是换了名字的政府商店。后来,通过更为权威的信息来源,我了解到事实恰恰相反:自战前充满希望的开端以来,合作运动的规模不仅增长了 8 倍,而且管理形式主要是自主的、经典的罗奇代尔(Rochdale)合作形式。[①] 从某种角度来看,一个关于当下俄国合作化运动之发展与前景的报告也许要比我在访俄期间所说的任何观点更有意义、更重要。但我并不是一个经济学家,我提到这个问题的目的也不是为了提供经济上的信息。关于这个问题,我从自身经验中学到的是:关于苏俄条件所作的每一个陈述都必须带上确切的时间(其他的类似经验也让我认识到了这一点)。因为我完全有理由相信,我所获得的关于俄国合作化运动的错误信息不仅是诚实地提供给我的,而且是基于对几年前条件的记忆之上的。曾经有一段时间,由于世界大战、封锁与内战,俄国的整个工业结构都处于混乱当中,因此,政府在实际上接管了合作社的管理(不过,认识到下面这点很重要:即便是在这段时期,合作社为了形成它们的自主权,还是谨慎地在法律的保护之下,对政府强加的措施进行正式投票,似乎这些是它们独立作出的决定)。这种情况已经不再存在,相反,自由且以民主的形式运行的合作化运动已经拥有了新的生命力——当然,价格仍然受到国家的控制。但是,成型于前面那段时期的观念与信念仍然持存并流通着。这一例子典型地说明了,我们对于苏俄的很大一部分认识其实只是基于对某些事务过去状态的记忆;并且,如果我不确信这是一个典型例子,就不会花如此长的篇幅在它上面了。

关于苏俄条件所作的每一个陈述都必须带上确切的时间,这一点的价值在于指出了一个流传最为广泛的事实,或者说一种力量。在我看来,即便是作为事实,这一事实也要比绝大部分"事实"重要得多。因为它指出了俄国处于怎样的一种飞速变化,甚至是动荡的流变当中。即便我除此以外什么都没学到,我至少学到了对任何有关俄国的普遍观点都无限存疑:即使有些观点与 1922 年或 1925 年的情况相一致,它们也可能与 1928 年的情况极少相关,到 1933 年可能就

----

① 这里指的是合作社的内部管理。最终的价格控制,当然掌握在政府手中。

成古董了。正如住在这个国家的外国人经常告诉我的那样,俄国勉强应付着它的内部问题与政策,一致与统一只存在于它的对外政策中。在那些同情俄国的人口中,这种描述暗含着一种赞许:流变标志着管理事务的人具有一种适应实际情况和需要的现实主义态度。而在那些不同情的人口中,流变则暗示着领导者的无能,即便对待重要的事务,他们也没有坚定的心灵。然而无论从正面还是从负面来解释,变化的事实仍是显著而不容挑战的。考虑到当前对于俄国事务的刻板观念(我承认,我在成行前也持类似观念),我确信,我们要尽可能地强调这个变化与流变的事实。

结果证明,我关于俄国事务的刻板偏见与事实完全相反,但我的偏见也许并不是被最广泛地分享的。还有许多其他的偏见——很高兴,大部分在我身上并不存在——在我的访问之后显得愈加荒谬了。比如,在访问俄国前后,经常有人问我:你们怎么敢去俄国?——好像那里的生活是粗陋、无序和不安全的。尽管人们总是犹豫要不要将上面这种观念告诉有知识的公众,但我发现,这种观念在当下广泛存在;并且我确信,为俄国有序而安全的生活所作的证词会受到半数以上欧洲与美国公众的怀疑。尽管俄国存在着秘密警察、异端审查、逮捕私营工商业者(Nepmen)与农业单干户(Kulaks)、流放不同政见者(包括党内各种成员),大众的生活还是规律、安全而体面地进行着。如果不是怕引起反感,我可以说出东欧一些更令旅行者烦恼的国家。在欧洲,没有一个国家的外在生活程式比俄国更稳定、更安全。甚至那些作为许多故事主角的"野孩子",现在也已经从俄国大城市的街道上消失了。

好心的朋友经常给出的、另一个回过头再来看时非常幽默的警告是:俄国人会愚弄你,带你去看专门用来展示的地方。想象遥远异国的情况是困难的,但现在我们似乎不需要过多想象就能知道,俄国人自己已经足够忙了,因为他们需要不厌其烦地搭起展示设施,以便给几百甚至是几千名旅游者留下印象。那些"被展示"给我们的地方和机构都是一些展示性的场所(列宁格勒文化关系协会为我们准备了一个最有意思的观光项目),因为它们有被展示的价值。我希望这些地方是出类拔萃的,能够代表新政权想要做的事情;哪里都有平庸的地方,我们不用千里迢迢地来俄国找它们。但是,这些平庸的地方自身就是它们存在的理由;它们的存在或者是因为历史条件,就像老的王宫与古迹,或者是因为当下的迫切需要。建于涅瓦河(Neva River)岛上的一些工人度假村,给人一种敷衍的感觉;

而现在用作工人夏季俱乐部的老王宫,似乎没有什么特别的实际功能。那些名声在外的"墙报"的内容一经翻译过来,就像是别的地方更为低调地称为公告栏的东西。但是,这样的插曲只会反衬出其他机构的生命力,以及儿童居住区与儿童之家中那些"墙报"所体现出来的愉快的自发性。

在官方项目所包含的"景点"中,对一个儿童居住区的访问在我的记忆中留下了持久的印象。这一居住区是以前某个大公在彼得霍夫的夏季行宫,位于列宁格勒的涅瓦河上游。这个地方是白军最接近列宁格勒的行军点;建筑已或多或少被战火摧毁,还没有完全修复,这些工作必须要由老师和孩子们来完成;有些地方仍然需要热水与粉刷。三分之二的孩子是从大街上带来的"野孩子"、孤儿、难民,等等。孤儿收容所的存在并不奇怪,也不特别。我并不将这个收容所的存在看作是布尔什维克政府特别照顾儿童的证明。但如果将它看作是俄国血统的天生才能的证明,那么它给人留下的深刻印象是我的语言能力无法叙述的。我从没在世界其他地方看到过这么多聪慧、快乐且理性行事的孩子。他们并没有排队接受检阅;我们到处走动,发现他们在从事各种夏天的活动:园艺、养蜂、修房子、在温室里种花(温室是由一群特别调皮的男孩建造并管理的,最初的时候,他们破坏看见的任何东西)、制造简单的工具和农具,等等。留在我脑海里的并不是他们所做的,而是他们的姿态与态度;对此,我表达不出来,我缺少必要的文学技能。但是,这种最终印象会一直保留下去。如果这些孩子来自条件最好的家庭,这一情景也会是我所经验过的最了不起的场景。当考虑到这些孩子之前所拥有的、我们几乎无法想象的经历与背景时,我对这一民族的才能充满了深深的赞叹,并对他们能够做到的事情产生了不可动摇的信念。我知道,在我的广泛结论与这一结论所基于的狭窄经验之间存在着明显的不对称。这些经验并不是孤立的,虽然它们再也没有完整地出现过,但我对每一个青少年机构的访问都更新着这些经验。不管怎样,我都要支持这一结论,其看似夸张的性质至少能够证明下面这些经验给我留下的印象的深度:俄国人的天生才能、革命所带来的释放,以及一些我有幸遇到过的最聪明和最投入的人在利用新条件时所体现出来的智性与同情的艺术。

因为我谈的只是我自己的一手印象,而不是由系统的探究得来的信息,因此最后我要选择两个其他的印象来结束,它们都是碰巧发生的,并非官方安排。在美国的教育家同事组队到达列宁格勒之前的几天空暇中,我在冬宫博物馆待了几个小时。冬宫博物馆是欧洲绘画的宝库,这一点自不待言。但参观者就不是这样了:一群群农民、工人、已不是年轻人的成年男女,三五十个结队而来,每队都有一个热心而警觉的领导。我们每天都碰到二三十个这样的团队,我在世界其他地方从未见过这种事情。并且,这一经验并不是孤立的,我们参观过的每一个艺术、科学和历史博物馆都是这样的情况。从第一天开始,我就在想这个问题:这场革命是不是有我之前并不知道的最为重要的一面? 随着时间的推移,这个问题几乎变成了一种执念。在俄国,也许最为重要的事并不是转变经济的努力,而是下面这种意志,即将经济变革作为手段来发展一种世界上从未见过的流行教养,特别是审美教养。

我很容易就能够想象,那些只听说过布尔什维克的破坏性活动的人会质疑上面的说法。但是,我仍然要坚持诚实地记录发生在我身上的这种对流行印象的颠覆。这一新的教育斗争可能不会成功,它要面对巨大的阻力,并受到太多宣传者个人倾向的影响。不过在我看来,随着苏俄在塑造自身命运上逐渐感到自由和安心,这种宣传就会因为营养不良而逐渐死亡。苏俄所作的主要努力是高尚英勇的,它表明了人性中的一种民主信念,这一信念超越了过去民主制的抱负。

我要记录的另一个印象来自对一个群众文化馆的非官方访问。它是位于工厂区的一个漂亮的新建筑,周围是娱乐场地;文化馆包括一个大剧院,4 个小会堂,50 个用于俱乐部开会、娱乐和比赛的房间以及工会总部,总共花费了 200 万美元。白天,或者更应该说是晚上,日均造访人数 5000 人。这个文化馆是由政府建造并控制的吗? 不是,它乃是出自工会的自愿努力,工会用其工资的百分之二为它们的集体生活提供了这些设施。这个文化馆的工作人员和管理人员都是工会自己选拔的。把它同我们自己国家中工人的相对不活跃与类似机构的半慈善性质进行对比,我留下了一个痛苦的印象。毫无疑问,这个文化馆(在列宁格勒已经有了一个类似的)同共产主义理论和实践并没有内在的和必然的联系。类似的设施在任何大型现代工业中心都有可能存在,但事实是:在其他发展程度更高的工业中心并没有类似的设施。列宁格勒有,芝加哥或纽约却没有。① 它存在于一个被认为是严格由教条式理论来管理的国家中,由此证明了有组织的自发努力与合作努力的生命力。这意味着什么? 如果我知道答案,也许就能够开始理解在苏俄真正发生了什么。

---

① 芝加哥的联合中心可能是个例外。

苏俄印象
III. 建设中的新世界^①

215　　在列宁格勒经常听到两个说法,一个说法是:这个城市是欧洲的前哨,并不是真正的俄国城市;另一个说法是:莫斯科才是正宗的俄国城市,且是半东方的。我不应该冒险用我的短暂经验去反驳这些话,但将我所体验的不同情况讲清楚或许是有帮助的。列宁格勒虽然没有一点东方气息,但在我看来也不是欧洲的,而当前的莫斯科至少看起来是超西方化的。列宁格勒的建筑师确实来自意大利,他们的意图也确实是要复制一个欧洲的城市。但即便这样,俄国的精神还是进入了他们的心灵,控制了他们的双手,使他们造出了一些他们根本没有预见的东西。当地的风气(*genius loci*)、明朗的天空、无限的地平线,以及肆虐而剧烈的气候,并不像任何我之前所知道的欧洲。至于莫斯科,虽然它的物质结构有一些半东方的味道,并且城市的某些部分居住着东方人口,但它的精神气质与形象同缓慢的节奏以及古代东方相去甚远。因为在精神与意图上,莫斯科是新的、活跃的、运动的;在我看来,它比我国的任何城市,甚至是边疆城镇都要新。

　　在两个城市中,列宁格勒看起来更像是古代的城市。当然,历史上的故事并不是这样的。如果我是一个历史学家或古文物研究者,那么自然不会这样说了。但是,如果按照莫斯科直接呈现在我们眼前和直接被我们的神经所把握的样子来看,它就是一个永不停止运动且不断紧绷的城市,它传达着一种创造性的能
216　量,这种能量只考虑未来。相反,列宁格勒则述说着(几乎是悲哀地)过去。我们都知道,从欧洲来美国的旅行者一般都会这样说和这样写:这片土地上居住着一

<hr />

① 首次发表于《新共和》,第 57 期(1928 年 11 月 28 日),第 38—42 页。

群年轻得出奇的人，这群人具有年轻与没经验所特有的活泼、神采、天真与不成熟。而这正是莫斯科给我的印象，远甚于我自己的国家。莫斯科的生活确实充满了希望与信心，它极度活跃，时而天真（在某些事情上天真得令人难以置信）；并且有获得大成就的勇气，这种勇气来自年轻的无知，而这种无知并没有被因太多往事记忆而产生的恐惧所阻挡。从屈从过去的负担中解放出来之后，莫斯科看起来充满了创造一个新世界的热情。从这一点来看，莫斯科与列宁格勒的比较并不成立。在莫斯科，由于充满着活力，人们（我指的是同我们有过接触的那些教育领导者）所进行的无限困难的任务有了缓和的意思。虽然他们并不压抑，尽管带着充满希望的热情，但他们看来似乎是顶着浪潮的压力。对于是到达预想中的港口，还是被浪潮淹没，他们并不确定。自发性、幽默与根本的严肃性的结合可能是也可能不是俄国人的特征，但它肯定标志着这样一些男男女女的特征，他们肩负着通过教育在俄罗斯人民中创造出一种新的精神面貌的重担。

因此，我们在莫斯科的停留与对列宁格勒的访问极为不同。后者的性质更像是观光性的，在主办方最好的安排之下，我们从所见和所接触中形成自己的观点。而莫斯科不仅仅是一个政治中心，而且是鼓动全俄罗斯能量的心脏，这个俄罗斯既是东方的也是欧洲的。当访问莫斯科的各种机构时，我们感到自己处在一个塑造中的世界，与创造性的劳动进行着亲密的接触，甚至自己就在代替他们进行这种劳动。这种感受就像在列宁格勒看过了往昔的纪念碑和当下的产品之后，现在突然被带进了运作过程本身之中。自然，这一新的经验修正和加深了我对列宁格勒已有的印象。被加深的印象是革命所释放的能量与活力，而被修正的印象则是新政权运用这种解放后的能量所展开的有计划的建设。

在写这些话的时候，我非常清楚地意识到，对于那些在七八年前就形成了关 217 于俄国的固定观念并未曾改变的人来说，将希望与创造同布尔什维克的俄国联系在一起的观点会多么地异想天开。我对眼前所见当然没有准备，我是被震惊到了。我经常被问到的一个问题是（连同另一个问题：那里是否有任何形式的自由？）：那里是否正在进行任何建设？这个问题的流行表明，关于布尔什维克主义之破坏性的报道仍然残留在公众的想象当中。对于经验了事件的另一面的人来说，这种情况便增加了他们记录自身经验之效应的责任。因此，在描述更为正面的意义之前，可能更值得一说的是（的确，这一点很多访问者已经讲过了）：在大城市，给人留下印象的是革命的保存性特征，而不是破坏性特征。至于同布尔什维克联系在一起的那种狂暴,我们在亨利八世统治下的英国看到的要比在莫斯科和列宁格勒看到的多得多。我刚从英国回来,对于破败的景象与破坏公物的行为还记忆犹新,我经常希望能够为那些死硬的盎格鲁-撒克逊人(美国人和英国人)准备一张清单,用来比较两国的革命对于艺术与建筑的破坏。正发生在俄国的博物馆的大规模拓展与增多,是保存艺术的一个正面标志。博物馆的建立以及对历史与艺术珍品的尽责保护,在破坏精神占主导的地方并不会流行。现在,仅莫斯科就有几乎一百个博物馆,而全国省会城市的博物馆数量在当前政权下比原先增加了五倍还多;并且,伴随着数目的增加,让藏品更易被民众接近和使用的努力也在随之跟上。

再一次同流行的神话相反,保存的工作包括东正教教堂和它们的艺术珍品。传言中的布尔什维克的反教会倾向与无神论倾向都确有其事,但是那些教堂以及它们具有艺术价值的内容不但被完整地保留下来,而且得到了细心的甚至是科学的热心保护。的确,许多教堂被转化成了博物馆,但就表面来看,崇拜者需求还是能够得到足够的满足。列宁格勒和莫斯科博物馆中所收藏的圣像,完全值得艺术爱好者到这些城市作一趟旅行。在专家、文物学家、历史学家和化学家的帮助下,克里姆林宫开始了非常重要的修复工作。的确,对于旧政权所进行的那种"修复",我们已经非常熟悉了,比如美好的早期壁画被高级的家庭油漆"艺术家"俗艳地重新粉刷。人们正在重新恢复原来的艺术,那些浮华的装饰品作为迷信、金钱与低劣品位相结合的产物,正在被拆去。虽然可以将时间与金钱用在需求更为紧迫的地方,但是当这些工作完成的时候,布尔什维克政权一定会让这座世界上伟大的纪念碑恢复其原始的迷人风姿。

如果流行的印象不认为布尔什维克俄国具有疯狂的破坏性,上面这些事情恐怕只值得一笔带过。但在当前的情况下,它们就具有了一种典型意义。它们不仅象征了建设活动,在我看来,它们还象征了一个方向,而这种建设工作对于这一方向来说是至关重要的,这个方向是:构建一个充满审美性质的大众文化。因此,让卢那察尔斯基(Anatoly Vasilyevich Lunacharsky)这个俄国历史与文化珍品最为细心的保护者来担任苏俄的教育人民委员并不是偶然的。虽然对文学、音乐、造型艺术的兴趣的复苏是全世界进步学校的一个特征,但没有一个国家(可能墨西哥除外)像今天的俄国那样,让审美目的与审美质量主导教育事务。审美教育不但遍及学校,而且遍及所谓的"成人教育"——我们缺少更好的词来称呼后者。然而，如果要用这个取自我国国内活动的概念来传达发生在"破坏性"的布尔什维克国家中的有组织的广泛传播与扩展，则极为不妥。在当下关于俄国的所有偏见中存在着一种特别的讽刺意味，而人们或多或少都无意识地分享了这一意味。但也许最具讽刺意味的是下面这两者之间的对立：一方面是普遍陷入物质主义经济的大众观念，另一方面则是民众对于创造生活艺术的热爱以及普遍参与到艺术过程与艺术作品中这一事实。

219

我是从教育事业的角度来写的，也许我应该多多提醒读者这一点。只有当那个国家富有生命力的目标与生活反映在教育领导者以及他们所从事的工作当中时，我才能够自信地讲述俄国的事情。读者自然会问一个问题，这个问题我也经常问我自己：对于整个苏俄精神与目的来说，我从一个特殊方面的反映得来的这个印象在多大程度上是正确的？我坦率地认识到，从这一特殊的视角得到的正是苏俄精神与目的最好和最吸引人的部分，因为它是最具建设性的部分。我承认，由这一特殊方面的反映所形成的看法，要比从研究政治或经济生活而形成的看法更为纯粹和清晰；并且，我还确信（我必须提出来），从根本上看，前一种情况所形成的看法也更为正确。当然，我不可能提出客观的证据来说服读者分享这一确信。但是，我可以指出，我的下面这个信念是在怎样的基础之上逐渐生长起来的，这个信念是：比起接触特殊的政治与工业条件，接触教育事业能让人更密切和正确地鉴赏俄国新生活的内在意义。

有一些基础也许应该被归为负面的：比起亲身感受到的和看到的教育事业，我所读到的那些仅仅从政治和经济角度写下的著作就不能传达一种真实感。在这些书中，有一些所包含的信息要远远多于我能占有的；其中一些作者懂俄语，并拥有广泛的人脉。如果我在某些重要问题上沉溺于相信自己的印象而非他们的报道，并不是因为我认为这些作者（中的一些）在故意歪曲；我这样做不是因为他们所说的东西，而是因为那些他们没有说的、遗漏的但我确定就在那里的东西。因此对于我来说，这些书标志着某种真空，某种因为对至关重要的东西不敏感而造成的空虚。它们代表了从运动中孤立出来的横截面，而后者只有在运动中才能获得意义。

220

无疑，这些论断太不明确、太宽泛，不具有启发性。也许同一本具体的书联系起来能够赋予它们一些明确性，为此我选择了卡尔格林（Anton Karlgren）的《布尔什维克的俄国》（*Bolshevist Russia*）。作者的语言知识以及收集资料的勤奋是毋庸置疑的；他的材料大都来自布尔什维克方面，这一点便保证了这些材料的真实性。那么，我为什么不能接受他的几乎是完全令人不快的结论呢？一部分原因在于：这本书并没有充分地给出材料的日期，它没有指明所报道的邪恶发生时的特殊时间和条件语境；更多的原因还在于：我完全不能从书中得到那种与事件接触时应该有的、关于事件的动态性质的感受。因此，除了承认所有被控诉的邪恶都存在于某时某地并且其中许多依然存在之外，本书的整体效应是死的、空洞的，没有任何重要的意义。我们可以举下面这个事实作为一个例子：布尔什维克的材料本身就来自大量的攻击性事实。将这些材料视为一堆自我解释的孤立事实是一回事，将它们视为某种特殊倾向的证据是另一回事。如果要在这些谴责性材料的收集与发表中寻找某些正面的、占支配地位的活动，我们就会发现，俄国正在进行某种审慎而系统化的探索和自我检查，而这在其他国家是没有的。反过来，我们又会发现，这场运动与对于社会的科学现实的信念是联系在一起的，而这种信念正是诊断社会疾病、计划建设性转变的基础。有人也许不相信所谓的"科学"，但这种不相信并没有改变下面这个事实：从一些对于孤立事实的报道那里（无论这些事实多么真实），我们只能获得僵死的、歪曲的观念，除非我们将这些事实与自我批判的理性运动（这些事实本身就是这一运动的一部分）联系起来。

　　将首要意义赋予这一理性运动，并将其视为教育性的正面理由在于：由于形

221 势的必然性，苏维埃领导人的中心问题在于制造一种新的精神，或者用我们最经常听到的三四个词中的一个来说，一种新的"意识形态"。毫无疑问，苏俄固执地坚持着"经济决定论"的教条。这种信仰认为，当下流行的观念与信念的内容和性质都是由经济体制和经济过程决定的。但我们如果因此认为流行的马克思经济唯物主义否认观念与信念的效应，或者否认当下"意识形态"（不管是怎么样的）的效应，则是不对的。相反，马克思主义认为，虽然"意识形态"最初是由经济因素引起的，但后来逐渐变成了与经济"相互"作用的次要因素了。因此，从共产主义的立场来看，问题不仅仅在于用集体主义经济体制去取代资本主义经济体制，还在于用一种集体主义的精神去取代承袭自"小资产阶级"时代的个人主义心理，这种心理至今还扎根在大部分农民、知识分子与商人的身上。因此，这一理性运动就陷入了一种循环困境，只有官方才会将这一困境描绘成"辩证法"的一个例子和证明。最终的大众意识形态是由共产主义体制决定的，但是同时，意

识形态能否成功地引入这一体制，则取决于前者创造一种新的精神与一种新的心理态度的能力。很明显，这个问题在本质上是教育的问题，这也解释了教育机构为什么要坚持教育在当下俄国生活中的极其重要性。除了解释教育的重要性，我们还能将此作为高倍放大镜来解读体现在建设阶段中事件的精神。

无所不在的宣传偶然地证实了在当下这个"转变"期，教育机构所持的中心立场。当然，在当下这个时代，任何的宣传中都有政府力量所扮演的角色。但是，世界上没有任何一个地方像今天的俄国一样，将作为控制工具的宣传运用得如此持久、一致和体系化。在俄国，宣传具有如此的重要性与社会尊严，而到另外一个社会介质中，这个词很难带有这种正确的含义，因为我们本能地将宣传与实现某些特殊目的（或多或少是特殊阶级或群体的私人目的）并由此向其他人隐瞒的行为联系在一起。但在俄国，宣传则是一种高涨的公共信念。人们也许认为领导者完全搞错了他们的信念对象，但他们并不质疑领导者的真诚。在他们看来，宣传的目的并不在于私人的或者甚至是阶级的利益，而在于全人类的普遍福祉。因此，宣传就是教育，而教育也就是宣传；宣传与教育不仅是混合的，更是同一的。

因此，我所说的教育机构是某种比学校系统的运作更宽泛的东西。我希望以后能写一写学校，但我现在只是将学校作为证据的一部分，用来证明在当前俄国，或者说在"过渡中"的俄国，根本的建设工作是教育性的。在这一特殊方面，我们经常听到的一些话表达了学校工作的意义："作为整体，老的一代已经做不了什么，他们的'意识形态'已经被旧政权定型了；我们只能等这一代死去，我们的正面希望在于年轻的一代。"但是，我们不能认为学校创造新"意识形态"的功能是孤立的，它是经济与政治"相互"运作的一部分。在当下阶段，政治和经济上的变化与措施本身在本质上就是教育的；它们不仅仅在为将来的共产主义政权准备外部条件，更是在创造一种有利于集体主义精神的氛围与环境。要使人民大众学到共产主义的意义，关键不在于向他们介绍马克思主义理论（虽然学校中存在很多这样的做法），而在于解放人民大众的生活，给他们安定感与安全，并为他们提供各种娱乐、休闲以及获得新享受和新修养的机会。最有效的宣传，也是最有效的教育，在于提高大众生活的水平，使之更为充实和丰富，并尽可能将所得与"集体主义"精神密不可分地联系起来。

下面这一说法也许可以最好地总结列宁格勒与莫斯科给我留下的印象之间

222

的差别：在莫斯科，当下的"过渡阶段"具有了一层新的意义。坦率地说，在离开列宁格勒的时候，我的感受是：革命获得了伟大的成功，但共产主义却是一场霜冻。我在莫斯科的经历并没有改变我在列宁格勒得到的印象，这些经历并没有让我相信实际的共产主义实践要比我原本所认为的更多。但是，这些经历让我相信，俄国正发生着一场创造新的集体主义精神的巨大建设。如果不是因为苏维埃领导人对一切道德词汇的反感，我应该称之为新道德。并且，这一事业正在取得极大程度的成功，至于成功到何种程度，我当然无法测量。

因此，在很大程度上，"过渡阶段"是一个事实。不过在我看来，过渡到何处依然完全没有决定下来。对正统马克思主义者来说，目标当然是明确的，那就是其特殊的历史哲学所要求的共产主义体制。但就个人而言，我有这样一种强烈的印象：创造新精神与社会合作形式的新道德越成功，所要达到的目标的本质就越值得怀疑。我完全愿意相信，这一新的心理态度是真正新的、革命性的，并且会根据自己的愿望和目的创造出自己的未来社会。毋庸置疑，这一未来社会将非常不同于那些以私人资本与个人收益为特点的西方世界政权。但我认为同样有可能的是，这一社会也会非常不同于正统的马克思主义所号召的那种社会。

我希望我写作的调子已经清楚地表明，我处理的是印象，而非能够被客观证据证明的观点。我已经认识到，我对自身印象之价值和有效性的估计，也许已经超出了别人所能接受的高度。然而，即便我的印象有不当（这种地方肯定存在）和讹误之处，我还是想记录莫斯科留在我头脑中的一个清洗不掉的印象：我们不能通过政治或经济概念来把握俄国所发生的一切的最终意义，相反，这一意义要在具有无法估量其重要性的变化中、人民的精神与道德倾向中，以及教育的转型中寻找。这一印象恐怕大大偏离了布尔什维克政权的拥护者与敌人的信念，但它深深地印在我的头脑中，我必须如实地将它记录下来。

苏俄印象

IV. 俄国的学校在做什么[①]

在上一篇文章中,我给出了一些理由证明在俄国的"过渡"状态下,正在发生 224
的精神和道德上的变化具有主要的意义(不好意思,马克思主义者们);并且,虽
然最后这一转型应该只是经济和政治变化的一个手段,但就目前而言,情况却是
倒过来的。这就等于说,从广义来看,任何机构的意义都是教育性的,也就是它
们对于性情与态度的作用。机构的作用在于创造习惯,这样,人们就很容易地进
行合作行动和集体行动,就像在现在的资本主义国家,人们能够进行"个人主义
式的"行动一样。这一点也规定了学校这一相对狭窄的教育机构的重要性与目
的。学校代表了为实现效果所进行的直接而集中的努力,而其他机构的方式则
是分散而迂回的。在现阶段,学校是"革命的意识形态臂膀"。因此,无论是在管
理组织上,还是在目标和精神上,学校活动都以一种最为超常的方式同其他社会
机构和团体契合在一起。

在苏维埃教育家的心目中,家庭、工业和政治机构所形成的态度与性情同学
校所形成的态度与性情之间是有联系的,这一联系可以通过一位新教育领导人的
自身发展来说明。他为教育改革所作的努力可以追溯到本世纪的最初几年,当时
他与另一位俄罗斯同胞[此人与纽约的"大学睦邻之家"(University Settlement)
有联系]在莫斯科的工人居住区从事社会安置工作。自然,他们的运作不得不被
限制在政治领域和中立地带,比如儿童俱乐部、娱乐、卫生等方面——实际上,就 225
是那些我们在自己明显的慈善式安置活动中熟悉的领域。即便如此,他们还是

---

① 首次发表于《新共和》,第 57 期(1928 年 12 月 5 日),第 64—67 页。

遭到旧政权的不断反对和为难。例如,告诉我们这个故事的教育家是最早将美式足球引进俄国的人之一,为此,他在监狱里待了几个月,因为官方权威相信,这一游戏只有一个目的,即训练年轻人使他们将炸弹扔得更准!（附带地,我想说,运动和游戏的普及是当下俄国社会生活的一个特征。比如我们在某个周日下午出席了一场由政府农业委员会育马部主办的骑马小跑比赛和一场英式足球比赛,每场的观众都有 1.5 万到 2 万人。）1911 年,他希望有一个更大的场地,便在离莫斯科大约 80 到 100 英里的地方开始建立一个教育实验站,并从倾向自由的富裕的俄罗斯人那里得到帮助。据我了解,这所学校是建立在将下面两者相结合的基础之上的:一方面是托尔斯泰版本的卢梭自由理论,另一方面则是来自美国的、认为生产性工作具有教育价值的理念。

到这里,这个故事有了一些历史意义,它指出了当下苏维埃教育体系的某些成因。但是,它的主要价值还有待于进一步发展。我们要特别考虑到既有权威不断反对甚至是最温和的和非政治性的教育改革、为改善劳动大众的条件而作出的努力,以及这种情况对教育改革者的影响。我所说的教育家开始是一个自由派的改革者,他并不是一个激进分子,而是一个支持宪法的民主人士。他怀着下面这一信仰和希望工作,即通过进行一种新教育,学校也许可以和平地、逐渐地促成其他机构需要的转型。从一个从事改革的教师到一个坚定的共产主义者,这一教育家的天路历程象征了整个苏维埃教育运动的社会阶段。首先,一个醒目而不可回避的事实是:布尔什维克政权正在积极而正式地推行那些被沙皇政权极力阻止的改革与进步的尝试。这一事实影响了许多自由派知识分子,使他们愿意同布尔什维克政府合作。其中一位非党员告诉我,他认为那些拒绝与新政府进行任何合作的知识分子犯了一个悲剧性错误:他们废弃了自己的力量,并没有在俄国最需要他们的时候提供帮助。就他自己而言,他认为当前的政府为他在旧政权时便想做的事业扫清了道路,在旧政权之下,他所取得的进展总是由于政府的反对而无望地妥协了;在新政权之下,虽然他不是一个共产党人,但他发现,官方权威认识到他在真诚地尝试合作,所以他的建议,即使是批评,都会受到欢迎。我想补充一句:还有一些知识分子,他们既追逐着他们强烈反对的政策,又致力于他们所推荐的政策;对于第一种情况,世界上没有比此更痛苦和无用的事了,而对于第二种情况,世界上也没有比此更富有生命力和愉快的事了,即使是在有限的经济条件、有限的居住区以及有限的薪水等等情况下。

社会抱负的事业与命运在旧政权之下和在苏维埃政府之下的对比几乎是无法想象的,这一点,至少在我之前对苏维埃俄国的评估中并没有得到应有的重视。我也能想象得到,许多人虽然大致了解沙皇政府的压迫和专制特性,却无意识地将当下的俄国体制同一个想象中的民主体制对比起来进行评价。他们忘记了,对于俄国民众来说,当下这一体制是他们唯一实际经历过的。当前的俄国政府体制是一个人民已经习惯了几个世纪的体制,也就是说,这是一个个体性的体制;并且,就像旧体制一样,它存在许多压迫性的特征。然而根据俄国大众的经验,这一体制对于他们来说是唯一可能的方式,这一体制为他们打开了那些之前紧闭并锁上了的门;这一体制想要让他们获得幸福,而他们所熟悉的任何其他政府都只会让他们身陷在苦难当中。正是这一事实,而非间谍与警察的限制(不管他们的活动是多么过分),解释了当前政府的稳定,尽管共产党人的数量在这个国家占相对少数。有人认为,如果我们能从外部充分地联合抵制和孤立当前的俄国政府,它一定会从内部垮台。上面提到的事实,让基于这一观念之上的对俄政策都成为纯粹的幻想。就我所知,没有什么比下面这一事实更能说明任何孤立的群体能够独自生活只是一个幻觉了,这个事实是:在巴黎的俄国流亡者出版了五六份报纸,有三份是专讲君主制复辟的。

我被卷入了一场转向当中,虽然我们可以从进步教育思想和实践在布尔什维克政府的抚育关怀下所取得的惊人发展,自然地看出这一转向。并且,我在这里谈的是本人之所见,而非本人之所闻。不过,引起那个教育家(我认为他的经历是典型的、象征性的)转变的第二个因素,将我们带出改革与进步观念的领域,并进入共产主义的领域。我确定,不只刚才提到的那位教育家,而且每一个共产主义教育家都会强调这个因素。在那个从教师转变为共产主义者的天路历程故事中,比起明显而确定的政治上的和来自政府的反对,经济条件对教育目的的阻挠要占更大的比重。事实上,他提到,前者只是后者的必然副产物。他说,有两种教育:大教育和小教育。小教育来自学校,而具有最终影响力的大教育则来自实际的生活环境,特别是家庭环境和邻里环境。根据他所讲述的故事,这位教育家发现他在学校里所做的尝试,即便是那些在他的试验学校中以相对较好的条件所进行的工作,还是会因环境中得来的性情与精神习惯的教导或误导而被推翻。因此,他坚信,社会媒介与进步学校必须携起手来和谐运作、互相增援,只有

227

这样,进步学校的目的才不会不断遭到破坏和驱散。随着这一信念的增长,他不知不觉地成了一名共产主义者。他坚信,破坏他为实现社会化改革,努力通过学校机构所做的工作的中心力量,正是那些自我中心主义的、私有的观念与方法,而这些都是受私有财产、利润以及极力占有的体制的影响而形成的。

这位教育家的故事具有启发性,因为它具有典型的象征性;如果我们将其拓展,还能用它来具体解释苏维埃学校活动的确切内容。就这位教育家的特殊影响而言(他的影响非常广),教育主题、教育方法、学校管理与学校训练的精神都被视为在具体社会条件(考虑到它们的地缘多样性)和与学校程序之间制造和谐的方式。即便本文的篇幅允许,由于我与苏俄的接触还不够长,我也不能恰当地报道这一和谐化工作的结构与技术。不过,我们至少可以提一提这一工作的总体精神。在过渡政权期间,学校不能指望大教育专一而全心全意地去创造所需的集体精神与合作精神。农民的传统习惯与习俗、他的小土地与三套农作(three-system farming)、家庭和教会的影响都自动地在他身上创造了一种个人主义的意识形态。尽管城市工人更倾向于集体主义,但他们的社会环境在许多方面并不利于集体主义的产生。因此,学校的重要任务是抵制和改造那些即便是处于名义上的集体主义政权下也依然强大的家庭与邻里倾向。

为了实现这一目的,教师首先要极为详细而准确地知道每一个学生的家庭环境,这样就能根据环境条件来解释学生在学校里的习惯与行为;并且,这样做并不是大致而为,而是像有经验的医生那样,明确地根据病因来诊断病症。因此,那位教育家将自己的哲学描述为"社会行为主义"。不管他看见什么——某种农作方式、农具、家庭建筑的式样、家庭作坊、教堂,等等——他都会问这些东西对那些受其影响的人的行为可能产生的效应。另一方面,不管在何时,只要遇

到学生任何的不良行为模式,教师都要争取找到如何追溯它的确切的社会性成因。无论这一观念在抽象上多么具有启发性,如果不将它付诸实践,也一定会毫无结果。我所熟悉的最为有趣的一项教学法创新,是一种让教师发现那些在学生的校外生活中对他们产生影响的实际环境的技术;我希望不久以后,比我有时间的人能够将这一方法详细地写出来。在这里,我只能说这一方法包含了联系历史和地理进行的讨论、已有著作的主题、学生的文章、对家庭年开支的研究,等等。这一方法与任何经济理论(无论是共产主义的,还是个人主义的)都极为不同,其结果已经具有了极高的教育法价值,且有望为我们提供一种新的、富有成

果的社会研究方法。

由此可知,关于家庭环境及其对行为之影响(顺便一提,我认为,比起任何纯粹的生理行为主义来,这种社会行为主义在理智上更有希望)的知识为下面这些方法的发展作好了准备,这些方法使学校能够对发现的不良条件作出有利的反应,并加强那些有利的条件。当然,这里就是学校进入社会建设的地方。在讲到将"社会有用性"作为衡量"规划"价值的观念的时候(苏维埃教育坚持的就是"规划法"),我还会再略微详细地谈一谈学校与社会建设的关系。不过,除了实际运作之外,有意思的是,上面提到的方法还指出了当前苏维埃教学法理论中的一个焦点。因为至今还有一派理论认为,教育原则可以从心理学和生物学得来(虽然马克思的话正在失去影响力),而正确的教育方法在于制造预期的、独立于具体的家庭与当地环境的效应。

我花了太多时间在这些总体考量之上,而没有去考察学校实际在做什么,以及它们是怎样做的。我的借口是:就整个俄国境况而言,这些关于社会抱负与社会状况的一般性要点是重要的。将苏维埃学校同其他国家体系和其他国家的进步学校区分开来的(它们之间也存在许多共同之处),正是苏维埃学校根据一个单个而全面的社会目的,对教育程序所进行的有意识的控制。正是这一点,解释了我在一开始所提到的社会性互锁(interlocking)。让家庭机构承担学校活动便可以说明这一点,而这也正是正统马克思主义者所认为的。彻底的集体主义者认为,传统家庭实际上是排他和孤立的,因此是同真正的共同体生活敌对的;这一点,我们已经太过熟悉,不需要预演。然而,除了常常提到的那些由于布尔什维克修正结婚与离婚而产生的效应之外,家庭机构也受到间接的破坏而不是正面的攻击;同时,家庭在历史上的支持作用(经济的与教会的)也削弱了。比如,第一次世界大战迫使俄国与其他国家都限制居住区,但俄国却有意利用这一点来创造比家庭更为宽泛的社会联合体,并割断了家庭的纽带。人们最常听到的词是"团体"(*Gruppe*),而所有社会团体都是基于反对家庭单位的首要社会重要性而构建起来的。因此,如果冷血地看待这件事情,并且撇开与历史上的家庭机构之间的情感联系,我们会发现,这里正在发生一场最为有趣的社会学实验。这场实验的效应应该可以决定,将传统家庭维系在一起的纽带有多少是内在的因素,有多少是外在的因素;还可以决定,传统形式下的家庭在多大程度上是真正的社会性机构,又在多大程度上是非社会兴趣的起因。

这里，我们特别考量的是学校在力量与要素的形成中所扮演的角色，这些力量与要素的自然效应是破坏家庭生活的重要性与独特性。很明显，对任何一个观察者来说，每个西方国家中公立学校重要性的增长与旧式家庭纽带的松弛至少是一致的。在俄国所发生的，看起来是对这一过程有计划的加速。比如，学校系统的最早一部分针对的是 3 至 7 岁的儿童，其目标是每天照看城市中的儿童 6 个、8 个或 10 个小时，其最终理想是（虽然当前的事实离这一理想还很遥远）将这一过程普遍化与义务化。当这一计划付诸实践时，它对家庭生活的影响太过明显，以至于我们都不需要仔细研究——虽然目前即便是在莫斯科也只有十分之一这一年龄段的儿童进入这样的学校。针对儿童所进行的对于家庭生活的入侵，还不止于此。俄国正在考虑在城外建立夏日聚居地（类似于我们为来自贫民区儿童所建的户外之家），那些来自全托"幼儿园"的孩子们会在那里度过夏天的大部分时间。有一些夏日聚居地已经存在，参观过的人认为，那里的伙食、卫生、医疗与日常看护并不亚于其他任何地方的类似机构。说这些机构是专门计划用于瓦解家庭生活的，就太过了，肯定还存在更为显著的原因。这些机构是整个机构网的一部分，苏维埃政府通过它们来显示对劳动阶级的特别关心，以获得他们的政治支持；而且，它们还给人们上了一堂关于共产主义价值的实例教学课。人们从这里（就像从许多其他社会事业中）得到的印象是：苏维埃官方权威正在试图以审慎的计划与全盘否定的方式预先杜绝那些逐步且无意识地潜入其他国家社会中的工业化后果。因为在任何西方国家中，每一个大工业中心都显示出机器工业化的实际效应就是瓦解传统家庭。从这一点来看，俄国是在大规模地做私人慈善机构在我国城市中所做的事情（比如建立育婴堂等等）。然而即便是这样看，俄国的情况还是鲜明地体现了学校如何有意识地、系统地为一种明确的社会政策服务。与这一政策相连的有许多宣传的成分，其中不少我个人也十分讨厌。但是，以年轻人的教育作为手段来实现某些社会目标而作出的广泛努力，不能被简单地否定为宣传，除非我们要将所有审慎的社会控制工作都归为宣传。

列宁的一段话也许适合被用来结束我们对这一阶段苏维埃教育的考察，这段话已成为布尔什维克教育文献正典的一部分。因为它指出，如有必要，可以征引官方权威来支持我之前所提到的那个看似极端的论点，即学校在制造共产主义意识形态中处于中心位置，而共产主义意识形态则是共产主义体制成功运作的一个条件。列宁说:"说学校可以脱离生活与政治,这是一个谎言,是虚假的。资本主义社会沉溺在这一谎言当中,它们宣称学校在政治上是中立的,是为全民服务的,从而掩盖了它们利用学校作为统治手段的事实。我们必须公开揭露被掩盖起来的事实,也就是学校的政治功能。我们之前斗争的目标是推翻资本主义社会,而新的目标更为复杂,那是要建立共产主义社会。"

苏俄印象
V. 新时代的新学校[①]

233 　　教育理论中一个为大家所熟悉的观念是:学校中的学生(还包括学习与方法)是与社会生活相连的,而不是孤立的。从某种形式来看,这一观念是所有彻底的教育改革尝试的基础。因此,苏维埃教育的特征不在于学校活动与校外的社会活动互相契合这一观念,而在于下面这个事实:历史上第一次出现了一个以这一原则为基础的、由官方组织起来的教育体系。在我国,这一原则只体现在一些零散的私立学校当中,而在俄国,它有整个政权的分量与权威在背后作支撑。我试图找出下面这个问题的答案:在几乎没有先例可借鉴的情况下,俄国的教育领导者如何且为什么能够在这么短的时间内发展出这样一种教育模式? 我被迫得出这样的结论:秘密在于这个事实,即他们能够将社会生活的经济层面与工业层面放在当下实际生活的中心位置。对照世界上的其他国家,这一事实正是革命赋予俄国的教育改革者的巨大优势。我认为,西方国家中任何一位真诚的教育改革者都不会否认,将学校与那些有价值的社会生活联系起来的最大实际障碍,就在于我们经济生活中的个体间竞争与追求私人利润。这一事实几乎让我们有必要保护学校活动在重要方面不受社会接触与社会联系的影响,而不是组织学校活动去创造社会接触与社会联系。俄国的教育情况足以转变人的观念,

234 让我们相信:只有在一个基于合作原则的社会中,教育改革者的理想才能得到恰当的运作。

　　人民委员卢那察尔斯基在官方文件中,明确地声明了经济联系在学校工作

[①] 首次发表于《新共和》,第 57 期(1928 年 12 月 12 日),第 91—94 页。

与校外社会生活的结合中所处的中心位置。他写道:"社会教育的两个当下问题是:(1)与社会主义重建这一一般问题以及劳动效率这一特殊问题相关的公有制经济的发展;(2)人民在共产主义精神之下的发展。"教育的目的是:"(1)在公共生活中,将大众文化与劳动效率、分享能力统一起来;(2)准备各种类与各范畴的合格工人以满足国家经济的实际需要;(3)满足来自各地与各种类型的工人的需要。"

如同所有的正式声明一样,这些主张应该放到实际运作中来理解。在这种解释之下,下面这一事实便有了一种原先可能并没有彰显出来的意义:在这些目的中,"将大众文化与劳动效率统一起来"这一目的超越了准备工人以满足特殊需要这一目的。因为关于这一体系的显著特点是,它不是职业培训式的——在我们通常所用的狭窄意义上,也就是对专门化工人的技术培训。相反,在每一处地方,这种技术培训都被推迟并服从于大众文化的要求,而大众文化本身又在一种社会性的工业意味中得到把握,也就是说,大众文化是对下面这些能力的发现与发展,这些能力能够让个体以合作的方式从事对社会有用的工作,而"对社会有用"的工作则被宽泛地把握为任何能使人类生活变得更为完整和丰富的事情。要把握学校工作与一般社会活动之间的工业性联系的精神,最为简单的方法也许是将我国制造商联合会的同一主题的言论拿过来,然后将其反一反。为专门化工作所作的准备被推迟到那些专门的学校,这些学校被称为"技校"(Technicums);但学生只有在完成为时 7 年的公立"统一"学校之后,才能进入技校。这些技校被称为"综合技术"(polytechnic)学校,但日常英语对于这个词的用法是具有误导性的。因为在我们看来,这类学校的学生可以选择和从事众多技术中的一门;但是在俄国体系中,这些学校的学生不是接受"单一技术"的训练,而是学习一些特殊工业技术的根本性知识。换言之,即便是在名副其实的职业培训学校中,对于一个特殊工作的专门化训练也会被推迟到最后的几年,直到一般性的技术基础与科学基础被打好。

苏俄采用了这一广义的工业化教育概念,并将这种教育同适于合作性社会的大众文化等同起来。这其中有两个可以确定的成因。一个是在革命后的那几年成型期,进步教育理论在其他国家,特别是在美国的状态。这一先进理论的一条主要原则是:参与生产工作是学生自我教育活动的主要刺激因素和指导,因为生产工作不但符合学习的自然过程和心理过程,还为学校与社会生活的联系提供了最直接的途径(由于工作在社会生活中扮演的角色)。另一个是在革命之前,一些自由派的俄国教育者就在此基础上建立了私立的实验学校。在各种教育哲学中,这一理论是最先进的,它也能对俄国的必然状况作出直接的回答。

因此,"工作学校"的理念在后革命学校事业中很早就占据了极为中心的位置。这一理论的主要特征是:虽然生产工作是最好的教育,但我们一定要将它放到广泛的社会意义当中,将它作为创造新的社会秩序的手段,而不只是适应现存的经济制度。

不过,这一因素只能解释苏维埃教育的早期发展(大致是 1922 或 1923 年之前),在这段时期,美国的影响与托尔斯泰的影响一起占据了完全的主导地位。在此之后,出现了来自马克思主义立场的反动。然而,这一反动并没有抛弃生产工作在学校中占中心位置的观念,它只不过是在无产阶级革命赋予工人的新地位的基础上重新阐释这一观念,从而赋予其明确的社会主义形式。这一变化多少是渐进式的,即便是现在,完全的过渡或融合也还没有完成。不过,一位教育领导者的话很好地指明了这一变化的精神:"一所教会学生去欣赏和分享工人(无论是农村的,还是城市的)的意识形态的学校,才是真正的工作学校。"这里的工人,当然是指那些通过革命意识到自身位置与功能的工人。通过强调工人运动的意识形态,早期的"资产阶级改革思想"产生了变化;由此,早期对学校与工业相连这个一般观念的强调就得到了加强。

我的这个报告只能陈述一般性原则,如果篇幅允许我解释将学校与合作性社会联系起来的各种思路的话,那么这个骨架就会长出血肉。作为替代,我只能赞赏一下积极参加社会生活对学生态度所产生的效应。我所见到的学生都具有一种生命力和对生活的信心(不能将此混同于单纯的自信),这是我生命中最具刺激性的一段经验。一个 14 岁的男孩送给我一幅画,他在画背后的题词很好地反映了他们的精神。他所在的学校是那些最完整、最智性地践行上面提到的这一理念的学校中的一所,他写道:赠送这幅画,是为了纪念"让我打开眼界的学校"。我在俄国学校的所见,大大肯定了我之前在理论上所相信的一点:一般学校中,学生呆板而又无精打采的态度,正是由于学校与生活的脱节。

在将文化教育与工业化教育等同起来的时候,特别要注意三四点。官方关于学校要满足地方条件与需要的声明指出了其中一点。苏维埃教育并没有犯将教育的统一与一致化教育混淆起来的错误,相反,中央集权化只局限于最终目标和精神,而细节上的变化是被允许的,甚至是被鼓励的。每个省都有自己的试验学校以补充中央或联邦的实验性学校,它们研究当地的资源、材料与问题,以便学校的工作能够与此适应。这一官方方法的主要原则是:学生就每一个主题所进行的工作都要从观察这些主题自身的自然与社会环境开始(我见过最好的一个为教学目的而建的自然和社会材料博物馆位于列宁格勒外的一个郊区,这个博物馆的基础是关于当地的动植物、矿物、古文物、历史等等的一个完整展览,这些都是学生在教师的指导下通过旅行收集而来的)。

与社会生活的联系要从直接的环境开始,这一原则(在最广的意义上)在对俄国少数民族(大约有 50 个)的教育工作中得到了体现。学校已经让下面这一观念成了现实,即文化自治是政治联邦的基础。在革命之前,大部分少数民族都没有学校,相当一部分甚至没有书面语。在大约 10 年时间内,通过人类学家与语言学家的努力(俄国在这一科学分支内总是很强),所有不同的语言都被转化成了书面形式;他们还提供以当地语言写成的教材,每一本教材都适应当地的环境和工业习惯,并且每一处地方至少初步引入了学校系统。除了直接的教育成果,下面这一观念也给我留下了深刻的印象:考虑到大部分少数民族信仰的不是共产主义,苏维埃政权细心地对待文化独立性,而这一特征正是它能够保持稳定的主要原因之一。进一步,我们可以说,摆脱了种族与肤色歧视的政权,是布尔什维克宣传在亚洲人民中留下的最宝贵的财富之一。对西方国家来说,抵消这种宣传之影响的最有效方法就是放弃他们对亚洲人民的优越情结,而这也否定了布尔什维克主义自己的论点:资本主义和帝国主义的剥削同种族歧视是密不可分的,这些民族的唯一解脱是在俄国领导下接受共产主义。

人类劳动在教育体系中的中心位置还体现在选择和组织科目的计划或对课程的研究中。官方称这一原则为"复合体系",对这一系统的细节性描述更适合 专业的教育杂志。大致而言,这一系统意味着(从负面来看)摒弃了像传统学校那样将科目孤立地细分为"研究"的做法,人类生活的某些总体方面(包括支撑人的社会生活的自然)也是学习的主题。用官方声明的话来说:"整个工程的基础在于研究人类的工作及其组织,而区别点则在于研究人类工作在不同地方的各种表现。"不过,如果要发展对于这些表现的观察,就要"求助于人类经验,也就是书本,这样当地的现象就能同国家与国际的工业生活联系起来"。

值得一提的是,要实践这一恰当的研究主题,教师自己必须变成学生,因为他们必须以一种新的观点来把握传统的主题。为了教学的成功，他们不得不去研究当地的环境，并熟悉中央政府详细的经济计划。比如，在教育系统中，最为重要的是自然科学和我们所谓的自然研究，然而根据主导原则，这些材料不能被视为孤立的学习对象，要根据它们实际进入人类生活的方式（为了社会目的而在工业中运用自然资源和能源）来把握它们。除了将物理知识置于人类语境从而激活它们之外，这种呈现知识的方法还迫使教师认识到国家经济计划（*Gosplan*），也就是政府制定的关于国家未来几年经济发展的详细计划。来自资产阶级国家的教育者也许会羡慕这种加在教师功能当中的尊严，因为在制定自己国家的社会发展计划时，教师也能以合作者的身份参与其中。我们不可避免地要问：这种合作关系是否只有在将工业当作公共功能而非私人事业的国家中才有可能？对于这个问题，我们可能找不到确切的答案，但存在于我们心中的这一疑问一定会成为打开我们眼界的刺激因素。

在美国关于苏维埃教育的文献中，"复合体系"经常被等同于在我国发展起来的"项目方法"。只要这两种方法都不是从孤立的固定课程开始，而是通过学生自己的活动让他们接触相对完整的生活或自然，那么它们之间就有等同的基础。然而大体而言，这种等同是一种误导，原因有二[①]。第一，复合体系的方法包含一个统一的理性组织计划，正如我们已经指出的，它一头连接着自然资源与能量，另一头连接着社会和政治的历史与机构，而处于中心位置的则是对于人类工作的研究。这一思想背景所产生的结果是：虽然俄国教育者承认最初从美国理论那里得到了恩惠（就像许多其他事情一样），但他们还是批评我国的学校所采用的许多"项目"太过随意琐碎，因为它们不属于任何普遍式的社会目标，也不会引发明确的社会后果。

对俄国教育者来说，教育"项目"是实现社会主题的"复合"或整体统一原则的手段，其价值的衡量标准是它所贡献的"对社会有用的工作"。实际的项目根据城镇或乡村的特殊条件以及当地环境的特殊需求与不足而变化。大体而言，它们包括改善公共健康与卫生条件（一场积极的活动正在开展，主要沿袭了美国的技术）、协助扫盲活动、为文盲读书读报、帮助年幼的孩子进行俱乐部和远足等活动，以及帮助无知的成年人了解当地苏维埃的政策，使他们能够理智地参与其

---

① 英文原版书中是这样表述的，说"原因有二"，但下文只有"第一"，没有"第二"。——译者

中、参与共产主义宣传，并在工业方面参加为提高经济条件而设计的大量不同的活动。比如，在我们参观的一个农村学校，学生将那些在传统学校中分裂为植物学和昆虫学的知识结合在一起学习，他们在实验条件下培育花卉、食用作物、水果等等，观察害虫与益虫同它们的关系，然后将结果告诉他们的家长和其他农民，分发改良过的种子，等等。每一种情况都带有一个目的，即现在的工作或多或少会引向对更大的社会生活的实际参与，即便这些孩子现在只是将花送给残疾人或他们的父母。比如，我在一个做这一工作时间最久的城市学校中看到一些有趣的图表，这些图表详细地展示了这所学校的男女学生们在 10 年时间里给一个工人居住区家庭卫生与生活条件带来的变化。

240

写到这里，我们也许可以很自然地讲一下苏维埃学校的管理与纪律体系。在某个时期，自由的观念与学生控制之间似乎要引发剧烈的冲突。但是很明显，"自我组织"的观念（在官方体制中，这一观念是根本性的）现在已经具有了正面的形式，因此总体而言，早期的那些过度使用已经被废弃了。上面提到的连接是基于下面这一事实：学校依靠尽可能组织学生而实现的自律并不是为了学校"治理"，而是为了完成学校自身或周围邻里所需要的一些工作。这里，在美国学校中发展起来的自治观念是原初的刺激因素，但通常的美国式做法受到了批判，这些做法被认为包含了太多的对成人政治形式的模仿（而不是产生于学生自己的社会关系），因而显得造作而表面。其他国家的流行观点是：布尔什维克俄国完全没有自由，完全轻视民主方法；任何分享这一信念的人在看到俄国学校的孩子比我们的孩子组织得更民主，并注意到，为了以后积极参与当地社区和工业的自主决策，这些孩子通过学校管理体系接受了一种适合他们的、比我们自称的民主国家更为系统性的训练时，至少会有些不安。

为了公平起见，我应该在结论中指出，我所描述的教育体系（这一描述相当不充分）目前只存在于质上，而不是量上。从统计的角度来看，这一体系的实现还是受到极大的限制；不过，如果我们考虑到战争、饥荒、贫困、教师在外来观念和理念之下受到训练的这些外在困难，以及要在一个新的社会基础上产生并发展起一个教育体系的内在困难，这种限制并不让人吃惊。确实，如果考虑到这些困难，我们应该为苏俄已经取得的进步而感到惊讶，因为虽然实际跨度有限，但这一进步绝不是纸上谈兵。它是一个前进中的考量、一个自我运动的有机体。来自美国的访问者看到来自自己国家中一些进步学校的原初动力在这里多么受

241

到尊重时,他也许会感到一种爱国主义的自豪;但在看到俄国的体系如何比自己国家更有机地整合了这一观念之后,他马上会感到羞愧,并激励自己去作出新的努力。虽然他不同意共产主义教育者的说法,即自由派教育者们的进步理念只有在一个进行了社会主义经济革命的国家才能够实际运作,但也会被迫在这些共产主义教育者们的心灵与思想中寻找他所需要的有益的东西。无论如何,如果他的经历同我一样,那么便会为那些人为的障碍和虚假的报道感到深深的后悔;这些障碍和报道将美国教师同那个最完整地体现了我们声称的进步民主思想的教育体系隔离开来,我们从这一体系中学到的东西要远远多于从任何其他国家的体系中学到的。我以前从不理解有些外国(特别是法国的)访问者对苏俄的批评,他们谴责苏俄太过热情地将传统欧洲文化"美国化"了,现在我理解他们的意思了。

苏俄印象
VI. 伟大的实验与未来^①

要总结对于俄国的印象,就必然要推测它的未来。我之前所写的都是由下
面这一信念激发的,即俄国最重要的变化是心理和道德上的,而不是政治上的,
这一信念甚至包含了对于尚未揭示的未来的一番展望。毫无疑问,我只单方面
地接触了教育界人士,而没有接触政治家和经济学家便形成了这一信念,但即便
如此,这一信念还是具有一定的权威性。列宁自己就表达过这样的观点,即随着
革命的完成,俄国的形势会经历一次伟大的转变。他说,在这一转变发生之前,
认为教育与自愿合作能够获得任何重要成就的想法都是乌托邦式的。工人要首
先夺取政权,但是当他们掌握政权之后,就会发生"对于社会主义的看法的彻底
转变。这一转变是:以前不得不将重心放在政治斗争与夺取政权上,而现在的重
心则被放在了和平的文化工作方向上。我应该可以这样说,除了确保我们的国
际关系,并在国际体系中保卫我们的地位,现在的社会主义正在向思想工作的方
向发展。如果我们忽视保卫国家的这一方面,只局限于内部的经济关系,那么我
们工作的重心就已经包括了思想工作"。列宁继续说,从经济上看,当下的社会
主义事业就是促进合作。他还发表了下面这一重要的言论:"没有思想上的革
命,完全的合作是不可能的。"

我们对克鲁普斯卡娅(Nadezhda Krupskaia)的一次采访,进一步证明了上面
所指出的这些情况。克鲁普斯卡娅是列宁的遗孀,在政府教育部某个部门任主
管,自然也是一位具有崇高威望的人。她在谈话中并没有提及学校组织与管理,

---

① 首次发表于《新共和》,第 57 期(1928 年 12 月 19 日),第 134—137 页。

考虑到她的职务,这很奇怪。她谈了她在同孩子和妇女的接触中所遇到的一些事情,这些事情体现了他们对教育、光明与新生活的向往。这些谈话中所体现的兴趣同她的母亲般的、几乎是家庭主妇的类型非常一致。然而在谈话结束时,她总结了当前政府的任务,她说:政府的任务,是要让每个人都获得个体的教养。已经发生的经济与政治革命并不是目的,而是有待实现的文化发展的手段与基础。这一手段是必要的,因为如果没有经济自由和经济平等,所有个体可能性的完全发展是不可能实现的。但是,经济的变革是为了让每个人都能完全享受所有赋予人类生活以价值的事物。

即便是在经济情境中,问题的核心也是思想和教育。从狭义上看,如果不能为工业与管理的各条战线提供熟练的技术人员,当前的工业规划和计划是不可能实现的。威尔士(H. G. Wells)所说的世界,对俄国而言特别正确:在教育与灾难(也就是工业的崩盘)之间进行着一场赛跑。从根本意义来看,如果不改变民众的愿望与信念,计划同样不能实现。的确,在我看来,看待当前俄国所发生的最简单、最有帮助的方式,是将它看成是一项巨大的、旨在改变人类行为动机的心理实验。

当然,还有两种观点认为,这场教育运动并不是一场真正的实验,因为它的问题是预先注定了的。坚持以个人资本主义追求私人获利的狂热分子和坚持马克思主义教条的狂热分子都事先对此准备好了答案。根据前者,这一尝试注定是要失败的,用胡佛先生的话来说,它命中注定要制造一种"经济真空";而根据后者,从个人主义行为向集体主义行为的转变是规律运行之下所产生的绝对而不可避免的结果,这些规律可以由社会"科学"正面地获知,就像由物理科学可以获知万有引力定律一样。我并不是两种绝对主义者中的任何一种,我发现,将这场教育运动视为一场结果未定的实验更具有启发性;然而这只是一场实验,虽然它一定是在地球上所进行的最有趣的实验了。不过,我可以非常坦率地说,出于自私的理由,我更愿意看到这场实验在俄国而不是在自己国家进行。

上面提到的两种教条形式的信念,都是为一个目的服务的。第一种"个人主义"哲学让人能够容忍当前的罪恶。如果人性是固定不变的,且建立在当下经济秩序的样式之上,那么除了尽量忍受之外,就再也做不了什么了。而马克思主义哲学则给人以信念和勇气,去挑战这种制度。但是我想,如果撇开这两种教条主义式的信仰不谈,在俄国进行的这场实验有两个目的。第一个,也是更为直接的目的是：看看人类是否可以抵御欲望、病痛与衰老，并保障自己的健康和娱乐，以及合理程度的物质上的安逸与舒适，从而不需要单纯为了个人获得与积累而挣扎，或者简言之，可以不用被迫去经历为个人利益而竞争的紧张。第二个，也是较远的目的是：要发现那些为人们所熟悉的（至少是字面上的熟悉）民主式理念——自由、平等、博爱——是否能够在一个建立于自愿合作、工人联合控制和管理工业、废除作为固定体制的私有财产（这当然有别于仅仅废除私人财产）之上的社会体制中最为完全地实现。第一个目的是一个很明确的经济目的。但是进一步，当经济安全得到保障、工人控制工业与政治之后，民众就有机会自由而完全地参与到有修养的生活中去。我们从教育者和劳动人民的口中听到的一个观点是：一个追求私有文化，从而将迫于经济压力的许多人排斥在外的国家，不会是一个有修养的国家。

正是在这一点上，我自己先前的看法——也可以说是偏见——经历了最为完全的转变。我以前认为，社会主义的共产主义在本质上是一种纯粹的经济规划。这一看法的形成，是由于西方国家的社会主义者们清一色地将注意力放在了经济问题上，他们高声宣称自己的立场是马克思主义者的共产主义的"经济唯物主义"。因此，我对我在俄国所发现的几乎完全没有准备。我发现，至少在我接触的圈子中（包括一些劳动者和教育者），发展"修养"和实现每个人参与其中的可能性是其中的主调。最令人惊奇的是，只有"资产阶级"国家里的社会主义者才主要关心提高劳动阶级的物质条件，他们要求提高工资、改善住房、减少劳动时间，等等，好像是在做一种明确有别于私人慈善的工作。当然，这并不是说当前的俄国政权没有做这些事情；而是说，它确实考虑的是如何拓展和扩大实际生活内容的问题。的确，我认为（虽然我不能提供令人信服的客观证据），有些外国访问者所强调的普遍贫困预示了当前政权的垮台是离题的。第一，贫困是俄国民众的历史遗产，他们不会特别地注意到苏维埃这双特殊的鞋子所带来的夹痛；第二，有很大一批人，特别是年轻一代，专注于普及自由修养的人类和道德理想，他们不在乎这种夹痛，也不觉得这是牺牲。

也许我应该对这种态度有所准备。俄国的这场运动在本质上是宗教性的，这一点我经常听到，并认为自己也能理解和相信。但是当面对实际情况时，我才发现自己对此根本不理解。对于这一失败，我可以想出两个原因——当然，我承认的只是自己的局限性。一个原因是，我之前从未亲眼见过一个如此广泛和运

245

动中的宗教现实,因而也就无法得知它的实际样子。另一个原因是,我将作为一种宗教的苏维埃共产主义太多地同理性神学(经济唯物主义的马克思主义教条)联系在了一起,而太少地同运动中的人类抱负与献身联系起来。在俄国,我似乎第一次模糊地感受到了原始基督教的精神与力量。我甚至不愿意想到,有一天(但这似乎又是不可避免的),这一新信仰也会在日常的光照中淡去,成为习俗与陈规。有人会说我过于夸张了,对此我早有准备:我愿意相信,是因为这一印象出乎意料,所以我夸大了它的相对重要性。但即便承认这一点,我还是确信,不将这种宗教热情考虑进去的人是不会理解俄国当前的运动的。那些自称是"唯物主义者"的男男女女,实际上应该是热情的"唯心主义者",这无疑是一个悖论;但这一悖论告诉我们,活生生的信仰要比它借以表达自己的符号更为重要。这场运动受到历史事件的极大影响,对此的理性表达似乎要为自己可悲的毫不相关而受到谴责。但不管怎样,我们很难不对俄国的理性和教育工作者带有一点嫉妒,我们嫉妒的并不是他们的物质和经济地位,而是他们具有一种统一的宗教性守护信仰,以及由此带来的生命的简化与整合。其他国家的"知识分子"——如果他们是真诚的——的任务主要是批评性的,而俄国新秩序之下知识分子的任务则是总体性的和建设性的,他们是有机运动的有机成员。

苏维埃的官方神学——马克思主义教条与从扭曲的经济条件下释放出来的对人类可能性的生动的宗教性信仰之间的差异感,被保留了下来。在俄国,迄今为止发生的所有重要运动中都存在着类似的差异。这些差异都有自己的理性表达,但理性表达的使用在情感之外罩上了一层保护的外壳。任何对俄国未来的预测,都要考虑到僵化教条与实验精神之间的矛盾与冲突。现在不可能看出哪一方会赢,可是我禁不住认为,俄国人民最终会通过一系列对于发展的实际条件的适应以及建立某种新的人类联系的形式而取得胜利。至于这种形式会不会是革命领导人眼中的共产主义形式,我表示怀疑,但它很可能会展现出高度的自愿合作以及对资本积累和使用的高度社会控制。不过,符号会适应事实的变化并持存下去,基督教与民主制度都证明了这一点。因此,除非连续性中出现巨大的断裂,最为可能的结果是:无论这一形式实际是怎么样的,它都会被称为共产主义,都会被当作共产主义创始者信条的实现。

教育再一次为我们提供了材料,有力地说明了实验在苏俄的未来演进中所扮演的角色。在离莫斯科不到 100 英里的地方,有一个相当典型的俄国北部农村地区,夏泽斯基(S. T. Schatzsky)在那里领导着一个教育群体。这一群体是分散在各个村庄的大约 14 个学校的中心,这些学校集中起来就组成了一个广泛而集中的教育实验站,为俄国的农村教育体系提供材料与方法。就我所知,世界上任何其他地方都不存在可以与之比拟的群体。在夏季时,我们很高兴地参观了那个实验站,并看到了它对所辖村庄的影响。在莫斯科,皮斯特拉克(Pistrak)领导着另一个类似的机构来解决城市工人的问题。这个机构因为假期关门了,因此我对此并无多少一手知识,但它的运作是积极而成功的。就像刚才提到的那样,每个省都有一个自己的实验站来解决当地的特殊问题,它们都隶属于政府,但又有自己的核准权与权威性。苏俄的最高科学委员会中,还有一个教学部门。这一科学委员会的总体职责是为俄国的社会与经济发展制定计划,这个项目是灵活的,是对好几年的展望;并随着不断进行的研究,将更多的细节包括进来。这可能是世界上对于科学调节社会生长的首次尝试,而教育部则是其中的一个有机成员。教育部的工作是筛选和审查教育实验的结果,并赋予它们某个形式,让它们可以被直接整合进国家的教育体系中。夏泽斯基和皮斯特拉克都是这一委员会的成员,这一事实保证了实验站中得到的结论能受到充分的重视。

248

我本应该在谈苏维埃教育的时候提这件事,在这里提及,是想通过一个具体的例子来说明:不管马克思主义的符号多么僵化和教条化,苏俄的具体实践还是受到灵活、有生气和有创造性的实验性因素的影响。这里,皮斯特拉克的话值得一引,他是一个严格的党员,他的话因而更有意义。他说:"我们不能在每一个学校中都运用同样的规则,那样就违背了学校的本质。发展教师在教学上的创新态度是必不可少的,否则新学校的创建就是不可能的。在我们看来,教师只是工匠而不是创造者的观念是不正确的。"没人会宣称这一创造的理念已经实现,但任何接触过俄国教育活动的人都会感到,俄国学校的领导人具有这一精神的程度是其他国家无法比拟的。在我的系列文章的第一篇中,在近距离地接触俄国教育事业之前,我写了与俄国进行表面接触之后所得到的一种生机勃勃与解放的感受。之后的教育方面的接触不但证实了这一表面印象,也让我感觉到加入了一场明确的教育运动,而这场教育运动则强化并引导了俄国的解放运动。

我认为,任何一个人对于当前俄国运动结果的确切形式所作的特殊猜想都不具有重要性,因为这一方程式中有太多未知数了。如果要我大胆地对运动的方向作一个预测,我只能提醒人们注意两场已经开展起来的运动。在我看来,自愿合作群体的成长是最为重要的因素。根据正统马克思主义的理论,这些群体形成了通向最终的马克思主义共产主义的过渡阶段。我不清楚为什么这一手段不能同时作为目的,也不清楚为什么所谓的过渡阶段不能同时定义目标。农民在俄国生活中所占的位置——政府必须参考他们的兴趣与愿望,无论后者是多么令人不快;尽管官方更偏爱城市工厂工人,但还是要不断对农民作出让步——增强的不是对严格的共产主义结果的信念,而是对合作之可能性的信念。伴随这一因素(它的直接实际力量较小)的还有另一个因素,那就是教育体系的实验方面。学校中当然存在着大量的灌输与宣传,但是如果现存的这一实验倾向继续发展,我们可以相当有把握地预测,这种灌输最终会服从于独立判断的觉醒与力量,并进化出合作精神。一种思想自由的教育,不可能不对教条的奴性接受持反对态度。我们总是听说辩证运动是一种最终会自我矛盾的运动,我认为学校就是俄国共产主义演进中的一个"辩证"因素。

上面这些话并不是在贬低俄国革命运动的重要性,相反,我认为它们增加了后者的重要性,并让世界上其他的国家认识到研究它的需要。但是,这种研究必须要有实际接触。认为可以将世界的六分之一永久地孤立与"隔离"起来的想法已经足够荒谬了,若是依此行动,结果更可能是悲剧,而不仅仅是滑稽。但更为荒谬的,是认为我们可以推开并忽视一个以宗教的力量和性质牢牢控制一个民族的生动观念。如果这种尝试持续下去,就会增强俄国革命的破坏性特征,并使我们无法从它的建设性特征中得益。美国在政治上对俄国的承认并不会推进基于两国利益与世界利益之上的国际关系,但它至少是一个必要的先行步骤。我前往俄国时只带着这样一个确信,即这种承认是符合我们更好的政治传统的;而在我离开俄国的时候则带着这样的感受:保留阻止交流、知识与了解的障碍,就是对人性的犯罪。

布尔什维克主义让人无法同情的一面,是它对阶级斗争和暴力革命必要性的强调。苏俄的这些特征正趋向于退入背景,因为官方权威正处于极为困难的建设工作的压力当中。然而下面这一信念一直维持着产生这些特征的精神,即世界上的其他国家都是苏俄的敌人,俄国要时刻防范,而侵略性的攻击就是最好的防卫。我不认为世界上其他国家的自由交流会让在资本主义国家引发内战的想法立即消失,但我确信,这种交流会逐渐熄灭这一想法的火焰,并让它最终熄灭。我有这样的印象:第三国际是俄国最大的敌人,它通过疏远其他民族的同情损害了俄国。不过,第三国际的主要害处是让俄国得不到其他国家的承认。英国撤销对俄国的承认比其他任何事情都更能刺激信仰布尔什维克的极端分子与狂热分子,并鼓励其对于资产阶级国家的对抗与憎恨。

我在结束时一定要指出一点,虽然这一点和这个总结的联系并不紧密。正如我所指出的,在和平时期,第三国际对俄国的损害要比对其他国家大。但是,如果欧洲有一场战争,我相信它会作为现实生动地摆在每一个欧洲国家面前了。我离开俄国时有一种前所未有的强烈感觉:那些罪犯般的无能政治家还在玩弄那些挑起战争的力量。我愿意坚信下面这种预测:如果再有一次欧洲战争,在当前的条件下,内战会让每个大陆国家在国际战争之外增加额外的恐怖,每个欧洲国家的首都都会是一片废墟,其恐怖程度会远甚于革命时期的最大恐怖。

教育的方向[①]

251　　毫无疑问,在座的许多人都曾为欧洲访问者所提的关于美国学校体系的问题而感到难堪。那些心中装着他们所熟悉的体系,并自然地将这一知识作为衡量标准的外国研究者们,在遭遇美国的教育体制时产生了困惑。他们探究我们的体系,发现从他们的角度看,我们没有体系,只有混乱。在我国的其中某个部分,他们发现每一个城镇都有自己的法则,并发现甚至是那些被称为地区的民间单位也享有几乎完全的教育自主。在其他地方,县是基本的组织单位,有些州本身就拥有相当大的规范与监督的权威,而这些权威在实际的运作中又表现出巨大的不同。虽然各州针对学年长短、教师执照、校舍特征与教学科目都规定了基本的要求,但人们很少会密切地加以监督,以保证这些规定在当地得到落实。实际的控制主要是在习俗之下运行的。在访问者看来,我国的教育体系不过是一条微微的痕迹。在美国,他们只能发现一个没有管理权的、负责收发信息的办事处,而不是欧洲那种拥有每一个欧洲国家都认为是理所当然的权力的国家内阁部长。

　　我之所以提及这些熟悉的事实,是想将美国教育发展的背景放在你们面前,252 并指出这种发展是如何取得的。因为这一发展是一种生长,是一项成就的记录,对这一发展没有人会感到完全满意,其中最不满意的是这里在座的各位。然而,

---

[①] 杜威于 1928 年 4 月 10 日在哥伦比亚大学教师学院院长威廉·弗莱彻·罗素(William Fletcher Russell)就职仪式上的演讲。首次发表于《学校与社会》(*School and Society*),第 27 期(1928 年),第 493—497 页。

尽管缺少官方的领导与规范,教育的事情还是发生了。这一运动的导向从何而来? 除了官方或国家的导向之外,只有一个其他选择,那就是自愿的和个人的领导,以及内部的发酵与感染。已经完成的成就主要是基于个人和教育中心的启发与刺激,他们不像权威那样将自己的观念与理想强加于学校之上。教育主要是通过教育过程,而不是靠国家管理来推进的。交谈、杂志、书籍以及对其他教师所作尝试与结果的观察,就已经在交流教育的理念了。管理领域中的新思想与新实践、教学的方法,以及学习的主题是被传播的,而不是被颁布并加以体制化的。这种传播同其他领域中改变社会习惯与社会信念的接触、辐射、渗透和感染一样,并不受到任何来自政府的规范。

我在这里并不是要比较欧洲和美国两种教育体系——或者你愿意的话,可以称它们为有体系的教育与无体系的教育——的优点,更不是想美化我们在大多数情况下所无意识地采用的、那些与我们社会生活条件相一致的方法。我提出这一对比的用意,只是想让大家注意那些已被接受的程序中所必然包含的思想和道德责任。在教育上免除政府与官员所担负的职责,就等于是将相应的责任放在了个人与机构之上。但这种漂流必须有某种领导,否则政府体系的缺席就意味着缺乏统一的和合作性的教育运动。然而,非官方的领导只能是思想和道德上的领导,这种领导不仅仅是教育中的领导,而是通过教育,而不通过法律和政府权威来领导。确实,这种形式的领导赋予了“领导”这个词以新的含义。领导变成了一种引导的过程,它通过启发、刺激、交流观点、发现和报道事实,而不是通过颁布法令来发挥作用。这种领导形式不得不高度相信事实与观念的力量,并相信共同体想要接受并实行它们的意愿。

我刚刚说,这些介绍性的描述是为了让大家注意到领导教育运动的机会与责任,而今天召集我们在此集会的机构就肩负了这样的机会与责任。但这样说,并没有将隐藏的东西揭示出来。思想与道德的向导就是从像我们这样的机构开始的,并且,如果向前的漂流还不至于变成内向的流动与衰退的话,这些机构就必须继续行使这一引导的功能。你们不会从我这里听到对于教师学院的单纯赞扬和奉承,我们对于学院的忠诚并非虚弱地要以这种形式来得到加强。然而如果只是提醒我们自己未来的机会和需求,只是暗示某些已经显示出来的思想和道德领导的职责,这样做并不过分。

教师学院有幸同一所伟大的城市大学紧密相连,有幸拥有大都会式的组成,

253

并有幸由一位受人爱戴的老院长领导多年。老院长向每一个社会和思想需求敞开，并对它们作出回应；他具有眼光，并具有根据眼光行动的勇气；他还合作性地支持能干的全体教员，这些教员实际上代表了复杂社会生活的每一个方面和兴趣。教师学院在数量和其他外在标志上都取得了繁荣的发展，因为它认识到美国教育需要来自内部的教育指导，需要思想向导与启发。数量让一个机构变得庞大，但不能让它变得伟大。让教师学院变得伟大的原因在于它仅仅把握住了一个观念，即要觉察到公众对于教育引导的需要，并献身于满足这一需要的事业中。

要列举教师学院在各种领域中所指明的教育前进的方向，以及在它的指导下实现的实际运动，就好像是在点教师学院各个系的名。因为当一种教育需要出现时，学院就会回答："在。"要在这里将学院的成就编个目录，既浪费你们的时间，又在重复你们所熟悉的。而挑一些最重要的来讲，则会因为不公平而引起反感。然而，为了指出学院为引导美国教育所作的思想和道德服务的质量与范围，这里有必要随机提几个运动，在这些运动中，有一些得到了学院的有力支持，有一些则可以说是学院发起的。我所想到的运动是：测量与测试的发展、项目方法、学校调查与管理研究、幼儿园理论和实践的转变、保育室与学前儿童的科学研究、家政学和家政技艺（以及出于更多的思想责任而将护士教育放在一个更崇高、更自尊的位置）、对工业训练和职业指导的贡献、对农村学校的贡献、对美国化教育的贡献、对宗教教育的贡献、对国际教育的贡献——我还有必要继续列举下去吗？提到的这些事情并不是为了单纯的祝贺，而是为了表明一个教育机构能够为一个原本混乱而分散的局面提供自愿和非官方的指导。你们一定可以提供更多的例子来完成和巩固这一说法。

尽管上一代没人能预测教育在最近三十年的发展，但是说教育工作才刚刚起步并不过分。下面的这些事情已经得到了证明：教育是科学研究的领域；作为一个恰当而有前途的主题，教育与大学研究的其他课题是同级的；教育已经被从长期以来受学院轻视中（认为教育只是教学法）拯救了出来；它的丰硕成果特别证明了教育是一种能够将各种科学和社会的主题与兴趣联系起来，并将它们在人文视野下整合为重要的统一体的手段。教师对学生的训练不再只是给学生提前装备一些不合适的思想，让他们以此为手段去处理课堂里的直接问题。教育首先是一个需要学习、调查和探究的问题，这一问题是如此复杂和多样，因此需要长期而彻底的训练。这一简单的发现，几乎标志着对于旧有态度的革命性的转折。

的确，我应该说，正是这一发现给教师学院带来了声誉。除了刚才提到的特殊贡献，学院还认识到了有必要将教育的总体看成是一个思想、哲学和科学问题，这一点是最为重要的。因为这一认识中所包含的态度，正是这些教育运动的灵感来源，也是后者指导性价值的源头。从教育中去除意见、传统与常规，并赋予其高度的思想价值与尊严，这并不是一件容易的事，也不可能经由一代人就完成。认为像医药和农业这样的活动是科学探索的适当领域，并且认为它们只要在对病人病情的结论和长期研究的基础上便能够获得成功的想法已经深深进入了大众的意识当中。我不认为类似的说法在教育中也能够成立。当前的空气中充满了对于教育的眩目的笼统把握，以及对其无上重要性的情感上的欣赏，但对于教育作为一种思想艺术的意义却缺少稳定而明确的认识。这一事实是自然的。教育是所有人类事业中最为复杂、难懂和精细的。只有当其他的探究与科学（物理的、社会的、心理学的甚至是数学的）发展到能够作出贡献的时候，教育思想的解放和提升才能够开始。因此，教育艺术将是最后一门被科学地完成的艺术。

这一伟大观念的开创性阶段还没有过去。这一事实对我们来说是一个鼓舞，因为任何开创性阶段都带有最高的热情与最深的忠诚。对于未来的机遇和前景，我向学院的师生表示祝贺。你们正处在一个关键的时刻。教育是一个研究、观察、试验和探究的领域，这一点已经得到了证明。剩下要做的不仅是要继续开展伴随这一事实而来的所有特殊的调查，而且要引导公众体会它的完整意义，使教育工作的每一个方面和阶段都感受到它的力量。我相信，今天我们在这里所庆祝的学院传承令人愉悦地预示着这一理念的继续发展。院长交替中所体现出来的亲子关系，很好地象征了教师学院本身处于运动中的生命。作为你们当中的一名老教师，我为能够参与这一庆典而感到深深的荣幸。我愿意将这种参与想象为我与这一伟大的机构的生命间持续的联系。作为父亲（老院长）的老 朋友，我很高兴地肩负起欢迎儿子（新院长）的职责，欢迎我以前的学生、老同事和永远的朋友，欢迎他担负起伴随着这一职位的责任、喜悦与重担。院长先生，你知道，即便我不这样说，在承担责任时，你也会得到所有同事、学生和校友最衷心的合作与支持。而这些员工、校友与学生不用说就知道，为了执行你的职责，你带来了人本主义的精神、回应敏捷的同情、完善的目的以及广阔的科学观。我们衷心地祝愿您成功，并将希望与勇气带给未来。

进步教育与教育科学①

257 什么是进步教育？教育实验与实验学校的含义是什么？这里所呈现的这种实验学校能为其他学校（在这里有更多的不计其数的学生接受指导和训练）做些什么？我们可以期望这些进步学校的工作为智性和稳定的教育实践，特别是教育理论，作出怎样的贡献？在这里所呈现的各种做法中，存在着共同的思想与道德元素吗？还是各校各行其是，并以当任领导的愿望与偏爱为基准呢？实验是一个将任何事物都至少尝试过一次，并将脑中出现的任何"好想法"立马付诸实施的过程，还是必须基于某些原则，且这些原则至少要具有可行性的假设？我们是否经常观察实际结果，并以此来检查基础性的假设，从而使这些假设得到智性地发展？如果各个进步学校的建议能够辐射至其他学校，并赋予后者的工作以生机，我们便满足了吗？还是我们应该要求通过各校的合作，逐渐得出一些一致的教育原则，并以此作为对于教育理论的特别贡献？

  在这样一个集会的场合，我的脑中想到了这些问题。以上的这些询问远远没有涵盖所有的问题。它们是单方面的，并且是我有意为之的。它们越过了下

258 面可能被问及的重要问题：这些实验学校的孩子实际在做什么？这些学校是如何尽到对孩子以及孩子的家庭和朋友的主要责任的？正如我所说的，上面这种单方面的强调是有意为之的。这样的提问是为了将大家的注意力直接引到我们期望进步学校所作出的思想贡献上。单方面提问的理由就在于此。自然，在你

---

① 杜威于1928年3月8日在进步教育协会（Progressive Education Association）第八届年会上的演讲，由该协会以小册子的形式首次发表。

们自己的经验与观点的交流中,被模糊带过的问题应该是最突出的。我并不怀疑,进步学校的学生本身也在进步,并且建立更多进步学校的运动也在进步。我想,那个曾经令人头疼的老问题,即这些学生进入大学或者走向生活时会怎么样,已经不再是一个公开的问题。经验已经证明,这些学生做得很好。因此,在我看来,现在是提出下面这个思想和理论问题的恰当时候了:进步运动同教育艺术和教育哲学之间的关系是什么?

各校之间是否存在着共同要素,从某种程度上来说,对于这一问题有一个简单的回答。与传统学校相比,所有的进步学校都强调了对于个体性与增加自由度的尊重,都是基于孩子们的天性与经验来进行教学,而不是将外在的科目与标准强加给他们,这一点在我看来是理所当然的。这些学校都有一种非正式的氛围,因为经验已经证明,正式的氛围同真正的精神活动、真诚的情感表达与生长是敌对的。这些学校的一个共同要素是强调与被动相对的主动性。我认为,这些学校对于人性要素、平常的社会关系、与校门之外大千世界的交流互动都投注了不同寻常的注意力。这些学校都相信,孩子与孩子、孩子与教师之间的平常接触具有无上的教育重要性;并且,它们都不相信那些人造的个体关系,认为后者是将学校从生活中孤立出来的主要原因。我们认为,在进步学校中至少存在以上这些共同精神和共同目的。仅就这些而言,进步学校就已经对教育理论作出了特殊的贡献:尊重个人的能力、兴趣与经验;提供足够的外部自由,或者至少是非正式的氛围,使教师能够熟悉孩子们的真实状态;尊重自发和独立的学习;尊重作为学习动力与学习核心的积极性;最为重要的是,相信基于正常人性(作为包罗一切的介质)之上的社会接触、交流与合作。

这些观念的贡献绝对不小,这是对教育理论的贡献,也是对受进步学校影响的人的幸福与完整性的贡献。然而这些贡献的元素是一般性的,并且就像所有一般性一样,它们可以有不同和模糊的解释。它们指出了进步学校可以从哪里开始对科学理论或教育理论有所贡献,但它们指出的仅仅是出发点。让我们将刚才的问题削减为一个:进步教育与教育科学的特殊关系是什么? 这里的科学是指能够为学校的实际运动提供思想指导的、已被证实的事实和已经测试的原则。

除非我们从一开始就假定大家已经知道教育是什么,以及它的目的与方法是什么,否则下面这一声称并没有错,也不夸张,即不同的教育科学在当下不仅是可能的，也是必须的。当然，这一陈述是与下面这一观念对立的，即科学在本质上是一个单一而普遍的真理体系。但是，我们不必被这一观念吓倒。即便是在先进的科学中，比如数学和物理，发展也是通过思考不同的观点与假设、实践不同的理论得来的。科学并不是固定而封闭的正统观念。

当然，在教育这样的事业中，我们必须谨慎而谦虚地使用"科学"这个词。宣称教育是严格的科学，要比宣称其他学科是严格的科学更容易变成一种虚假的借口；并且试图在教育中设立一种为所有人所接受的僵化而正统的标准信念，要比在其他学科这样做来得更危险。没有一样事物可以被确凿无疑地认为就是教育，并且除非社会和学校的实践与目的达到了一种僵死的单调一致，教育中并不会存在相似性，因此，单一的教育科学并不存在。因为学校的实际运作各不相同，这些运作背后的思想理论也一定不同。进步教育的实践不同于传统学校的实践，因此，认为适合于一种类型的思想方案与组织也会适合于另一种类型的想法是荒谬的。来源于旧的传统学校的教育科学要想成为真正的科学，就必须改造它的基础，并努力将它的主题和方法精简为某些能够消除浪费、保护资源，并让现存的实践类型变得更有效率的原则。进步学校所强调的与旧标准完全不同，它们强调自由、个体性、积极性以及合作性的社会介质，因此，它们所贡献的事实与原则也必定不同。进步学校至多会偶尔借鉴一下从不同的实践类型演进而来的"科学"，它们甚至可以借鉴那些只适合于自己的特殊目的和特殊过程的东西。发现教育与科学在多大程度上相关是一个真正的问题，但这与下面这一观点是完全不同的，即那些在传统学术条件下获得的方法和结果形成了进步学校一定要遵循的科学标准。

比如，传统学校中的实践理论应该高度重视测验与衡量，这是自然而恰当的。这一理论所反映的学校管理的模式认为，分数、评级、分级和提高是重要的。衡量智商与成绩是让这些运作更为有效的方法。不难发现，分级的需要是智商测验重要性背后的基础。后者的目的在于建立一个标准，省去统计学上的细化，这一标准在本质上就是从足够多的人当中找到的一个平均数。这一平均数一旦找到，就可以被用来评估任何孩子；通过一个可指定的量，我们可以说一个孩子达到标准、不及标准或者超过标准。通过这种方法得到的结果，可能比难免有所疏漏的旧方法更能做到精确的分级。然而，所有这些同将个体性作为主要考虑对象的学校（在这些学校中，所谓的"班级"变成了一种社会目的的组合，受到珍视的是能力与经验的多样性,而不是一致性)有什么关系呢?

在平均化和分级化的模式下,某些特殊的技能,比如音乐、戏剧、绘画、机械技能或其他技能,只能同许多其他因素放在一起,或者也许根本不会出现在测验的清单上。总之,这种模式是通过将大量其他因素磨平和剔除,才能得到最后的结果。在进步学校中,每一种能力都会被运用到群体的合作经验当中,下面这种做法是完全违背进步学校的目的与精神的,即通过与其他性质的平均化,将某种能力降格为决定一个孩子在成绩曲线上位置的数值。

但是,进步教育者们也没有必要过分害怕科学是由量化结果组成的这一观念。人们常说,只要存在就能被衡量,因为所有学科都是经过一个质化阶段才达到一个量化阶段的,如果时机合适的话,我们就能在这里展示,即便是在数学科学中,较之于接近质的序列观念,量还是次要的。无论如何,对教师来说,活动和结果的质要比任何量的元素更为重要。如果这一事实阻碍了某种科学的发展,那是很遗憾的。但一个教育者不能坐等将质还原为量的方法出现,他必须在此时此地就开始操作。如果他能将质性的过程与结果组织成互相关联的思想形式,那么比起忽视实际上最重要的东西,并将自己的精力放在马上可以衡量的不重要的副产品上,他可以说真正发展了科学方法。

并且,即便我们能衡量任何存在的东西(只要我们知道怎样去衡量),也无法衡量那些不存在的东西。说教师对不存在的东西有着深刻的考量,并不矛盾。因为进步学校主要考量的是生长,是运动和变化的过程,是对既有能力与经验的改造;基于天赋和过去成就的、已经存在的东西必须从属于将要变成的东西。可能性比已经存在的更重要,对于后者的认识只有基于可能性之上才有意义。作为一种教育理论的成绩衡量,它在一个静止的教育体系中的位置与在一个将生长过程视为至关重要的动态体系中的位置大为不同。

同样的原则也适用于通过大量收集和精确衡量数据来决定学习主题和选择学习科目的做法。如果我们大体上满意现存社会的目的与进程,那么这一方法是合适的。如果想要学校永久维持当下的秩序,或者至少再加上消除浪费从而让学校比现在做得更好,那么就需要一种思想方法或"科学"。但是,如果有人期望一个在性质和方向上与当下不同的社会秩序,并且认为学校应该在教育中关注社会变化,并致力于培养不满足于现状,且具备改变现状的愿望和能力的个体,那么,教育科学就需要另外一种极为不同的方法与内容了。

262

刚才所说也许有一种倾向,想要缓解进步学校的教育者们对于下面这种批判的过分担忧,这种批判认为他们是不科学的,但这一批判只适合于那些目的和过程与进步学校极为不同的学校。但是,我说这些话,并不是要免除进步学校的教育者们为一种有组织、成体系、理性的教育作出贡献的责任。我的意图恰恰相反。所有新的改革运动都会经历一个明显的负面阶段,一个抗议、背离与革新的阶段。如果进步教育运动并不是这样的,那就让人吃惊了。比如,传统学校的正式与固定的特点是压制性和约束性的,因此在一所理念与方法与之不同的学校里,自由首先非常自然地被把握为去除人为和僵化的约束。然而去除和废止都是负面的,人们最终会发现,这样的自由本身并不是目的,它并不能让人满足且坚持下去,它至多标志着能够有机会做一些正面的和建设性的事情。

现在,我在想,这一早期的和更为负面的进步教育阶段是不是还没有完全结束,进步学校发挥更为建设性的组织功能的时机是不是还没有到来。有一件事是肯定的:随着它们开始进行有组织的建设性工作,它们一定会对教育理论或教育思想的建设作出明确的贡献。我并不关心这些贡献是否可以被叫做教育科学或教育哲学,但是,如果进步学校不在思想上组织自己的工作,虽然它们可以让孩子的生活更愉快、更有生命力,但它们对于教育科学所作的贡献却只能算是偶然的碎屑。

人们自由地使用"组织"这个词,正是这个词指出了问题的本质。在传统模式下,组织和管理这两个词是联系在一起的,因此组织表达的是某些外在的和固定的东西。然而,对于这种组织的反动只会造成对另一种组织的需求。任何真正的思想组织都是灵活而运动的,但它们并不缺乏有序和连续的内在原则。实验学校常常会受到随意改变科目的诱惑,它一定会利用意外事件来转向预期之外的问题与兴趣。可是,如果它允许这种随意改变来主宰它的进程,其结果只能是一种机动的、不连续的运动,这种运动对于教育不可能有任何重要的贡献。偶然事件是暂时的,但对于它们的运用不可能是暂时或短暂的。我们要将它们带入一个内容与目的的发展整体当中,后者之所以成为一个整体,是因为它的部分之间是连续而连贯的。并不存在一个所有学校都必须接受的科目,但每个学校都应该有一些正处在生长和成型过程中的重要的科目。

下面这个例子能够将上面的意思表达得更清楚。进步学校重视个体性,而有时候人们会认为有序组织的科目同发展学生个性的需要是背道而驰的。但是,个体性是某种处于发展中的东西,它需要持续不断地获得而非一步到位。个体性只有在生命的历史中、在生命的不断生长中才能够被发现,也可以说,它是一个历程,而不是在生活的某个横截面中发现的一个事实。教师很有可能对个别的孩子小题大作,担心他们的特殊性、他们的喜好与厌恶,以及他们的弱点和失败;这样做,使他们觉察不到真正的个体性,并采用那些不相信个体性力量的方法。我们不能通过观察一个孩子在特定的时候做什么或有意识地喜欢什么来发现他的个体性,孩子的个体性只表现在他的行为过程当中。对于欲望和目的的意识,只有在某些较长的行为过程的最后阶段才能真正获得。因此,通过一系列连贯性行为(这些行为在逐渐生长的工作或项目的统一体中整合起来)所获得的科目组织,才是对应于真正个体性的唯一手段。关于组织与个体性原则的对立,我们就讨论到这里。

因此,教师有时会花费许多精力去思考如何让个别孩子更好地发现一些有价值的活动,并创造条件去开展这些活动。对于参与到这种连贯和累积性的工作中的孩子来说,只要这一工作包含有价值的主题,他的个体性就能够作为结果,或者说,作为自然的副产物,得到实现或被建立起来。孩子在做的过程中找到并发展自己,这种做并不是孤立的,而是与包含和携带主题的条件进行互动。并且,通过在连贯的行为中观察孩子,教师能够发现孩子的真正需要、期望、兴趣、能力和弱点,这要比通过直接刺激或取样观察所获得的多得多。在一系列不连续的行为中观察孩子,其结果必然是抽样性的。

这种一系列的不连续行为,当然没有机会建立起一个有组织的科目或者为后者提供内容,也不能让自我得到一致而完整的发展。不管多么主动,单纯的做是不够的。当然,活动或项目必须处于学生的经验范围之内,并同他们的需要联系起来,而学生的需要则完全不能被等同于他们有意识地表达出来的喜好或欲望。在满足了这一负面条件之后,检测一个项目的好坏就要看它是否足够完整和复杂,是否能从不同的孩子那里得到各种反馈,而且允许每个孩子都参与其中并作出自己的特殊贡献。从教育的角度来看,对于一个项目好坏的进一步检测,要看它是否能够维持一段足够长的时间;这样,包含在其中的一系列努力与探索就能在每一步都开辟新领域,提出新问题,激发对进一步认识的需要,并根据已完成的工作和已获得的知识提出下一步要做什么。满足上面这两个条件的教学活动并不是单纯地聚集已知的主题,而是将这些主题组织起来。如果不将相关的事实与原则有序地收集起来并加以体系化,教学活动就不能继续下去。组织知识的原则同进步教育的原则并不对立,而如果不对知识进行组织,进步教育就不能发挥它的作用。

下面这个夸张的、近乎讽刺画的例子也许能够将上面这一点讲得更清楚。假设在一个学校中,学生们被大量的各种物品、仪器和工具所包围;假设教师只是简单地问他们要做什么,然后告诉他们"去做吧",接下来教师就不做事也不劳心了,那么,这些学生要做什么呢? 有什么能够保证他们所做的不只是一时的冲动与兴趣所引发的表达和发泄呢? 你也许会说,这个假设并不符合任何事实。然而,与这一假设相对的原则究竟是怎么样的? 当我们远离包含在这个例子中的原则时,又该在何处止步呢? 我们的原则必然是:教学的起点、第一步或者说行动的原动力必须从学生出发,这一点无论在传统学校或进步学校都是正确的。你可以将一匹马带到水边,但你不能强迫它饮水。那么,学生是从哪里得到做什么的想法的呢? 这一想法一定来自他的所见所闻,或者来自对其他孩子所做的观察;它来自学生的身外,来自环境。学生并不是想法和目的的始发者,而是一个承载物,承载着来自过去环境和当下环境的建议。这种建议极有可能只是碰巧的想法,马上就会耗尽。我想,我们可以通过观察来发现一个孩子是否进入了一个真正富有成果和连续发展的活动当中,因此他之前已经参与了一些复杂且逐步展开的活动,这些活动留下了某些他想进一步证明的问题,或者是某些和他想最终实现的完全相反的东西。如果不是这样的话,这个学生就只能听从机会的摆布,而碰巧的建议不太可能会引向任何有意义或有成果的结果。

从外在的形式来看,说这些话是要表明,教师群体拥有更成熟和更完整的经验,也具有更强的洞察力,能够在任何项目中发现持续发展的可能性,因此,教师不但有权利还有义务给出活动的建议;我还想通过这些话表明,只要教师了解孩子,也了解教学主题,就不必害怕会将成人的想法强加给学生,这一事实并不会削减教学活动的意义。这些话的根本目的在于指出:进步学校之所以是进步的,并不是不顾及上面这一事实,而是因为进步学校也处于这样一个必然性之下,即要找到那些包含了有序发展的、与科目相互关联的项目,否则就不可能有足够复杂的长期的教育事业。这一机遇和需要产生了一种责任。进步学校的教师可以也能够制定出明确而有组织的知识条块,并提供给其他教师进行试验和批评;同时,他们还可以给出一张信息来源的清单,以便别人获取同类型的附加信息。有人如果要问这种知识条块与传统学校的标准教材之间的区别,答案很简单:第一,知识条块的材料都来自学生自己的课内活动与课外活动,并与后者联系在一起;第二,这些材料并不是提供给其他教师和学生照搬的,它们只是指出这一活动或那一活动在思想上的可能性。而这些关于可能性的声明则是基于下面这些基础之上的:仔细观察和引导经验中产生的问题,找出那些对于回答这些问题有用的信息,并找出这些知识可以从哪里得到。虽然第二次经验不会精确地复制第一次经验,但是,来自进步学校的材料可以使教师摆脱限制,指导他们处理在相同的一般性项目时所产生的紧急情况和需要。随着教学的发展,更多的材料会被加入,这样,大量的、却是自由的相关科目板块就能逐步建立起来。

因为我就一系列的主题作了表面上的匆匆探讨,在结尾对它们作一个总结是有好处的。在实质上,前面的讨论试图引出进步学校对于符合进步学校程序的教育科学所作的至少两个贡献:一个是刚才提到的对于有组织的科目的发展,另一个则是对有利于学习的条件的研究。正如我所指出的,进步学校的有些特征本身并不是目的,而是可以利用的机会。这些特征是学习的机会,而我认为,学习的三个主要方面是:获得知识、掌握一定的技能或技术模式,以及养成为社会所需要的态度与习惯。现在,传统学校对于这个一般性主题所作的贡献主要在于教授方法,即便超出了这一范围,也最多涉及学生所采用的学习方法。但如果从进步教育的角度来看,方法问题就带上了一种新的、大部分还未被触及的形式。方法问题不再是一个教师怎样教或学生怎样学的问题,而是要去发现,为了让研究和学习自然且必然地发生,为了让学生在作出反应的同时必然地达到学习的目的,应该满足和具备什么样的条件。学生的心灵不再只停留于研究或学习,而在于根据情境的需要而做的事情上,而学习又是做事的结果。另一方面,教师的方法则变成了寻找能够唤起自我教育行为或学习行为的条件,并通过与学生的活动进行合作,让学习成为这些活动的结果。

经验已经告诉我们,在实际情况下,哪些条件是有利于学习的,哪些条件是不利于学习的;如果对于这些条件的详细报告不断增加,便能引发整个方法问题的革命。方法问题是复杂而困难的。刚才提到,学习包括三个要素:知识、技能与个性,每一个都必须研究。从一个情况的总体状况中选出什么造成学习条件的元素,分清哪些元素是有影响的,哪些元素是次要的或无关的,这都需要判断与技艺。为此,我们需要坦率而真诚地记录失败与成功、估计已获成功的程度,

267

268

我们还需要训练有素的敏锐观察力，去注意学习中进步的迹象，甚至探查它们的动因——这比仅仅注意那些机械测试的结果，需要更高程度的观察技巧。教育科学的进步，依赖对于这类观察所得材料的系统化积累。如何去发现学习的动因，对于这一问题的回答是一个无止境的过程。但是，要进步必须先起步，而起步的责任正好落在了那些更为自由、更具实验性的进步学校身上。

我不需要提醒你们：我明确地将讨论的范围集中在一点上，也就是进步教育同发展一种教育科学的关系。我的发言以提问开始，也想以提问结束。我的问题是：进步教育运动已经充分地开展起来了，现在是不是到了可以考虑进步教育对于教育这门人类艺术中最困难、最重要的艺术所作的思想贡献的时候了？

为什么我是教师工会的一员①

我想你们都会同意，作为一名教师或校长，在法律规定的意义上，布莱克 269
(Blake)女士也许已经退休了，但是她既没有退出工会，也没有减少对与教师和
教育进步有关的每一件事的兴趣。在她发言的时候，我在想：究竟谁才是真正的
退休教师，或者说，谁才是真正"退休了的"或正在退休的教师？我得出的结论
是：那些非教师工会的教师，他们太累了，想躲在那些团结起来做实事的教师们
后面，退休了的他们不愿再以任何形式参与到教师工会的活动中。

那么，如果要问为什么我是教师工会的一员，下面这个问题很自然地进入了
我的脑中：为什么我不是呢？为什么任何其他教师不是呢？在我将要提到的情
况中并不存在个人元素。我发现，勇气、正直、充满活力、实际的理想主义、对所
有受到冤屈或有受冤屈危险的人带有正义感，这些都是工会富有生机的精神。
即便不是为了其他原因，单单是能够同这些做事的男男女女联合在一起，就让我
为自己是工会的一员而感到骄傲。

我想，人们在提为什么是教师工会的一员这个问题时，强调的是通常我们所
熟悉的那个意义上的工会，也就是隶属于美国劳工联盟的那个教师工会。在今
天，很少有人会问为什么成为教师组织的一员，比如全国教育协会，或是英语、历 270
史、数学教师协会。对于这种问题，我们不需要开会来讨论理由。因此，我认为，

---

① 杜威于 1927 年 11 月 18 日在纽约市教师工会［美国教师联合会（American Federation of
Teachers）第五号地方组织］会员会议上的演讲。首次发表于《美国教师》（*American Teacher*），第
12 期（1928 年），第 3—6 页。

为什么是教师工会的一员这个问题的要点在于：为什么要成为一个隶属于其他工会并和它们联盟的劳工工会的一员，至少在早年，这是一个严苛的批评。正如布莱克女士所言，这样做降低了教师职业的尊严。细想一下，那是将教育降低到了工作的水平。

这让我想到几年前有人提议在哥伦比亚大学创建社会工作系，我的一位同事的反对理由是：在大学系名里用上"工作"两个字，会开一个坏的先例。

林维尔(Linville)先生最后谈到是否可以接纳教育官员为会员（这一问题同美国教师联盟过去的讨论是相关的）。在他的提醒之下，我想到美国大学教授协会曾有过非常类似的讨论。我很遗憾教授协会还没有进展到隶属于劳工联盟，但这一协会确实不是一个纯学术性的组织，而是一个工作着的甚至带有某些战斗性的组织。在教授协会中，有人也提出了同样的问题：是否可以接纳大学校长进入协会？出于某些我不想解释的巧合，在场的教授们得出了与教师工会同样的结论。虽然有一些活跃的少数派认为，校长应该通过同协会工人的接触受到教育，但多数派的看法则截然相反。我希望有朝一日，教授协会能够变得足够强大，这样他们就会感到接纳校长是安全的。但我认为，他们还没有达到那一点。

那么，为什么我要从属于这一类而不是其他类的教师组织呢？在我看来，答案是明显的。教师们有很多契机可以聚在一起，开一些一般和专门的会议，他们可以讨论各种学术主题，也可以讨论教学科目与教学法的改进。这些都是好的。但是一个组织不仅要为学术目的之外的事物留出大量的空间，同时也需要这些事物。我们需要一个工作的、敢作敢为的组织来代表教师所有的共同利益，并且在代表这些利益的同时，保护在校的孩子与青年，使他们免受所有外在利益集团（经济的、政治的以及其他的）的侵扰；那些利益集团为了自身目的剥削学校，从而将教学组织降为思想附庸。

如果今天的教师，特别是我们这些大的中心区的教师，没有成为思想的奴隶，我相信，较之于其他原因，主要应归功于教师工会有活力的、敢作敢为的活动。

其他可敬的组织积极参与了多少当下重要的实际问题呢？我们的主席好心地事先给了我一份他提到的正在准备中的文件。他在文件中指出，教师工会是第一个对《卢斯克法》(Lusk Law)提出抗议的教师组织。开火之后，其他组织也可能跟进了，但这样做所需的勇气远比不上第一个提出抗议的。教师工会是第一个抗议议会法案的组织，这一法案要求对历史教学进行审查，这将使纽约在文明世界的眼中同那座中西部城市一样可笑(我不想提那座城市的名字,我以前在那里住过,对它仍有感情)。教师工会还是第一个抗议将美国教育周滥用于军国主义目的的组织。

这些例子说明了教师工会为明确的实际目的所组织的活动类型,同时也说明了教师工会坚实地隶属于美国劳工联盟,并在会议中勇敢地面对学术组织往往会回避的问题。

今天如果没有工会,劳动大众的情况会是怎样的?我指的不是工会的成员,而是一般的劳动大众。我们只要提出这个问题就能够想到,这将会是一个巨大的悲剧。

教师工会确实做了大量保护和帮助工会成员以外的工作。顺便提一下,这 272 也是教师工会不能壮大的一个理由。因为有太多的非工会教师依赖于工会的存在与活动所提供的保护和支持,他们只想得到组织的庇护,而不愿积极参与进来。

如果今天在座的教师中,尤其是大学教师,还有谁不是工会成员的话(我想应该是没有),我请求他们放弃懦弱的立场(如果我可以这样说的话),站出来,积极地同那些为教师职业而做着这项伟大而重要工作的教师们团结起来。

有人说教师工会有别于那些更有学术的组织,因为它过分强调了教师的经济状况。我从来没有轻视过教师的经济状况,特别是当我领到第一个月工资的时候。我发现,教师要同大家一样买杂货、付肉钱、交房租;我发现,他们作为个人和整体在社区里受到的尊重,是同他们的经济独立程度紧密相关的;我发现,社区普遍认为,教师更应该比社区的其他成员维持一种较高的生活水准;我发现,到最后,那些在机构背后控制金钱的人一般也控制着机构的其他部分。因此,我不会为说出下面这点而抱歉:我成为教师工会一员的一个理由,就在于它强调了教师职业的经济状况,而其他组织并没有这样做,虽然我想大家都知道,这些组织都派代表去奥尔巴尼讨论工资法案。但是,这些其他组织都没有持久而一贯地维护教师在所有方面的经济独立。

将经营管理的观念引入这个国家大城市的学校中的,并不是教师工会;这一观念,让学校的教育管理服从于最大的纳税人和逃税人群体。教育工会也没有通过将经济元素引入教育,试图让教师在那些除了一些大的经济群体,在关系到 273 所有人经济利益的问题上闭嘴。不是这样的,我的朋友们,并不是教师或教师工会将这些经济元素引入学校和正确管理学校的问题当中去。

我们生活在一个工业化时代,那种认为公共教育行为可以同在社会生活的所有其他层面占主导地位的经济、工业、金融问题分离开来的想法,不过是愚蠢的学术观点与单纯的幻想。

另外,教师工会一直以来都是与各种为了自身目的剥削学校的各种有组织的利益集团(它们不会为了单纯的学术讨论而聚会)进行斗争的进攻性力量。这些为了自身目的而利用学校的外部势力,要比一般公众所意识到的更多、更有组织性。关于军国主义,林维尔先生已经提到了一些。正如你们许多人都已经知道的,现在全国许多地方都在积极地进行一场运动,要将强制性的军事操练从那些非军事的高中和大学的课程中去除。然而长久以来,这些机构都在坚决地给学生灌输一种好战精神,一种野蛮而暴力的爱国主义(布尔什维克并没有垄断世界上所有的赤色分子,有些保守公民是伪装下的极赤分子)。

与这场运动相对的,还有另外一场组织良好、资金充裕的运动。这场运动不满足于让公众知晓情况,还制作了一个文件,将所有支持上面这场运动的人都列为危险公民。名字以"A"开头的、来自芝加哥的简·亚当斯(Jane Addams)女士作为"美国最危险的女人"被列在起首。名字就这样列了下去。但这一名单其实是一个荣誉榜,虽然它对名单上的每一个人都是一种人身攻击、一种胁迫。你们也许有兴趣知道,有些人之所以被列为危险公民,是因为他们支持撤销《卢斯克法》;而另一个更具破坏性的指控,即他们中的一些人据说是教师工会的成员。还有一些人被认为受到了来自莫斯科的、危险的赤色激进主义的控制,证据是他们对于劳工组织的友好态度。

274 　这并不是一件可笑的事。它足够荒谬,但这些人是有组织的。正如我前面所说的,这些人并不是为了学术讨论,而是要用军国主义来控制美国教育,而在这个国家里,军国主义正在迅速变为一种既得经济利益。这件事关系到三千个左右的工作岗位,以及其他的事情。有人会问:为什么教师应该组织起来制定出明确的工作计划,而不是简单地就教学科目与方法进行学术讨论?最近有人提出了一项关于童工的计划(他们还有胆量以进步和发展的名义提出这项计划),这项计划将降低那些低于联盟内很多州的法定条件的童工工作条件。然而这项计划既不是由教师,也不是由美国劳工联盟提出来的,它是由另一个组织——全国制造者协会——提出来的。难道教师对学生(不仅是孩子,还有青年)的关心仅限于教授课本和改进方法吗?我国教育者是否像制造者那样真的对维持童工的适当标准、尽量让他们晚一点参加工作、限制每周的工时,以及区分安全职业和不安全职业这些问题感兴趣呢?教师是否有一种较少涉及金钱和经济的、更广和更人性的社会兴趣?如果有的话,他们难道没有权利,甚至是义务与责任,组织起来,从而有效地保证那些最贴近他们心灵的兴趣吗?

刚才,奥汉朗(O'Hanlon)先生已经告诉你们一些美国劳工联盟的教育记录。几年前,我曾大量查看过这些文件,我可以不怕反驳地说,在自由和进步的公共教育项目中,美国没有一个组织(不管它的实质是什么)可以有像美国劳工联盟这样优良的记录。

教师应该远离学术势利(因为除了学术势利还有经济和社会势利),对于教师的这一点期望,我无需多说。我很早就坚信,正是这种势利支持着很大一部分对于教师工会及其与其他工会联盟的反对意见。我认为,他们的论点之所以软弱,学术势利是其中的一个理由。这一理由还不能公开发表,只能作为沉默的情感诉求。但是,我还要就下面这一事实多说几句,即我们的教育体系中存在着头手分离、工作与书本分离、行动与观念分离的问题,教师与其他工人(这些工人占社区的绝大部分)的隔离正是象征了这种分离。如果学校中的学习项目太过学院化和学究,离生活太远,其原因大部分是由于教育家、行政人员和教师本身远离了民众在生活中所碰到的实际问题。

如果所有教师都参加了教师工会,如果大家不是像我一样仅仅做一个只交会费的名义上的成员(我要在这里作一个主题之外的自白),而是做一个积极与其他工会、与本国的劳动者及他们的问题接触的会员,我确信,我们所从事的事业比其他任何事业(如果它们不是加在一起的话)都能革新和推进我们的教育,并将进步教育家和改革者的理念与理想付诸实践。

教师离世界上的工作不太远也不太近,而这,我要在这里重复,就是传统教育的弱点永远存在的根本原因之一。

在结束的时候,我要说,下面这一天一定会到来,虽然我不能确定是否可以在有生之年看到。当这一天到来的时候,人们不再会问:我为什么要加入教师工会?而是问:我为什么不加入,或者,这个人或那个人为什么不加入?当这一天到来的时候,大家都会很清楚组织与合作的原则,并认识到所有劳动者的共同利益(不管主要是用脑的、用手的,还是用声音的工作)。这时候,我们就不再需要那些来自非教师工会的解释、道歉和争论。这一天,一定会到来。

现代教育的破产[①]

276　　柯克帕特里克(Edwin Asbury Kirkpatrick)博士从高等教育的组织与管理,以及教育体系对教师和学生的影响的角度,为研究我国高等教育的起源、发展和现状作出了有价值的贡献。[②] 他收集了一些鲜为人知的,关于哈佛、耶鲁、普林斯顿、威廉和玛丽,以及历史短暂的"原木学院"(The Log College)的早期历史材料。这一叙述说明,美国高等教育最初有一段摇摆不定的时期,一方面是外部的、非专业的统治者所要求的体系,另一方面则是由教员与研究生管理的英国式体系。柯克帕特里克清楚地指出,神职人员基于他们自己对正确信仰的观念,希望确保大学教育保持正统,这才是建立外部理事会的决定性因素,而外部理事会现在已成了大学管理的常规模式。在当时,神职人员是受过教育的典型,大部分学生都在为传道作准备,这一决定是容易的,也可能是无意识的。这种情况非常自然,除了某些大学教师之外并没有引起多大的抗议,而公众对于这些抗议也没有特殊的反应。

　　教育被世俗化之后,由此形成的体系持存下来;不过,培养牧师则变成了大学中最小的一部分工作。除了那些小的教学学校,商人继承了神职人员遗留下来的功能,并且不管怎样,由于教会的经济保守主义,商人与神职人员之间的同277盟并不难建立。然而,这本书的大部分都是在以一种事实性的、非情感性的方式讨论高等教育在之后的发展,这些发展都不利于教育自由。同时,作者还描述了

----

① 首次发表于《现代季刊》(*Modern Quarterly*),第 4 期(1927 年),第 102—104 页。
② 《美国大学及其治理者》(*The American College and Its Rulers*),纽约:新共和出版公司,1926 年。

当前高等教育中的一些倾向:不满于外部的、非专业的管理,教员和学生想要更多地参与到学校管理当中,作者称这些运动为"民主的萌芽"。在题为"下一步"的章节下,柯克帕特里克概述了一个很好的、用民主管理代替专制管理的方案,我以前的一个同事曾称这一方案为"顺从的专制主义"。柯克帕特里克自己的声明是温和的,并且他避免依赖于流言蜚语。他对于当前教育体系在拓展物质资源和学术机会上取得的超凡成绩,给予了充分的肯定。像大多数高校的教师一样,他感到大学管理向民主机构看齐的时机已经到来。

不幸的是,实现这一结果的障碍不仅限于在生活中随处可见的体制的惯性,也不仅限于大的商业和经济利益集团想要控制教育政策的谨慎欲望。在我看来,作为一种有意识的倾向与政策,激进分子往往会夸大后一因素的影响,虽然还存在着另一个无意识的、微妙渗透的影响,那就是今天我们生活、运动于其中并由此获得自身存在的资本主义体系。我的判断是:起限制作用的、更为强大的机构就是我们的体制本身。我认为,柯克帕特里克夸大了年轻人的自由化倾向。"年轻人是每一代人当中最自由的创造者",这是一个可疑的说法。大体说来,年轻人,至少是那些进入大学的年轻人,在思想上出奇得传统。大学氛围、"大学精神"、校友活动——这些都助长了对于思想和社会现状的无批判的满足,以及粗鲁的、只会叫好喝彩的外在主义。这种情况也许与现存的大学管理体系只有间接的关系,但我马上就能想到一些造成这一情况的不同原因。

在我看来,在当前的体系下,大学教员一般都不大自在,但他们能自由地表达批评意见。然而,他们会在多大程度上积极承担废除缺席学术的管理者、采用内部管理政策的责任,这一点并不确定。在大一点的机构中,教员拥有比当下体系所正式提供的更多的额外法律控制。但是,他们的大敌是学术专门化。大部分教师想关起门来做自己的事,如果工作受到了干扰,他们就会抗议;但总体来说,他们不想在工作之外花时间和心思考虑大的教育政策,更不用说行政管理了。造成半数选民不去投票与导致大学教师对教育事务冷漠(除非出现了危机)的原因是同类的。大学中的院系体系是独立于理事会的,院系之间的明确划分、各系为扩大人员和科目而进行的经费上的竞争、院系领导经常会有的专制,这些问题都必须在教育解放的全面计划中加以解决。学术专门化与知识院系化催生了对于大的社会问题与社会对象的冷漠。我并不是说学校的管理机器不需要变化,而是说管理机器在解放探究和解放讨论上毫无成效。但是根据我的判断,教育更需要教师用基于人类兴趣和福祉的眼光来看待他们的特殊专业。如果能够做到这一点，能量就能得到释放，思想活动就能得到促进，而这些在实践上都是不可抗拒的，并将很快引发管理形式上的变革。

然而，让我感受最深的还是作者对下面这一点的讨论，即高等教育总是被误导性地同一般教育系统分离开来。根据我的观察，大学教师拥有的思想自由要远远多于低阶的公立和私立学校教师，尤其是高中教师所拥有的。而后面这些教师接触的学生却要比大学教师多得多，并且能够在学生更易受影响的年龄阶段影响他们。那些攻击大学管理的人往往理所当然地认为，公立学校的"校董会"制度是最终的和不可避免的。但是，将"校董会"塞到学校的自治管理层与教员之间既没有意义，也毫无必要。这是一个体现了非专业管理与非社会性管理的极端例子。我相信，除了在制定教育政策时缺少教员的参与，公立中小学的教育主管和校长要比大学校长和院长更为专制。我们的中小学受着"行政人员"的折磨，他们疯狂地迷恋行政管理。中心办公室打字员的低效率风气传到了开展教育工作的教室当中，并在那里产生了不负责任和例行公事的低效率后果。可是，这些事情大部分都没有引起注意或引发评论。公众似乎已经满意了，意识不到问题的所在。只要当学术自由不再被当成是某种独立的、只关系到大学的事情，教育自由的提升才有真正的希望。保证教育自由是一个整体性的问题，它涉及整个体系。只有这样看，这一问题才能受到普遍的重视，而普遍重视则是找到任何适当解决方案的前提。否则，至少在我看来，大学管理就只能勉强地对付着。年轻人也许是自由和有创造性的，对此我并不怀疑，但是到大学才影响他们的心灵已经太晚了。大学教育必然比中小学教育更专业。一旦大学教师认识到自己与所有其他教师之间的团结，他们便能轻易地赢得自身的解放。虽然只有一部分教师追随美国教师联盟，但这一行为已经是团结最明显的表达了。只要像最近发生在西切斯特师范学校（West Chester Normal School）那样的事件依然存在，大学教学的自由就是不确定的。并且，这些事件很可能会继续下去，直到教师组织起来，让大家认识到他们的社会功能。

制造商协会与公立学校^①

别人一定会同你们讲起制造商计划的细节，即协会代表自身提出要加强孩 280
子们的教育利益。我不想讨论细节，而是想同大家一起思考一下制造商协会对
于一般公共教育的态度。我想，不需要讨论这一计划的特别要点，我们就能通过
观察协会由其代表所体现出来的对待整个公共教育问题的态度来很好地判断这
些细节是否真的处在进步的方向上。这并不是说我掌握了任何关于他们态度的
私人的或保密的信息，我只知道那些他们发表在公开文件中的东西。我想请你
们注意这些文件的一个突出特征：它们倾向于收集针对我们的学校体系所提出
的各种极为自由的批评。

我们的学校体系并不完美，这一点对于你们中任何一位来说也许都不是新
闻。我们的学校体系存在缺点，很多人已指出了这些缺点，并且对我们公立学校
系统的许多方面提出了尖锐的批评。如果我现在是在受审，那么我也许不得不
认罪。然而在这些批评中，至少存在着两种非常不同的方法，以及两种非常不同
的目的。我马上会给你们一些体现他们批评态度的例子，然后想请你们想一想，
他们得出了什么结果，想表达什么样的寓意？制造商协会掌握着巨大的经济和
政治资源，他们是否应该站出来，运用他们的力量来改进公共学校，直到这些缺 281
点消失呢？邪恶存在的事实，使我们有理由更为有效地组织起来去治愈它们，让

---

① 首次发表于《全国教育协会杂志》(*Journal of the National Education Association*)，第 17 期(1928
年)，第 61—62 页。原文是杜威于 1927 年 11 月 28 日对全国消费者联盟(National Consumers'
League)所作的演讲。

学校变成真正为了孩子的学校。

不,这并不是协会得出的结论。虽然没有完全坦率地说出来,他们暗示和相当强烈地表明了另一个结论:公立学校的这些缺点提供了一个相当一部分孩子不应留在学校里的理由。换言之,公共学校是如此糟糕,对孩子来说,工厂、车间和商店明显要比学校好。我预计,如果这些具有公共精神、富有且想必都是慈善的绅士们坚持这样做,那么用不了几年,我们就会在报纸上读到这样的标题:"派克大街公寓大改善。15%的孩子离开学校去操作机器";或者"第五大街的家庭生活条件好多了。大量 14 至 16 岁的孩子离校到城里的百货商店干活或去卖报"。

因为学校有这些缺点,所以相当一部分孩子最好在很小的时候就进工厂,如果说这个论点有任何意义,其意义只在于让孩子完全独立于家长的经济地位与财富。如果这个论点对一个孩子有好处,那么它就对所有的孩子都有好处,无论他们的家长是劳动人民还是百万富翁。但是,我没有发现有人对富裕家庭提过这个建议。我想,在那些撰写协会报告的人当中,有一些是重要大学的理事;我从没有听说,作为大学理事的他们在敦促大学中的年轻人去工厂寻求更佳的教育优势。

协会所提出的批评大体是这样的:"一般公众和教育家对于公共教育正在取得的进步逐渐产生明确的怀疑,如果不是失望的话。"

然后,他们接着指出:在过去 10 年或 12 年间,公立学校的孩子大量增加,人数多达上千万,经费大量增加,高中生人数也按比例增加,从而形成了巨大的税收负担,如此等等。

结论是:"在教育运动的正确道路上,我们进展了多少呢? 我们是否将教育当作一种时尚,其实并不理解教育是什么或应该是什么?"当然,任何人民团体(无论是代表制造商利益的团体,还是其他团体)都可以质疑我们的教育是否正在成为一种时尚,这是完全合适的。但是我认为,基于对这一特殊问题的严肃兴趣,我们有权质疑这个特殊团体提出下面这个问题的动机,即当前的美国人是否处在将自己孩子的教育当作一种时尚的危险当中?

下一步我们该怎么做? 是不是说,因为有些孩子在体力上落后,所以就要被剥夺来自公共学校所有的医疗、监管、照顾的好处,而将自己交给温柔慈善的工厂主(而工厂主的主要兴趣则在于从他们的劳动中获利)? 这个是结论吗? 还是说,因为有些孩子的智力相对落后,所以他们不应该接受任何进一步的教育,而应该去从事机械、僵化而麻木的工作,一天 8 小时或每周 48 小时操作机器,反复做着同一个动作,谁也不知道一天要做几千次？或者,制造商协会是不是应该像其他有公共精神的公民所做的那样,为照顾那些多少有些落后和存在缺陷的孩子而发展特殊学校,并且在我们当前学校的方法不能适当地满足这些孩子的需要时,试着改进这些学校,直到孩子们受到妥善的照顾呢？

协会再一次问："我们是不是机械地制造了大量机器,而没有发展孩子们的思维能力？"如果我是一个大的制造商,拥有大量并不需要多少智力就能操作的机器,并且我的主要兴趣是从工厂获利,那么,我们倒希望对于这一问题的回答是肯定的——我们是机械地制造了大量机器而没有发展孩子们的思维能力。因为如果思维能力得到了高度的发展,他们就不会去做这些完全例行而僵化的工作。在协会的报告中,他们建议那些能力差一点的孩子(接近低能儿)去做这类工作,因为他们不需要思维能力就能够做那些事情。

283

他们一方面迫切希望学校发展思维能力,一方面又想让那些智力落后的孩子去管理自动机器。对此,我不是很理解。然后,我们又遇到了另外一个老朋友。作为一个大学教授,如果这个幽灵没有在报告的某处出现,我会感到迷惘的："毫无疑问,我们的许多公立学校和大学正在逐渐倾向于最坏的社会主义,实际上就是布尔什维克主义本身。"

请原谅我不能用其应有的爆炸性力量来说出"布尔什维克主义"这个词。

报告接着说："我们的许多教师都不能研究地思考或调查,他们被布尔什维克主义愚弄了,并且在教授那些危及美国未来的错误理论。"

其中的寓意是明显的:孩子离开学校越早(早到不用上高中或大学),就越能受到保护,远离这些危险的、布尔什维克主义的大学教授,同时对美国纺织工业 20% 或更多的年度红利构成的危险就越少,从而对美国未来构成的危险也就越少。

我们的学校体系存在着缺点。邪恶是存在的,公正的批评也是需要的。但这些事情意味着什么呢？回答是:它们意味着,有必要将共同体中所有有理性、有人性的成员组织起来,去纠正这些邪恶,让所有的孩子(不管他们家长的文化或财力程度,也不管他们本人的体能和智力)都能从学校中充分受益。

我想指出,在研究协会计划的细节之前,我们发现,有一批人是带着下面这一明显的目的在讨论公共学校的条件——他们想用这些邪恶来贬低公共学校工作的意义和重要性。在这种情况下，我们有权质疑他们提出的任何进一步的结论或建议。

美国人民，包括美国商业人士，就美国的实际理想主义讲了很多。现在，如果人类生活中的某个方面需要理想主义，并且需要这一理想主义是实际的，那就是培养年轻人。在我看来，每一个严肃的人在考虑关于个人与社会未来的众多重大问题时，一定要对这一问题心存敬畏。任何真正的实际理想主义都会有这样的信念，即最有智慧、最好的家长想为自己的孩子提供的，也就是作为整体的共同体应该为作为整体的儿童共同体提供的。只要我们没有努力去实现这一理想，对于所谓的理想主义来说都是一种耻辱。但这并不是说我们马上就能够实现这一理想。在很长一段时间里，共同体中那些有智慧的、富裕的家长的能力以及他们对孩子的期望一定会超越共同体能够并且将会为孩子做的。但是，我要说，即便协会的这一计划不能实现，至少这一计划中正直和人性的部分能够阻止我们给共同体中那些不幸和落后的孩子增加更多的障碍。

如果我们不能积极地给予所有的孩子他们所应有的，那么我们至少可以不要再故意增加他们已经遭受的障碍。而对于那些在大批孩子已经遭受的障碍上再增加更多艰苦与困难的人，我想圣经里的一句老话对于他们依然适用："倒不如把大磨石拴在这人的颈项上。"①

----

① 马太福音 18：6。——译者

书　评

作为艺术的哲学[①]

《本质的领域》(*The Realm of Essence*)

乔治·桑塔亚那(George Santayana)著

纽约:查尔斯·斯克里布纳之子出版公司,1927 年

虽然哲学因特别的地点和时间会发生特殊的转向,但它总是在摆动之后回到它的中心问题:存在与观念、物质与心灵、自然与精神的关系。对此,实证主义与现象主义的思路似乎已经暂时完成。当代哲学表现出了想要侵入那个被 19 世纪思想轻蔑地否定掉的"本体论"领域的明显意愿,同时还展现了想要返回希腊与中世纪的思辨,并探讨物质与心灵、自然与精神的内在本质及其相互关系的显著倾向。多年之后,第一次出现了对存在与本质的深入讨论,而在这场讨论的参与者当中,乔治·桑塔亚那是引人注目的一位。

自《理性的生命》(*The Life of Reason*,此书让他的思想获得认可)以来,桑塔亚那主要是以道德家和史学家(其研究对象是他所谓的"文学心理学")的身份来谈论理性的生命是如何从盲目的感觉和欲望之流中产生的。在那一著作中,他向我们传授了或似乎传授了下面这一点:观念和理念的领域扎根于自然当中,并在自然中形成它的顶点;观念和理念的领域注定是一朵自然之花,可是这朵花永远不能结出能够再次扎根于自然的果实,然而,这朵花依然是可爱的,它是经验与人类生命的目的(在唯一可理解的意义上)。然而,那些在这种自然主义观念论的意义上来解释桑塔亚那的人,现在看起来似乎错了。他们误将桑塔亚那戏剧性再现的人类获得关于观念和理念的知识的历史,当作了对观念本身如何产生的解释。继导言性的《怀疑主义与动物信仰》(*Skepticism and Animal Faith*)

[①] 首次发表于《新共和》,第 53 期(1928 年),第 352—354 页。

之后，桑塔亚那现在提出了他的实证性的，也可以说是建构性的形而上学——不过，他更愿意称之为本体论。《本质的领域》作为存在诸领域的第一部分，吸引了我们的注意。

我认为，我们也许可以这样简单而又不失公正地来陈述他的基本立场：他的哲学信条可以说是这句老话的变形——凯撒的物当归给凯撒，神的物当归给神。基于他的彻底的二元论立场，我们可以这样说：属于本质的事物当归给本质，属于自然、存在、物质或基质（这四个概念是等同的）的事物当归给自然、存在、物质或基质。所有的物理存在与精神存在都是自然的，而物质则是自然的基质。自然是持存而充满偶性的流动，自身没有性格，甚至没有特征，更谈不上目的。与存在物领域对立的是存在的领域，存在的领域由本质组成。本质虽然"是"但并不存在；而存在物，因为处在不断的变化与流动之中，则"不是"，它们更像是柏拉图所说的"非存在"。因为本质并不存在，我们只能用那些存在物特征的否定概念来描述它们：非物质的、永恒的（在非时间性的意义上，而不是在永久存在的意义上）、无空间的、柏拉图式的理念天国、莱布尼茨式的可能性世界（只有极少的可能性能够被挑选出来成为存在）。每一个本质都是完整和独立的，它们完全是特殊的，但又完全是普遍的（不是一般的），并且它们的数量是无限的。

本质是直觉的对象，而不是证明或反思的对象，因为所有的思维和感觉都将它们预设为已经被直觉到的对象。然而，我们可以用各种模式的方法指示本质的存在和它们的具体实在，怀疑就是其中的一种方式；通过怀疑，我们指出这样一种存在既不能被感觉也不能被认识。不过，我们还可以通过其他道路认识到作为直觉的对象；本质不但已经包含在知识的每一种形式当中，还包含在了重要经验的每一种形式当中。这条道路是辩证法的道路，在这条道路上，我们要么构建，要么分析理念的形式，从而追溯它们的逻辑形式。这些逻辑形式是精确科学（数学和逻辑）的唯一对象，而自然科学的目标则是追溯这些形式是如何实际体现在自然之流中的。

本质是在沉思中，特别是在对感觉的沉思中被切近的；一旦感觉停止担心对象在实践或理性思维中的运用，它就变成沉思性的了。最物质的事物一旦被感受为美，便升华成为本质；心灵自然地倾向于本质，而非事实；我们考虑事实，仅仅是因为身体为了保存自身，不得不有所行动，使自己实际地、生存性地适应于其他存在物。生命之初的玩要与生命最后的沉思展现的正是心灵与本质之间，而不是与行动和事实之间的亲近。桑塔亚那提到的另外一条道路是精神性的训练,通过这种训练将人从对物质的关心中解放出来,提升他,让他关心永恒,而不是关心尘世的命运。

存在的领域是冷漠而没有活力的,它没有能力也没有欲望在存在物中安家落户。具有力量与因果性的存在之流则偶尔会带上和抛下一些本质,存在之流由此便获得了决定性的特征;而作为存在之流特殊的一部分,人类通过经验变得机敏之后,能够找出决定性的事件进程,并从一个存在的特征推断出另一个存在的特征。本质的这些体现或例证定义了所有关于存在物的知识、常识以及物理科学的性质,然而这些知识代表了心灵由于严苛的条件而对自身存在所作的让步,并非心灵之恰当本性的表达。当这种对于存在之必然性与行动之需要的调试被认真对待,并成为生命的目的或价值时,心灵就被出卖了。对待自然的真正态度是虔敬,就像对待母亲般的恭顺敬重。要欣然接受并赞赏将本质限制到存在当中时所产生的喜剧般的荒谬性,并认识到,正是这种荒谬性将人类从让本质具体化的义务中解放出来,并赐给他们沉思和享受本质的机会。当心灵投身到这种虔敬之中时,它便找到了它的真正职责,也就是精神性。对自然的虔敬是必要的,因为只要我们存在,就逃脱不了自然;并且,这种虔敬也是一种感恩,因为正是由于自然的恩典,思维与直觉的威力才能够存在。在谦恭地表达对自然的虔敬之后,心灵得以解放,并居存于它真正的家园——永恒——之中。这是所有宗教的核心含义,不管它们背负着多少关于存在的迷信传说;这也是所有超越单纯谨慎性的道德和所有艺术的核心含义。

290

我不得不省略许多哲学研究者会认为非常有趣的东西,其中有一些也许是本书中最有启发性的。然而,我希望我没有省略任何与其立场有关的根本性的东西,虽然其表达的迷人特质——明晰性、朴素与魅力的结合、优雅——在我的叙述中蒸发了,这些特质不但体现在形式上,还体现在内容上,因此有些读者也许会想念那些点缀其大部分文字的微微"恶意"。对桑塔亚那的批评因此也就陷入了一个几乎毫无希望的困境。桑塔亚那习惯性地将"教条的"作为褒奖之词来使用。也许没有一个思想家,肯定没有一个当代思想家像他那样确信,那样完全摆脱了理性上的怀疑。怀疑与发问对他的哲学精神来说是陌生的,正如它们与沉思本质、欣赏音乐毫不相干一样。桑塔亚那告诉我们,直觉是"不需要中介或怀疑的绝对的把握"。他对于自己的体系有这样的直觉,而对于那些不能达到类似直觉的人,他的最终回答也许会是:那对你来说就糟一点了。但是,哲学是反思,而不是音乐或诗歌,虽然它很幸运能够找到一位像桑塔亚那这样的诗人来阐释它。因此,哲学应该落在真或假的领域当中,并服从于某些物质性证据和内在连贯性的标准(相反,音乐就不是这样)。梦有时是沉思的可爱对象;人则是一种爱幻想的动物,而幻想的内容根据桑塔亚那的定义,便是本质。因此,桑塔亚那的哲学作为一种哲学,需要经受事实证据与内在的逻辑一致性的检验(一首诗或一部交响乐就不需要经受这种检验);而对于一个思想家来说,不提出由怀疑产生的问题是一种失礼的行为。

但是,从桑塔亚那自己对于真理的定义出发,批判者发现他们又面临着另一个困境。对桑塔亚那来说,真理的领域是"一些碰巧体现在存在领域中的本质领域的片段",然而在他的体系中,他最为关注的部分,并且也是他的自然主义能够与精神性区分开来的基础,正是那些没有体现在(除了偶然情况)存在当中的本质。由此,无论对于他自己还是对于批评者来说,正确判断其体系的标准被剥夺了。技术性的批判也许可以最为公正和最具同感地追溯其理论在历史上的祖先,然而即使发生学的方法可以避开那些桑塔亚那不喜欢的隐蔽问题,它也始终是与关于这些问题的人类见解相关的。由此看来,他的体系似乎向我们呈现了一个用洛克式的简单观念来阐释柏拉图式的理念的版本,对这一结合,我们马上就会怀疑其成分之间的一致性。洛克将观念定义为"心灵在思维时的直接对象"(这里的"心灵"涵盖了所有现代心理学家称为"意识"的东西),而桑塔亚那则跟随洛克,声称本质是每一种意识的直接而确实的对象,没有什么比这种做法距离柏拉图为了将灵魂的视线转向理念所要求的严苛训练更遥远了。我觉得,桑塔亚那对民主时代和随遇而安时代的性情所作的让步,要多于他在理论上所认同的。

有人也许会再一次指出,根据定义,造成存在物与存在之间巨大区分的存在之流,无论对于感觉还是对于思维来说都是不可知的。我们很容易得出这样的结论:存在之流本身是一种单纯的本质,并不是一种存在物,也不是一种存在的特性。这一结论看似有点辩证,但如果我们将其贯彻到底,就会得到这样的结论:存在物具有秩序和关系,而不仅仅是流动;而本质只是关系以及从自然存在抽取出来的关系性运作,这些自然存在物在思维中升华为本质,而这些本质则被存放于那些它们从来没有真正与之分离的存在物当中。一个彻底的自然主义者可以轻易地从任何思维对象的特征中得出桑塔亚那的本质的每一个特征,因为思维处理的正是自然。这一任务之所以很容易，是因为桑塔亚那在否定了本质的任何能力之后，不得不将意图与交流的发生归于自然世界。

然而，批评者也许更应该去追溯桑塔亚那另一部分理论的后果，在那部分理论中，桑塔亚那区分了直接被直觉拥有的本质与被意图或被暗示的本质。桑塔亚那这样揭示了经验前一阶段的本质："但丁在《地狱》中所描写的那些灵魂所遭受的折磨并没有被诗人直觉到，也没有成为被读者意图到的本质，否则他们就将实际承受这些折磨了。"照这一思路发展下去，感觉就会变成把握本质的唯一器官，这里的"感觉"(sense)并不是分析心理学中干枯的"感觉"(sensation)，而是包含了情感的直接而丰富的认识。只有当本质或意义体现在物质或自然存在物中时，这种直接的把握才是可能的。思维所处理的作为意图或暗示的"本质"并不是被拥有的，也不是被知觉到的。这些本质的意义存在于希望在自然中实现其隐秘的意图之中。除了作为工具帮助和引导这种体现，本质只不过是被象征性操作的符号——遥远、苍白、抽象。

照桑塔亚那哲学的这些思路来看，本质的领域不过是用来将那些未实现的可能性投射到自然当中的思维设定。本质的理性地位，它们究竟是幻想还是真正的观念，决定于它们是否适合于指导行动以影响某个具体化的实现。这些行动定义了制作和技艺的过程和目标；因此，制作的行为，或者说存在中的具体化，便是处理"本质"的思维意图的一部分。行动与思维的对象处在同一个层面上，行动体现的是指涉存在的意图，而正是这些意图构成了思维的对象。柏拉图式的本质是工具性的，同时也是行动本身；它们是自然存在转型的手段，这种转型虽然是延迟的但又是潜在的，并且可以通过那些能够被直接而理性地欣赏的意义而丰富起来。桑塔亚那经常在本质的领域和音乐之间所作的类比也指向同样的结果，因为音乐是那些在感觉和本质上与存在孤立开来的本质的对立面。

如此看来，在四条通向真正和最终本质的路径中，只有一条，也就是感觉的路径，才是完整而恰当的。其他几条都是初步的和工具性的，是预先的准备性机制，但这种机制对于欣赏自然被实现了的潜在的丰富性与生命力来说，又是不可或缺的。也就是说，这些路径本身并不是本质，而是切近拥有本质（也就是最终而自足的质）的自然存在的手段。

我想，如果上述建议能够得到适当的发展，我们也许可以根据之前提到的困境，从两个方面来检查桑塔亚那的体系。首先，我们可以将他的理论视为一个理性的体系，在历史上已经存在的各种体系可以说是这一体系的祖先，这些体系都先于桑塔亚那提出了将本质与存在分裂开来的两个世界的图示。基于这一观点，他的理论包含了所有折磨这些历史性体系的无解的问题与矛盾，还要加上那些由于他对这些问题更为一致而极为精确的发展所揭示出来的新问题。因此，如果说这一理论的最终命运是避免在体系的各前提之间使用归谬法，我并不会感到惊讶。然而，我们也许还可以选择一条更为友善的路径，从欣赏本质与欣赏艺术之间的亲密关系出发，将桑塔亚那的理论阐释为消除所谓的思维对象与自然之间的分裂。由此得到的结论是：思维和它特有的对象，就像是单纯的行动或实践一样，不过是将原始自然转换为技艺作品和直接具有意义并可以被欣赏的存在形式的手段。同时，桑塔亚那创造的这些技艺作品体现在观察和反思中，为我们提供了许多高等级的享受；那些愿意效仿桑塔亚那的读者完全可以废除怀疑与提问，投身于这种享受当中。因为到最后，只有体现于自然存在中的智慧还有意义，本体论哲学家和辩证法哲学家的技术性智慧最后都会消失。心灵与纯粹本质之间的亲近是需要经过训练和准备的，这种直接的、工具性的亲近一旦得到发展，心灵便会自发地转向它的适当对象，也就是技艺在自然存在中所实现的意义。

哲学对一种令人满意的现实观的寻求[①]

《作为一种哲学的唯心主义》(*Idealism as a Philosophy*)

R·F·阿尔弗雷德·霍恩尔(R. F. Alfred Hoernlé)著

纽约:乔治·H·多兰出版公司,1927 年

《科学与哲学及其他论文》(*Science and Philosophy and other Essays*)

伯纳德·鲍桑奎(Bernard Bosanquet)著

纽约:麦克米兰出版公司,1927 年

霍恩尔教授的书是一场真正的教学法的胜利。当我说"教学法的"这个词   294
时,心中并没有这个词通常所带有的那种贬低的意味。这本书展现了一个真正
的教师所应具有的特质:清晰、有序、叙述的高度简单性(考虑到主题的难度)、交
流中富有感染力的热情,还有坦率(哲学家应该具有这种坦率,可叹的是他们常
常在激烈的论战中丢失掉这种坦率)。前言告诉我们,本书的意图是"要帮助初
学者穿越唯心主义理论混乱的迷宫,并且尽量使初学者在大量添加和增强所学
知识的同时不需要抛弃已经习得的知识"。并且像许多优秀的教师一样,本书的
目标是要刺激和引领学生去研究那些哲学家的一手著作,而不是代替他们去达
到这种熟悉。霍恩尔先生已经在实现这些目的上取得了非凡的成功。事实上,
他所做的比这些更多:虽然本书主要是为那些只有一点基础知识的人(这些人没
有一个属于严格的技术性类型)所写的,但我认为,那些专业的研究者在阅读本
书之后,即便没有增添信息,也会增加洞见。

本书在一开始就讨论了哲学的本质,并给出了唯心主义哲学的框架。作为   295
从哲学学习者的角度来陈述哲学对象与哲学材料的著作,这种气质与方法——

---

① 首次发表于《纽约时报书评》(*New York Times Book Review*),1927 年 11 月 13 日,第 8、22 页。

"如何学习哲学"——是典型的。这一方法清楚地表明,哲学在本质上是一种行动,它是哲思(philosophizing),而不是获得信息:"它是一门需要通过实践来获得的艺术。"伟大哲学家的著作为我们提供了模型;我们必须像进行其他艺术活动一样,用自己的方式去理解和重复伟大的大师们所走过的道路,由此我们便获得了专长。

上面的这一强调与霍恩尔的观念是完全一致的:哲学的目标是达到一个"能够同时满足心灵与头脑的现实观",并为人类在宇宙中安居作出贡献。这也解释了本书的作者为什么不但要重复两个关于哲学思考(不同于特殊的科学思考)的平常说法,还要将两个通常被省略或忽视的方面带入到台前。这两个平常的说法是:第一,哲学考量的是直觉和判断的过程,而这些却被科学所忽视,因为科学关注的是那些已经被知觉到或已经经过判断的对象,科学考虑的是那些被特殊科学认为是理所当然的"主观"因素;第二,哲学检查特殊科学所预设的基本概念,并将这些概念置于探索性的批判之中,以期找出它们之间的完全一致性,从而成为整个现实与知识的有机体的有机组成部分。

那两个通常被忽略的方面是:第一,哲学像科学一样寻找一般性原则,但科学的方式是尽量排除情感与欲望,而哲学的方式则是将特殊的情感和欲望转化为适合于一般观点的形式。正如柏拉图与斯宾诺莎所做的,为了在整体中把握特殊事物与特殊事件,我们需要转换情感与意志,而不仅仅是引发理论上的变化。第二点与此相近,即虽然哲思是明确的反思性思维,要求人们暂时从直接的生活进程中抽身出来,但其最后的落脚点在于与平常经验材料的直接亲熟,并且更丰富、更确定、更深刻地把握这些材料。霍恩尔指出,这种对哲学之职责与结果的看法代表了他所支持的那一派唯心主义的结论。但我相信,其他唯心主义学派与非唯心主义学派也会接受这种精神,虽然对于作为结果的更为深刻与丰富的直接亲熟的确切本质是什么,它们之间存在着巨大的分歧。

霍恩尔讨论的重点在于对四种唯心主义类型的分析。为了理性地批判或接受,我们需要对它们进行区分。这四种类型是:绝对唯心主义(在本书的作者看来,这是唯心主义反思的合法形态和完成形态)、精神多元论、精神一元论,以及康德提出的批判的唯心主义。精神多元论认为宇宙是由各种不同类型与程度的精神所组成的社会,而上帝则是这一社会的基础和顶峰。本书最好的章节之一讨论的是作为这一类型代表的贝克莱(Berkeley),而詹姆斯·沃德(James

Ward)则被认为是这一类型的晚近代表（下面这一事实指出了"唯心主义"这一概念所包含的某些模糊性：莱布尼茨是一个比贝克莱更为明显的精神多元论者，但他却成了晚近"实在论"的灵感来源）。精神一元论认为，有一种单一的、非人的但又是精神性的力量体现在所有事物中。叔本华（Schopenhauer）与柏格森（Bergson）作为这一类型的代表，得到了讨论。康德的名字本身就已经指出了批判唯心主义的特质，尽管我们要承认康德自己并没有表达得很清楚。黑格尔被认为是绝对唯心主义的创立者，而布拉德利（Bradley）与鲍桑奎则是这一类型的现代代表。

这篇评论不可能涉及作者的特殊观点，以及他对于不同思想家的批判，虽然正是这些材料形成了本书的实质，也是其教育性和启蒙性的来源。我们只要指出下面一点就足够了：霍恩尔自己所采用的，正是他推荐给读者的方法。他选出一些思想家作为个人专长与洞见的模型，并运用他们的方法与结果；当他引导读者穿越这些场地时，读者如果愿意多作一些比消化一本畅销书所需要的思考，就一定会得到这些思想家所具有的一些特征。

在我看来，本书最好的章节是关于贝克莱和鲍桑奎的那几章。霍恩尔对鲍桑奎的讨论充满了激情，虽然我不能说霍恩尔将自己视作鲍桑奎的门徒，但他的讨论带有极大的同感性的赞赏与接受。而那些最不令人满意的章节（至少是对那些哲学家的追随者来说），是关于叔本华和柏格森的。霍恩尔极少有理解失误的时候，但是针对霍恩尔主要的反对意见，这些思想家也许有很多要说的，也就是说，从某个单一力量导出的实际现象中的多样性细节并没有被展示出来，而仅仅是被提到。并且，霍恩尔将其他思想家的缺点当作鲍桑奎的优点，即"我们必须将那些赋予生命以内容的区分看作是实在的"。霍恩尔明确拒斥了黑格尔所提出的辩证运动，因为这一运动恰恰缺少了这种对多样性细节的导出；并且，黑格尔告诉我们，"宇宙是一个单一的精神，所有的表象都是它的体现"。由此看来，霍恩尔并没有真正地指出精神一元论与绝对唯心主义之间的区分。我想，读者在阅读此书后会发现，黑格尔及其追随者在霍恩尔眼中的优越性是由于他们更多地关注了思维的逻辑，更好地欣赏了伟大的人类艺术、宗教和国家机构——在他们看来，这些都是"绝对精神"的完成形态。不管怎样，霍恩尔对于这些因素的同感性赞赏是其阐释（无论是批判性的，还是建设性的）的最终的明确特征。

除了在阐释鲍桑奎时的激情之外，霍恩尔还将本书献给了对鲍桑奎的回忆。

因此，在我的这篇评论中，除了讨论霍恩尔的著作之外，还应该简单地提一下鲍桑奎死后出版的文集才比较合适。霍恩尔指出，鲍桑奎"从哲学传统、科学、文学、艺术（他写了一部美学史）、社会工作（他长期关注伦敦慈善机构的活动）、政治和宗教中汲取养分"。这部文集有力地证明了这一点。编辑将材料归在三个主标题之下："逻辑与形而上学"（这部文集的名称就取自这部分的第一篇文章）、"伦理的、社会的与政治的"、"美学"。在看了实际的材料之后，人们会发现，这些标题所暗示的题材之广泛性确实如此；并且，对本书的检查还会证实编辑们在前言中所作的论断："在与他同时代的哲学家中，极少有人能够涉猎如此之广。"编辑们的另一个判断同样有理：尽管文集的主题多样，但第一篇文章在精神上将它们统一了起来，因为这篇文章吁请将哲学范围与权限拓展至将任何对人类有价值的、任何能带给对象"满意性"（satisfactoriness）的东西包括进来，特别是那些自柏拉图时代以来就与"真"一起被包含在哲学传统当中的"善"与"美"。这一观点与伯特兰·罗素（Bertrand Russell）的观点是对立的，罗素声称，哲学只关心那些在所有抽象的可能世界中都有效的命题，比如数学命题，而好坏、美丑之间的区别并不会出现在这种纯粹逻辑性的主题中。

除了坚持将所有人类兴趣的伟大对象包括进哲学反思的范围之内，鲍桑奎还批评了罗素的立场，认为后者从哲学是一种理论兴趣这一事实，得出了哲学的主题必须是理论性的这一结论。这对于罗素曾经对实用主义所作的批判是一记巧妙的反击：罗素的论点就好像是说赶肥牛的人自己也应该是肥的，虽然在这种情况下，我们更应该说他是"瘦"的！鲍桑奎的另一个反对意见是：我们只有在哲学的进程中才能发现哲学是什么，只有知道了答案的某些方面才能提出适当的问题，而罗素则在哲学思考之前武断地设定了一个先天的限制。在鲍桑奎看来，哲学的进程本身已经显示出任何其他哲学概念所包含的无用与浪费，但除了罗素提出的道路，他并没有考虑到另外一条可能的出路，而只是一味地指出：黑格尔与他的追随者已经证明了一条对立的道路的可能性。鲍桑奎的文章很难像霍恩尔的那样（巧妙地引领读者穿越唯心主义思想的迷宫）引起广泛的兴趣，但专业的唯心主义者以及从唯心主义的角度之外来切入哲学的研究者，一定会注意到这部文集。

整合一个运动的世界[①]

《有目的进化:科学和宗教之间的衔接》(*Purposive Evolution*:
　　The Link between Science and Religion)

埃德蒙·诺布尔(Edmund Noble)著

纽约:亨利·霍尔特出版公司,1926 年

　　诺布尔先生这部重要的著作就像他所写的宇宙那样紧凑,要想从上下文中 *299*
选取孤立的一段来总结其主要观点并不容易。不过,下面这一段是有代表性的:
"就具体的自然问题而言,关系性哲学(rational philosophy)的目的在于将自给自
足的有机体与自给自足的宇宙统一起来,并根据下面的观点来修改自然选择理
论:有机体发展的内在要素会将智性适应的累积过程同智性适应的产生过程区
分开来;同时,关系性哲学还应通过展示所谓的'智性'(intelligence)的首要并不
是意识,也不是有机体进程,而是一种植根于力(power)之本质当中的过程,而将
其普遍化;最后……要从智性的源泉与出处、力的系统,也就是有目的的宇宙中
引出所有有机体与非有机体的特征——形式的特征、运动的特征以及心灵的特
征。"由此,本书的主题要比它的标题更为广泛。本书的特点在于认为:进化是从
被把握为力的宇宙的特征中引出的——"无论是生命力,还是意识,都不能被追
随至真正的终极单位(ultimate units),它们意味着并且要求着总体性。"

　　我们也许可以有把握地猜想,赫伯特·斯宾塞(Herbert Spencer)的哲学是
诺布尔的出发点。从某一方面来看,他的著作可以被视作是一路发展下来的更
为一致的斯宾塞思想;然而这一使斯宾塞思想一致化的任务并不是来自外部的
修订和增补,它涉及彻底的修正,不是量上的增减,而是质的变化,也就是消除荒 *300*

---

① 首次发表于《新共和》,第 51 期(1927 年),第 22—24 页。

谬的部分,并打造一个关系性的一元论。有人也许会在从"相对性"(relativity)
到相关性(relatedness)的转化中找到把握诺布尔思想的线索。无论对于斯宾塞
还是对于相对论的整个历史来说,关系都是处于绝对表面的某种污点,是隔在我
们与"实在"之间的一层面纱,这层面纱不但遮蔽而且扭曲实在。斯宾塞的理论
是一种深刻的二元论,并且这种二元论最终会变成一种同样深刻的不可知论。
对于诺布尔来说,普遍而彻底的相关性是事物的本质;知识是关系性的,这不是
因为心灵中的某些歪曲或限制,而是因为在一个与之相关的世界中发展的心灵
只能通过关系来运作;心灵不但依赖于这些关系,并且正是这些关系,形成了心
灵的适当对象。"事物服从于知识的所有表面元素,因为知识所有的基本特性都
服从于事物。"知识就是宇宙本身,也就是说,知识既属于宇宙,又是宇宙;知识来
自宇宙,宇宙的运作本身就是知识,知识指向宇宙,并在宇宙中完善。

　　诺布尔的方法与风格也使人想到斯宾塞。斯宾塞的伟大之处在于能够将来
自明显不同领域的事实组合在一起,并将这些事实显现为一个共同原则的不同
版本。诺布尔深得此道。他学识渊博,涉猎广泛。他发现,宇宙的基本范畴是相
似性与相异性,其中相似性主导着相异性,由此变化与运动最终走向持存的形式
与结构。这一方法的特点是:通过外在的不同事实的组合来引出背后的同一性。
斯宾塞对不同来源的材料所进行的组合,常常给我留下这种印象:在制定了自己
的公式之后,他便把事实塞入那些已经做好的分类架中。但是我觉得,诺布尔的
统一是内在的,他的材料是自己组织起来的,而他的力量则在于感知并报告已经
组织起来的材料。由此,他的书呈现给了我们一个令当代哲学思考汗颜的巨大
而坚实的结构。诺布尔的风格也体现了斯宾塞的反复和累积效应的技巧,不过,
他的描述并不像斯宾塞那样夸张和华丽。

　　相关性的观念解释了诺布尔经常在"源于自身"(self-sourced)和"源于系统"
(system-sourced)之间设置的对立。概要地看,一个贯彻其著作的观点是:任何
事物,无论是物理的、生命的,还是灵魂的和精神的,只有在被追溯至宇宙本身的
基本特征之后,才能得到解释,而我们的错误与谬见正是来自把一个特殊的主题
孤立起来。"无论在哪里,绝对的方法都是一种忽视了个体对象、单一过程对于
对象系统、过程总和之依赖的方法;而关系性方法则存在于任何将对象和过程放
到它们的整体中进行考量的方法当中。"

　　正如我刚才所说的,这一陈述是概要性的:它只给出了公式。正因为这一陈

述将公式孤立了出来，因此是不正确的。而本书的意义则是来自那些导出公式的证据，以及这一公式在各种复杂问题上富有启发的运用。基于这个理由，我想要求读者将本篇评论与本书的关系视作是城市黄页与城市生活的关系。在这种关系中，前者作为后者的替代品是毫无价值且索然无趣的。但是，如果有人想找出某人住在哪里以便同他进行直接而实际的接触的话，城市黄页就十分有用了。我希望这些陈述——虽然是一本不完整的黄页——可以引导读者去参考完整的陈述。

我的索引仅限于结构性的纲要。作为一个力的系统，宇宙是自我维持；空间则是力的延伸，而不是传统观念所认为的用来装东西的器皿，就像装散豆的锅一样。力构成了空间，其动态的特性主要来自作为其广延的以太。"以太"在现在的科学界已经不流行了，但是除非自然分裂成碎片，否则，任何理论都能认识到一些普遍关联的存在；正是这些关联，使整体渗透至部分，让系统支配着成员。作为力的宇宙创造了时间，时间并不是变化的容器，而是由体现在广延中的统一所主宰的变化本身。变化意味着相异性；力体现为压迫与反压迫；自然则以数为特征。变化、力、数这三个基本"范畴"解释了物质与能量的保存；物质与能量并不是最终的法则或事实，而是体现了整体对所有变化和部分的控制。"宇宙中力的总和必须被把握为一种回流入单位当中的保存性的力。"能量的区分性特征被展示为物质，物质来自处于不等压力之下的以太，这些不等压力的每一处都会引发对抗者之间的合作。因此，物质与变化是相互关联的。

作为相似性的力是对等的压力，或是构成性的、被称为以太的能量。作为区分性或区分的物质，是一种不等压力的状态；并且，因为力的自我维持特性，这种不等状态自身趋向于对等。这种趋向性就是运动，也就是处于动力模式之下的能量。力的系统的控制产生了趋向于对等的过程，这时便形成了节奏。节奏体现在相继事物之间的一致，并趋向于位置与排列中的重复和一致，而那些广延中的对称正是体现了这种重复和一致。进化只不过是对于变化之特征的一般性概括，而进化的"法则"只不过表达了所有变化向对等压力状态运动时的普遍模式。然而，只有当存的形式、结构、位置、配置与关系建立之后，不同的压力之间才能够对等起来。宇宙是目的论的、"智性的"，也就是说，变化的过程会一直持续下去，直到它们达到一种内在和外在都"适应了的"、稳定且持久的形式，即适应了环境，最终适应了整个系统。逐个地看，交换、作用与反作用都是机械的、孤立的序列,但如果我们将它们关联到整个系统,或者从它们朝最终形式(这些最终形式会因为相互适应而持存下去)的有机趋势来看,它们是目的论的。只有当我们将变化与作为力的宇宙的自我维持本质绝对地分离开来的时候,才有必要求助于(对一般性的自然来说)特别的设计,以及(对生命体来说)特别的代理者、生命力、德里施(Hans Adolf Eduard Driesch)的隐得来希等等。

正如宇宙维持着所有的变化一样,一个有机体也维持着一组形成生命的特殊变化。"可以说,宇宙只考虑如何保存力,而有机体考虑的则是如何保存自身,因此考虑的是如何保存所有能够被用作自我维持之手段的器具与过程。""生命活动的特征并不是'生命力',也不是那些参与其中的分子的理化特性,而是作用于每一个活动之上的整体性的力。"因此,结构与过程是相互依赖的。有机体在其自身的进程中决定在哪个方向施加最小的压力,在哪个方向施加最大的压力,由此控制了自身的进程,并确保了其结构的运作方向朝向最后的目的。自然选择并没有解释有利变异的起源,也没有解释它们在有用方向上的积累性发展。当它被用来解释有用的适应时,它就用"合适的结果天真地代替了合适的原因",然而,外在的消除过程并不能产生"消除过程所没有触及的东西"。节省在自我努力中所消耗的能量,这是变异在成为生存的结构性价值之前的使用优势。要想创造一个特殊的压力条件,从而使变异朝着减少紧张状态的方向发展,这并不简单。作为一个自我维持者,有机体需要在所有对生命有用的事物中选择出一些。因为有机体的自我维持只能通过利用环境介质才能产生,它的变异在大体上必须是适应性的。宇宙包含着光,而活动的有机体的自我维持则需要依赖于与那些远程条件的关系,在这种情况下,如果有机体没有发展出一种对光的敏感性反应,就会显得比眼睛的出现更为奇怪。进程一旦开始,有机体就会将每一个已有的优势发挥至极致,从而将工作完成。

有意识的心灵是这一原则的进一步体现。宇宙因为处于有意识的心灵的管辖之下,所以才没有显示出相互适应。与诺布尔先生著作的第一部分相比,我不知道还有什么比对设计论以及各种将自然拟人化、心理化方式的批判性检查更具破坏性。然而,在一个通过将变化引向持存形式来维持自身的宇宙中,智性一定会有意识地认识到其所处的介质。一个高度复杂的活动有机体必须不断地作出新的、绝无雷同的反应;并且,虽然是关心统一性与重复关系的组织,"意识却又是突然的、无规则的和不寻常的",它的工作在于更好的区分。因此,意识并不是心灵的来源与基础，而是其活动的顶点。

在我这本单薄的黄页中，许多极有意思的地方被完全跳过了，而它们也许是读者最感兴趣的地方，诺布尔对于社会生活的讨论就是其中之一。不过，我们至少要提一下他对审美经验（特别是节奏与对称在艺术作品中的功能）与宗教经验的讨论。他的哲学是真正"综合的"，其综合性要比斯宾塞的哲学更为深刻。诺布尔从当下的科学与宗教危机出发，因为"人类已经失去了曾经拥有的对于事物的把握，当时我们对于事物所知更少，但所信更多"。在这场危机中，宗教是苍白和防守性的，因为它的理性基础已经被等同为一种拟人观（anthropomorphic view），而这种观点已经被科学证明是不可能的。并且，在这种观点看来，科学是零碎而分裂的，因为它保留了原始心灵那种孤立的绝对主义；并且，在其专门化的零碎观点之下，科学过分夸大了它的分裂性倾向，只承认自然中存在的"机械"关系。诺布尔的著作在超凡的程度上回应了统一与整体的要求，并在某种程度上摆脱了那些影响了大多数现代哲学的统一体系的主观性因素。

最后，我一定要表达我对诺布尔著作的高度敬佩。诺布尔不是一个职业的或教授式的哲学家，我希望学院的派系不会妨碍其著作受到完全应得的注意。然而这里存在着一种危险：本书对于职业的科学家来说也许太过哲学化了，而对于职业的哲学家来说又太过科学化了，特别在当代哲学对科学的兴趣主要在数学方向，而数学又与诺布尔正当地放置空间、时间和数的现实世界相脱离的情况下。诺布尔指出了一条哲学能够将数学特征同物理的和生命的事物与关系整合起来的道路，这是一项伟大的成就。而这只不过是他所完成的任务的一个方面，并且对于他的主要目的来说，这一方面是附属性的。他所指出的道路，会在人类的心中恢复一种生活在整体性世界中的感觉。不管其当下被接受的情况怎样，诺布尔的著作会持存下去；这一著作高贵而坚实地体现了诺布尔的理论：相异性的压力趋向于持存的形式与构造。

科学、民俗与民风的控制[①]

《科学：假的弥赛亚》(*Science：The False Messiah*)

C·E·艾尔斯(C. E. Ayres)著

印第安纳波利斯：鲍勃斯-梅里尔出版公司，1927 年

　　因为对于本书的评论很难不涉及它的争议性，因此我要在一开始就指出：此书极具争议性。无论对于科学中的还是对于宗教中的传统主义者来说，这种争议性会带上一些愤怒。但是我想，这些愤怒很少会被公开地表达出来——沉默是谨慎的一部分。之所以如此，原因有二：其一，自从艾尔斯先生开心地将习俗化的迷信这个矮蛋从高墙上拉下来之后，就算来了国王所有的马、所有的人也不能将矮蛋变回原样了[②]；其二，这一情况的公开会引起其他人对于捣毁偶像的关注。然而，对于那些并不是毫无希望地坚持迷信的人来说，本书将会唤醒他们对于心灵的探索。很少有一本书能这样灵巧地、并以一种令人愉悦的风格扎破如此多的耀眼的泡沫。的确，有时候，形式的光芒与睿智几乎会遮蔽底下坚实的基础。

　　就像俗话所说的，艾尔斯精通他的业务，而他的业务则是哲学、人类学和当下的社会学理论。两个从人类学那里借用过来的概念主导了本书：文明是由民俗(folk-lore)与民风(folk-ways)组成的，过去是这样，现在亦是如此。认为我们现在已经(至少在原则上)超越了民俗并用体制与宪法代替了民风的观点，是一种幻想。变化的只是内容，信念与行为的习惯性方式仍然保留着：民众所信的和

---

① 首次发表于《新共和》，第 52 期(1927 年)，第 316—317 页。

② 出自《鹅妈妈童谣》："矮蛋矮蛋坐墙头，坐着坐着落下来，国王人马使全力，破碎矮蛋难复原。"(Humpty Dumpty sat on a wall, Humpty Dumpty had a great fall, All the king's horse And all the king's men, Couldn't put Humpty Dumpty together again.)——译者

所做的,都是他们已经习惯了的;在这一过程中,魅力与理想化的权威性凝聚在习俗之上,让它们先是得以持存,继而又被珍爱。从大的人类角度来看,现在人们对待科学的态度同早期人类将那些被启蒙后的人类视作是神话与魔法的态度并无二致:

> 啊,让我们永远、永远不要怀疑
> 那些谁也不能确证的东西。

对于科学实践者来说,这一说法并不意味着科学自身没有坚实的基础和主张。然而正如艾尔斯所指出的,科学家首先是人,然后才是科学家。当他们从实验室和观察台出来时,他们在身体和精神上都离开了他们的物理装置和机械设备。他们将科学视作启示;就像所有的启示一样,科学是拯救人类病痛的福音。因此,对于科学家和被动的民众来说,科学就变成了民俗。事实上,科学史就是发明和使用机器的历史,也是非凡而详尽的工具运用的技术史。机器是科学的现实,理论解释也许是正确的,也许是不正确的;最终的答案在于,某些机器比另外一些给其他理论提供材料的机器更为精密和精确,对它们的使用也更有技巧。科学结论的可证实性,意味着这些结论并不是孤立的;是机器让这些结论成为可能,任何用指定的方法运作机器的人都能得到相似的结果。

然而,科学始于机器也止于机器。机器技术与工业文明是科学的重要产物,这些产物决定了我们生活于其中的文明的民风。无论旧民风如何抵制发明和新方法,工具的吸引力最终是不可阻挡的。工具的一些直接用途吸引着人们去接受它们。信仰、传统和理念在其他文化中的传播,遇到了几乎无法跨越的直接障碍。技术性的材料要更容易地被接受,这在很大程度上源自这样一种错觉:它们能满足一些被直接感受到的需要,且不会触及其他事物,特别是那些为人们所珍爱的民俗与民风。未来的结果完全不能被预期;长期生活在新工业时代以及伴随着这一时代出现的政治与思想变化当中,从来没有怀疑除了纺织方法的进步之外还发生了其他事情;许多人依然认为,铁路和汽车只不过预示着更便捷、更迅速的移动力,并认为那些要求关注其他效应的人是危险的,是被某些不良的个人动机所驱动的激进分子。除了直接的用途,发明还被作为歌颂进步的赞美诗。事实上,民风的变化是如此广泛,如果人类从一开始就实现了它们,它们便会看起来很糟糕,等待它们的命运只能是诅咒与拆解。

科学一向尊重机器,认为它们是关于自然的真理的最终裁定者,众所周知的工业革命就是这种态度结出来的新果实。科学的本质是孕育新的科学,而机器的本质则是制造新的机器形式。习俗化的东西是永远稳定的,这种旧的错觉一再出现,让我们觉得当下的时代也是稳定的;我们正处在戏剧的第一幕,而不是高潮,有人也许还会怀疑工业革命是否已经开始了。不管怎样,工业革命还没有开始影响我们的体制,而我们的信念大部分还是中世纪的。由此产生的结果,便是一种混合体。我们当下的文明是以一种内在的冲突为标志的,这种冲突比过去任何的文明所经历的都要巨大。控制民俗的力量与控制民风的力量以及民风运作的条件存在着冲突,我们生活在一个消融的时代。

上面这些过于简单的总结是本书的基础。剩下的都是对科学、哲学、理性和"精神"生活的结果的诊断,并没有多少预测。"机械文明从一开始就是一个巨大的分裂;它不是文明生活之河流中的一段曲流。它是另一个分水岭。""机械以改变一天的常规开始,以改变宇宙的常规结束。"这样广泛而不可阻挡的影响是不可能被隔离的,它不可能被孤立于商业和贸易的领域而不触及生活的其他方面。艾尔斯特别地指出了它对人类信念状态的影响,特别是对于科学是真正的真理源泉这一观念的影响。因此,如果"科学"是提高和进步的功臣,那么它也要遭受谴责,因为它不仅制造了我们工业生活中恶名昭著的邪恶,更是破坏了作为我们传统宗教、道德与政治的思想框架的观念与理想。

评论的局限性不允许我对艾尔斯所诊断出来的情况进行细节性的追溯。我们只需指出,艾尔斯提到了两个阶段:在第一个阶段中,科学是"温顺而柔和的",它提出辩解,试图告诉人们它的方法与结论是安全的,因为他们至少同传统民俗的根本精神是一致的;而在第二个阶段中,科学试图进行"掌控",并通过控制自然与社会的手段,以及关于真理的知识,将自己呈现为人类的稳定而系统化进步的代理人。关于第一个阶段,我只想说,我不知道还有什么解释比艾尔斯的更为彻底而令人信服。他的解释极富独创性,但并不坦率,他试图在一些完全矛盾的方法与结论面前维持一个旧的信仰体系。艾尔斯分析了古典哲学家思想上的不真诚和拐弯抹角的兜圈子,还分析了新的科学启示所包含的所谓的精神性信息与福音。对于科学作出的带领人类穿越蛮荒之地达到福地的承诺,艾尔斯指出,"如果我们忽视科学对于机器技术的重要性",那么科学就只是展示思想奇物

(curiosities)的精致工具。它的结论在精确性和范围上确实是非凡的,但对于民众来说,它们仍然只不过是奇物。这仅仅是民俗的一方面。只有那些已经熟悉情况的老手才能接近这种神秘性,只有那些处于权威之下的民众才能接受科学的这种神秘性;并且,这种神秘性源自习俗与风尚的声望,这种声望所具有的魅力同样附着于伪科学上,并赋予后者更大的影响力。同时,根本的一点在于:科学只提供手段与工具,它并不告诉人们手段该用于何种目的之上。对于目标与目的,科学保持着和善的中立。"对于我们想要获得的某些目的,科学并不会提出反对,而且也许还能为我们提供运载的工具。"但是,如果社会控制具有意义的话,它只能意味着对推动人行动的欲望与目的进行控制,在这个意义上,科学并不是掌控着缰绳的驾驶员,而只是一个偶然的乘客。

要对艾尔斯的出色讨论与深刻分析作出严格的公正评价并不容易。他的某些结论似乎是附加的,仅仅暗含在他讨论的口气当中,这在他的悲观主义笔调之下更是如此。作为一剂对于当下时代的标志——舒适的乐观主义与懒散的自满的解药(也许还是一种补偿,以及在我们现在对此还无能为力的疾病发作之前的一种防护),艾尔斯的书几乎是无与伦比的。我不认为任何有思想的人会反对他的主要命题。在他的批判中,艾尔斯说了正确而该说的话,在我看来,他对于科学本质的论断、科学与工具的关系以及科学自身作为一种工具的观点,是完全正确的。我们应该认识到,科学能够"提供产生各种效应的工具,这些效应在人类历史上从没有被梦想过。但是,科学完全不能决定最好发生什么,也不能驱使我们去引发有益的效应"。艾尔斯完全正确地认识到,未来的历史同过去的历史是相似的:"一系列长久而不间断的问题与危机让位于更多的问题与危机,而后面则跟着进一步的问题与危机。"认为"控制"可以自动地确保危机与问题不会再生,或者认为"控制"能够提供解决危机与问题的自动手段的观点,是一种最最无用的幻想。人类变化的每一个阶段,甚至是进步,都会伴随着各自的邪恶与困难,这一事实是毋庸置疑的。

不过,有一些艾尔斯稍稍带过的问题必须得到完整的思考。任何时期的文明都涉及民俗与民风的事务,这一说法足够正确,甚至是自明之理。然而从这一点出发,正如从许多自明之理出发一样,我们可以得到许多重要的结果。艾尔斯出色地展示了这些结果,从而揭示了许多当下幻觉的来源与本质。但是,将文明视为民俗或民风的一个方面,似乎暗暗地贬损了文明的成就与特征。艾尔斯可以直言不讳地否认持有任何这样的观点，但我并没有发现他清楚地认识到了下面这一事实：民俗与民风的存在同它们之间的巨大差异是一致的，并且即便这种差异对危机与问题的影响甚大，我们最好还是将它们置于同一个平面上，而不是置于不同的高度。特别地，艾尔斯似乎忽视了这样一种可能性：该说的和该做的都说了和做了之后，我们仍然必须将可能会影响到未来民俗的质的东西称为科学方法。毫无疑问，在细节上，"科学"意味着一种高度技术性的、对民众来说极为深奥的装置，但科学中还有一些生成性的态度，比如面对事实、分析、实验和接受假设性结论的态度，这些态度与过去的民俗所支持的倾向截然对立。要将这些新的倾向并入思维与信念的习俗性习惯中，并不是一项容易的任务。艾尔斯为我们提供了丰富的证据，而许多科学家涉及道德、宗教和政治问题时往往做不到这一点。然而，任何认为这一任务是无望的想法都错误地估计了人性，从而瓦解了人的努力。人类的胸腔里永远涌动着希望与努力。科学方法所代表的智性体现在不断更新的人类欲望和能量中；并且，说到底，智性就是当下文明的问题与危机。

毋庸置疑，科学提供的是工具，而不是规范行动、扎根于欲望深处的目的与政策。然而，科学方法的标志性态度与一般性习惯本身也许会成为不断扩大的公众之日益增强的欲望对象。在互相没有交流的分隔空间内，欲望与思维并不分开存在，因此，智性习惯的生长会辐射并影响其他欲望。当我们考虑到过去人们所具有的"唯心主义"欲望最后如何被带入混乱而错误的轨道，人类热情的努力如何被那些与目的之实际条件不相关的事物挫败，并且所有这些都是因为欲望和目的脱离了所有现实的和可能的工具时，我们就会发现，作为工具之承办者的科学与作为目的与理想之源泉的欲望不可能像艾尔斯在讨论中所暗示的那样，相互隔离，没有互动。因此，我大胆地认为，艾尔斯彻底而又有说服力的批判并没有打造一条通向一座新象牙塔的道路，而只是用一种新的方式陈述了当下文明的紧迫问题。对于那些能够理解的人来说，这一方式是一种刺激性和引导性的努力，是一种对欲望和目的的澄清与净化。

事物、思维、对话①

《可能性》(*Possibility*)

斯科特·巴克南(Scott Buchanan)著

哈考特-布雷斯出版公司,1927 年

《辩证法》(*Dialectic*)

摩蒂默·阿德勒(Mortimer Adler)著

哈考特-布雷斯出版公司,1927 年

我相信,按照惯例,评论者应该说一位新作者的第一本书是有指望的,而巴　　*311*
克南先生的著作给人的指望则建立在它坚实的成就之上。本书不仅仅是某些将
来之物的预兆和保证,而且其自身也是一个重要的思想成就。它简化了一个复
杂而深远的问题,这种简化一经提出,人们就会思考为什么之前没有这样做,特
别是现在看来,思想史中已经包含了如此多、如此接近的路径。

简化的起点在于设想许多(我想说全部)哲学问题,在根本上就是现实性与
可能性的关系问题。当我们认识到生活中的困境与纠结源自同样一种直接经验
与想象经验之间的交叉时,上面这一洞见就增添了格外的意义。

作者说:"我们生活在这个世界,又相信另一个世界;我们在这个世界中受
苦,同时又期待或渴望着另一个世界。"我们身陷于现实当中,然而在每一个这样
的陷落当中都能感觉到某些超越的、更多的、不同的东西——也就是可能性。通
常的方式是尽量将这些世界分开,然后一个一个在其中生活。而哲学的性情则
试图用一个单一的视角来审视它们全部。为了获得这种视野,我们需要拥有"一
种理性想象的工具论"。

通过考察可能性观念在三个领域中的运作:艺术创造、科学和形而上学,本　　*312*

---

① 首次发表于《民族》(*Nation*),第 126 期(1928 年),第 449—450 页。

书为这一方法的形成作出了贡献。巴克南所实现的简化体现在他看到了下面这一事实，即艺术、科学和形而上学在同等的程度上包含着现实与可能的关系。由此得到的结果是：通常分隔这三个领域的、造成我们思想混乱的不真实障碍被打破了，运作于它们当中的单一方法或逻辑被揭示了出来。

对于艺术领域来说，审美形式与想象形式之间的区分为我们引入了巴克南的基本观点。审美形式关涉的是内容与艺术作品的材料，这同史诗、戏剧或小说也许是一样的；而想象形式则由某些普遍的结构组成。实际主题与这些形式的关系，用巴克南的一个数学性比喻来说，就像是代入公式的值与变量系统之间的关系。连接性的结构与一致的可能性赋予艺术作品真正的理性形式，这同假设和理论在科学中的功能是类似的。小说是一件艺术作品，它"展开一幅巨大的可能性的画布，在此之上也许投射并呈现着现实事务"。我们必须像研究科学一样，观察并展示所呈现的可能性之间存在的逻辑兼容性。所达到的理性形式，是由现实的细节在多大程度上被这些可能性之间的内在逻辑所替代来衡量的。可能性领域的巨大范围决定了艺术创造的繁多种类，假如每一种艺术创造都符合受限于其自身形式之下的可能性之间的关系的话。

正是由于包含在任何可能性结构中的一致性关系或逻辑化关系，想象的元素才能成为实际的符号来象征真假。当我们从对可能性画布的欣赏（连同它所包含的直接形象和情景）转为可能性在实际中的运用，以及由于这种运用而得到检验时，我们就从艺术转向了科学。"当想象的或审美的可能性承担了责任的时候，这种可能性就变成科学的了。"任何科学建构，就像任何艺术作品一样，都是将一组现实存在投射到一块可能性的画布上，而后者，因为仅仅是可能性，与想象而不是与观察联系在一起。与有序的可能性系统脱离的"事实"不过是一堆垃圾，绝不是科学。艺术与科学的区别不在于想象形式是否在场，而在于这种想象形式是否在应用中得到了检验（通过这种检验，我们可以发现，这些可能性是否能够象征我们所研究的实际），以及我们是否特别地关注了可能性结构各元素之间的相互关系。首先，我们必须有一组代表理想条件的恒量；其次，我们需要一组变量或一批特殊量；再次，我们需要一套秩序法则或一组关系来定义这一体系内部的共变性。目前我们有形式科学或数学科学，当可能性结构被用于表述某些实际个体时，它就变成了物理科学或存在科学。只要科学象征了某些事务的实际状态，它就是真的或"真实的"。对于科学的解释经常会出现的谬误在于：认为理性的或理论的形式像它所象征的事物一样,是存在的,是现实的一部分。这种观点将符号转化成了被象征的事物,将可能性的结构转化成了物理事实。理性工具的价值不在于其自身的存在,而在于其在现实中的应用性。

接下来的讨论进入了形而上学的领域,可能性与现实性的问题从而获得了一般形式。有时可能性意味着力和力量(potency),而这些都体现在具体和实际的领域中;有时可能性意味着理性或逻辑的可能性,因而包含了连贯性与一致性。这两个含义的混淆对形而上学造成了严重的破坏,形而上学经常借着这种模糊性将存在的实际潜在性等同于一个理想的可能性的系统。唯心主义的形而上学就是这种混淆的一个典型。实在论体系经常包含着同样的混淆,不过是在相反的意义上:它们将逻辑可能性当作物理实在或心理实在系统的一部分。巴克南为我们提供了一种哲学批判的锐利武器,这一武器如此锐利,以至于人们几乎要限制对它的使用。

上面所说的还没有覆盖本书的前半部分,然而它也许已经提示了读者:为什么我们要祝贺巴克南完成了一件一流的、被迫切需要的思想作品。我的思路还是要回到简单化和清晰化这一点上。无疑,关于真实与理念、思维与事物、本质与存在之间的关系,以及它们与道德、科学、认识论和形而上学的联系的争论还会长期延续下去。但是,将这些问题还原为一个核心问题,也就是现实与可能之间关系的问题,无疑是一项具有解放性意义的成就。即便是那些不接受巴克南提议和结论的人,也应该发现他的方法解决了许多含混之处,并消除了许多令人困惑的不相关的事物。本书中既有可以被我们直接食用的养分,也为我们提供了可以被播撒到许多思想花园中的种子。

同巴克南的书一样,阿德勒先生的著作也出版于有价值且不断拓展的"心理学、哲学与科学方法国际图书馆"当中。这两本书的护封建议我们将这两本书放在一起阅读,并且两本书中存在着一些相互的参照。在我看来,尽管阿德勒的书中包含了许多有趣的简介,但它与巴克南的书并不在一个层次上。阿德勒的书考察了一个重要的实践问题:如何进行富有成果的争论,如何就某些具有争议的或者至少是有质疑的问题进行理性的对话。阿德勒试图分析这一反复发生的普遍情境的逻辑,从而找出那些使争论性的讨论对启蒙作出贡献的条件。在我看来,这种分析的主要不足在于:它试图将争论的领域及其逻辑与经验性探究和数学逻辑硬性地区分开来。他说,"经验的或科学的思维已经完全成型了"这一说法是令人吃惊的。我应该指出,经验或科学思维的逻辑完全受到了不确定性与争议性的影响,至于归纳的本质和基础是什么,我们根本没有任何共识性理论。当然,阿德勒的观点只是附加性的,但它告诉我们,阿德勒将争论的领域与经验性探究的领域严格区分了开来。其基本的理论背后是这样的观点:诉诸事实与辩证法或争论的逻辑是无关的。从形式上看,这一观点在某种意义上是正确的;但可以肯定的是,辩证法的一个成果,而且是最珍贵的成果,并不仅仅是观念的清晰性,而是这样一种清晰性,即能够明确地告诉我们为了解决争议应该去寻找何种事实、该怎样和去哪里寻找它们。如果有人从经验性逻辑的角度对阿德勒的观点进行批判,他会说,质疑与可能的对立解释是社会性争论的一部分,同样也是科学研究的一部分。

315

因此,我发现,阿德勒书中最有意义的部分是他认为"最不重要的"那三个部分,即对于辩论性争议的经验性描述。从中我们可以找到对于语言及其使用中所包含的复杂性之解释,对人性自带的对有效的和富有成果的讨论的阻碍之说明,还有一些如何减少这些困难、克服自然障碍之建议。这一部分充满了敏锐的观察和有用的洞见,仅仅是因为这一部分,本书就非常值得一写。在我看来,那些阿德勒似乎最为珍视、更为形式化的部分反倒不好,因为它们从数学逻辑那里借用了太多,尽管阿德勒在数学逻辑与争论逻辑之间作出了理论上的区分。如果辩证法与经验性探究的方法之间并不存在尖锐的矛盾的话,争论性的元素就不会这样被强调。事实上,当力争和期望胜利的个人性因素与情绪性因素被排除之后,争论性的元素就会被削减为对可能的另外选择的意识,这种意识存在于所有思维当中。在一个有趣的章节中,阿德勒提出了这样一个观点:哲学的真正主题是可能性的领域,因此哲学的方法是辩证法。在这一点上,他说出了关于哲学的许多重要而真实的事情;但在我看来,他同时也将观念的领域孤立了出来,对于在观念与实际世界之间作出不必要的固定分离来说,这一预备性的步骤是必要的。除非哲学正视这个问题,否则就只能是用逻辑组织起来的幻想,而说一种哲学比另一种哲学优越也只能是在内在一致性上来谈论。

这两本书证明了美国年轻哲学家不断生长的活力与独立性。即使与这套丛书中最好的欧洲哲学家的著作放在一起,这两本书也能经受住挑剔地比较。本丛书的编辑在题材与作者的选择上所表现出来的独立性,以及为新作者提供一次表达机会的意愿值得赞赏。

思考的方式[①]

《思考的艺术》(*The Art of Thinking*)

恩斯特·丁纳特(Ernest Dimnet)著

纽约:西蒙-舒斯特出版公司,1928 年

有些书更适合于评论,它们似乎是为了被评论而写,而不是为了被阅读而写的。丁纳特神父的小书并不在其中。丁纳特提供的是酵母,而不是食谱。他不停地练习思考的艺术,直到这种练习的产物本身也变成了一件艺术品。在一件艺术品面前,人们有可能哑口无言或忘情赞颂。当被问及为什么喜欢这件作品时,他们会说:"你自己去看。"对于这本和善而机智的小书,我的感觉就是这样。我想跟读者说:"自己来品尝和尝试一下。将它放在手边,随时读上个一两页或一段,随便从哪里开始。浏览一下,连续地读下去。把它放在床头,晚上读它平静心灵,早上读它唤醒心灵。"有人会问:"为什么?"我能给出的最好回答仍然是:"尝试一下看看。"因为这本书充满了多年以来通过观察自己和他人所收集起来的智慧。

316

读者会在书中发现一些关于思考方法的建议,并可以拿它们来评估自己思考的质量。这些建议都非常深刻,除非有人想真的面对自己,否则他还是去完成一些更为简单的任务比较好,比如在一些效率图的特征单上打钩。本书还解释了造成真正思考的本能随着年龄的增长不断下降的原因——所有正常的孩子到10 岁左右就能思考了,因为他们可以自己去看事物了。在诊断了病症之后,丁纳特提供了一些"帮助思考"的疗法。开始,有人可能会感到失望,因为整个思考艺术的秘密就在下面这句话中:"思考的艺术就是做自己的艺术。"然而我相信,

---

① 首次发表于《星期六文学评论》(*Saturday Review of Literature*),第 5 期(1928 年),第 423 页。

如果阅读本书足够多遍，并且在反复品尝后又进行吸收与消化，我们就会发现丁纳特对这句话的阐释对于我们是一种启示；如果我们愿意，这种启示将会带领我们走向我们从未知道的、更为清朗的思想高峰。

本书至少提供了十几个建议，只要接受任何一个就能改善我们的精神习惯。这些建议包括"唤起一个合适的背景"，只读那些带给你最大愉悦的文字，反复温习你已经知道的，等等。但是，我想我最为珍视的一点是：丁纳特有勇气坚持思维能力与那些通常被称为道德的质之间的联系。他没有说教，然而若是以他所建议的读每一本书时所应具有的精神来读本书，没有人会认识不到，懒惰、寄生虫般地依赖他人、不愿尝试以及类似的性格上的不足，与那些明显的理智上的不足相比，会导致更多心灵上的缺陷。如果有人足够幸运，不需要作者给出的任何忠告，我仍然要力劝他们读一读这本书，哪怕只是熟悉一下这经验丰富、智慧深远的人格。

政治与人[①]

《人与国家》(*Man and the State*)

威廉·恩斯特·霍金(William Ernest Hocking)著

纽黑文:耶鲁大学出版社,1926 年

《科学与政治方法》(*The Science and Method of Politics*)

卡特林(G. E. G. Catlin)著

纽约:艾尔弗雷德·科诺夫出版社,1927 年

要公正地评论与评估霍金教授的著作并不容易,因为本书的内容太过丰富 318
多样了;它不炫耀学术,却充满了伟大的学识。本书中的知识不但延伸至那些将
历史上的政治哲学复杂化的多元理论,而且还延伸至过去和当代的政治事件。
霍金的表述清晰而有力,但他的计划还是需要一点普及。他像一位优秀的教师
那样提出一些问题、建议某些假设性的结论、带着补充材料回到主要问题、引入
新的材料与反对观点、使原先的建议更为明确,等等。这些教学法的特质,使读
者(假如他们愿意在阅读的同时作一些思考的话)从本书中所得到的教育不至于
变成一种总结性的评论。在绝大多数情况下,给出大纲的尝试只能得到缺少原
始血肉的骨架。

总之,本书提出了一种国家理论,这一理论来源于德国唯心主义,特别是黑
格尔的理论,它将国家视为意志与理性的外在化。然而这又是一种现代版本的
唯心主义,在形式上,它并没有诉诸绝对。霍金的理论起点是心理学概念与经验
性材料,并没有公开地求助于形而上学,然而在我看来,后者仍然是终极前提的
来源。一个接受了不同哲学的人(比如本评论的作者)只能说,基于给定的前

---

① 首次发表于《新共和》,第 50 期(1927 年),第 114—115 页。

提，霍金提出的结论对于现代经验主义观念（或者你也可以说是偏见）来说，在形式上是最不令人反感的，也是最诱人的。

霍金的一般理论是："国家目标的形式是创造历史，而实质则是创造人。"历史的创造有两个阶段：首先是"动机共同化"（commotive），即将人们的各种动机统一为共同的目的与行动，从而创造和再创造群体；其次是"达成协议"（term-making），也就是司法与立法的仲裁过程。作为最完全和最广泛的相互贯通的提倡者与调整者，国家就是历史的创造者。上面提到的这两个功能的共同点在于：通过反思对单纯的动机进行检查与修正，并由此在引入公共目的时实现统一化、普遍化和永久化。因此，动机共同化的过程表现为意志的形式，而达成协议的过程则表现为理性的形式。因为人们不得不将他们多面的群体生活把握为一个整体，其结果只能是作为人类目的与理性之客观化的国家。

这里暗含着第一个未经检查的基本前提，也就是必然的、完全的、主导性的总体性观念。这一观念必然使霍金对强调群体并认为国家只是许多群体形式中的一种的观点采取对立态度。但是在根底上，除了假设一种全面的总体性之外，我看不出他的批判还建立在任何其他基础之上。这一假设在他讨论国家目的时变得明显起来。这些讨论依然建立在未经质疑的一元论前提之上。仅仅发现国家实际行使的功能是不够的，在他看来，这些功能不过是一个单一的统一目标的片段；如果我们要理解国家，就必须将这一目标揭示出来。由于国家包罗一切的特质及其目的的单一性，它是每一种社会生活形式中有效和有价值的东西的来源与保证。国家是"一种永久的秩序、一座既有智慧的仓库"，是"和平对无序的征服，以及非个体的理性与正义对偶然的征服"。

愤世嫉俗的经验主义者也许会说，国家现象的最大特质事实上是发动战争，而不是和平征服，通过牺牲其他阶层的利益来维护某个阶级的利益。但霍金至
少可以展示出一种不受约束的倾向，去假定当我们反思所有由联合的形式产生的价值时，会发现它们都是国家的产物。因此，考虑到国家与所有其他群体的关系，霍金说，国家是将所有在理性眼中应该永久化的东西永久化，并使所有应该过场的东西迅速消失的手段。他还说，国家的行为就是将个体从特殊群体的自负主张中解放出来。"国家的演进……使个体认识到自己是所有社会群体的最终标准。"这一结论由总体性与一元论预设逻辑地推导而来，至于它是否符合事实就是另一回事了。这些被霍金归为国家价值的东西所产生的后果，是否还受

到其他社会条件(这些社会条件不但产生了现代国家,还产生了现代国家所拥有的优秀东西)的影响,这当然可以争论。认为国家、群体与个体解放产生于(最终是非政治性的)力量的观点,当然要比霍金将所有结果都归于国家的做法简单。

国家目标的实质是创造人,这一结论很大程度上是在心理学基础上得出的,它包含着同样的统一性与总体性前提。"寻求力量"是人性中基本而一致的东西,它是包含在所有本能当中的一种本能;它是生命动力本身,生命就是渴求力量。力量也是权力意志的运作所要实现的每一个善的目的中的一部分。然而意志需要一种永久性的效应,而这只有通过能够带来统一性和全面性的个体意志的循环才能得到保证——因此,再一次,我们需要国家。

作为总结,应该说霍金的目的并不是奉承国家本身,他最终强调的是个体。每一个个体都是一个"微型国家"。国家是个体自我实现不可或缺的手段,也是个体自我成就的一个有机组成部分。不管黑格尔理论背后的意义是否能够证明国家力量的合法性,我们都不能责怪霍金。相反,我要说,尽管霍金的哲学的确要求理性与意志客观化,但他坚持由国家去满足这一要求。

卡特林先生的书写得非常出色。当然,出色不只是表面上的,他对政治科学问题的讨论不但具有深度,而且具有广度。不像霍金,他的目的是实用的。国家在本质上和外部观念上是什么并不是他所考虑的,他考虑的是:人类应该如何为了他们的福祉去控制政治力量,而不是被它们驱向邪恶与灾难。控制问题是他整个讨论的核心,因此他从一开始就讨论了历史的本质,因为"了解历史就是控制力量","历史是所有活动事物的运动以及关于这一运动的知识:历史是被认识到的变化"。只有认识了这一运动,才能够控制我们直接身处其中的运动阶段。否则,我们便会不幸地受到运动的情境的控制。认识历史世界中原因与效果之间的关系,能够让我们不再生活在梦想世界中;在梦想世界中,后果被当作愿望的结果,而在历史世界中,意愿目的的人也必须意愿手段。

卡特林接下来极为出色地批判了历史写作的各个学派:事实的堆积、人文主义的路径、说教性与文学性的进一步细分、克罗齐(Benedetto Croce)的沉浸(immersion)理论或再经历(re-living)理论、黑格尔式的哲学、"科学的"历史学家。接着,他在历史研究的功利主义方法与诗学方法之间进行了一般性的对比。他极为公正地对待对历史的诗学化与宗教化处理,并指出:由此得到的结果是诗与宗教经验,而不是历史;是直接被欣赏的价值,而不是一种控制方法。并且,

"一旦历史不再与我们当下的实践问题发生接触,如果它仍然要具有价值,就只能近似于诗"。历史不能成为科学,但是,如果历史学家知道历史是关于什么的,历史就能成为社会科学(特别是政治学)材料的唯一来源。历史必须是选择性的,而选择则暗示了一种主导性的目的,也就是我们已经提到的控制。"在努力建立一个受过教育的公民群体方面,想要理解事件进程与基础系统的要求是一种补充,这种要求不容轻视。"

322 　　因此,卡特林拒斥了下面的观点:历史不能成为政治指导的来源,因为它涉及的是由独特的个体作出的独特的、不可复制的事件,以及那些作为对过去的单纯记录的事件。人性展示了人类行为中的某些一致性,而历史则展示了足够相似的情境以再现处理它们的方式。历史事件的内容可能具有无限的多样性,但它们同时也显示了某些生成性的和不变的形式,以及社会性的手段与政策。(由心理学所揭示的)人性、环境中的困难、社会性手段这三个事物,为真正的政治科学提供了条件。"对于社会科学家来说,研究历史就是研究人类方法。"

　　像物理科学与经济科学一样,政治科学要求抽象,因为只有通过抽象,不变和再现的形式才会从多样而变化的混乱内容中浮现出来。制造和运用抽象的关键在心理学。"政治人"是一个合理的抽象,但政治的对象并不是国家或州,这种观点是国家与教会之间争夺最高权力的斗争所幸存的假设。政治进程并不是六十几个州的活动,而是体现在一天无数次反复的行动中。政治的研究者一定要发现政治行动是什么,这种行动是普通的,并且在每天的生活过程中不断反复出现。"政治行动中的人是由对力量的欲望,或者更确切地说,是由对贯彻自我意志的力量的欲望所驱动的",这一点是卡特林所坚持的作为假设之来源的抽象,离开了它,科学方法便是不可能的。卡特林的整个思路清楚地表明,他认为经济科学要比政治科学先进得多;并且他想找到一个概念,这一概念能够拥有经过抽象之后的贪婪人所展现出来的那种广度与丰富性。我想,下面的说法是符合卡特林的精神的:如果政治只局限于公共金融,那么它就会像经济一样,受到国家限制与政府限制的阻碍。从这一点来看,与霍金在政治上作出的努力对应的,在经济上应该作出的努力是试着展现出:人类所有想要从财富中获得安慰、舒适、安全与声望的私人行为最终都只是公共金融的现象。

323 　　很遗憾,由于篇幅的限制,我们不能跟随卡特林讨论政治在社会科学中的位置,这一讨论主要处理的是政治同社会学、人类学和心理学的关系。

健康有益是本书留给我的印象，就像是封闭的空气中吹来的一阵清风。所有的社会事务研究者都要注意这本书。这里有一个奇妙的巧合：卡特林与霍金都预设了同样的心理学基础，即意志和权力意志；但在同样的基础上，他们所建立起来的结构是完全不同的。他们两个也许都是错的，但只能有一个是对的。通过将意志把握为在涉及他人的情况下获得自我目的的欲望，卡特林把他的权力意志从神话中拯救了出来。然而，我有时在想，如果我们达成共识，完全废除"意志"这个词（至少在一两代人之内），人类的理论化水平会不会得到发展？虽然"意志"是一个流行的词，但它即便是在心理科学中也没有地位，除了在作为某种需要被分析的对象或呈现某个问题的情况下。在如何贯彻目的这一问题的背后，是如何形成目的的问题，我们不能责怪卡特林在他的书中遗漏了这一点。但是，我们在讨论政治本身时并不能忽视这一问题，不管这一问题对关于政治方法与政治问题的初步讨论是多么不合适。这一问题中包含着心理阶段，但它同样也是一个社会科学问题。政治是否只是接受给予它的目的，并只考虑如何贯彻它们？如果是这样的话，那么抽象的政治人也许可以被维持下去，但这样做的代价，是我们要放弃那些人类所关心的最伟大的问题。有人认为，经济学已经获得的科学形态可以被用来作为社会科学的模式，我在想，对于这样一个虚拟的假设，一些年轻的经济学家会说些什么呢？然而，尽管存在上述这些以及其他的保留意见，无论对于"政治学家"，还是对于所有专注于人文科学的问题与方法以及人类的终极最高考量的人来说，本书都应该可以作为一个明确而崭新的起点。

评《国家的起源》[①]

罗伯特·H·洛伊(Robert H. Lowie)著

纽约:哈考特-布雷斯出版公司,1927 年

324   法律与政治史的研究者会发现,本书在提供材料和帮助理解法律与政治的原始条件方面具有无法衡量的价值。任何对于早期政治组织的相关问题的进一步讨论,都应该将本书作为起点。正如本书的标题所指出的,它的重点放在政治方面而不是司法方面。洛伊认为,如果我们不将国家随意地定义为现代政治实体,就会在证据中发现功能与结构的历史性连续,从而将国家与原始社会关联起来。通过对一批丰富而重要的证据的收集,洛伊向我们展示了否认原始群体具有政治秩序的两类主要理论的不足。洛伊承认奥本海默(Franz Oppenheimer)的论点——国家是通过征服和剥削被征服者而崛起的——有作为次要贡献的价值,但他令人信服地向我们展示了这一理论不足以覆盖所有的事实。他特别指出的一些证据证明:这些建立国家的征服者预先就拥有政治组织和某些行政技能,这一论点在表面上证实了奥本海默的理论。洛伊批判的另一个主要理论是梅因(Henry James Sumner Maine)的理论。梅因将基于实际或强加的血缘关系的个体之间的纽带视为原始群体中组织的唯一来源。洛伊证明了(在我看来是决定性的)地域性的联系也是可行的,并且,即便当我们在处理血缘联系的组织性与控制性力量时,也必须将毗邻地区之间所形成

325   的纽带考虑进去。本书的其中一章在其主要目的之外,还附带了对于将主权视为政治组织的一个普遍特征的成功驳斥。另外一章则讨论了在性别、年龄、军事或魔力等基础上形成的联合体,并展示了这些联合体在政治权威的建构

---

① 首次发表于《哥伦比亚法律评论》(*Columbia Law Review*),第 28 期(1928 年),第 255 页。

中所扮演的角色。洛伊在这一讨论中证实了他之前提出的一个观点，这一观点会带给这些联合体压倒性的效应；但是洛伊又承认，这些联合体有时会削弱地域性的纽带。

评《制定中的法律》①

卡乐登·肯普·艾伦(Carleton Kemp Allen)著

纽约：牛津大学出版社美国分社，1927 年

326 　　这本有价值的书由艾伦先生于 1926 年在加尔各答大学所作的讲座组成。本书的前言告诉我们，这些讲座原来的题目是"法律的来源"，而后来的改名则是为了清楚地表明，本书所涉及的并不是法律的文学来源和文献来源，而是所有将法律规则塑造成现在这个样子的力量。因此，本书的计划在于讨论习俗、判例、公正与立法的位置和运作。最后一章——"从属性立法与自主性立法"，讨论了授权的过程，其中，自然地，特别提到了将立法权授予从属机构的英国；换言之，本书考察的是行政法。我们将会看到，本书的范围完整、布局精良。

　　艾伦在前言中提到，他最要感谢的是已故的保罗·维诺格雷道夫（Paul Vinogradoff）爵士，读者将会不断地发现这位杰出的学者和历史学家对于本书的影响。当下的法学观念在很大程度上是由历史法学派决定的，在这一框架下，本书的第一章深刻而切实地批判了奥斯丁学派的观点，即法律只有一个"来源"，也就是主权意志。与此相反，艾伦强调了习俗的作用，他认为主权的位置是从属性的，尽管在现代社会中，主权是极为重要的法律执行的代理者。作者指出："认为法律是主权的创造物与认为裁决力是法律的创造物是不同的。我们试图展示将法律视为社会力量之产物的必要性，但这种必要性并不会以任何方式排除作为

327 律师的我们在这些社会力量（当它们发展至一个合适的阶段时）当中要求一种法律的裁决。"

　　因此，习俗是制定法律的主要力量，法律的起源是非诉讼性的。引自维诺格

---

① 首次发表于《哥伦比亚法律评论》，第 28 期（1928 年），第 832—833 页。

雷道夫的这句话,很好地体现了本书的主要立场:"法律规则并不起源于冲突,而是起源于日常生活的实践;这些实践则是由理性互动与社会合作的交互性考虑指导的。"法律的来源是习俗而不是冲突,正如社会生活在根本上是共识而不是纠纷一样。

对于艾伦对奥斯丁主义的批判,我表示同意,但同时我也有理由怀疑艾伦是否直面了最终问题。比如,我们可以反驳,尽管包含社会行为统一体的习俗是先于纠纷与诉讼的,但只有得到了权威性的声明或制定之后(这其中永远存在着争议),习俗才会变成任何司法意义上的法律。习俗本身就是冲突,为了裁决这种冲突,我们可能需要法律而不是作为单纯事实的习俗本身。在这种情况下,法律不能仅仅被把握为以正式声明的形式复制过来的既有习俗,因为站在既有习俗的角度来看,它又添加了一个创造性的元素。承认某个习俗是权威性的和义务性的就是赋予它一个新的地位,在某种意义上也代表着一个新的习俗的开始。我认为下面这种说法并不矛盾:只有有了社会习俗才会有法律,但如果所有习俗都是互相一致的,并得到普遍遵循,那么法律也不会产生。

说这些话的目的在于指出,当一个习俗变成一个法律时,发生了某些事情。在艾伦的书中,我并没有找到他对这些事情的清楚说明。在"习俗的解释与应用"这一章里,艾伦讨论了法理学家与法官在法律制定中的功能,这一讨论便涉及了上面这个问题。艾伦被迫面对这样的问题:在称职的司法权威宣布某个习俗成为法律之前,这一习俗是不是法律? 不能否认,艾伦没有认识到司法解释与应用的重要性。他声称,许多现存习俗的形式和内容本身就来自经过解释者与法庭的演进而得来的技术性法则。同时,他还断言,习俗不能被把握为单纯的司法技术的创造物,因为本土的习俗法与这些习俗法的技术处理之间的关系是作用与反作用的关系。我们也许可以承认这一论点,但它似乎回避了一个基本问题:在为了应用而得到技术处理之前,有任何可以被视为法律的习俗吗? 然而,我不想吹毛求疵。无论这一问题被如何回答,这两个章节对于研究者来说都具有极大的价值,因为它们不但讨论了习俗在民法与习惯法中的历史发展,还讨论了各种与此相关的理论。艾伦出色地讨论了萨维格尼(Friedrich Carl von Savigny)的观点:法律是一个民族的民族精神或内在"信念"的产物;习俗,作为实际的习惯,则是法律的外在标记或记号,并不是法律的来源。他还充分阐述了兰伯特(Lambert)与克勒(Koehler)的理论:法律不同于道德之处就在于仲裁与

328

司法决定。他提供了一整套关于英国法庭对待习俗的态度的材料。他本身偏好这一观点:习俗本身就是制定法律的原始力量。这一点也许可以从他对下面这些情况的处理中看出来,在这些情况中,法庭明显地宣布有些习俗不是法律,而艾伦对此的解释则是:法庭之所以这样宣布,是因为缺少证据来证明所谓的习俗真的是习俗。不管怎样,我想,艾伦还引用了一些其他法庭决定来证明与此相反的一种解释,即在某些情况下,法官认为某个习俗从技术解释的角度来看过于不合理,因此,任何证据都不能证明它真的是一个习俗。不过,与其他地方一样,艾伦在这里完整而公正地给出了来自双方的材料,从而使读者有了在争论中得出自己结论的基础。

我不想将本书的所有主题都依次讨论一遍,这里只需要指出:在有关判例、公正与立法方面,艾伦既给出了与主题有关的事实性历史材料,又阐述了各个法学学派提出的与之相关的主要理论。虽然本书并没有自称是一部哲学法学史,但研究者会从中找到对各个学派理论的有价值的介绍;更有价值的是,对理论性观点的介绍是与某些实际法律问题的起源联系在一起的。我认为,读者在其他地方找不到这样一种对于法律制定中所包含的各种因素的恰当而平衡的历史性说明,也找不到对于那些重要理论解释者的观点的更为明智的阐述。如果说本书有缺点的话,那也是与优点共存的。它对争论双方可能会说什么是如此慎重而敏感,以至于有时会给人留下一种在试图调和对立理论而不是作出明确区分的印象。

329

勇敢的福音[①]

《与孩子们的一场冒险》(*An Adventure with Children*)

玛丽·H·刘易斯(Mary H. Lewis)著

纽约:麦克米兰出版公司,1928 年

对于有兴趣了解进步学校之意义的教师和家长来说,阅读这种充满生气的330书是最好的方式。本书生动地呈现了作者办校 12 年的生活。书名是诱人的,同时也传达了书的精神。本书的重点不在于教学法理论(那些间接体现在实际工作中的教学法除外),也不在于课程研究与课程主题。刘易斯女士指出,她以后可能会在另一场合来讨论课程的问题,但因为有许多学校已经对此作了彻底的学术研究,所以本书的重点就落在了当孩子们在一个自然、简单而健康的环境中一起玩耍和学习的时候,会发生什么。另外,正如她所指出,教师已经太想从别人手里拿来现成的材料与方法,而许多并不教孩子的教育学院理论家们则不断拿出供人遵循的主题与方法。将共同体生活的背景置于一个自由的环境中是一个令人愉悦的想法,在这种生活的过程中,主题与方法将会根据自行显现的需要而浮现。

因此,本书就是一个关于发展中的生活的戏剧故事。这个故事讲述了孩子、教师、主题、教学方法与训练是如何一起生长的。读者能够直接分享这一发展过程,由此,当她再现学校生活的时候,这位教学试验的指导者就能将她的兴趣与热情传达给读者。不过,尽管本书的阐述特征是非正式的,但它仍然有它的结构和计划。在活生生的展示中,读者学到了想象在教育中的作用、教师选择培训自331己的方式、与家长合作的方式,以及紧随而来的对成人与孩子的教育。作者通过

---

① 首次发表在《星期六文学评论》,第 4 卷(1928 年),第 1016 页。

让我们感知到在孩子与教师分享共同的工作与玩耍行为时实际发生了什么来传达上面这些价值：在简单、几乎是天然的环境中，孩子与教师需要不断地满足新的要求，不断地实现新的机会。

本书的结尾可能最好地表达了它所暗含的信息："孩子是我的信念。那些建立学校并忙碌而愉快地在里面生活了许多年的人，会要求自己的孩子受到并不亚于他们自己的、刺激而又充满意义的经验的教育。由此，我们也许可以安心地委托孩子们去拓展和完善那场如生命一般无限延伸与扩展的冒险。"我之所以认为这段话传达了本书的信息，是因为它总结了学校中实际所发生的故事：生命在富有智慧的指导下生长，生命就是教育；教育则是一场勇敢、愉悦的冒险，而不是一个单调的任务。同时它还坚持，生长一旦发动，其本质就是不断生长。毕竟，这种维持和扩展自身的自由而不断发展的生命力量是我们唯一的最终保障。只有当我们摆脱了恐惧，学会了相信生命所具有的生长的力量，我们在教育改革和其他社会事务改革上所作出的努力才不会遭受注定的失望。这本小书是对信念与勇气的一次强化。

杂　记

《作为哲学家的原始人》序言^①

兰丁博士的这本著作几乎开辟了一片全新的天地。也许这本书与当下人类
学学者心中所持的信念并不冲突，但是，即便是像我一样的外行，也可以看出它
肯定引入了一个新的侧重点——原始人的文化，这一点通常不是被完全否认，就
是被一笔带过。许多流行的前提和结论与兰丁所呈现的材料和解释是不一致
的。站在这一思想领域的专家的立场上来看，兰丁的工作是领先的。他引入了
一个新的观点：原始人中存在着一个明确的知识阶层，其数量和影响相当于任何
文明群体中的"知识分子"，并且这一阶层就大部分哲学讨论的基础性主题都有
所思考。我们很容易就能够想象兰丁的贡献会成为原始生活研究者激烈争论的
中心，或者几乎是风暴中心。

在这一讨论中，像我这样的外行人是插不上嘴的。但是，每一个关心人类思
想史的人，特别是那些关心哲学（现在已经多少被习惯性地分离了出去）之背景
的人，都会对兰丁所提出的材料感兴趣。最近并不乏一些讨论哲学起源的作者
认为哲学起源于原始的思辨，特别是起源于那些与宗教信仰和仪式相关的材料；
他们坚持认为，后者影响了早期哲学观念的形成。然而，基于兰丁的材料，他们
的观点值得商榷。因为哪怕兰丁的观点只是近似正确，我们就不应该从大众的
宗教信仰这一粗糙而习俗化的形式中寻找哲学的起源；相反，我们应该在更小的
知识阶层中寻找，由于能够驾驭的主题的局限，他们的观念也许是粗糙的，但至

---

① 首次发表于保罗·兰丁（Paul Radin）：《作为哲学家的原始人》（*Primitive Man as Philosopher*），纽
约：D·阿普尔顿出版公司，1927 年，第 xv—xviii 页。

少是大胆的、独立的,并且在这些局限内部是自由的。

即便要以一笔带过兰丁的详细论述为代价,他关于哲学起源之背景的观点仍然值得一提。他的材料要么对已有的观点进行了权威性的驳斥,要么对那些正在逐渐流行的观点进行了相当彻底的修正。兰丁的其中一个观点是:超自然的、神秘的实践和信仰与实际结果的关系是次要的和辅助性的。如果我们相信兰丁的材料,那么原始人事实上要比现在认为的更为"强硬"(tough-minded),在面对事实上更为现实。道德哲学与社会哲学的研究者都必须认真对待兰丁为了证明下面这一点所给出的大量证据,即早期人类并没有被群体所奴役并同化;事实上,他们是高度个体化的,其个体化程度在某种范围内甚至超过了现代文明人。以社会谴责的形式体现出来的早期伦理判断只局限于某些特别情况,并没有被普遍化为公共的判断,这就提出了一个问题:原始人的道德立场是不是真的不及在文明"进步"之下所发展出来的道德立场呢? 当下流行的观点是:群体的习俗自动地提供了道德标准与道德法则,如果我们发现与"自我表达"的巨大自由相伴随的是对个人控制自身行为、不去伤害他人这一责任同样程度的强调,上面这一流行的观点就会受到严重冲击。原始人认为,独立于群体的存在方式与独立于"外在世界"的存在方式是类似的,这一观点既公正地对待了联合理论(incorporation theory)所基于的事实,又没有像后者那样过度地阐释这些事实;同时,这一观点对任何社会学理论都是一个有价值的贡献。上面这几点涉及的只是兰丁书中第一部分的材料。我们需要认真研究兰丁的著作,以及这一著作对我们重构后期道德和社会思考的背景与起源的当下信念的意义。

题为"原始思维的高级层面"的第二部分涉及的是哲学的抽象阶段,这一部分同样重要。对于那些对形而上学思辨的发展感兴趣的人来说,这些章节的标题本身已经足够指出这些材料的珍贵性了。兰丁当然会第一个否认,在呈现原始人实际的实在观与人格观上,他开辟了一个崭新的领域。然而我不知道谁还能给出这样一幅完整而又有说服力的图景,这一图景描绘了世界如何以一种动态的、质的方式呈现给存在的原始观察者。由于现代哲学理论的影响,对象与世界首先被认为是感觉材料的集合,而万物有灵论与超自然设定则被用来解释同这一观念不一致的地方。兰丁推翻了这个传统观念,他清楚地向我们展示出:在原始人那里,对象和自然是动态的,变化与转化是首要的,而这种转型正是达到稳定性的原因。兰丁的观点还清楚地告诉我们:情感效应与实践效应是关于真实对象的思维材料，哲学家通过他们的内在"形式"理论，用理性的概念陈述一个群众用神话来表达的观念，而这一观念则一直持存在古典哲学传统中。

如果要继续下去的话，我就只能将本书已经生动呈现的东西再总结一下。我只是希望，我所选作说明的例子能够让那些对哲学思想的发展感兴趣和对人类文化中思想的生长感兴趣的人意识到，兰丁所提供的材料是丰富而有启发性的。

《实用主义的形而上学》导言^①

338   在其发展的早期阶段,许多科学或理性思想都在陈述和理解上受到过两个方面的阻碍,这两个方面虽然在逻辑上是对立的,但在心理上是互补的。一方面是对新要素的夸张,从而造成一种完全打破连续性的错觉;另一方面则是将不相关的旧概念塞入新观念中,从而消除新观念的要求。一方面因为对新观念的完全接受需要压制连续性和已经完成的观念,另一方面因为站不住脚的旧观念又想塞入新观念中,难怪任何重要思想变革引入之初都会有一段混乱的争议期,并且对参与争议的双方来说,目标和道路都是不甚明了的。

     但可以预先肯定的是,连续性一定存在;新观念必然产生于旧观念,后者是前者的基础;并且最终,一个新观念的合法性在于它对旧观念的完成和组织,也就是去除旧观念中荒谬和不一致的地方。如果说当下对于未来很重要,那么过去对于当下同样也很重要。任何新要素,无论是实际发明上的,还是理论转向上的,最后不仅会通过习惯使用获得一种心理上的熟悉感,而且还会获得一种逻辑上的"自然性"、一种必然性,因为它被认为是继续并完成了之前的进程。之后再回过头来看,这种发展中的新要素是如此明显,人们很容易就得到一种错误的印象,认为这是一个单向的演进过程,或是一个由内部展开的过程。因此,许多以

339 "完美绝对"或任性古怪开始的理论,最终都落脚在了复述所有人一贯相信的常识上。的确,到最后,人们对这些理论的实际批判都会是:"如果你一贯都这样认

---

① 首次发表于悉尼·胡克(Sidney Hook)的《实用主义的形而上学》(*The Metaphysics of Pragmatism*),芝加哥:公开法庭出版公司,1927 年,第 1—5 页。

为,为什么一开始不说呢?"这一提问的本意是好的,但这种发问方式忽视了两个事实。首先,对一个新观点作出适当的陈述和理解需要这样一种能力,即看出这一新观点对前观点的连结、延续与完善;只有神奇的造物——比如从宙斯头上生出的女神——才不需要经历一段不确定且不稳定的生长期。其次,这些连续性的建立要求重塑和重新审视旧信念,而后者的抗变能力比有些不易变化的物理材料还要强。简言之,只有当旧观念经历了微妙而广泛的变化之后,我们才能觉知到连续性与完成性;当一个新概念变成了"任何人都相信"的版本时,任何人都相信的东西已经经历了净化与转型。

另一方面,基于新信念有效而被抛弃的旧信念,其某些方面会被无意识地然而又是确实地"读入"新信念当中。对这一确实存在的连续性的忽视,可以由假设一个"读出"的观念来弥补。所有对新概念的辩证式驳斥都采用下面这种基本方法和一般形式:首先在某些方面将新观念同化为某些既存观念,然后指出这一同化与新观念的其他方面之间存在着逻辑矛盾,由此令人信服地证明,基于批评者的立场,新观念是荒谬的。发现新观念在哪个方面完成和组织了旧信念需要时间,同样,在新观念中探查和消除旧元素也需要时间,因为旧元素是被理所当然地接受下来并受到无意识地保护的。当古怪的元素被打磨成正常的关系,根深蒂固的积习被重塑的时候,一种平衡便逐渐并经常难以觉察地形成了。

这些观点是我通过读胡克博士的书得来的。这本书值得一提,因为在我所熟悉的这一主题的讨论之外,它还表达了一种在被称为实用主义和工具主义的新运动与古典思想的主要部分之间有意识、慎思地维持的平衡。胡克一下子欣喜地看到了两者之间的全部联系与修正,而在一般的讨论中,这些都是勉强而零星地被涉及的。他清除了伴随着早期讨论所出现的片面让步与误解,安全地将自己置于一定的距离之外,从而明确地认识到重建的要求和其中的连续性与完成性,并平等地看待双方。

对这一论断进行细节化的探讨,只不过是对本书业已完成的丰富内容进行匆忙而潦草的复述。但是,我们也许可以举例来说明一点。从名称就可以明显地看出来,"工具主义"强调的是工具性,而"实用主义"强调的则是行动和实践。我们可以从下面这一事实中看到旧观念的投射:工具和行动的观念被赋予了一种个体性和主观性的意义。人们认为,工具主义指的是:思维与知识只是作为实现某些私人利益和外部功用的手段而存在。某些早期的批评甚至将工具主义定义为一种认为所有的认识都在于满足有机体和动物需要的理论。同样，行动的观念也得到了孤立的、私人的解释。这些批判真正证明的是以前的流行观点所把握的工具与行动概念。当这些概念被读入新观念时，人们不难认为后者否定了所有客观而"无偏见"的思维。要将下面这一点讲清楚颇费时间：实用主义真正新的地方正是在于否定这些旧概念，并以一种客观的工具、目的和行动概念取而代之。

但是，胡克从讨论的一开始就清除了所有这些累赘和无关的混淆。他清楚地告诉我们，"工具"意味着对象具有明确的生存论地位与职责；并且，当被表达为活动的有机体的行为和习惯时，"行为"与自然能量之间的连续性并没有中断。因此，要将下面这一点揭示清楚并不困难：思维（在科学中处理的是作为工具的对象）本身就是一种类型特殊的工具，并且像其他工具一样运作于一个由存在构成的普遍世界中。存在着这样一种重要的感觉：所有结论性思维都是循环的，并且其合法性正是建立在它的循环性之上。结论性思维在结束的时候又将我们带回到那些构成其起点的材料，从而让我们将它看作是一个在包容性整体中起作用的一员。我认为，这种完整主义的视角实际上正是所谓的综合（synthesis）。综合是将之前孤立而零碎的材料知觉为一个联系性整体的组成部分。胡克对新运动与古典思想基本要素的把握，使他的概要性视角能够达到一个非凡的程度。因此，他的讨论已经超越了围绕实用主义所展开的争论。对"形而上学"和"实用主义"有严格定义的读者可能会依然不知变通地无视本书给心灵带来的启蒙，但是我相信，那些允许自己对这些词语的理解随着主题的展开一同生长的读者，会在本书中找到新运动的基本思想与古典哲学传统深刻而富有启发性的结合；并且在这一结合中，新运动继承并完成的那些真理和新观念所需要的转型都得到了公平的处理。

《经验之中》导言①

在所有难做到的事情中,最困难和最重要的也许要算是理解了。达到理解   342
便达成了某种共识,而共识就是对共同事业的承诺,也就是相互约定与相互信
任。误解的苦楚在于随之而来的职责:背叛的指控与不忠的暗示。相互的信任
在表象上要比在实际上更容易得到保证。只有以共同经验为依托的相互信任才
是可能的;没有相似的经验,语言便有着不同的含义,交流便是虚假的——即便
是形式一样的观念也会存在分歧。然而,缺少了理解及作为理解之本质的相互
承诺与信任,任何所谓的社会,不过是一群基于对危险的害怕或对收益的承诺而
集合起来的人群。共同体是由互相交流的人所组成的,他们在行动中相互认同,
因为他们分享着共同的理解。

一种关于经验的哲学对于人类的意义就在于社会生活对相互约定的依赖,
相互约定对于理解的依赖,以及理解对于人和事的生命经验的依赖。经验因性
情、环境、时间、地点以及每一个接触的事件而异。如果这种多样性就是故事的
全部,那么交流就不过是刻意保持表面和平的外在礼物交换或贿赂交易,社会生
活不过是由相互排斥的原子形成的一种机械平衡。如果不把自己的行为、信念
和目的放到与过去不间断的连续当中,如果不发现某些经验的连续体,我们就不
能理解自己的行为、信念和目的,甚至不能理解自身。与他人分享一个经验的共   343

---

① 首次发表于约瑟夫·金蒙特·哈特(Joseph Kinmont Hart):《经验之中:一种关于生活与现代世
界自然主义哲学》(*Inside Experience:A Naturalistic Philosophy of Life and the Modern
World*),纽约:朗曼-格林出版公司,1927 年,第 xxi—xxvi 页。

同体不仅是我们理解他人的条件,并且,这种出自共同经验背景对他人的理解与赞同更解放和加深了我们的自我理解。

因此,理解的实现与共同体的创建是极为困难的。所有智性的讲话都意味着讲话者能够消除阻隔在其自身经验与听众经验之间的特殊性,并找到那些能够被共同领会的经验。这也意味着讲话者具有把握普遍性与客观性的能力,而这种能力并不容易获得。

可是,人们如此渴望因理解共识而产生的拓展和增强,以致容忍和发明了各种各样类似的替代品:听任某种情绪的散布、有意煽动公众的恐惧与憎恨(比如在战争中)、尊重外在的习俗、重复宗教信条与政治纲领、对相似环境(不管如何微不足道)的熟悉、在合作中各自追求私人的利益、奴性地顺从迫害者的意见、狂热地忠诚于同样的词句与符号——所有这些都是真正理解的替代品。然而,现实是不能被嘲弄的,无视理解(也就是获得并交流共同经验)的代价还未被支付。任何危机都会暴露表面共识的虚伪性,因为表面共识在根本上依赖的是力量、个人获益的希望,以及对私人损失的恐惧。

因此,人类对下面这种哲学的需要以及这种哲学出现的机会就再一次摆在了我们面前,这种哲学应该揭示出经验的表面多样性背后的共同基础,并展示出这些多样性中所蕴含的共同形式。今天,这一需要比以往任何时候都要大:世界上从来没有存在过如此之多的外在接触与交换。蒸气和电让地球的各端紧紧相连,各地的人们互相接触,随身带来了由于传统、习俗和观点的不同而互相分隔的经验。困惑到处存在,外在的混乱与冲突是缺乏内在理解的信号。那些让西方文明以某种形式统一起来的共同信条已经瓦解了,它们已经名存实亡。不确定和无组织的现象以及"基要主义"在宗教与政治中的复兴,都是困惑与分裂的证明。因此,人们便需要一种夸大的外在一致,信念也由此被标准化和组织化,因为我们感到只有互相理解才能形成的维系已经变得非常单薄和极度紧张。我们对一致性的坚持,是对缺乏团结的补偿性反应。正如我在其他地方说过的,我们时代的实际"哲学"同政治权力的制衡理论是类似的,后者意味着放弃内在合作的希望,并徒劳地试图通过分配给互不相关的权力以互不侵犯的位置与边界来保证和谐。因此,我们在生活理论中也想用一种分隔与外在阻止的政策来实现有序性和整体性。艺术、科学、宗教、工商、道德、政治,每一个都有独立的空间来进行自己的工作。这样,我们便认为自己的生活空间是美好而完整的,我们的生活是和谐的！

当我指出上面这种情况催生了对一种关于经验的哲学的需要，并为后者提供了机会的时候，我并没有傻到说哲学能够自己产生整合和互相渗透。整合和互相渗透只有在生活过程中才能实现。然而，一种有生命力的哲学本身就是一种批评、记录和预言。因此，对于生活的协调运作来说，哲学是一种有价值的，可能也是不可或缺的辅助与指导。作为批评，它能够揭示和净化传统，因为这些根深蒂固的习惯性观念对于广泛分享的经验来说是障碍。揭示传统并不是要消除它们，而是因为只有在对这些传统进行定位和展示之后，我们才能从它们当中解放出来。作为记录，关于经验的哲学能够展示并阐明经验持久而全面的形式；能够抓住并以整体的形式保留经验的身份与整体性；在迅速、多面、喧嚣而骚动的经验中，这些身份与整体性很容易消散。哲学至少可以描绘一张示意图作为对于团结的指示，从而引导人们走向团结。而哲学的预言职责则可以被理智地表达为哈特博士所说的"戏剧性高速公路"。在当下无序而混乱的经验设计、经验轮廓和经验景象中，哲学也许可以给我们指出一条道路。

哈特的著作为揭示经验结构、展示经验内容这一任务作出了受欢迎的贡献。哲学工作的一个困难在于：它在工作中只能运用既存的工具，也就是那些已经根据专门的分工而被特别调试过的词语和观念，而这些词语和观念已经不再适合哲学工作。哈特清楚地指出，出路在于以多样和合作的方法持续努力、不断实验。修正我们的词语，重塑我们的工具（即便它们仍处于实际工作中），不能只局限于那些专业和官方的"哲学家"。为此，我们需要逃脱任何技术圈子的坦率、勇气，以及心灵富有同情的洞见。哈特的著作以宽容而慷慨的想象来完成这一任务。如果我们能以本书的精神——也就是摆脱了僵化与呆板，具有了表达迫切需求的本能，专注于那些最多只能被词语指向的现实，只渴望那些与这些现实交流所带来的赞同与共识的精神——来把握本书，那么，它一定能够对促进我们最为需要的理解作出有价值的贡献。

《武装我们的青年》导言①

　　读者是否意识到,在这个国家中存在着一场组织得极为良好的、想要将国家生活的基调与性情军事化的运动? 读者是否意识到,军国主义的支持者已经变成了经济、政治和社会上的既得利益集团,并且,这些既得利益集团正在谨慎而有意地通过我们的中小学和大学来实现将全国军事化的企图? 读者是否意识到,这些既得利益集团通过掌控中小学和大学来防止学生受到与他们的立场对立的事实与论点的影响,并不惜使用诽谤和公开攻击的方法来恐吓那些反对他们这样做的个人和组织? 读者是否意识到,根据既得利益集团的陈述,他们认为他们现在的这种对教育的干预(不叫干涉)是全民兵役的最好替代品,并为将来的征兵创造了条件?

　　这本书所提供的材料可以使任何人对这些问题得出自己的结论。书中的材料并不是以在军事集团纵容之下的轻率诽谤形式出现的,而是以可证实的材料形式出现的,并且大部分材料都援引自官方资源。这些不可否认的事实无疑地触痛了军事既得利益集团,导致它们——用它们的一位代表的话来说(引自这本小册子)——敦促对"颠覆性煽动"进行"事实与数据"上的攻击,并且这种攻击还必须带有"怨恨与愤怒"。他们对签署了协会前一个报告(莱恩报告)与现在这一个报告的 54 人的攻击绝对是怨恨与愤怒有余,而事实与数据不足——当然,比

---

① 首次发表于罗斯韦尔·P·巴尼斯(Roswell P. Barnes):《武装我们的青年:在我们的中小学和大学中预备军官培训团的重要性》(*Militarizing Our Youth：The Significance of the Reserve Officers' Training Corps in Our Schools and Colleges*),纽约:军国主义教育委员会,1927 年,第 3—4 页。

喻(figures of speech)除外。

美国人民还没有被军事化到可以支持一个完全吸收了军国主义精神的运动的程度。现在的危险在于,人民意识不到正在发生的事情。因此,陈述事实便具有了至高的重要性,这些事实能够让我们的人民意识到当下这场有组织的运动,并有意识地去坚持它;也正因为此,才会出现对那些了解事实并努力让美国公众认识到这些事实的人的怨恨与愤怒。对于军国主义企图来说,最为致命的莫过于对事实的认识,因此从逻辑上来说,压制事实的传播是军事既得利益集团必然要开展的工作。它们以前的活动表明,它们认为压制事实最有效的方法之一,就是极力用欺骗和误导去诋毁那些传播事实的人。当下这一报告的发表无疑会引发一批经过更新的声明,用罗斯福所说的"短而丑陋的字眼"来指称这些声明是相当合适的。

我们邀请公众注意这些事实,并且对公众的注意力能够带来的结果很有信心。然而,除非公众认识并注意到这些事实,否则结果无论如何都不可能如此确定。军国主义运动组织精良,能量充沛,且带有无情的侵略性;它有明确的计划,并采取明确的步骤来执行这一计划,而这些计划与步骤的本质已经由收入这个小册子的官方文件阐明了。人们不会有意地选择成为军国主义者或非军国主义者,在回应那些最终指向军国主义的条件时,他们逐渐且无意识地变成了军国主义者。对于那些希望军事化的人来说,对青年的教育以及这种教育在家长和朋友身上的反映是相当重要的一部分力量。

军事既得利益集团对这一情况了如指掌。但是,那些反对将我们的民事政策屈从于军事目的的人也同样知晓这一情况吗?对此,他们正在做什么,又想要做什么呢?

《战争的非法化》跋语[①]

　　莫里森先生如此全面地讨论了战争非法化的各种问题,我只能换种说法来复述一下他所说的;并且,他的语言比我的更雄辩、更有力,因此我的工作简直是多余的! 那么,为什么我会答应他的请求,在他的著作后面再写上几句呢? 主要是因为莫里森令人信服地指出,这一运动是摆脱战争诅咒的唯一出路,而我则很高兴能够抓住一切机会投身到这一运动中。我要特别强调三点:首先,战争非法化释放并阐明了当下的国际精神;其次,它解放并重组了人类的道德要素;再次,它体现了所有蕴含在法律的意义和功能中的、人类历史和生活中根本和有效的东西。

I. 国际精神的解放

　　众所周知,蒸气和电已使世界各国的相互依赖日益增加,无论是福还是祸,它们已将地球上的人类紧密地联系在了一起。相互依赖是人类得以实现许多比过去更好的事情的条件,但相互依赖本身并不一定是件好事。好事的条件并不是好的成就本身,相互依赖不但是许多新兴邪恶的条件,还使旧的邪恶得到更大规模的体现。曾经存在于民族之间的阻碍,使人们不可能富有成果地相互合作,也不可能相互争斗和剥削。以前,将一个洲的人口胁迫转运至另一个洲做奴隶

[①] 首先作为序言发表于查尔斯·克莱顿·莫里森(Charles Clayton Morrison):《战争的非法化:对世界和平的一项建设性政策》(*The Outlawry of War: A Constructive Policy for World Peace*),芝加哥:威利特-克拉克-科尔比出版公司,1927 年,第 vii—xxv 页。后来被移至书末,更名为"跋语"。

的想法是不可思议的；当时的战争是区域性的，仅限于邻人之间。现在，所有的国家实际上都是邻居；上一场战争并不仅仅是名义上的世界战争，因为实际上每一个洲都有国家参与了这场战争。在新的工业体制出现之前，为了控制原材料和开拓产品市场而去剥削落后国家的做法是无法想象的；而近半个世纪以来，这种做法已成为常规程序。相互依赖是一个既预示着灾难又充满着希望的事实，只不过现在我们还不确定它会倾向于哪一边。应该如何对待我们新近才熟悉起来的国际主义，国际主义对我们来说又意味着什么？这个问题是少数几个重大的历史问题之一。

经济力量带来了当前世界上的国际主义，其结果远远超出了工商业领域，也超出了政治领域，无论是外交上的，还是军事上的。众所周知，现在的科学发现与艺术成果马上就会被全世界所拥有，所有分享的国家都在参与一场高尚的竞争。对于国际主义的这一方面，刚才我们所说的关于经济国际主义的那些并不适用，因为后者充满了危险与邪恶的威胁。然而，这里有一个问题。近来我们听到许多关于"国际心灵"（international mind）的说法，但"心灵"有两个含义：一个是指运作中、体现在行动中的心灵，另一个则是指情绪化的和虔信的心灵，这种心灵沉溺于无效的理想主义、幻想与自我欺骗当中。目前存在的国际心灵大部分都属于后者。这种心灵能由什么运作渠道来切实地改变事务的进程呢？拥有这种心灵本身是件好事，也有助于形成有力的思维，但这种心灵只存在于自身之中，而且是与实际的世界进程脱节的。有足够教养的人会因为拥有这种心灵而感到满足，除了这一价值之外，这种国际心灵很难再获得任何重要的成就。

因此，解放和阐明现代世界的国际主义这一问题便有了两个层面的考量：首先，它考量的是如何往好的一面利用生活在地球上的民族之间在经济上的相互依赖；其次，它考量的是如何使国际心灵有效地控制世界的实际事务成为可能。

我们认为，战争的非法化是将现存的国际主义（在上述两个方面）变成一种能够造福人类生活的力量的唯一手段。利用国际工业和商业来提高和改善人类生活，在很大程度上是一种预防手段。如果我们能够防止它们在运作中只有利于强势一方而不利于弱势一方，互相的收益就能够实现。在实际战争和潜在战争中，装备精良的国家会使用海军和陆军力量的威胁始终存在，而这种威胁就是所有经济帝国主义这一剥削形式的本质。并且，这一战争体系的效应并不能够用近半个世纪以来由于经济原因而引发的战争来衡量；即便是在和平时期，这一战争体系也一直作为背景存在。今天,诉诸武力的可能性控制着大部分工业落后国家与经济发达国家之间的关系。任何同亚洲居民有过接触的人都知道,下面这种情绪扩散得非常快:西方力量只尊崇武力,因此东方人有必要武装自己。再多的篇幅也不足以说明公开和隐蔽的战争机制在决定当前经济国际主义形式中所扮演的角色。这种战争机制就像我们呼吸的空气,与当下国际关系的所有事实紧密相连。挪开那战争体系的重手,我们几乎不可能想象人类之间经济上的相互依赖会变成什么样子。然而,如果撤开那只时刻存在于背景当中的重手,以及以武力威胁为基础的习惯性想象,我们至少会感到一种巨大的解放,感到卸下了一个沉重的负担。

卸下同样的负担还会促进国际心灵的扩展,从而将那些极端民族主义者和那些认为爱国主义不是公共精神,而是国与国之间温和或粗野的敌对态度的人包括进去。更为重要的是,它能使由此得到释放的国际心灵成为一个处于建设当中的事实。国际心灵不再只是一种私人的沉溺、一种修养的标志,或是政纲和出版物的主题;它会由此展开一系列行动,从而可以自由和充分地表达自己。人类的思想、艺术和宗教统一体由此也会拥有一片自由而美好的园地来开花结果;它们得以从巨大的经济压迫中解放出来,而正是战争体系的需求直接和间接地造成了这种压在每个国家的纳税人头上的经济压迫。另一方面,当所有民族都能够将自己视作其他国家的积极合作者,并从怀疑、嫉妒、恐惧与憎恨(这些情绪都来自战争体系,同时又催生了更多的战争)中解放出来的时候,上面所描述的收获同这时所带来的自然增长相比,就是负面和外在的了。但是,当发现这么多相信国际善举的人满足于修补一些次要项目,而不是在为保证国际精神的解放而奠定基础时,我承认,我的心陡然下沉了。

这些都是一般性的考量,但被运用于美国人民身上时,却具有特别的力量。自大战以来,我们在地理上的孤立已被僵化成一种政策与观念的孤立主义;我们潜在的民族排外主义,已经显示出了演变为一种进攻性的军事民族主义的迹象;我们传统的友好情感正处于被一种傲慢的自足所取代的危险当中。造成这一结果的原因之一是:有人热心地向美国人民鼓吹,所有国际合作的关键与中心在于同其他国家,特别是欧洲国家的政治合作,从而变成莫里森所说的欧洲体系的一部分。我不认为任何有思想的人会否认,提倡政治联盟的方法不但没有释放国际精神,而且还增强了孤立主义的趋势。这一方法的运作对国际理想主义的干涸或让后者转向无用而浪费的方向起到了重要作用。

造成上面这种情况的理由不难寻找,比如我国与别国的物理距离和在地理上所处的偏远位置。我们的国家地大物博,对于搅进另一洲的政治不感兴趣。我们都是不同时期的移民,许多(也许是大部分)人来这里的原因是想抛下或摆脱旧世界的某些东西。对以战争结束战争的热烈希望和随之而来的普遍失望、那些和平协约的条款以及对于欧洲政治(对抗和外交方法)更为深入和广泛的了解,已经让民众产生了一种不想在政治上与欧洲搅在一起的反感,这种反感很容易变成一种自满的、高人一等的态度。这些条件与其他同类条件增强了下面这一观念:如果在旧世界的政治体系中进行任何形式或假借其名义的合作是国际合作的唯一方法,那么我们宁可独善其身,孤立、偏居一隅,并自给自足。正是这种情况,让极端爱国主义者与潜在的猎巫者把"国际主义"这个词用在指责与辱骂当中。

对于我们的国家来说,把我们同世界其他国家之间的正式和官方关系放在一个司法基础上,将会是一个特别的巨大解放。它会防止情绪和意见与那些不但离我们遥远、还与我们的传统和利益对立的政治事务纠缠在一起。在我写作本文的时候,我得到了一份出自职业军国主义者之手的文件——正如莫里森所指出的,作为一种体制,战争将培养军国主义精神必然化了,培养军国主义精神变成一项在和平时期也要继续下去的工作。这一文件是以"美国综合性大学与学院军事部"的名义发表的。它有意地想对五十多名美国民意代表、大学校长和教师、慈善家、编辑、美国联邦参议员和牧师——所有这些人都是有身份的人,其中有一些还是这个国家中最杰出的公民——进行诽谤。这些人的罪状在于:他们有兴趣在这个国家发展和平与国际合作精神,反对将美国的机构,特别是我们的学校普鲁士化。这一文件明确希望将那些为和平而努力的人等同于布尔什维克共产主义,以此来恐吓所有反对军国主义的人。上面提到的这些人具有国际心灵,并想为此努力,而不只是泛泛而谈。因此,他们要么被说成是不自觉地受到了欺骗,要么被说成是第三国际的自愿工具。

我们不能因为这一攻击的荒谬,就认为它无足轻重。这一攻击典型地展现了战争体系的明显效应。这种效应首先是建立一个占据高位并有影响力的职业团体,并由这些人将军国主义等同于对国家的忠诚;其次,将强大的武器放在他们手里,用以镇压所有支持国际善举、友谊与合作的人。在战争非法化之前,国际心灵都会被迫退入一个由伤感、无效的渴望与无用的梦想组成的领域,因为给它一个积极表达的机会被看成是对社会结构的不忠。这里似乎不需要对此进行细节性的辩论。我邀请读者考量一下,想想除了就战争非法化达成相互共识之外,还有什么方法能将忠诚与国家事务和利益统一起来,并完全而充分地释放那些构成国际主义的、国际间经济和精神上的友好与合作。

II. 道德力量的解放

莫里森指出,正如列文森先生和其他人在他之前已经指出过的那样,战争体系的运作一定会导致道德分歧与瘫痪。没有什么条件比强迫民众根据他们的道德信仰和忠诚分裂为对立的两派更为严重的了。为了解决这个难题,有些人采取了在任何情况下都基于道德或宗教立场反对战争的做法,对此,我并无责备。然而,根据我基于经验所作出的判断,民众从来都不是,将来也不会按此模式思维。国家哺育了我们,我们受到保护,我们的安全以及发展的机会都直接地或者至少是间接地归功于它。在战争时代,想要切断这些联系并将自己置于祖国意志的对立面并不容易做到。正是基于这些原因,成千上万的人在和平时期持有一种和平的精神,而在战争时期则感到必须支持自己的国家。一边是法律——国内法、国际法以及核准战争并要求在一定程度上积极参与到战争中的法律,另一边则是反对战争、反对有组织的杀戮与仇恨的平常的良心。这种二元论根深蒂固且广泛传播。有一个明显的补救办法,那就是把法律放在良心这一边。当前,和平的爱好者变成了罪犯和丧失公权者,因为他们胆敢在战争时期坚持和平。如果战争被非法化了,那么法律就站在和平与道德信念这一边;而罪犯,也就是与自己国家和其他国家的法律对立的人,就变了那些挑起和煽动战争的人。我很惊讶牧师、教育家、公务员和其他相关人士居然看不到这一点:解放、组织和巩固公民的道德观念和忠诚度的唯一出路,就是从根源上处理造成道德无能与道德分裂的原因。为此,我们需要把法律置于人类的道德愿望与道德信仰这一边,而不是像现在这样置于后者的对立面上。这就引出了我们要讨论的第三点。

III. 法律的功能

莫里森在书中反复要求我们注意那些反对或不关心战争非法化运动的人的

观点,因为他们不但误解了一般法律的本质,还特别误解了反国际屠杀法的本质。一些智性的人甚至说,他们不理解下面这种说法是什么意思,即战争是合法的、是一种被认可和合法化的解决争端的政治机制。初看起来,这一立场似乎是一种无法原谅的无知,但实际上,它体现了长久建立起来的合法状态如何被认为是理所当然的,这种状态如此习惯性地、自然而然地和彻底地与事务的进程(这里指的是国际事务的进程)联系在一起,人们甚至不会去想到它。只有公开的战争才能够吸引注意力,有些人认为,战争是不可避免的常规事件,就像火山爆发和地震;还有人将它们视作是需要个别处理的可悲事件。

对战争作为解决国际争端的合法手段的普遍认可,使这些人意识不到战争是一种既有的政治体制这一事实。这一陈述并不比下面这一事实更自相矛盾: 355我们在平常状态下不能直接知觉到某些固定的条件,比如我们呼吸的空气或身体的生理条件,只有在被干扰的时候,我们才能知觉到它们。考虑到法律与战争的关系,需要澄清的第一点是:这不是一个在战争与法律之间首次建立起联系的问题,而是一个用法律来反对而不是拥护战争的问题。我们要做的不仅是"通过"一项反对战争的法律,或是颁布一道敕令,而是一件改变各国生存体系的生死存亡的大事。而这正是"非法化"的根本含义,任何认识到这一含义的人都不会认为法律与战争的关系是无足轻重的。让我们不要在这一点上存有误解。所有那些其职业、利益与战争体系息息相关的人都能看清这一点,但那些有兴趣用一个有序、合作的体系取代原来那个互相害怕、敌对和破坏的体系的人是不是就比较迟钝了呢?

我们可以用另一种方式来考察法律同人类行为和人类关系之间的关系,也就是考察法律的历史发展。每一个研究历史的人都知道,曾经有段时间,个体自身是所有伤害案件的审判者与执行者。"自助"的权利是普遍的;受到错误对待或认为自己受到了伤害的人便是最高法官,他自己决定该如何纠偏为正;没有法庭,没有治安官,也没有公众代表来干涉;血仇是唯一的结果。后来,代表法律的法庭和公共官员逐步发展了起来,争端的解决与伤害的赔偿就从那些用武力解决争端的直接当事人手中移交了出去。法律代表和解进行干预,法律的历史角色一直是一种"维持和平"的手段和一种不诉诸武力来裁定争端的方法。

个人之间的决斗是原先那种普遍性体制的最后残余。当法律禁止决斗时,个人之间的任何争端与纠纷就不再能通过武力解决,而是被置于法律之下。

　然而,国家之间的争端仍然保留了诉诸(有组织的)暴力的人类行为模式,而这种模式没有经过运行于统一规则之上的公共法庭的裁决就得到了法律的许可。因此,战争非法化并不是零星的法令,也不是纸上的表态,它是人类关于解决利益争端和冲突最妥善方法的历史经验与智慧的集大成。它将那些解决所有其他威胁社会生活和平与秩序的争端的方法,运用于解决国际争端之中。考虑到用武力解决国际争端的做法在后果上要远远恶劣于那些用暴力解决私人争端的做法,很奇怪,有人竟然看不到法律与有组织的国家暴力之间的关系是社会问题中最为重大的问题。

　　还有人将当下反对过度立法、反对通过法律使人变"善"的偏见用到战争的非法化上,这是完全偏离主旨的。法律与战争的关系不能被类比为节约性或禁止性立法,而应该被类比为那种规定具体的冲突不能通过诉诸破坏性暴力来终止的法律。怀疑法律在后面这种情况下的功能,违背了所有的人类经验;这种做法是要让所有的人类行为都退回到私人的无政府状态。认为战争非法化就是单纯地禁止战争的想法,就像认为可以颁布一些反对地震的法令,这是一种最为懒惰和肤浅的思维方式。战争非法化的本质是积极的和建设性的:提供有序的方法,征得各国同意,公开保证它们的荣誉,并以此来解决争端,而不是将有组织的暴力当作最终的仲裁者。当这种方法被建立起来的时候,没有人会愿意回到目前的方法,就像没有人现在会提议回到用私人争斗与私人战争来解决私人争端的原始野蛮方法一样。毫无疑问,我们目前所使用的方法是野蛮在文明中的一种投射,因此,战争的野蛮性,无论是直接的,还是间接的,都是被永久化之后的野蛮主义的必然结果。作为解决争端的一种方法,法律与战争的关系并不是微不足道和插曲式的;相反,这是一个以文明反对野蛮的问题,人类历史足以证明这一点。

　　最后,法律功能与战争的关系问题落脚于之前提到的道德问题。的确,实际法、行动法与成文法之间存在着巨大的区别。除非存在着对此进行公共评估的深入而广泛的需要,否则,法律一旦"通过",就被抛在了脑后。我想象不出任何一个理性的人会否认国际关系的现状,以及频发的战争提出的这样一种需要。如果真的有这样一个人存在,那么我便不会同他理论,就像我不会同一个认为身体疾病不需要预防与治疗的人理论一样。然而,一定有某些超越需要的东西存在。如果法律不是无用的公告,而是确实得到实行的话,那么一定会存在一种对于这一需要敏锐而普遍的认识，以及对麻烦与邪恶的意识；一定会存在某些坚定的信念与愿望。人们一定会看到，法律是信念与意志背后的坚实基础。否认解决国际争端的司法方法的有效性，在根本上就是否认在当前的世界人民中——我说是人民，而不是外交家、士兵和政治家——存在一种向往和平的愿望，以及对战争之邪恶的深刻而持久的确信。

这在理论上是可能的。然而有一件事是肯定的：战争非法化的提议以及它所包含的一切，第一次在历史上提出了一种发现人民的意志到底要战争还是要和平的方法。如果是前者，那么战争还将会继续，没有一个明白人还会浪费他的时间与精力去试图摆脱战争，或是打扮和美化它们。但是，至少让我们了解清楚美国人民和欧洲人民的愿望是什么。我要再说一遍，以前从没有人试图去了解人民的这一愿望，因为除了战争非法化的提议，没有一种简单、易懂和根本的方法可以了解他们的愿望。如果他们的回应是向往和平，那么战争非法化就会是有史以来人民意志最具决定性和最为全面的体现。那些认为通过法律没有什么价值的反对意见也只能作罢。

我所写的都是假设性的，就像每个人在实际尝试之前一定要做的那样。在沉溺于对结果的悲观预感之前，我们要记住：迄今为止的战争状态或和平状态（和平状态不过是战争体系中，战争与战争之间的休战状态）都是掌握在官员手中，而不是人民手中。无论其意图多么良好，官员是被迫在战争体系中进行运作的，而在这种体系中，秘密外交和秘密条约、为本国利益而损害他国、维持势力的均衡、诉诸阴谋与恐吓的事一定不胜枚举。当前，我们陷在这一体系中，官员引发战争，人民为此受罪。这一体系制造了束缚我们手脚的镣铐，让和平的努力付诸东流。我要重复我已经说过的：我们对于战争非法化的反对主要是因为，我们的思维已经受到了战争体系的左右和压制，以至于我们对未来的想象不能逃脱它的影响。因此，我们就有了这样一种害怕，觉得地球上的人民不会压倒性地展现出他们希望战争非法化的愿望，因为我们认为他们是在战争体系强加的限制与歪曲之下进行判断和行动的。

我只能在结论中重复莫里森先生的话：实行这一计划的主要任务落在了我们国家的人民身上。过去，我们的地理状况与经济资源在很大程度上保护了我们不被卷入战争体系。现在，我们已经被卷入了它的边缘，除非采取决定性的措施，否则我们可能会毫无意识、毫无计划地深陷其中。为了不让自己卷入，我们必须做一些积极而决定性的事情。同时,为了使其他直接陷于其中的民族得益于我们的相对免疫力,我们也必须做一些事情。美国能对欧洲,最终对亚洲所作的任何事情,都不及将它们从战争体制的枷锁中解放出来的一半重要。如果我们能帮助欧洲从迫近的威胁中脱身,欧洲拥有足够的资源和材料——无论是思想上的,还是道德上的——进行恢复,并且再一次在文明的友好竞争与合作中成为领导者,我们应该及时地抓住机会,把自己从迫在眉睫的危险中解救出来吗?并且,为了使世界上的其他民族能够友好地在一起生活和工作,我们应该做现在最需要做的事情吗?这些问题要由美国人民来回答,而他们的回答将会是对下面这一计划的接受:割断法律与战争的既有联盟,并将法律决定性地、不可变更地置于和平这一边。

赞亨利·乔治[①]

　　从亨利·乔治的不朽著作中选编一些章节,以展示他对政治经济学与社会　　359
哲学所作的主要贡献,这是布朗教授一个很好的想法;而正如本书所展现的,布
朗以与这一想法同等的技巧完成了这一任务。亨利·乔治有一群热情的门徒,
他们制定了一个改革税收的实际计划,这一事实常常会使社会理论的研究者忽
视亨利·乔治是一位伟大的社会哲学家。自柏拉图以来,与亨利·乔治同级的
思想家的人数都用不上两只手的手指。我们可以有把握地说,如果他是欧洲某
国人,就算不考虑他所坚持的实际计划,他也早就进入了本该属于他的世界级思
想家的行列。然而由于某些原因,我们美国人认识和庆祝思想贡献要比认识和
庆祝发明家、政治领袖、伟大工业家的功绩慢得多。对于《进步与贫困》
(*Progress and Poverty*)的作者来说,下面这一事实无疑地加重了他在学术圈中
的失败:亨利·乔治的思考、写作与工作都是处在学术圈之外的。而在学术圈之
外的世界里,尽管没有一部政治经济学著作能像他的著作一样被广为流传和阅
读,但对他的税收改革计划实际价值的讨论事实上模糊了他作为一位杰出思想
家的地位。之所以如此,是因为社会习惯的巨大惯性和既得利益集团的巨大势
力试图通过贬低他的思想贡献来增强对其实际措施的反对力度。

　　我说这些并不是想宣扬他作为一个思想家的位置,并将这一位置与他改变　　360

[①] 首先发表于《来自亨利·乔治〈进步与贫困〉的重要段落》(*Significant Paragraphs from Henry George's "Progress and Poverty"*),哈里·冈尼森·布朗(Harry Gunnison Brown)主编,纽约加登城:道布尔迪-多兰出版公司,1928 年,第 1—3 页。

税务分配方式的提议对立起来。在我看来，这两件事是联系在一起的。他对社会条件的清晰理性洞见以及他对人类所遭受的可治愈弊病的热烈感情，在他将劳力和资本从捆绑它们的枷锁中解放出来的计划那里达到了逻辑终点。但是，考虑到布朗教授清晰而井然有序的总结，我要特别指出亨利·乔治在社会理论上的贡献，以引起研究者的注意。没有一个人，没有一个高等教育机构的毕业生，有权认为自己在社会思想方面受过教育，除非他对这位伟大的美国思想家之理论贡献的一手材料有所熟悉。

这个时间和地点并不适合讨论这一贡献的实质，并且也无必要。亨利·乔治本人的文字既清楚又有说服力。但是，我还是不得不指出他思想中经常被忽略的一点：他强调了生活中那些有时被称作无法估量的理想因素。有人认为，亨利·乔治只坚持人口增长对于物质生产中的物质效应，或者货币增值对于土地价值的物质效应。这是对亨利·乔治思想的贫乏表述。我们只要读一读这些节录的第三部分便可以注意到，亨利·乔治更多地强调了共同体生活在增加土地价值上的效应，因为共同体生活开启了"一种更广阔、更充实、更多样的生活"，而想分享共同体所带来的更高价值的愿望便成了提高土地租用价值的一个决定性因素。当前的体系不但抑制了人民大众的物质地位，并且特别导致了大众在分享这些更高价值时受到片面而不公正的待遇。因此，我们才会发现，在《进步与贫困》中不但有科学家的分析，还有一位伟大的人类热爱者的同情与渴望。有一些主张科学化的著名经济学家忽视了人性中最为重要的因素，还有一些面对社会弊病情绪激动并提出激烈的改良计划的人却一笔带过事实。而亨利·乔治正是因为把对实际事实和实际力量的洞见同它们在提升人类生活价值上的作用彻底地融合起来，才成为世界上最伟大的社会哲学家之一。

献给莫里斯·拉斐尔·科恩[①]

朋友们，在这样一个纪念二十五年生活——我不说二十五年历史——的场
合，我们的思绪也许会很自然地被带回到过去，正如我坐在这里，回忆着过去。
我也许不但要比我们的客人、我们尊贵的嘉宾年长，而且要比大部分在座的同事
年长。我不禁回忆起科恩早年的老师：哈佛大学的乔赛亚·罗伊斯和威廉·詹
姆斯，以及那位学术流放者托马斯·戴维森（Thomas Davidson）。当然，我这样
做丝毫没有减损其他教导过科恩的老师的功劳，比如我的同事伍德布里奇先生
（Frederick J. E. Woodbridge），或是费利克斯·阿德勒（Felix Adler）。

我不禁想起这条活流，莫里斯·科恩在此中成长，成为其一部分，并将它带
入我们当中许多人的生命中。我想到的不仅仅是这些个体（他们的身体虽然不
能在场，但他们的心灵与精神一定与我们同在），也不仅仅是莫里斯·科恩和我
们其中的一些人，而是所有不管以什么方式受过科恩思想影响的人。我还想到
许许多多人，有些人在过去进入过他的生活，有些人通过他进入了今晚在场者的
生活，还有些人通过他进入了他今晚无法在场的无数学生的生活，在这些学生中
有学者、犹太老师以及俄罗斯和东方的学者。也许，作为一个老年人，我对过去
回溯得太远了，但是在我看来，这类场合的伟大意义在于：我们可以由此意识到
那些将人类的理性和道德生活凝聚在一起的影响是多么真实而有连续性。在上
面提到的这些人中间，有许多来自远方和异国；并且，他们已经以我们谁也意识

---

① 首次发表于《献给莫里斯·拉斐尔·科恩教授——教师和哲学家》（*A Tribute to Professor Morris Raphael Cohen，Teacher and Philosopher*），纽约，1928 年，第 17—20 页。

不到的方式——我们甚至不知道其中许多人的姓名——成了活生生的影响力，而这都是因为像莫里斯·科恩这样的人所展现的坦率、思想能量、活力与独立性。

我对过去某些人的提及也许在某种程度上减损了科恩思想的独立性，但你们太了解他了，一定不会对我的话作出这样的阐释。

像乔赛亚·罗伊斯、威廉·詹姆斯和托马斯·戴维森这样的人（我只提及几位已经过世的人），本身就是拥有独立性的人，他们以自己的方式思想，观点极为多样。用新英格兰的老话说，他们不但是有个性的人，他们本身就是个性，因此不可能对他们的观点作回声或留声机式的重复。而莫里斯·科恩也已充分证明了他自己的思想的独立性。事实上，我几乎要说，我唯一反对他的一点就是他过于害怕别人同意他。

在我看来，这一点有时候有一点病态，而在另一个人看来也许就几乎是残忍了。如果那些彻底的民主人士，那些彻底相信民主制的人，能够像莫里斯·科恩那样对少数群体极为尊重，那就再好不过了。大体上，少数群体的人数越少，他就越喜欢它们。今晚我们纪念的正是他的坦率、耿直、对真理批判性的热爱，以及他的学识。正是因为如此，从他身上流过的过去之流是一条活流。他教过成千上万个学生，许多人今晚高兴地来到这里纪念他，来参与到标志着他生命的坦率、耿直、真诚且毫无矫饰的精神当中。

哪里有压迫，受压迫的人就会发现莫里斯·科恩是他们的朋友；哪里有仅仅因为某些习俗原因便被认为是不受欢迎的因素，这些因素就会发现莫里斯·科恩是它们的朋友与同情者。我相信，有意无意地，所有今晚来这里纪念他的人都

不仅仅是出于个人感情和对朋友的忠诚，而且是因为我们感到，在与他为友时，我们在某种程度上将自己等同于为了真理与自由的朋友；这种自由既是真理的母亲，又是真理的后代，同时，也只有这种真理才能使人类获得自由。

致在美国的中国朋友们①

本委员会的成员注意到我们的中国朋友经常卷入与当局的严重冲突之中。由于执法人员的歧视行为与态度,我们的中国朋友常常经受许多痛苦,有时还受到非同一般的不公正对待。因此,我们感到有必要通过一些有组织的努力来处理这种情况。"华人法律保护全国委员会"的成立,就是这种情感的直接结果。委员会的目的是:通过为这个国家的所有阶层的华人提供适当的咨询,以及它所能给予的任何其他相关形式的帮助,充分保护他们的法律权利。委员会还把努力改变执法机构的歧视态度视为其职责之内的任务。

很明显,基于工作的难度与广度,委员会的任务不轻。同样明显的是,其目的的成功达成有赖于对这一新尝试感兴趣的每一个中国人和美国人的共同支持。

我们邀请了约翰·T·芬德(John T. Find)先生担任执行秘书。我们衷心希望全体在美华人能够以个人或集体的方式同芬德先生及委员会成员展开合作,使这一组织成为一个促进在美华人的法律利益,增强中美两国友好关系的有效工具。

---

① 首次发表于《中国学生公告》(*Chinese Student Bulletin*),第 1 期(1928 年),第 4 页。

附　录

1.

杜威的自然主义形而上学[①]

乔治·桑塔亚那

《哲学杂志》的读者肯定正在研究或已经研究了杜威教授的新著,这本书是杜威对其哲学所作的最有分量和最深刻的一次表达。大家也许会原谅我在评论中没有尝试用他自己的语言去总结他的主要论点,因为正如他所说的,他的语言是理解他的主要障碍或唯一障碍。同时,即便我们对他的结论作出最公正的解释,也还是不能正确地传达他的意思。如果没有许多尖锐的暗示和偶然的洞见使他的著作人性化,如果他不是持续地诉诸思维的精炼化,他的许多立场就会成为悖论,我们也不可能发现从某个角度主宰着他著作(即便是在那些看起来最不智性的段落中)的对于事实所怀有的一丝不苟的忠诚。杜威的哲学是以一种新的、不同类型的真诚对事物所进行的了不起的重读,这种在哲学上近视的(near-sighted)真诚就好比是那些当代画家所进行的艰苦研究。这里,哲学上的理性就好比是绘画中的幻想,止于一种教条式的视角,且缺少某些不可见的关联性概念,因为它们都只是自然观察的载体。由此也难怪这些经过抽象和聚焦之后的相近的元素,看起来那么古怪。对我来说,在杜威所采用的方法内部,我完全信服于其所持观点的真实性与深刻性。幸运的是,杜威有一群积极的追随者,他们愿意用杜威的精神去阐释杜威的哲学。我则不同,我只希望能够根据我本能接受的观点,或者在我进行反思之后认为是最全面的观点,来确定杜威这一理论的位置与特征。并且,我会将有可能暂时得到的结论加到杜威用来描述其体系的一个表达上——自然主义形而上学(*Naturalistic Metaphysics*)。从什么意义上来说这一体系是自然主义式的呢? 又是在什么意义上说它是形而上学的呢? 这两个在我

[①] 首先发表于《哲学杂志》,第 22 卷(1925 年),第 673—688 页。杜威的回应,见本书第 73—81 页。

看来相反的特征是如何在杜威的哲学中统一起来的呢？

　　自然主义是一种首要的体系，或者可以说它根本就不是一种特殊的体系，而是动物性生命中所包含的自发而必然的信仰集合。对于这些信仰，不同的哲学体系要么对此进行延伸（一种从某些意义上来说，自身便是自然的超自然环境被加到了自然之上），要么对此进行阐释（亚里士多德和斯宾诺莎），要么对此加以否定（唯心主义）。孩子对他们的身体感到兴趣，并将他们的身体等同于他们自身；他们对动物感到兴趣，认为动物是他们的合适玩伴，他们欺负动物，享受由此带来的刺激与惊奇；他们后来又对机械装置以及户外的壮举与探险感到兴趣。孩子的世界依其自身无限扩展，它被自己的天空包围，有自己的仙境；它覆盖了它所能触及的所有可能的物质性行为。孩子的世界就是自然主义的世界。在这一物质的框架中，我们很容易便能放入所有最终能在人类经验中得到区分的非物质的对象，比如词语、情感和观念。自然主义，或者甚至是唯物主义，都不会逼迫我们去忽视非物质的事物；相反，我所提出的是：任何能够被我们辨识的非物质事物都必须被看作是那些物理事物的名称、外表、功能或附属品，而我们的行动正是在这些物理事物之间进行的。一个自然主义者也许能够区分出他的人格或自我，只要他将自己等同于身体，并且不把任何身体之外的运气、力量或行动赋予他的灵魂。他也许能够识别其他精神、人类、动物或神圣存在，只要它们对于处在行动世界中的自然有机体来说是适当的，并且是那一领域中的物理生活的道德副本（就像他自己的情感一样）。因此，自然主义也许能够为每一种心理学、诗学、逻辑学和神学找到空间，假如后者对自己的自然位置感到满意。然而，一旦词语、观念或精神被实体化，并成了先于或独立于它们的器官而存在的力量，自然主义就会崩溃。当下，人们正是将这种先于物质的非具体化的力量与非物质的功能称为形而上学。仅仅作为一种方法的超验主义并不是形而上学，因为作为方法的超验主义可以表达这样一个自然的事实：任何动物的心灵都是其自身的中心，它们必须觉醒以获得知识。只要当这种心灵被视作是绝对、单一和脱离物质条件的时候，超验主义才变成一种形而上学。承认基于这一意义之上的任何形而上学，明显地抛弃了自然主义。

　　在这样的理解之下，很难再找到一个哲学家比杜威更根深蒂固地相信自然主义了。他极力反对人类运用想象甚至是理智去创造一些虚构的事物，并用这些事物去侵夺日常行为所发生的生活世界的位置与权威。在他看来，哲学家的典型谬误在于将反思得到的结论实体化，然后再将它们描绘成先天的实在——也就是教条主义的谬误。实际上，这些结论不过是建议，或者如杜威所说的"意义"，这些"意义"包围着我们在某个节点身处其中的过去的经验。结论也许具有出色的工具性能力，能够帮

369

助本能行动,根据缺席的事实对其进行更为精确的拓展或调整;然而,如果将结论视作是明显对象背后更深的实在或力量,认为这种实在或力量在制造了对象之后又将自己展现给形而上学家,那就是一种单纯的偶像崇拜了。对每一种教条来说,下面这一事实都是一种打击:上帝、物质、柏拉图式的理念、积极的精神和创造性的逻辑都在它们的王座上摇摇欲坠,由于缺少对手,无尽的形而上学斗争也许会因此而结束。

还有另一个动机驱使杜威走向自然主义:他是事业精神、实验精神与现代工业精神的热情代言人。法国实用主义者乔治·索尔(Georges Sorel)曾称威廉·詹姆斯的哲学是要为所有美国社会的前提辩护,这一说法也许更适用于杜威。詹姆斯是一位个体心理学家,他关注的是人类想象的多样性以及精神在其他世界的可能命运。他无法成为任何广泛的一般性运动的镜子,因为他具有太多的自发性、过于不同寻常了;像爱默生一样,他的美国主义只属于他自己;并且,他也许更能代表美国的过去,370而不是美国的未来。相反,在杜威这里,正如在当下的科学与伦理中一样,弥漫着一种准黑格尔的倾向:将个体消解为他的社会性功能,并将任何实体性的或实际的东西消解为相对的或变化的东西。对于杜威来说,事件、情境和历史包含了所有的事实与个体。杜威哲学的主要特点在于(正是这一点赋予它民族性)对任何方向上的生活事业的深切同情,这些生活事业不但是技术上的,还是道德上的,特别是美国式的——在这一形式中,个体性的起点虽然仍被需求与珍视,但很快就服从了压倒性的民主的控制。如果我的理解没错的话,这就是杜威实用主义的核心,即人民的实用主义,也是本能地默含在人民中的实用主义。杜威只不过是想吃力地将它激进地表达出来。他的实用主义并不想用一种新的论证去支持任何旧的思辨式教条。杜威不像尼采和维欣格(Hans Vaihinger)那样对英雄悲观主义感兴趣,这种英雄悲观主义将已知的错误假设当作真实的,从而绝望地生活着;他对思辨毫无兴趣,阻止它,尽其所能地避免它。对手头任务的忠诚与对进展中的运动的同情,是他的唯一动力。这一立场审慎而乐观地分享了美国人民的态度——兴趣的广泛性与目的的简单性。

相对于美国人公开声称的哲学,他们在生活中所实践的哲学是自然主义的。他们也许声称自己是基要主义者、天主教徒或唯心主义者(因为美国的信仰有很大部分来自前美国的传统),但在心底和生活中,他们都是实用主义者;甚至他们对其他传统的忠诚也证明了他们的实用主义态度:这种忠诚不是出于思辨上的同情,而是因为它能够保障道德不被消解,并保证社会凝聚力和实践上的成功。他们真正的哲学是事业的哲学,这一事业运行在可以无限扩展的、孩子气的壮举与探索的世界中——也就是自然主义的世界。正如杜威所说的,实践的技艺假设宇宙中存在着机械性的统一与一致,否则,今天的发现明天就会不作数,创造发明不会被认可,最好的计划也会走样,所有的工作都可以是白干,专业的方法也不能根据它们的任务进行更为精确的调整。这一假设的机械性体系必须包括与工作密不可分的工作者的双手和大脑,同时还必须包括工作者的心灵,如果心灵对他的工作有任何实际影响的话。因此,杜威有权利将美国哲学中暗含的立场清楚地揭示出来,那就是它的行为主义。假定行为主义理论否认了思维的存在,那么它可以说是新的、令人惊异的;但是从正面来看,只要它将所有的有效过程都置于一个平面之上,那么它可以说是暗含了一种古已有之的自然主义。在自然主义者看来,除了思维的器官和工具,比如大脑、训练、词语和书本,思维中并无任何实体性的或能够产生效能的抽象事物。实际思维是不可见和不可思的,除非我们像这样对其进行反思。这一点往往被唯物主义者忽视,然而美国式的乐观主义者却能将他们对无用的思维的蔑视转为对其存在的否定。这一行为主义的负面意义还来自这样一种常识性观念——身心是互相作用的。如果能够严格地在经验上认识这一观念,我们就可以纠正最初促成这一观念的思辨上的混乱。所谓的心灵,不过是一种习惯,一种人们行动、说话和书写的方式。而神秘的、瞬时性的精神,同不可见的、永恒的真理一样,并不处在这一经验性设定的范围之内。那些能够轻易地区分出聪明人和笨人的人,就是本能的行为主义者;然而当哲学家用悖论式的语言将行为主义的立场陈述给他们时,他们也许还会嘲笑他们所相信的立场。日常理性在理论化的时候就有点力不从心了,它要么相信第一印象并以此大放厥词,要么求助于已经存在于那些模糊领域中的传统信念,从而解脱自己的责任。

杜威是一个行为主义者吗?从其理论的积极一面来看,他当然是;并且,只有当我们从行为主义的角度去阐释杜威对观念、意义、知识或真理的讨论时,其理论的意义和力度才开始显现。确实,他经常越过中间的隔栏,成为一个负面意义上的行为主义者;这时候的杜威否认思维的存在,因为如果我们将思维还原为物质性的表现,那么就等于否认了它的存在。不过,杜威至少清楚地承认思维存在于其自身的实现和精神聚焦点中。然而,杜威这样承认的基础,对于大多数哲学家来说并不是明显和最终的,他的理由是:人们有时确实在感受与思考。这一考量对杜威来说也许是不相关的,因为在他看来,实际的感受与思考乃是来自虚构世界或俗常世界的绝对存在,我们不需要再来详细地考察它们究竟是如何产生的。杜威虽然从未提及,但总是假设了一个非人格的超验观察者的存在,在这一观察者眼前所展现的自然景观也许是——严格地说必须是——完全可观察的和物质性的。在经验中,除了经验本身之外,并不存在任何实际的心灵。不过,让杜威将某种意识的或精神的东西嫁接到自然世界之上的，又是另一种考量了。我怀疑，这一做法的源头是因为杜威选择了"事件"作为其形而上学（最近的）的元素，这一点与杜威对于亚里士多德颇怀同感的研究是相关的。在杜威看来，事件有其自然的"结束点"、"高潮点"或"完成点"。事件并不是自然之流中的任意片段，就好像一条河流横穿过几何平面一样。事件是自然的波浪、存在的脉动，每一个事件的物质性传承和丰富没有任何间断，从而形成一个更高秩序的单位。有时，当这些单位（如果我能用自己的语言来表述的话）只是简单的可观察的形式或节奏时，它们便落入了真理的领域；而当它们存在于动物性的知觉或意图之中，作为产生于复杂的身体张力或社会生活张力的一个简单的声音、一阵实际的痛苦或一个生动的想法时，它们便落入了精神的领域。在这些时刻，心灵拥有了一种实体化的精神性存在，这种存在要高于行为主义或实用主义为心灵所设定的基础：心灵具有了意识，或者达到了如亚里士多德所说的第二隐德来希（second entelechy），变成了行动中的理性。杜威至少在审美沉思中认识到了这种实体化的精神性存在，然而事实上，在每一个实际情感或观念中，不管它们表现为完全的行动还是表现为抽象的理性，都有这种精神性存在。如果杜威打心底承认这一点，那么他的整个哲学就会产生潜移默化的变化；然而他并不情愿这样做，他总是匆忙地将这一点掩盖起来。比如，在他遇到"亲习知识"（knowledge of acquaintance）这一表达时（这一表达想要说明的是对于本质瞬间而单纯的直接熟识），他拒绝按其原义去理解它，而是说亲习意味着识别，而识别则意味着熟悉。相互致敬的人可以被称为"熟人"，我想，杜威正是这样理解"亲习"的。在这样的理解之下，我们不禁要怀疑，我们是不可能在第一次遇到某物的时候就对此进行仔细检查的。在另一处，杜威告诉我们：完成性经验（consummation）本身便是成果，而目的同时又是手段。的确如此，但在什么意义上，我们可以这样说呢？的确，世间没有一种火焰可以纯净到不留下任何灰烬，最高的海浪随即便会沉入深深的海底。然而，这种说法只有涉及基质（substance）时才是正确的，因为我们只能说基质在达到一个高潮之后又继续它的进程。而刚刚养成的习惯可以在一定范围内重复刚才的成功，从而将火焰传递下去。一个火把可以通过物质接触点燃另一个火把；并且，如果这两个火把是类似的并且风向也稳定，那么，燃烧的火焰也会相似而连续。但是，如果有人说这一刻耀眼的光辉能够制造下一个光辉，那么，他似乎是从来都没见过光。因此，为了让讨论更加安全地进行下去，我们最好不要在这里讨论实际精神的领域，并将完成性经验仅仅视作自然中可被发现的路径或节点，就像繁殖周期或句子的路径或节点一样。这样，行为主义的风景就不会被任何精神性闪电劈开，而自然主义也以最不加限制的形式建立了起来。由此，杜威的体系缺少了宇宙论，每一个自然事实在他

373

手里都变得不可捕捉而令人困惑，在这种情况下，杜威又怎会有自己的形而上学呢？

这一问题是杜威整个体系的关键，我认为对此也许可以用一个表达来回答：前景的主导。在自然中，没有前景或背景，没有此处，没有当下，没有道德的神坛，也没有能把其他所有事物削减至边缘和远景的真正中心。根据定义，前景是与一些被选择的视角和某些生物（这些生物因为偶然的运气在特殊的时间和地点出现）所设想的自然当中的位置相关的。如果这样一种前景在哲学中占了主导，那么自然主义就会被抛弃。一些局部的视角或偶然的兴趣要么取代了宇宙自然的位置，要么被置于宇宙自然的背后，要么被置于宇宙自然之前，这样，余下的自然就被认为是遥远的、不确定的，或仅仅是理想化的。这种前景的主导永远是形而上学的根源；并且，因为前景会被语言、幻想、逻辑、怀疑的自我意识、宗教狂热或道德企图所占据，所以形而上学也随之具有了不同的样态。杜威的思想传统完全是前景的主导；前景的主导是超验主义和经验主义的灵魂；它是道德主义的灵魂，也是下面这种宗教的灵魂，即这种宗教通过召唤宇宙来证明人类的正义观，通过召唤宇宙来促进人类的兴趣或某些特殊国家和文明的兴趣。在美国，前景的主导还通过下面这些方式得到了进一步强调：普遍热衷于生活和家庭情感，并且普遍认为任何古代的、外国的或理论性的东西都不会产生多少结果。① 我们也许可以将实用主义看作是一种对所有这些要立前景为主导的方法的综合。在各种哲学手艺中，实用主义最为精炼，最紧密地拥抱表象、用途以及与此时此地的实践相关的各种联系，且最少受到思辨的诱惑。我确信，杜威或任何其他实用主义者都不会是本能的自然主义者，也不会借助于思辨性的洞见，就像爱奥尼亚学派、斯多葛学派或斯宾诺莎那样，或者像许多印度、犹太或伊斯兰的神秘主义者那样——后面这些人发自内心地轻视前景，他们爱自然的伟大，在无限之前陷入沉默。在当下的美国，主导的前景完全被物质活动所垄断；在这种情况下，实用主义者只是偶然地变成了，或者似乎是变成了自然主义者。正如我们已经看到的，物质活动中包含着自然主义的假设，并且从一开始，物质活动就是自然主义的老师和证据。在其他地方和其他时代，经验能够自由地为我们提供不同的视角，忠诚的实用主义也许会以同样的热情被这些视角所吸引，这样，实用主义的形而上学也许不再会是自然主义式的，而变成神学的了。因此，杜威的自然主义是当下盛行的技艺强加在他身上的

---

① 我可以想象，为了在委员会面前为梵文研究辩护，某位州立大学的校长会自发地采取一种实用主义的态度。他会说："有人告诉你们，梵文是一种已经死亡的语言。根本不是这样的：史密斯教授的系是梵文系，还在发展，花费很少；而且我们的几个兄弟大学正打算将梵文作为古典学博士的一项新要求。先生们，这就是梵文。"

一个假设,杜威也意识到,仅仅是在这个意义和这一基础上,他才是一个自然主义者。
因此,杜威的自然主义是半心半意的,而且是气息短促的。这是一种似是而非的自然
主义;对于唯心主义者来说,比如爱默生、谢林或任何左派的黑格尔主义者,这种自然
主义也是可能的。这些唯心主义者虽然也许会谨慎地将他们的研究对象局限于自然
和有记载的历史的范围内,但他们的态度依然是浪漫的、超验的,并且虔诚地将主导
其时代和国家的道德生活的精神视作是绝对的。具有自我意识的唯心主义者,将自
然的景象看作是由精神所描绘的风景;而杜威则将自我意识视作是一种诅咒,认为它
是一幅自我描述的景色,虽然它仍然是现象的并且全部展现在我们面前。在杜威这
里,原本是认识论范畴的直接性(immediacy)变成了一个物理范畴:自然事件被认为
是由呈现给人类观察者的性质所复合而成的,似乎这些性质的特征和产生同这些观
察者的存在、立场与器官毫无关系。因此,自然变成了单纯的经验运作,并且完全是
虚构和图像化的。对于处于实践中的、活生生的动物信仰来说,自然的部分不再是能
够呈现偶然表象的基质,而是作为表象被整合进了完全与人类相关的全景之中。这
样的自然主义再浪漫不过了,因为这里的自然已不再是一个世界,而只是一个故事。

我们已经看到,主导前景的东西决定了经验主义哲学家究竟要成为一个暂时的
自然主义者,还是要尝试其他的立场。现在,我们要将讨论缩得窄一点:这一前景有
什么样的特征? 前景被称作经验,但为了避免误解这个含混的词,我们有必要记住:
在杜威的体系中,经验是非个体的。经验并不是如文字心理学家(literary
psychologist)可能想到的那样,构成人类的人生轨迹的各种情感与观念,也不是人类
在世间旅行时所获得的印象。经验也不是生物学家所设想的敏感的动物与它们的环
境所作的接触,通过这种接触,它们适应并记住了环境。不,杜威是在某种超越,或者
可以说在道德的意义上谈论经验的,经验是某种浪漫的绝对存在,且在实践上具有某
种强制性。经验是一种社会介质,众所周知,这一社会介质包含了所有的发生与发
现,是任何人都可能参与进来的冒险的总和。经验被看作是包含了经验所能证明的
任何事物:经验是公共事实的所在地。因此,经验等同于向人类展现的自然。比如,
死亡就应该被看作是一个经验事实。为此,经验必须是非个体的,除非死亡只是向下
一个生命的过渡。因为只要一个人的感觉与思维还在继续,他就没有死,他在死后是
不会有任何思维或感觉的。但是我们要问:这样的死亡真的是杜威所理解的实际死
亡吗? 在杜威的经验观之下,唯一向经验敞开的死亡是他人的死亡(对于喜欢这一论
断的人来说,这是一个对于不朽的不错的论证),因此对于实用主义者来说,死亡就只
是埋葬。如果我们设想无形地运行于人类之中的思维与情感最终会走向一个终点,

那么我们便是将死亡的事实放到了一个没有被杜威认识到的领域当中,也就是真理的领域。因为某个人的思维停止是一个简单的真理,虽然不管是他还是其他人,都不能在经验中找到这一事实——对于其他人来说,这是一个假定但可信的事实;而对他自己来说,则是压倒性的命运。在杜威看来,经验必须包括这种属于普通信念的不可考察的对象,以及这种真实却又不可观察的事件秩序。可是,杜威称之为经验的主导性前景中并没有充斥很多这样的经验;相反,他的经验被习俗充满和占据,他的经验是一个社会性的世界。

如果我们注意到杜威所说的组成这种经验的元素,这一前景的习俗化特征就会表现得更加清楚。这些元素是事件、历史、情境和事务(affair)。"事务"与"情境"这两个故意模糊使用的词很好地表达了杜威哲学中的伦理内涵,因为他的哲学本质上是一种道德态度或世俗宗教。生活是一种实践的境遇,我们有必要也有责任去做些什么、想些什么,以便知道接下来要做什么——这是存在的绝对命令。根据新教传统(完全与印度教相反),留心其内在使命的精神并没有脱离尘世的事务,相反,精神发誓保证要忠诚地执行尘世事务。良心与自然共同对人进行规劝,因为良心只是重复召唤人们进入责任的领域,也就是作为其过去劳动结晶的自然。这样,最世俗的事务,就像最广义上的政策一样,也会被注入一种直接的形而上学灵感。虽然杜威在这一主题上避免了所有夸大的言辞,但他关于经验的哲学明显是一种超验道德主义。然而,杜威使用的另外两个词——"事件"与"历史"——则指向了物质之流,虽然物质是由还可以细分下去的更小单位组成的。"事件"是现在研究自然的哲学家们喜欢用的一个词,然而这些哲学家还提出了一种伴随着"事件"的经验性的逻辑,这一逻辑正是他们喜欢使用"事件"的原因。事件中并不包含观察者,却包含着与事件处于同一平面的环境,因此事件直接属于自然之流。同时,事件又是一种变化。因此,关于变化的所有辩证法都适用于"事件"这一概念。事件是以这一方式被描述的存在和以那一方式被描述的存在之间发生的冲突吗?或者,事件是这些冲突之间的间隔(interval)吗?但是,如果我们将这些具有不同性质的间隔区分开来,它们便不再处于一个共同的空间或时间当中,这样的话,它们之间便没有了冲突和变化(我所想到的结局正是如此),它们自身也就不会存在。如果事件是自然之流中前后相继的片段,它们一定是某种持续性介质中的变化。换言之,就其本质而言,事件乃是基质的一种模式和本质的一个过渡阶段。并且,自然事件应该是微观的,因为间隔中不再包含任何的内在冲突;尽管在我们的感受中间隔可能很漫长,甚至似乎是永恒的,但间隔无法被测量,且只能被视作是一瞬。这一推论很好地提醒我们:自然嘲笑着我们的辩证法,并以自己的方式生活着。自然之流就像是河流,远不是我们所想的那样易变而不稳定。自然中全都是静静的延续、衍生、持存与单一性。自然中最平常的变化形式——也许也是唯一的基本形式——是运动(motion)。称运动的一部分为事件是极为虚假的,因为其中并没有冲突与间隔。甚至昼与夜都不是事件,因为两者是持续不断的,除非我们选择地球表面特定的一点作为观察的位置。很明显,自然是在更高的层面上,或者说是——从发生的角度来看——第二级层面上,产生着事件;在这些层面上,运动变得有节奏,完成点紧随着破裂与重复出现,就像动物的出生与死亡一样。这些第二级的节奏自然地吸引了人类观察者的注意,而他的知觉单位全都是印象主义的和图像的。他从广泛的自然连续中选择事件,因为这些事件与其自身有机体中的节奏是相符的,而联系这两者的则是他的直觉——直觉是唯一重要的完成点。由此,我们也就有了自然就是一系列的事件这样的经验性印象,虽然单纯的事件不可能是自然的组成部分。自然的真正组成部分是出现在空白注意力之前或思维当中的前后相继的本质,否则,我们就会处于心理主义的可笑世界中。

如果我们不将经验事件称为事件,而是称为历史,经验事件非基质和非本质的一面就体现得更加明显了。如果我们忽略它们的基质与本质,而只考虑它们的位置,那么自然的组成部分看起来就像是事件,也就是说,任何处在其存在的边缘、不再是其自身的事物都只是事件。但在将自然的组成部分看作自然之前,我们必须给它们加上衍生自一个更基本领域的戏剧性的统一。历史是一种道德单位,这些单位是在事物的迷宫里以某些特殊的兴趣为线索建构起来的;在激情和语言存在之前,我们不可能将这些单位区分开来。文学心理学将心灵表现为可命名的图景和可描述的情感的集合,而浪漫的形而上学则将历史实体化,并将其放到自然的位置上。"历史"将我们带回道德的前景,在这一前景中,我们可以找到"情境"和"事务"。原先时刻包围着我们的日常生活境遇,现在被放到了暂时性视角的审视之下。

人类生活的前景必然是道德的和实践的(甚至对于艺术家来说,亦是如此);一种将自己的任务限制为澄清道德视角的哲学,也许是一种非常伟大的哲学,自苏格拉底的时代以来,明智的人就清楚这一点。为什么杜威就不能将他机敏的道德和理性考量放到自然主义的框架当中(他知道这种自然主义基于实践之上的假设),又不强加任何形而上学,从而保持体系的洁净,并留出应有的空间呢? 我之所以这样问,是因为杜威有一个原则:只有直接的(immediate)才是实在的。这一原则远不是自明的,甚至谈不上清晰:因为任何事物在某种意义上都可以说是"实在的",而至于什么样的存在是直接的,疑惑就更多了。这一原则首先产生了一种心理学的唯心主义,因为哲学家高傲的头脑理所当然地认为，对于每个人来说，唯一直接的就是他自己的思维。后来，人们极力主张（我也赞同）直接的意思应该是：任何对象（无论是感觉对象，还是理智对象）都处于其自身虚构性的介质中；在这种理解之下，与其说直接主义立场（immediatism）是主观的，还不如说它与注意力密切相连，且带有一种神秘的客观性。不过需要注意的是：这种实在事物的客观性仍然是内在于直接领域当中的，我们永远不能假定实在事物具有一种超出经验的实体性存在。这里的经验不再是主观经验，但它依然是超验的、绝对的和无根基的。的确，正因为经验看起来是无条件的，我们才认为它不再是主观的了。为了追到事物的根底与基质，我们必须仍然像爱默生那样问：这对于我来说是什么？或者像詹姆斯那样问：这个是如何被经验的？正如杜威所说的，经验的事实就在于它们就是或被拥有，别无其他。经过慎重的选择，我想将刚刚所说的这种直接经验称作是神秘的，因为在对存在的直接把握中，并没有主体与对象的区分，有的只是直觉与本质间全神贯注的等同。在缺少源头或对象时，这种直接经验就是单纯的喜悦或痛苦，就是审美沉思，就是纯粹思维和理智的闪光。像生活一样，这一神秘的天堂是可以无限延伸的；对此，我只能赞叹，因为天真的精神只有在那里才是其本真的状态。如果离开了它所处理的对象，实用主义就什么都不是了，这样的实用主义是如何在这一伊甸园里扎下根来的呢？我认为，恐怕实用主义就是那条蛇，因为在伊甸园的迷雾中存在着一棵禁果树——这棵树是终极信仰（Belief in the Eventual）之树，它的果实是关心（Care）。很明显，我们的第一对父母一定吃了很多这棵树上的果实，他们很可能其他什么也没吃。现在，当直接经验被关心影响之后，就遭受了最糟糕的幻觉：它认为它所烦恼的终极状态是可以被直接性（比如愿望、预兆或高级的思维）所控制的。换言之，在直接性中被给予的本质是存在的，这些本质产生自己的存在，并且持存、改组自身，进而产生未来。然而这仅仅是迷信和对魔法的相信，不是关于经验的哲学，而是关于非经验的哲学。直接性，不管它是天堂还是地狱，总是虚构的。直接性中充满了幻影，将这些幻影当作存在的和运行中的事物是一种幻觉；直接性足够真实，因为它们具有明确的特征与实际的存在，就像梦或痛楚一样，但它们的实在性也就止于此。直接性是无实体的、易变的，它们不留下任何灰烬；它们的存在（即便是在它们呈现的时候）也是由一个隐匿的代理人——关心的恶魔——赋予它们的，并且被知觉就是它们全部的存在。因此，对于事物的直接经验远不是自然中基本的东西，而只是伴随我们行为的梦，就像其他伴随我们睡眠的梦一样；并且，每一个自然主义者都知道，这一醒着的梦的存在、性质、强度与持续时间乃依赖于生命体中的和在生命体与环境的互动中所产生的模糊进程，这些进程可以一直回溯到地球上的第一个生命。直接经验是一种完成形态，且不单单存在于审美沉思中，它同样存在于分娩的阵痛或战斗的刺激中。直接经验的所有片段、间隙与大幅度的调节都像林中的风声那样串联在一起，只有物质性的原因和工具才能让它们相互关联起来。直接经验是如此稀薄，行为主义者可以毫不费力地忽视它们，并用无限的物质层面中所存在的习俗信念的对象取而代之。的确，只有神秘主义者才会认识并珍视直观性，而杜威也正是通过他的社会神秘主义和伦理神秘主义才确知这种直观性的；根据这种神秘主义，杜威认为，当下行动的整个复杂系统都是被直接给予的。然而对我们其他人来说（也许在某些点上也是神秘主义者），这一实践的世界似乎是外来的，远不及人类所能达到的更好时刻；我们甚至仅凭动物信仰和盲目的猜想就可以在行动的时候达到这一世界，并且，这一世界通常是由多变而愚蠢的人类习俗构成的。一个不是伦理神秘主义者或社会神秘主义者的实用主义者也许会像医师、政治家或工程师那样去探索世界，同时又像纯粹的行为主义者或唯物主义者那样对直接经验毫不注意，也从不会去区分什么是被给予的，什么又是假定或断言的。然而对一个神秘主义者来说，如果他对神秘世界感兴趣，那么直接性就是这个世界的全部；对他来说，直接性的世界既是明确的，同时又是模糊的。实际经验在世俗经验的世界中衰败，如果我们听任世俗经验的教条化行为，世俗经验就会假定实际经验还在继续。直接性的灿烂云彩包裹了每一样事物，在每一个方向上都用描绘的图景抓住了眼球，因为任何对象一旦变成了直接性，无论它是什么，马上就会变成幻影。杜威以前几乎没有意识到处于动物性生命顶峰的精神性实在，现在他内在地认识到了这种实在，然而却没有看到其处于宇宙基底处的自然位置。因此，在杜威的体系中，宇宙是反过来的，自然的发生秩序全都被发现的偶然秩序所取代了；这种做法的后果是严重的，因为要让宇宙向人那样头部倒立并不容易。①

381

---

① 当我们假定直接性是实体性的或只是幻影，"自然"和"理念"这两个概念之间的奇怪颠倒就发生了。假如我说，"每一个理念都来源于自然"，杜威会认同我所说的，但他的理解是：每一个间接事件都来源于某些直接事件。而我的意思是：每一个直接事件，比如说感觉，都起源于生物的层面。然而，这并不是说（这又是一个语言陷阱）理念来源于生物科学的概念，也不是说它们来源于直接呈现在生物学家思维当中的本质，而是说它们来源于大部分不为人所知或无法为人所知的动物性生命过程。如果我们的一些观念不能比某些随机性感觉或戏剧性神话更为精确而可靠地描述自然的运动，那么我认为，我们就不能称其为科学的，因为我们假定科学能够更为真实地描述与之相关的那部分自然。但是，科学既然是人类思维的一部分，像语言一样，就必然是诗性的。如果写实的真理（literal truth）是必要的，那也只能在文学（作为思维对思维的再生产）中找到；在与自然相关的实践中，写实的真理毫无必要。

比如我们可以思考一下"过去"在经验中的状态。唯一"是"的过去或唯一"被拥有"的过去是一种似是而非的过去，这种过去残留在当下之中。根据杜威的哲学，事物在前景中展现的形式是它们的真正形式，而这些直接事实的意义则在于它们在执行某些生活目的时的用处。这种过去观的后果是什么？过去的残余或对过去的记忆组成了过去的所有实在，而过去的所有意义只在于它与实际兴趣的可能联系。记忆也许是塑造某些未来事业的模式或条件，也许就等同于通过训练而养成的习惯，就像我们在学习了一门外语之后可以说它一样。因此，只有被包含在当下的生命行为中的过去经验才是真实的，而"昨日"只有在作为"明日"的准备时，才真正是一个概念。过去如果想生存下去，就必须工作起来；只要昨日具有任何实用主义的实在性，"昨日的未来"这样的表达就并不矛盾。

₃₈₂　　这一结果同经验主义的一般原则是一致的——上帝、真理或物质性宇宙只能被视作是尘世景观。当这一原则被用于这些压迫性的外在实在时，就减轻了那些痛恨外在强迫或支撑的人的负担，由此他们可以相信自己生活在一个随自己而改变的道德宇宙中，除了一顶他们在旅行时随身携带的便携式遮篷之外，他们的头上并不存在笼罩他们的天穹。但是，现在这一令人愉悦的原则威胁到了经验自身的进程：如果除了那些正运作在我身上的经验，我的祖先没有任何过去的经验，那么假如我的经验在我后代身上停止运作，我当下的存在会变成什么呢？今天的经验是不是要依赖未来对它们的记忆才能获得整个存在呢？很明显，我们不能提出这样的理论。如果我们一旦承认所有时间中的时间都是同等真实和同等中心的，那么在每一个时间点上都会存在一个完全实体性的和自存的过去；这些过去也许带有一些组成后面的生命时刻的记忆或连续性，而这些记忆或连续性只需被局部地继续下去，或者被大致地再现。在这样的理解之下，如果我觉得忘记祖先对我来说是个方便，或者我的后代认为忘记我是有利的，对于我的祖先和我来说，这样的话虽然打击了我们的虚荣心，但没有触及我们的实体性存在或生命的真理。如果我们承认这一点，那么整个宇宙马上就再一次双脚站立了；而所有的实用主义还原——将昨日还原为明日，将梵文还原为对梵文的研究，将真理还原为发现某些真理的价值，将物质还原为人类的某些物质观——全都是没有必要的含混表达，这种表达将明显相对的生命视角当成绝对的，而前景的主导则由一个生物事件变成了一个形而上学原则。实用主义的这种做法是相当轻率的：实践并没有向我们建议这样一种还原；相反，实践排除了这种还原，要求每一个诚实的人承认过去、将来与现在之间的平等性，并用尊敬之心而不是超验的傲慢去看待物质的内在进程。实用主义者自身的实际信念包含在行动当中，

因此这些信念在教条的意义上是自然主义式的——行动包含了信念，信念包含了判断，而判断则包含了教条。因此，超验形而上学与实用主义者的实践自然主义无论在逻辑上还是在精神上都尖锐对立，前者表达了思辨的唯我主义，后者表达了动物信仰。

当然，我们不能将这种含混的表达怪罪在杜威头上或实用主义学派头上。这种做法流传已久，并影响了现代哲学对中世纪教条的所有批判（现代哲学正是建立在这些批判之上）。实用主义者更彻底地表达了这一批判性原则，他们希望以此净化空气，也许他们最终能够做到这一点。虽然我自己便是一个教条主义式的自然主义者，但我仍然认为，杜威的立场就像一般的超验立场一样，是合法的。精神有权力独语，也有权力将存在视作一个奇怪的梦；同样，任何社会、国家或生命兴趣都有权力将世界当作自己的行动场，并尽可能地重塑人类心灵，使之完全适应公共性功能。这是所有伟大的宗教所做的，如果斯巴达和迦太基有哲学家的话，他们也会这么做。美国为什么不能尝试一下呢？理性可以自由地改变它的逻辑，就像语言可以改变它的语法一样。根据他的洞察力，理性生命的评论家可以分辨出这些逻辑或语法在多大程度上表达了物质环境，里面又有多少是浮夸之言，多少是一家之言，多少是人类共有的。当然，每一步这样的批判都要落实在自然主义教条之上；要想理解人类想象的任何一面，或者起码是发现它们，我们必须让它们在地理和贸易的平常世界中生长。虚构的故事在这个世界兴起，而它们指涉的也正是这个世界。如果批评家能够追溯到最具幻想性的观念——比如说深化——的自然源头，他们的批评就能唤起我们的同情，因为如果我们拥有同样的周遭环境与激情，也能生活在由这些形象所组成的社会中；并且，如果批评家能够追溯到产生当下流行观念的物质条件，我们的判断也会受到启发。当自然主义被承认的时候，争议就会变成阐释，并由此调和批判的心灵与习俗，证明道德多样化的合理性，把生命的汁液带给每一朵高高在上的理性之花。所有正面的超验洞见，无论是经验的、国家的或是道德的，都会因最纯粹的自然主义而受到奖赏（和受到清洗），并由此保持它们的国际性、波希米亚性和动物性。直接性的灿烂 迷雾在自然中有它的位置：它是一种气象和光学效应，并且常常是一种赐福。但是，为什么直接性会被认为是绝对的或者是实在的标准呢？教条主义者将他们的结论实体化为他们所宣称的既存事实，然而他们的巨大错误并不在于相信某些事实是既存的，而在于形成了一种关于这些事实的不恰当的观点，并认为这种观点是恰当的。哲学家不能用上帝和物质来定义这些事实：上帝和物质是我们在行动中所遭遇的实在，它们是神秘而重要的背景，哲学家和其他人都想通过自己的定义、神话或感觉形象来规定这种背景。将人类的符号实体化，并将它们等同于物质或上帝，是一种偶像崇拜。但是，治愈偶像崇拜的方法并不是捣毁偶像，因为感觉、心，或者是实用主义式的理智只能孕育符号。治愈的方法在于：以一种超然而幽默的态度实用主义式地运用符号，并相信基质在超越之初的天道运行。

2.

当代美国哲学[①]

弗兰克·梯利(Frank Thilly)

当代美国哲学的主要特征是对传统唯心主义的反动以及对认识问题的兴趣,而385认识问题在很多情况下则被解释为关于行动的问题。这场新运动从自然科学的方法与结果中汲取灵感,并试图避免——并不总是成功地——旧哲学学派的形而上学预设。"意识"这一长久以来的问题成了这些哲学家的主题,在这一过程中,我们发现心灵逐渐丢失了原先的性质与功能,终于变成了一个空洞的名字。行为主义唱响了它的挽歌,而行为主义欢笑着的继承者——唯物主义,则接过了心灵虚弱的形式,最终将它烧毁。然而,哲学的一个旧特征依然保留了下来:新学派之间相互进行着激烈的批判,就像它们联合起来共同批判思辨唯心主义阵营一样。这些哲学对于问题的兴趣虽然狭窄却很敏锐;在我们国家的哲学出版界,从来没有像今天这样出现过如此大量辛苦写就的著作。如果战争是万物之父这句话是真的,那么我们也许可以自信地期盼一个我们短暂的思想史所迄今未知的丰饶时代。

首先让我们来看两个所谓的实在论学派,这两个学派都以新的方式出版了不少著作来展现它们各自的合作成果。"批判的"实在论主要追随了旧认识论,然而又运用了新的、有时候令人困扰的术语,这些术语时常让人忘记与自己面对面的其实是一个老相识。就像过去的实在论和观念论(它们或多或少都是"批判的")为自己的信念386提供理由一样,新的批判的实在论在它的工具箱里放入了各种哲学思考的材料:认识对象、精神状态(一般被还原为副现象)和中介过程(比如以太波、感觉器官和大脑进程)。为了获得知识,某些东西必须是被给予的;对象的本质是反映在意识中的,或者

[①] 原文在第六届国际哲学大会上宣读,哈佛大学,1926 年 9 月 13—17 日。首次发表于《哲学评论》,第 35 卷(1926 年),第 522—538 页。杜威的回应,见本书第 73—81 页。

说，是在感觉或思维中被给予的：这种显示物或符号便是材料、质的符合体、特征符合体或本质。这些性质必须有一个承载者，因为当它们没有被感觉到的时候，也一定在某处存在："精神状态"就是这样的承载者或材料的载体。这里我们似乎遇到了旧灵魂实体的稀薄幽灵，精神状态带有许多灵魂实体的功能，我们甚至发现它还被赋予了因果效应。① 用旧术语来说，认识者被与料、表象或现象所局限，他永远不能如实地考察他所确证和声称知道的存在；对象自身不会进入我们的意识中，对象和我们之间只有"未经探测的、咸咸的、疏离的海洋"。② 我们可以看到，虽然这一理论永远不可能将我们带回上船之前的那片坚实的土地，但是我们对那片土地的信念是坚定的。我们本能地、无法抗拒地感受到，被给予我们的、我们所意识到的是认识对象本身。并且，我们还从实用主义那里得到了帮助：我们对这些材料或性质作出回应，就好像它们拥有自身的存在一样。每一样事物都如此存在，就好像实在论是真的一样；并且，这种"就好像"是如此强烈，我们也许可以认为，我们的本能和实际上无法逃脱的信念在实用主义层面上是合法的。

在桑塔亚那看来，通过从生命有机的状态到对某些本质的意识这一直觉性的跳跃，我们意识到了某个材料，或者说，表象成了某个材料；而从在感觉或思维中被实际给予的符号到某些远处对象的信仰和行为的跳跃，则让我们本能地感受到表象是真实对象的特征。③ 或者说，通过不可抗拒的信仰行为或行动，或者通过来自经验的压力与建议，材料的外在实在性被直接确证了。这种立场难道不是一种极力想把现象拉回到它们本体（现象一开始就是本体的反映）的做法吗？

现在我们要讨论材料的相关性。有人说，材料必须在"某种程度上"表现对象的特征。④ 我们说被证实和预期的对象被我们认识了，指的是它们的内容被呈现给了认识的自我。在一些批判的实在论者看来，内容之所以与对象相关，是因为它包含了对象的结构、位置和变化："知识的内容为我们提供了基本的范畴，比如时间、空间、结构、关系和行为，我们用这些范畴来思考世界。"⑤更简单地说，知识是被我们认识到

---

① 《批判的实在论文集：对认识问题的一项合作性研究》（*Essays in Critical Realism：A Co-operative Study of the Problem of Knowledge*），1920 年，第 27 页。

② 同上书，第 196、203、24 页。

③ 同上书，第 183 页。

④ 同上书，第 198 页。

⑤ 同上书，第 200—201 页。

的心灵对事物"形式"的占有。① 但是,如果感觉者永远不能跃出他的材料,如果通向对象的物理性存在的大门始终向他紧闭,那么事物自身的形式又如何能够被达到呢?确实,我们确信我们所知觉、把握、记住和思考的是外在对象本身,然而我们不是也被告知,直接呈现给我们的仅仅是主观内容吗? 我们如何能够知道,通过范畴、形式和法则所把握到的材料和主观内容与我们永远不能知觉到的真实世界(比如说,由电子组成的系统)是相符的呢? 此外,批判的实在论内部也没有就"本质到底包括了什么"这一问题达成共识:有些成员认为,本质包括了所有可能的质,无论是第一性的、第二性的,还是第三性的;而有的成员则认为,本质只包括了某些第一性的质。

桑塔亚那还教导我们,本质拥有独立的理念化存在,它们处于一个独立的逻辑领域中,它们不是被知觉的而是被思考的,它们是普遍性和意义,并且只在偶然的情况下变成了直觉的对象。即便这些普遍性是来自思考行为中的材料,我们还是可以问:谁或者什么在进行这些思考? 最终,桑塔亚那将这些普遍性解释为(就像他解释所有的精神性历程一样)大脑进程的结果和副现象。这样,哲学在其中建构的直觉、信仰和行动的跳跃所达到的理念的逻辑领域,就变成了神经系统的一个表象。然而,这个意义的幻境不但使思维变得可认识,还使思维变成实践的。意图(intent)是神秘的,它不是一种机械的力量,而是一种理念性的指向,同时又是实践的。该如何了解这个神秘事物呢? 行为主义为我们提供了答案:当思维体现在语言中时,它就变成了物理世界中的一个代理人——语言填补了符号与物理对象之间的鸿沟,语言是物理的,它像古希腊的木马一样偷偷地将意义带入敌方的阵营。桑塔亚那用"思维的并发"(supervene)、"语言仅仅是思维的物理性基础的流溢"②这些表达,巧妙地让我们避开了互动主义。他还告诉我们:通过发现心灵的形式,科学把对物质的支配权给了心灵;思维虽然是自然的一部分,自身却不会机械运动;虽然如此,当观念变成意识的时候,就能在某种意义上指导机械的宇宙。基于副现象理论,所有这些究竟是如何可能的依然是一个谜。

批判的实在论者抱怨过去的认识论,认为它们都假设了形而上学体系;过去的认识论哲学家都坚持要求"无前提的认识论",而批判的实在论者几乎没有留意这一要求。新实在论者则公开拒绝了这一要求,他们坚持要将形而上学从认识论中解放出

388

---

① 《批判的实在论文集:对认识问题的一项合作性研究》,1920 年,第 218 页。
② 《科学中的理智》(*Reason in Science*),第 148、24 页。

来,宣称我们不能在知识的本质中寻找事物的本质。① 新实在论拒绝所有将形而上学从特殊科学中明确分离出来的哲学,这种哲学将科学事实与科学法则变成了僵死的抽象和单纯的工具制品。分析是将我们引向知识的方法。然而有人也许会说,新实在论者的哲学逻辑其实就是他们的形而上学,反之亦然,就像我们在黑格尔那里所看到的一样,只不过逻辑方法与哲学和谐共处的方式在新实在论者与黑格尔那里不尽相同。在新实在论者那里,宇宙是固定部件的可分析的集合,而在作为旧实在论者的黑格尔那里,宇宙是一个综合性的演进过程;不过,他们都认为,宇宙是物理的和逻辑的。新实在论者赋予思维事物[生存对象(subsistence)]与物理实体(存在)以同样的本体论地位,不存在的事物也可以是真实的,因为存在仅仅意味着在时空中存在。而黑格尔在一个活的、行动的、演进的概念(*begriff*)——具体的宇宙——中将这两者统一了起来。

389

新实在论者预设了一个存在的物理世界与一个生存对象的逻辑世界,这两个世界都是真实的,并且都可以通过分析被进一步简化,不过这种分析并不摧毁它的对象。不光个体性事物与它们是否被认识无关,它们之间的关系亦改变不了对象,也就是说,关系是外在的。这一结论是下面这一事实的逻辑后果:一个概念外在地就是其所是,同它的关系无关。因此,关系就像对象一样,是独立于认识过程的,而被认识的实体也不会因为认识过程而发生任何改变——这两者之间并不存在因果关系。并且,同一个对象可以同时属于物理世界与意识,它与意识的关系并不会改变它。分析与概念只是通向实在的手段,而实在是独立于认识过程的。

基于这一理论,正如斯伯丁(Edward Gleason Spaulding)所指出的,每一个可知的事物,甚至未知的事物,都是一个实在。这其中不仅包括物理事物与精神进程,还包括普遍真理、理念、价值、概念与道德。任何可以被思维、认识、暗示、想象的事物,甚至是梦、幻觉之类的东西,都是真实的,因为所有这些都是可知的,都是概念,都是实在。② 通过将整个理念的、非物理的领域转移到生存对象的领域之内,新实在论者似乎摆脱了一系列问题。生存对象的领域是真实的,但并不存在于时空当中;生存对象和物理事物一样,都是可知的,只有在这个意义上,我们才可以说它们属于同一个宇宙。知道逻辑常项的认识者也属于这个宇宙,而且认识者自己也可能像他的认识

---

① 关于新实在论者的共同平台,参见《新实在论:哲学的合作研究》(*The New Rationalism: Coöperative Studies in Philosophy*),第1—42页。

② 见斯伯丁,《新理性主义》(*The New Rationalism*),1919年;还可见《一种自我批评的认识论的假设》(Self-Critical Epistemobogy),《哲学评论》,第18卷,第615页以下。

对象一样被认识、被分析。并且，认识一定和空间、数、物理性质处于同一个层面上：当认识发生时，一定有一个认识者正在与事物互动。换言之，认识者不但认识物理事物以及它们之间的关系，逻辑地思考、分析与综合，建构科学理论，而且还对知识进行判断，如其所是地认识认识过程。①

这里我们可以发现一个明显的唯心主义论调，这一论调与认识论上的实在论并无不和谐之处，它在以下意义上是实在论的：认识行为并不会改变也不会创造认识对象，并且，我们不需要任何基底性的(underlying)实在来调解认识过程与对象之间的关系。对象指的是任何可以被认识的事物，其中不但包括物理事物，还包括整个概念世界、思维以及认识它们的思维者自身。这一立场让认识者、意识和心灵的问题成了一个开放性的问题，然而新实在论者却试图用其单方面的分析方法以及由此必然得出的形而上学去解决这个问题。领会到所有处在其视域之内的认识对象的认识者必定要将自己降到最低程度，以满足科学的要求，这就引发了对于灵魂之虚构性的质疑。伍德布里奇(Frederick J. E. Woodbridge)宣称，如果我们接受在唯心主义哲学中盛行的心灵概念，那么攻击唯心主义的逻辑结构将是徒劳的。因此，我们被迫将意识还原到一种"无害的废弃"状态：意识要么是一个对象，要么是处在实在论宇宙中的对象之间的关系。在伍德布里奇看来，意识是一种关系。就像事物被聚集在空间中一样，它们也被聚集在意识中，只有在意识的连续体中，事物才能以意义的关系被聚集起来。关系将事物聚合在一起，对象由此可以相互代表，比如，在意识中，面包意味着营养，水则意味着解渴。因此，意识只是对象之间"有意义的"关系，这些对象以特殊的方式关联起来，从而被我们认识。也就是说，当对象进入意识时，意义便被添加了。伍德布里奇还告诉我们，意识由对象的意义而意识到对象，当意义之间的连接被摧毁时，意识就消失了。②

这一关于意识的观点不过是陈述了下面这一事实：对象在意识中带上意义，意义是被添加的，对象需要这些意义以便在意识中聚合起来。对象并不从意识中获得意义，意识只是简单地意识到这些意义。并且，意识到一个事实等同于意识到这一事实

390

391

---

① 《新实在论：哲学的合作研究》，第 31 页以下。

② 关于伍德布里奇，见《逻辑的领域》(The Field of Logic)，《科学》(Science)，第 20 卷，第 587 页以下；《意识的问题》(Problem of Consciousness)，《哲学和心理学研究》(加曼纪念文集)(Studies in Philosophy and Psychology, the Garman Volume)；《意识的本质》(Nature of Consciousness)，《哲学杂志》，第 2 卷，第 119 页以下；《意识与意义》(Consciousness and Meaning)，《心理学评论》(Psych Review)，第 15 卷，第 397 页以下。

的意义；意义就是处于意识中的事物所具有的多层的、不可抗拒的意义连接。这意味着，对事物的意识就是对它们意义的意识，并且只有当事物拥有了意义之后，我们才能够意识到它们。除此之外，这一陈述是否还有其他含义？假定上面所说的都是正确的，故事是否就这样结束了呢？进出意识的那个对象本身究竟是什么呢？从意识当中出来的对象依然和它进去之前一样干净吗？这样的发问愚蠢吗？我们是不是可以问：在这一过程中，意义是如何被添加和减去的，并且，意义从何而来？对于这些问题，伍德布里奇确实有一个答案：意识是大脑的一种功能。伍德布里奇告诉我们：意识并不连接、综合任何东西，事件在有机体内部得到连接，同时在有机体内部还产生了对于这些连接的特殊的觉察。换言之，高度区分的有机体作用于环境，也被环境作用，这种互动就是感觉，而感觉所指示的意义则是所有这些条件的产物；至于产生过程究竟是怎么样的，我们并不知道。也就是说，对于感觉的意识，仅仅是有机体与刺激物之间的关系。由此，伍德布里奇认为自己解决了神秘的意识问题。

然而我们依然不能回答意识的问题，告诉我们意识是外在刺激物与神经系统之间的关系并没有帮到我们多少。蒙塔古（William Pepperell Montague）也没有将我们带到多元，他只是稍微更加科学地发展了这一观念。他只接受一种实在体系——时空的实在，在他看来，并不存在任何超自然和超空间性的世界。作为关系的意识同其他关系一起处于物质性世界中，并且同其他关系一样，意识最终可以用基本的时空关系来描述。我们最终可以用大脑中的潜在能量来解释意识："当神经中枢的潜在能量大于流入大脑并引发它的动量时，对于这一潜在能量的质的意识便产生了。"[1]这里，我们再一次没能获得任何关于意识的本质与意义的洞见；相反，我们得到的是一种关于意识的生理基础或生理起源的理论。

我们必须在结论中指出，作为对象之间的关系的意识概念并不是认识论的实在论必然后果。比如，实在论者麦基尔维利（Evander Bradley McGilvary）将意识定义为一种对象"被一起感受到的方式"，或者说被一起经验到的方式，并且我们要按其表面意思来理解这种说法。被一起感受到的方式明确与所有其他的共在方式不同，它是一个不能和任何其他事实等同起来的终极事实。[2] 只有基于这一点，真正理解意识

---

[1] 蒙塔古：《当代实在论与知觉问题》（Contemporary Realism and the Problem of Perception），《哲学杂志》，第 4 卷，第 374 页以下；《意识的关系性理论》（Relational Theory of Consciousness），同上，第 2 卷，第 39 页以下。

[2] 麦基尔维利：《纯粹经验和与作为意义的意识》（Experience as Pure and Consciousness as Meaning），《哲学杂志》，第 8 卷，第 511 页以下。

问题的道路才能打开。

现在我们要来讨论杜威。杜威的反抗精神比他的任何同时代人都要来得强烈和深远。他批判传统的理性主义与经验主义，同时也批判任何用人性中认知的一面来把握宇宙的做法，无论将宇宙把握为一个机械系统、感觉系统还是概念系统。他反对将人的信念、憎恶与喜爱削减为意识的主观印象或效应，或是削减为单纯的副现象或表象；他反对一个封闭的宇宙，在这样的宇宙中没有欲求、不确定性、选择、新要素的位置。人类生活及其兴趣、价值和工作是杜威的主要考量："全面研究人类生活，且只研究人类生活，因为它是有趣的!"正是因为如此，杜威的影响才得以在教室之外广泛传播。也正是因为杜威，实用主义（虽然经常以被扭曲的形式出现）才成为当下最流行的美国哲学。

杜威拒斥他所谓的"唯心主义谬误"，这种谬误认为，认识过程是唯一且真正的经验过程，事物就是且完全是它们被认识的样子。杜威认为，这一观点会让以逻辑为规范的反思性思维成为经验、宗教、审美、工业和社会对象的标准。杜威同样不满于将直觉、直接洞见、对于实在的神秘确定与宗教经验作为高级知识的哲学。与所有这些不同，他的基本论点是：事物就是它们被经验到的样子，要指出任何事物真正的样子就是描述这个事物是如何被经验的。他将这一立场称为"单纯的实在论"（unsophisticated realism），而这种单纯地看待事物的方法，作为简单的、直接的、不偏不倚的起点，是真正的批判性方法，也就是批判的经验主义。我们不仅认识事物，还如其所是地将它们经验为向往的与不向往的、好的与坏的、美丽的与丑陋的；我们爱、恨、欲求、害怕、相信和否认。我们积极地对待和处理事物，带着有机的态度与倾向接受它们或拒绝它们。①

这一批判性方法被用于真理本身。我们必须坦率地从下面这一事实出发：思维就是探究，而且是对纯粹外在的存在的探究，我们对于有效性和真理的解释必须建立在它们的真实含义和用途之上。如果一个意义在经过行动的检验之后得以成功地完成，那么我们就说这个意义是真的。"当我们将它视作一个过程，当观念的发展被摊开展现在所有使之为真的观点之前时，我们称之为证实。将这一过程进行压缩，我们便得到了真理。"这里，杜威想要告诉我们的是：一个能够解释事实或被证实的假设在

---

① 参见杜威《经验与自然》；还可参见《对实在论的简要研究》（Brief Studies in Realism），《哲学杂志》，第 8 卷，第 393 页以下和第 546 页以下；《达尔文对哲学的影响》（*Influence of Darwin On Philosophy*），第 242 页以下。

成功地完成之后，可以被接受为真理。在这个意义上，观念的真理性在于它的用途。如果我们将这一观点普遍化，那么它意味着：人类思维是为了满足人类的目的和欲望，服务于意志的工具，它的目的与衡量标准在于成功地满足意志。因此，终极存在（原子，概念，上帝）只有作为有意识的代理者和行为者本人的问题、需求、斗争和工具，才能存在和拥有意义。① 所有这些都是真的，如果我们没有忘记人类的目的中包含去认识、去理解、去解释经验（比如，看到太阳运动的直接经验）的意志。而杜威的整个体系都是建立在下面这一旧的真理观之上的：思考者必须如其所是地、不偏不倚地报告经验；他必须区分不同种类的经验过程，并将其置于它们原本所属的类别中，而不是置于他希望它们所在的位置上。作为一个认识论者，杜威试图阐述关于整个认识情境的旧式真理，因为其认识理论的建构是由"以逻辑为规范的思维"所指引的。

　　杜威在研究价值情境时运用了同样的旧思维方式：我们必须如其所是地报告价值经验。被需求、渴望和争取的对象是直接的价值，同时我们还拥有能够评价、控制与证实这些价值的原则。也就是说，既存在事实上的价值（被欲求的价值），也存在判断上的价值（理性的、可追求的、"真正的"价值）。道德中的良心、艺术中的品位、信仰中的确信都无意识地受到了批判性的判断。知识是指出和证明价值的手段，也是明智地喜好和选择价值的手段，也就是说，用有责任和有见识的方式代替盲目和宿命论的方式。这里马上就出现了问题：我们的喜好是基于什么原则被判断的呢？ 这种表达喜好的有责任和有见识的方式究竟是怎么样的呢？ 选择这种方式的条件与后果是怎么样的呢？ 理性主义者的道德至善被说成是一种抽象，而自然主义式的对最强欲望的诉求则被认为会将我们引向虚无主义。那么，判断可追求的、真正的价值的标准究竟在何处呢？ 杜威认为，我们通过运用价值、通过试图实现价值的意图和意义来习得它们的真谛：越能够解放和增加喜好与价值，让价值变得更牢固、更一致、更有意义的价值就是越好的。换言之，判断一个喜好的标准就在于其解放、增加和稳固其他喜好的能力，别无其他。桑塔亚那说杜威是"一个根深蒂固的自然主义者"，②这一判断是有根据的。同时，杜威也许还是一个典型的 20 世纪庸俗主义哲学家，因为他告诉我们："既然物理学、生理学和经济学的必要工具已经到手"，批判的工作就可以开始了。然而，这一判断不一定准确。我们不能忘记，作为自然主义者的杜威，同时也是

----

① 参见《理智主义者的真理标准》(Intellectualist Criterion of Truth)，见《达尔文对哲学的影响》等，第 112 页以下。

② 桑塔亚那：《杜威的自然主义形而上学》(Dewey's Naturalistic Metaphysics)，《哲学杂志》，第 22 卷，第 673 页以下。

一个真诚而热情的社会唯心主义者和彻底的乐观主义者。他坚持认为："如果我们在低于解放和拓展意义（这一点正是经验所能做的）的层面上来把握社会改革，那么我们就是将社会改革庸俗化了。对于人类来说，最好的、最丰富的、最完整的经验已经足够好了。"科学、艺术与社会交往的积极而具体的价值是批判哲学的基本主题，而正是因为这些积极的价值已经存在，解放和稳固地拓展它们才成了智性的根本目标。对于人类的持久不变的信念，让杜威的自然主义没有走向它的逻辑的、唯物主义的结论。正是在这个意义上，桑塔亚那将杜威的自然主义形容为"半心半意的，且是气息短促的"，并将他的态度定义为"本质上是一种道德态度或世俗宗教"，或者说超验的道德主义。的确，杜威不但在他的实践哲学中背叛了他的遗产，他的整个作为经验过程的经验观都显示了一种唯心主义的味道，而最终是他的心理学为他提供了关于经验行为、认识过程、感觉过程、意志行为或经验态度的知识。

的确，几乎所有上面提到的新哲学中都存在着某些半心半意的东西。比如，在对心灵或意识的辩护中，我们就会注意到这一点。现在，对于以这种辩护为中心的哲学体系的抗议声正在兴起。现在，心灵已经从它崇高的位置上跌了下来，并被削减为对象之间的关系；下一步，心灵会被认为是无用的或不存在的，进而在严肃的讨论中消失。新的行为科学在进行的正是这一个步骤。行为科学拒绝内省的方法，并将身体感觉行为——"作为环境与反应系统的机械性功能的人类行为与人类行动"——作为它的主题。韦斯（Arthur Paul Weiss）说："认为这些反应伴随着意识并不能更好地帮助我们理解行为，就像知道了原子在化学反应中是否实际经验到了亲和性、原子价、冷暖等等，并不能够就此解释化学反应一样。"行为主义者研究作用于人身上的刺激物与情境，并且，"这些由刺激物作用于神经系统之上所产生的反应具有某些习得的和继承得来的特征"。只有以这种方式，我们才能得到可观、精确和可证实的结果。①

佩里（Ralph Barton Perry）在题为"一种行为主义目的观"（A Behavioristic View of Purpose）的文章里，试图将行为主义方法彻底地用于目的性的人类行为领域。②

---

① 韦斯：《生理心理学与行为心理学的关系》（The Relation between Physiological Psychology and Behavior Psychology），《哲学杂志》，第 16 卷，第 626 页以下。

② 《哲学杂志》，第 18 卷，第 85 页以下。还可参见对行为主义的各种批评——洛夫乔伊：《思考的行为主义者的悖论》（Paradox of the Thinking Behaviorist），《哲学评论》，第 30 卷，第 135 页以下；洛夫乔伊：《实用主义与新唯物主义》（Pragmatism and the New Materialism），《哲学杂志》，第 19 卷，第 5 页以下；帕拉特：《行为主义与意识》（Behaviorism and Consciousness），《哲学杂志》，第 19 卷，第 596 页以下。

佩里指出，行为主义抛弃的并不是意识，而是关于意识的内省理论："它（行为主义）将动物性反射或习惯视作是比内省地区分出来的强度更基本的现象。"本能与情节是有机体的倾向或系统化的安排，它们决定了行为的特殊模式。所谓的目的，不过是有机体的特殊方向、趋势或倾向。由未来决定并不意味着由关于未来结果的既存观念决定，而是说，当下倾向所产生的行为是与未来的后果相关联的。神经机制的方式决定了被我们称为目的论的、智性的行为。

很明显，如果缺少支撑每一步的意识，整个行为主义理论都将是不可能的；行为主义学派的有些成员在是否抛弃意识上产生了犹豫，我们对此并不感到奇怪。行为主义者将实际意识情境中（在这一情境中，行为者进行观察、思考、筹划与设计）发生的过程，解释为神经倾向与行动。而行为主义者本人也是一个思考和计划的动物，他知道如何去解决实际问题，否则就不会有关于人类行为的行为主义理论。即便行为主义者不把意识作为一个在行为中起作用的因素，他仍然需要意识以保证他作为一个行为主义者的职责。

然而，这并不能阻止我们从外部来研究行为，或者宽厚地将调节的行为称作是智性的，就像我们也许会将一棵植物或一台机器称作是智性的一样。基于这一立场，佩里宣称内省心理学将心灵视作是某种副产品，而行为主义则将心灵视作是某种作为一般性因果关系弧或关系回路的中介物。在这个意义上，杜威将智性视作是可观察的事实。如果是这样的话，我们要像洛夫乔伊（Arthur Oncken Lovejoy）那样问：计划性行为中的实体并不是物质世界的真实组成部分，在这种情况下，可观察的事实究竟是什么？表现在计划者经验当中的物质世界的过去状态或可能的未来状态并不是当下实际物质世界的一部分。记忆或期望的内容并不是当下存在的对象，也不是一般性因果联系的一部分。但是，没有什么可以阻止行为主义者浑水摸鱼：他还有神经系统可以依赖，任何在意识中显现的东西都可以被解释为神经的中介弧。

在行为主义中，意识与心灵要么发现它们的工作已经结束，要么就干脆死去。在当下的其他哲学中，我们可以发现类似的贬低意义的倾向，并且不足为奇的是，有人将这些哲学指责为唯物主义。[①] 要证明这一谴责的合理性是困难的，因为就像它的19世纪祖先一样，新唯物主义并不是一种严谨的形而上学体系。然而，我们可以将新唯物主义概括为自然主义的，因为这种理论将有意识的智性行为等同于神经机制

---

① 参见洛夫乔伊：《实用主义与新唯物主义》；普拉特：《新唯物主义》(The New Materialism)，《哲学杂志》，第 19 卷，第 337 页以下。

和神经调节,并将意识解释为大脑的机械效应。将活的人类有机体作为意识的所在地并不是唯物主义,除非这里的有机体被削减为单纯的物理机械系统。

我们可以从批判的实在论者当中挑出塞拉斯(Roy Wood Sellars)与桑塔亚那,将他们作为唯物主义阵营的代表。在塞拉斯看来,意识是大脑皮层的一种变体,而神经活动则是另外一种;精神实体是神经整体的独有特征,两者不能分离。"意识是变得有意识之后的大脑。"意识被生存性地呈现给正在工作的那部分皮层,而大脑的空间也就是意识的空间。明显是为了满足科学,塞拉斯在名义上拒绝了平行论与互动论;他还通过下面的方式巧妙地解决了问题:作为变体的意识"如实地协助大脑去处理新的情境"——意识检测、选择、组合和指导行为。至此,我们看到的不过是一种语气柔和却又羽翼丰满的互动主义的二元论。然而,要使这种协助成为可能,意识必须成为一种延伸的多面体,而这一点显然是基于以下原则:作为原因的"协助性"意识必须同它的效果一样多样。塞拉斯最后坦率地告诉我们:"意识是物理性的和可延伸的,但它并不是大脑的一部分空间。"[①]当然,这是一种自恰的唯物主义。它通过使灵魂成为大脑不可分离的物理性协助者,从而拯救了灵魂:离开了神经行为,意识将一事无成;同样,在某些情况下,离开了意识,神经行为也将一事无成。然而,如果是后一种情况的话,物理性的和可延伸的意识难道不是一个普遍的机械系统的一部分吗? 如果是的话,除了作为电波的变体以太波之外,意识怎么可能还是另外的一种"变体"呢?

桑塔亚那也被列在唯物主义者之中。的确,他的"本质"是理念的,而不是机械的;它们既不是心灵的状态也不是物理的存在,而是意义。然而,本质是有机体进程的产物,它们是有机体进程自动产生的,是世界结构的产物,是副现象;并且,本质自身不会机械运动。正如我们所看到的,只有通过"思维的物理性基础的流溢",本质才能在机械性宇宙中发挥效用。但是,如果这些理念性的本质是宇宙的组成部分,并且只能通过思维的物理性基础发挥作用,那么这样的宇宙怎么可能只是一个机械化的系统呢? 如果宇宙只是一个机械化的系统,那么我们应该如何来定位理念性的本质呢? 这些本质又如何能够由有机体进程自动产生呢? 如果桑塔亚那是一个唯物主义者,那么他就是一个半心半意的唯物主义者,他拒绝为了他的体系而牺牲他的本质。

要想根据他们的唯物主义倾向对各个实在论者进行分类,是一项艰难的任务。在我看来,实在论学派的整个精神——包括它的非物理性的生存对象世界、思维与意

---

① 《意识是物理的吗?》(Is Consciousness Physical?),《哲学杂志》,第 19 卷,第 690 页以下。

义的宇宙——是与对实在的机械化解释背道而驰的。然而,在实在论的躯壳中并存着两个灵魂:一个是对逻辑实体的有益尊重,另一个则是对自然科学的永久信赖。实在论者告诉我们:认识者属于生存对象的领域,同时,认识者也是某种与环境同质的(与环境处于同一个空间、数和物理性质的层面)代理者。也就是说,思维者虽然身处世间,但他的思维却在非物理的世界中,而思维者和他的思维都处在同一个由可知物组成的宇宙中。实在论者又教导我们,意识是对象之间的关系。这听起来有一种唯物主义意味,但其实这只是在用一种非承诺的方式说"在意识中对象具有意义",而后者不过是在简单地陈述事实,且只为整个意识问题开了个头。然而,对另外一些实在论者来说,这一论断意味着意识是有机体与物质性能量之间的关系,正如我们在蒙塔古那里所看到的,他的理论也许可以被称作唯物主义的或能量论的。可是即便在蒙塔古那里,潜在的能量也会在某些空闲的时刻变成意识,并给机械的鲁特琴演奏中增添一些裂隙。

现在,作为结论,我们该如何从整体上来评价这些新哲学呢?它们被认为是脱离生活和活动的壁橱哲学;它们沉浸在专业问题中,并使用阻碍性的而不是帮助性的技术性术语;像旧的经院哲学派系一样,这些新哲学的每一个团队都宣誓效忠自己的官方信条。这些抱怨有一定道理,然而在思想史中,它们并不是什么新的东西。我们不能忘记,虽然我们生活在一个由科学统治的时代,而人们一定会害怕和服从流行的统治者,不管这些统治者是神学的、形而上学的,还是实证主义的。新的理论试图寻求与新科学和平共处,它们提供的条件往往过分慷慨。然而对于思想事业来说,这并非毫无益处:哲学理论的兴趣还是在于那些旧的根本性的问题,哲学家往往从新的、建设性的角度对此进行真诚的检查和探讨。尽管大多数为了解释意识而付出的辛勤努力不过是给意识换了件新衣,并起了个新名字,但意识仍然是一个根本性的问题。因此,要忽视所谓的唯心主义哲学是不可能的,唯心主义仍然与所有的新运动保持着智性的接触,并能意识到这些新运动所作出的特殊贡献。唯心主义同样开始于对客观实在的坦率认识,它接受了被给予的对象和自我世界,并对经验世界进行研究——否则,它还能研究什么?唯心主义指出,成为对象就是处于与主体的关系和一种判断关系当中;我们的对象始终是知识对象,而对象则始终是关于对象的知识。唯心主义还指出,认识的态度并不是个体的唯一态度。心灵包括意志与目的,它是目的论的,根据手段与目的进行解释。实用主义者正确地强调了意识的这一层面,他们的错误则在于让心灵完全服从于实践目的。心灵的一个目的在于去认识、去理解,而这种认识过程不但具有实践价值,也具有理论价值。分析是一项非常重要的认识过程,综合也是如此:心灵的目标不但在于事物的统一,也在于自身的统一,只有与自身统一的心灵才是理智的心灵。实在论给我们留下了一堆碎片:物理事物、意义、关系、逻辑实体,需要有人将这些碎片重新组合起来。实在论在哲学瓷器店里所进行的破坏性工作也许是有价值的,不管怎样,它留下了一些可以用在之后的重建工作上的碎片。实用主义强调了广泛意义上的生活的重要性,它也许还应该告诉我们该如何去生活;它应该进入艺术、文学、政治和经济领域,为我们指明新的文化和真正的文明。自柏拉图以降的伟大思想家都在试图这样做,他们的努力也许失败了,但实用主义有可以替代他们的更好的哲学吗?即便有实用主义的标尺在手,生命对我们来说仍然太过短暂,我们很难在有生之年通过个体经验来获知应该做什么。难道我们不需要一个摩西将我们领出荒野吗?

3.

"意义"在杜威《经验与自然》中的一些含义[①]

埃弗里特·W·霍尔(Everett W. Hall)

401   意义是多元的,意义的含义同样是多元的。如果我们在探究的一开始就预设杜威对于意义(或者应该用复数的意义)本质的解释是单一和固定的,那么这对杜威的经验主义精神是不公正的。相反,我们必须对不确定性和波动性有所预期。毕竟,正如杜威所说,在任何批评中,最重要的是意义的丰富性,而不是真理(特别是"固定的"真理)。因此,我们至少要以杜威的精神来展开探究。我们将采用指示性方法,单纯地指出《经验与自然》中所呈现的这一关于意义的含义和那一关于意义的含义。我们将会平等地对待这些含义,因为对于临时的读者来说,这些含义都是被直接"拥有的"。如果必须在杜威的语境之内对他的用法作出一个评价,那么我们只好不得已而为之。

在杜威那里,意义的一个让我们印象最深的特征是:意义是被限制的,它指涉的并不是所有实在(或者,更确切地说,意义只发生在自然当中)。杜威似乎认为存在一个由无意义的自然事件或物理事件组成的世界(或层面),而意义则是后来加上去的。杜威告诉我们,事件"获得"意义,而"一个直接享受的事物加上了意义……"(第133页)[②],并且"……它们由此获得了新的特性……"(第138页)。杜威还告诉我们,"……共相、关系、意义乃是属于存在物的而且是有关于存在物的,但存在物的组成因素却不只是这些。同一个存在的事情可以有无数的意义"(第241页)。杜威谈到"把物理的和原始的关系转化为意义之间的联系",因为在动物层面上使人得到满足的事

---

① 首次发表于《哲学杂志》,第25卷(1928年),第169—181页。杜威的回应,见本卷第81—91页。
② 本篇所引《经验与自然》一书的内容,均出自乔·安·博伊兹顿编,《杜威晚期著作》,卡本代尔:南伊利诺伊大学出版社,1981年,第1卷。——译者

物并不是一个对象或"具有意义的事物"（第 278 页）。所有这些观点都很清晰，也很重要，因为它们将杜威的立场同唯心主义的立场区分开来。然而，杜威的经验主义并没有在这里止步。他带有一点勉强地指出，自然事件本身也是关系性的，是相互作用的产物；自然事件不仅是后来"被加上的"意义的来源，而且其本身也是模糊而直接的、未被阐明的意义。关于这一点，后面还有更多的讨论。402

如果深入到被限制的意义与作为自然的一部分的意义当中，我们还会发现意义的其他特征。杜威告诉我们：意义受制于社会交流，而社会交流则受制于语言行为。语言产生了社会性行为，产生了参与，而这就是意义。因此，杜威说，语言"建立了意义领域"（第 134 页）；"没有语言，意义便不会存在，而语言又意味着两个自我进入了一项联合的或共享的事务之中"（第 226 页）；"语言是人类交际的一个自然功能，而它的后果反作用于其他物理事件和人文事件，并赋予它们以意义或含意"（第 137 页）。虽然这些论点已经足够明确，但是怀着真正的经验主义精神，杜威并没有以任何顽固的辩证法方式去坚持它们。在某些时候，杜威并不反对将意义的范围延伸至非人类与非社会领域，延伸至语言与交流产生之前的物理性互动，延伸至那些体现在不可交流且不可定义的直接性中的性质。"意义是客观的，因为它们是自然交相作用的样式。这样的一种交相作用，即虽然基本上是有机物之间的交相作用，但是也包括生物以外的事物和能量在内。"（第 149 页）"除了语言和所附加上去的和所推论出来的意义以外，我们连续不断地从事无数……活动。对于许多或大部分这类的动作所具有的性质，我们是没有觉察到的，我们也没有在客观上对它们加以区别和辨认。然而它们仍然作为感觉性质而存在着，而且对我们的行为具有巨大的指导性作用。……在许多呈现在我们面前的混杂的意义中，它们给予我们一种是非的感知，一种要选择、强调、遵循什么以及要放弃、轻视和忽略什么的感知。对于可以接受的意义，它们给予我们一种进而取之的预感，而且给予我们警告，以防止越出轨道。被陈述出来的话语，主要地只是把我们在所有这些开始的出发点、各个发展阶段和终止的末端中所想要保留的东西选择出来而加以叙述而已。"（第 227 页）这里，杜威至少承认有一种先于语言、思维和社会参与存在的意义。403

现在我们必须加快速度，来看杜威对于意义之含义的表述。杜威的另外一项重要的阐释是意义只与后果、未来、可能性和将要出现的事物有关："一个物理的事件直接是什么，以及它能够做什么或有怎样的关系，这些都是它所特有的和不可用同一单位衡量的。但是，当一件事情有了意义时，它的许多潜在的后果就变成了它的主要的和基本的特点了。当这些潜在的后果是重要的而且被重复的时候，它们构成了一个事物的本性和本质，……既然潜在的后果也标志着这个事物的本身并成为它的本质，那么这样标志出来的事情也就成为一个静观的对象了。未来的后果作为意义，属于这个事物的一部分。"（第143—144页）但是，杜威有时甚至更进一步，将意义等同于对后果的意识："常识没有多少机会去区别单纯的事情和对象，对象就是具有意义的事情。……事件总是有效果或有后果的。而且，既然意义就是在这些后果实际发生之前对这些后果的觉察，那么反省的探究把一个事情变成一个对象，就等于把事情由于（人们通常遭遇打击时）归咎于它而已经具有的意义发掘出来。"（第244—245页）如果不考虑后果是否一定要被预期的问题，我们再一次获得了一个关于意义的明确阐释。任何事物（或者应该说，任何事件）的意义都在于它的未来，都在于之后的事件。然而杜威并没有在此止步，他告诉我们，意义关涉当下与过去。关于过去，我们只需指出杜威对于条件、前件、原因，以及它们在意义中所扮演的角色的强调："我们说，对于马的知觉是有根据的，而对于半人马的知觉则是想象的或幻觉的，但这一命题并不意味着有两种内在不同的意义模式存在。它意味着两种不同的因果性，也就是说，虽然两种情况都有适当的前件，但其中特殊的因果性条件一定是不同的。因此，这一命题也就意味着两种不同的后果，也就是说，基于不同意义之上所采取的行为会带来不同的（作为表象出现的或被我们意识到的）后果，因此我们要对不同的意义加以不同的运用。……因为这两种情况的条件是不同的，所以对

404它们的操作也要有所不同。"（第243页）这个例子虽然意识到了"条件"（即先在条件）与后果在意义中的位置，但似乎是将前者还原为了后者。然而，这一点在下面的论述中却很难成立："过去、未来跟现在的联合在每一次对意义的觉察中都显现出来，而只有当人们把意识无故地跟自然割裂开来的时候，而且当人们否认自然界具有时间性和历史性的时候，这种联合才会成为一件神秘的事情。当意识跟自然联系着的时候，这个秘密就变成了一个明白的启示，揭示出自然中有效能的东西和圆满终结的东西在本性上是相互渗透的。"（第265页）也就是说，我们要在完整的"历史"和内在的时间整体而不是仅仅在未来或后果中寻找意义。

同上面最后一点密切相关的另一个阐释是：意义就是工具。在这个意义上，任何用于获得期望结果的方法或手段都是意义。因此，作为用途最广泛和形式最多样的工具之一，语言便成了意义的主要形式："既然作为工具或被用来作为求得后果的手段就是拥有和赋予意义，那么，作为工具之工具的语言就是抚育一切意义的母亲。"（第146页）不过，杜威还告诉我们，意义既是工具又是直接的目的和实现。因此，我们不禁要思考，工具性是不是区分两种意义的特征。"互相沟通是具有独特的工具性

和终极性的。它是具有工具性的,因为它使我们从沉重的事务压力之下解放出来,使我们能够生活在一个有意义的事物世界之中。它是终极的,因为它可以作为一个社群中珍贵的对象和技艺来被人们分享,由于这样的分享,意义从相互沟通上来说,就被充实、加深和巩固了。"(第159页)

这一点将我们引向了杜威强调的另一个区分:作为指涉的意义与作为直接感觉的意义的区分。指涉性意义指的是在一个情境中,符号与被象征物、标记与被指示物是相互外在的,意义则被直接把握为指涉物对于在它之外的某些特征的指涉。杜威有时又称指涉性意义为认知意义或理智意义。另一方面,"感觉"指的是被直接给予的意义,其中并没有符号与被指示物的分析。然而,即便是在直接意义中,还是有指涉、关系和相互依存性存在,但这些都是一个整体中的元素,而不是两个相互外在的整体之间的关系。直接意义中存在指涉,但并不存在对于指涉的意识。杜威有时会说,"意义"(signification)或作为认知性指涉的意义的出现是由于问题的产生和对问题的解决,而"感觉"或直接意义则不是这样。下面这段话也许可以表述这一区分:"有机体和周围条件在各种情境中交相作用,而当这些情境所具有的性质被区别出来的时候,它就产生了感知(sense)。感知不同于接触,因为它在认识中是有所指的,它不只是一种浑然不清的性质或情调,而是某种东西在质上所特有的特征。感知也不同于指称,后者包括使用一种性质来作为另外某一个东西的记号或标志,例如一个红色的灯光表示危险和使一辆正在行动着的机车停顿下来的需要。但是,对于一个事物的感知乃是一种直接的和内在的意义,它是为它本身所享有或直接所感受到的意义。当我们为一些困扰的情况所挫折,后来找到一个线索而使一切事物都能各得其所的时候,我们对于整个的事情就感知到它的意义。在这样一个情境中,这个线索就是具有含义的,因为它是一个指示、一个解释的指导者。但是,为我们所领会的整个情境所具有的意义乃是感知。"(第200页)

不过,我们还没有完成一开始所提出的指示性任务。在结束这个经验性调查之前,我们还需要指出一个意义的特征或意义的类型,这一特征或类型将我们带回研究的最开始。意义是一种互动形式,这种互动发生在有机体(杜威通常并不说人类有机体,但我们不妨加上"人类"这个形容词)与外在于有机体的环境之间:"这些性质(直接意义,这里指的也就是感知)从来也不是在有机体'之内'的,它们总是机体外的事物和有机体共同参与的各种交相作用的情况所具有的性质。当它们有了名称时,它们就使这个机体能够认识和区别事物,从而成为包含更广的交相作用进一步发展过程中的一个手段。所以它们既是有机体所具有的性质,同时也是有关的这些事物所具有的性质。"（第198—199页）我们从中可以看到，意义有它的先决条件，在一个更大的由事件组成的世界中，意义是受限制的："有机的和精神物理的活动以及它们的性质，乃是在可能有心灵、有意义与观念出现之前和发生作用之前就必须事先存在的条件。它们使心灵在自然中站稳脚跟而和它发生联系，它们使意义具有它们在存在方面的原料。"（第220页）

406

读者现在一定对我十分气恼：为什么要引用这样一堆原话呢？还有，你是不是在暗示你所区分出的这些意义的含义是相互排斥的呢？我想请读者耐心一点。因为这些都是经验性方法所必须的，我所做的只不过是描述和指出。我怎敢定出一些先天的法则，让大家以此去理解杜威的话？我所做的不过是试图用杜威自己的话来说明杜威的立场。但是，如果这些话在一方面是不一致的和多样的，在另一方面又有一种相互统一和相互还原的倾向，我们就必须求助于另外的步骤来解决问题了。我们已经试过指示性的方法，但它未能指出我们想要的结论。因此，带着恐惧与颤抖，并只因读者的强烈要求，我要冒险进行一些评价与批评。现在我们已经"拥有了"杜威对意思的阐释，这些阐释呈现出一种稳定和不确定的混合体——一个问题。智性觉醒了，要求一个（可能的）解决方案。

II

首先，让我们不要吝于将意义的一些含义扔下船，因为即便是少数几个并不复杂的含义就足够让我们在码头上忙开了。在剩下的一些含义中，首先让我们考察作为语言之后果的意义和作为由语言产生的社会性共享行为的意义。

没有人会愚蠢到否认语言对行为共同体的帮助（虽然一定存在没有语言的行为共同体），也没有人会否认语言总是与意义紧密相连的。然而，困扰我的问题是：意义一定要被限制为语言和由语言产生的共享性行为吗？首先，将意义限制为社会性共享行为似乎并不合法。非行为与非社会共享的行为似乎是真实世界的特征，它们就是无意义的吗？并且，在那些明显的共享性行为中，不也总是存在一些非共享性的和非交流性的特征吗？难道这些不是马上要被驱逐进无意义的领域吗？是否存在一种完全并彻底地与他人共享的意义呢？同我们原本想传达的意义相比，每一次交流难道不都是片面的吗（即便不是完全错误的）？杜威认为非共享行为与共享性行为之间存在着区分，然而这一区分又是无意义的，因为双方只有完全被包含在对方之中才具有意义。换言之，杜威不能合法谈论非共享行为，因为谈论本身就是一种共享行为，这种谈论会摧毁非共享行为的本质（如果我们能够谈论无意义事物的本质的话）。也

407

许杜威会告诉我们,所有这些都是愚蠢的辩证法诡辩。他会说,存在一种作为非共享行为的"事件",只有当这个事件成为社会共享的一个对象之后,它才具有意义,而在此之前,意义仅仅是一种潜在的共享。好吧,如果是这样的话,杜威至少承认了我们的反对。

现在让我们转向语言。意义一定要被限制为语言行为吗?首先,我要举一个经验的和个人的例子。我一向喜欢航海,但从来没有花时间去学一学航海术语。记得有一次,主帆的帆脚索系得不够紧,结果从帆的下缘到前缘的上方出现了对角线皱褶。我发现了这些皱褶,也知道麻烦是什么,可就是不知道如何称呼出了问题的那部分船帆。当我试图表达的时候,我发现要将自己的意思讲清楚是多么困难,其方式是多么迂回曲折。我缺少可以直接指称那部分船帆的术语。对我来说,这些皱褶的意义包含了许多原初的、想象性的语言行为;而专门的术语"帆柱基点"不但包含了比语言更多的东西(因此也就超越了语言),而且如果不经过曲解和大量的指点,就不能转化为语言。我愿意相信这一情境对我来说意味着什么,虽然我不想就此与别人进行交流。这个例子也许没什么价值,但经验中确实存在着一些不能用语言说明的特征。如果不是这样,将意义限制为语言便毫无意义。那么,这些其他的特征是无意义的吗?杜威也许会回答:不是的,但它们的意义在于它们在语言中的使用,而这种使用当然又会改变它们。由此,我们再一次处于与之前同样的困境:如果意义超越了语言,那么语言就不是意义的全部本质;如果意义没有超越语言,那么我们要么只好承认语言之外并无其他实在,要么承认有无意义的实在存在。我想杜威会接受后一条出路,并称这种无意义实在为"存在"。但是,愚钝的我依然不能理解为什么语言与非语言,或者说意义与存在之间的对照是无意义的。

我想指出的是一个简单的观点:如果你想将意义限制于语言和社会性的共享行为,那么你必须断言一种非语言和非共享的实在。而声称或暗示一种实在则必须或隐或显地涉及某些特征或性质,说我们单纯地"拥有"原始存在的领域或无意义的领域并不能让我们摆脱这一困难。因为"拥有"就是一种意义,即直接呈现、所予、实体化的特殊性,这些都是意义和性质。简言之,对意义的限制本身就是一种意义,将意义从任何实在中排除出去本身就意味着什么。关于这一点,我们很快还会再谈到。

让我们来讨论将意义等同于未来与后果的做法。这一阐释有着特殊的力量。虽然我们不需要明确地区分和分离指示物与被指示物以获得意义(正如杜威所承认的),但只要我们去思考意义,就会发现两个元素,并且这一发现中包含了一个时间性的过程。在这一过程中,我们通常都是由指示物走向被指示物,并且通常都是将指示物等同于被指示物,因此我们可以很自然地说,任何事物的意义都在于它的未来,或者说在于事件序列中后面的元素。① 这一观点初看起来已经足够好了,即使对象是非未来(non-future);比如,为了意味已经过去的事物,我们必须复制过去的情境,而对于过去而言,我们所复制的不就是未来吗? 可是,这里存在着一个重要的疑点。的确,我们可能会把未来当成是一种复制,尽管我们不可能在不涉及未来的情况下指涉过去(或任何时间性的情境)。但是,我们如何能够区分复制与非复制呢? 一种复制,无论包含多少未来,同时也涉及过去,并且这一过去乃是真正的过去,而不仅仅是未来。简言之,意义常常(我个人认为是"总是")带有对过去的指涉,无论我们怎样将这种指涉间接化,处理这种指涉是迟早的事。

409

　　然而,我听到了抗议声。杜威会说,我并不是说过去是无意义的,且永远不会被指涉;而是说,只有在对影响未来、改变后果时,过去才具有意义。但是,杜威又承认,前提的每一个不同都会导致结果的不同。对于一个被给予的意义来说,最重要的事也许是围绕着未来的,但这远不是说意义就是未来或只存在于未来当中。相反,我们应该认识到,至少某些意义(我认为是所有意义)包含了过去与未来(我想加上当下)的时间性统一。这里的问题同之前的是一样的:将意义限制于未来的做法是否意味着什么? 如果答案是肯定的,那么我们就有了一个处于未来这一领域之外的意义。过去的不同也许是基于后果的不同才被认识,但从某种意义上来说,过去依然是过去,过去对于未来的重要性既不会将过去削减为未来,也不会让过去单方向地依赖于未来。

　　我想简略地评价一下杜威对于意义的另一种用法(也许更应该说是可能的用法)。这一用法可能是最有兼容性的,但杜威并没有明确地将它作为意义的性质。我指的是所谓的指示性方法或指向性方法本身。杜威告诉我们,为了指明(designate)我们所意味的意义,最终只需指向(point)它。这种指向当然是一种指涉,事实上,杜威试图给出一种最低的、最不可约减形式的设置。但是,这种指向指明的是什么呢?

410

　　对于下面这个问题,我们这里不作讨论:这种指向与语言的关系是什么,指向是先于语言、包含在语言当中,还是包含着语言(语言只是对这种指向的一种说明)? 但

---

① 我不会特别的讨论意义是工具或手段这一观点。意义经常是工具或手段。但是,杜威仍然没能坚持这一限定。当杜威说完成性是意义时,他就认识到了这一点。或许我还可以说,杜威的非目的论序列(自然事件、原因—效应、终点,等等)同样也是意义。两者的论证过程是一样的。

下面这一点是清楚的：杜威认为，这种指向是指涉（因而也是意义）的核心。指向是最简单的意义，然而即便是这里，也存在着复杂性；我们仍然在其中可以区分出指向的动作与被指向物。让我们先来考虑指向的动作。我想，杜威脑中所想的一定是指向的动作与指着的手指之间的类比。手指对于指向来说，一定是必要的吗？或者，更一般地，指向一定要有所指物吗？指向一定要有一个起点（和一个终点）吗？杜威没有回答，但我们可以替他回答：是的，指向总是从某处到某处，它是有方向和有选择的。指向总是由一个有限的视角在一个相对明确的位置（也就是实在的一部分，而不是无区分的实在整体）作出的。

我想，杜威会同意到此为止我所说的，虽然这只是一个猜测。然而，被指物的情况又是怎样的呢？对此，杜威的表述会稍微明确一点：被意味或被指示的事物就是我们单纯拥有或享受的直接经验。我承认，我不理解这种"单纯拥有"的事物是怎么样的，并且在杜威告诉我们这种事物具有关系、发生在与其他经验的连续体当中、是质的，并且有时拥有意义之后，要想理解它就更加困难了。说某物是其所是，因此我们必如此来把握它（因为它是不可言说的）也许会引向一些费解的词语，但对于真正渴望理解的人来说，这几乎算不上是一种帮助。也许是我的内省能力有问题，但我似乎不能在自己的经验中给任何绝对的、不可言说的直接性找到位置，虽然我确定所有这些直接性都带有一种不可言说的意味（正如我之前所提的问题：是不是任何经验或意义都是完全可交流的？）。我在想，单纯的指向是否就不会破坏绝对的不可言说性？但是，我们不要离题太远。如果我对杜威的理解正确的话，他试图指出的是：被指物是以某种方式独立于指向的动作的。我想，我并没有在这一点上误解杜威的立场，因此如果指向的动作改变了被指物，我们就永远不能准确地指出被当下"拥有"（正如杜威所坚持的那样）的原始经验。 *411*

因此，即便是在指涉性意义这里，我们也再一次回到了同样的故事。也就是说，我们发现意义是处于一个更大的环境中的被限制的领域，因此也就产生了同样的问题：指示物与被指物之间的区分本身意味着什么？我们真的可以以某种方式指示完全独立于所有指示的事物吗？

我在这里听到了反对的声音。我被告知，我没有在下面两种立场之间作出区分：对存在的观察与存在本身，或者说，观察者的经验或记忆与直接被"拥有"的经验是不同的。我完全愿意承认这一区分，但我马上要补充指出这一区分本身也是有意义的。我还倾向于相信，因为这是一个区分，所以被区分的对象必须具有某种身份。如果未被观察到的经验或直接存在不想只作为绝对的、空洞的（不，即便是在这时，我们也将某些性质归属于它）不可知物,如果它想被承认为任何事物,那么它就必须拥有某些相对的身份,或者至少带有那些可以使它与其他存在区分开来的被指示、被观察到和有意义的经验。杜威似乎认识到了这一点,他提出我们可以事后指示一个被原初"拥有"的经验。但是,我们不能在没有任何共同特征的地方插入一个（相对的）身份。（如果我们没有通过某个共同特征得到意义,我们完全可以提出疑问。）存在的领域不可能只是不同于被观察到的和被指示的经验领域。对存在的强调与对意义的强调之间的区分很有可能存在,但这并不意味着存在与意义是所有经验与所有实在的两个单纯方面。并不存在一个可以将所有意义排除在外的存在领域。

所有这些评论似乎都是负面的,它们反对杜威的立场。但我们需要作出一个正面声明再结束:我真诚地相信,杜威的意义观是有意义的和有价值的。刚才我们从经验性的讨论中出来,进展到了批判性的讨论,现在（恐怖中的恐怖!）我们又要进展到教条性的讨论。对此,请读者自行取舍。不管怎样,现在我要非常粗略地陈述一下我自己的意义理论。

III

我想从杜威的一个提示,也就是他在意义领域中所作的一个区分出发。杜威说,"因此,在心灵和意识之间有一个明显的差别,在意义和观念之间有一个明显的差别。心灵系指那些体现在有机生活的功能中的意义的整个体系而言;意识在一个具有语言的动物中,系指对于意义的觉察或知觉而言。意识是从实际的事情（不管是过去的、当代的或未来的）的意义之中去认识这件事情,是对现实观念的拥有。在任何有意识的动作或状态中,心灵的大部分仅是隐晦不明的。心灵的领域,即起作用的意义的领域,要比意识的领域宽广得多。心灵是关联全局的和永远持续的;意识是局部的和变动的。"（第 230 页）比起我接下来要提出的两种不同类型的意义,杜威在语境的心灵与聚焦的意识之间所作的区分相对来说并不重要,而这两种不同类型的意义是我的意义理论的核心。我的理论很简单:指示物（符号）永远是一个大的整体语境的聚焦部分,而这一整体语境正是指示物所指的意义（也就是被意味或被象征的事物）。

我们已经看到,意义不能被完全地限制为实在的任何有限部分。但是,我认为杜威在下面这一点上是对的,即无论它的界限在哪里,意义在本质上包含一种片面性。杜威的失败之处在于没有认识到符号与被指物是如何在意义中联系起来的,他既没能从符号这一面认识到这种关系,也没能从被意味的意义这一面认识到这种关系。我们总是在不同性或整体中意味（或指出）某些身份,但我们总是满足于整体的某一些特征,如果我们觉得这些特征已经将整体的核心给了我们。

以"定义"为例。定义以给出根本性元素的方式给予我们意义。通常情况下,这些根本性元素已经足够我们处理更为复杂的整体(只要我们的定义是好的),而对于整体来说,这些根本性元素不过是被聚焦后的特征。比如,我们会同意,书的定义中应该包括:由印刷书页装订成册、有一定的尺寸,或许还应有封面。然而,书最终所意味的整体性事物却将我们一步步带入一个巨大的整体语境中,这一语境包含了所有类别的书,无数的具体细节向每一个方向延伸开去。 413

再以"词语"为例。将我们的观点运用于"词语"的一个主要困难在于:只要我们对语言中的符号进行分析,就会发现它们显得非常任意。词语的自然程度实际就是出于社会习俗的熟悉程度。比如说"猫"这个词,任何其他声音或声音组合都适合来表示"猫"这个词所象征的四足生物,但是对我们来说,"猫"这个特殊的声音已经变成了一个整体的真实部分。符号与意义并不是两个互相外在的、自我封闭的整体,相反,符号是意义的一个真正部分;并且,在通常情况下,符号涉及的是我们所掌握的所有意义,除非有人向我们指出还有更多的意义,需要我们对一个更大的整体的某些细节加以研究。因此,当我们谈论猫时(无论具体的,还是一般的),词语的音或形是我们所拥有的主要东西,另外再或多或少加上一些移动形象的边缘。但是,我们始终相信还有更多的意义,我们所拥有的不过是其中的一部分,尽管这部分作为代理行使了整体的功能。因此,词语(和一般性的符号)也被特别地当作了意义整体,并同时指涉了超越它们自身的意义;它们的这种指涉并不是指向某些外在的对象,而是指向其自身所代表的局部意义。

然而,这一分析并不局限于语言。事实上,符号在语言中的任意性让人错误地以为,指示性的意义与被意味的意义之间是分离而相互外在的。比如,一个水手在风暴之夜出航,他在暴风雨中听到呜呜声、轰隆声和断裂声,即使看不见,他依然知道上面发生了什么:就像任何语言一样,这些声音意味着船帆的拴绳被刮脱了。很明显,这里的符号并不外在于它所指向的意思。或者再举一个例子,一个徒步穿越森林的人听到一阵呻吟声,这不只是一个声音,在人迹罕至之处,它带有恐惧的意味。医生知 414
道肺炎患者的呼吸中每一种最轻微变化的含义。微笑意味着高兴,耷拉的脸庞与脸颊上的泪痕意味着痛苦。我还要继续下去吗?在每一种情况下,符号都将一个大的整体引向一个焦点,这不是很清楚了吗?符号是被意味的事物整体的一部分,符号能够代表整体,整体通过符号获得了特殊的身份。

每一个意义既暗含了被指物的具体细节,又忽视了它们。我想,我们总是将存在视作一个整体的、细节性的、包含所有具体性的语境；当然，我们永远达不到这一点，我们只能接近它。因此，我们永远不能从一个符号达到它的完整意义（也就是被意味的事物），也不能达到它所指涉的存在整体。然而，无论在何处停下，我们总能感受到这种中断所带的任意性。我们永远处在意义的领域当中，因为我们所经验的每一个整体都指向和带有一个更大的语境。那么，存在究竟是什么呢？有时它被认为是经验之外的某种不可知物，有时它则等同于单纯的细节性事实。后一种观点是当下最为流行的，由此，区分获得了自主性，存在则经常被等同于特殊性——于是，我们有了特殊主义（specificism）。

如果我们认识到意义和存在都是相对的概念，就会更接近真相一点。存在指涉的是任何整体中的区分，而意义指涉的则是下面这个事实：每一个整体都特别地包含在并依赖于这些不同特征中的其中一些，意义总结和聚焦整体，从而"代表"整体。但意义不能独自地完成这些，它们既是充分的，又是不充分的。它们的充分性是由于它们的价值与中心地位，以及它们的代表性本质；而它们的不充分性则是由于它们所依赖与承载的，但又不能穷尽的整体语境。

因此，杜威限制意义的做法既是正确的，又是错误的。因为他既没有认识到对意义的限制在不断扩大，又没有认识到所有的意义都有两种身份——代表局部的身体和代表整体的身体。

4.

通向和平的不同道路①

詹姆斯·T·肖特维尔

　　先生：杜威教授在最近发表于《新共和》的一篇文章中评论了凯洛格提出的一个 415
关于谴责战争的协议。此篇文章所引向的结论只有一个：战争非法化的支持者过于
关注他们自己的教条，以至于对那些关于同一问题的其他提议的确切意义漠不关心。
当不同的意见在基础性事实上持完全不同的见解时，再来争论它们的推论过程是
没有多少价值的。杜威教授试图在侵略与防卫之间作出区分，而这种努力在任何
一种试图找出实际定义的严肃提议中都不会存在。对于大多数读者来说，这一点
马上变得显而易见。然而，还有一种进一步的混淆广泛存在，因此，我们需要加以
澄清。

　　就什么是正当防卫和什么是侵略达成共识，并不必然地意味着我们有责任去阻
止侵略。促进和平与对防卫或侵略进行定义是两个完全不同的问题。试图对侵略进
行定义的第一个文件，已经清楚地提出了这两个问题之间的不同。日内瓦委员会在
1924年的《裁军和安全草案》(Draft Treaty of Disarmament and Security)中对侵略进
行了定义，但拒绝承担阻止侵略者的责任。根据这一草案，侵略者只是被剥夺了他在
国际法里所享受的权利和特权，而各签约国则根据本国利益或其他责任自由地处理
这些"丧失公权者"。战争非法化的支持者应该对伴随这一提议产生的各种文献非常
熟悉，以避免产生重大的误解。但是，为了防止读者从这个1924年提案中得出错误 416
的推论，我应该指出：这一提案与博拉(William Edgar Borah)先生为了回应白里安
(Aristide Briand)的迟疑不决，而在《纽约时报》(New York Times)的文章中所提出的

---

① 首次发表于《新共和》，第54期(1928年)，第194页。杜威的原文，见本卷第163—167页；杜威对
　　此回应的答复，见第168—172页。

建议并不一样。博拉先生根本没有提到剥夺侵略者的权利和特权,因为他不知道如何区分侵略者和防卫者。如果不对此作出区分,那么我们要么抛弃不了战争,要么就只能用普遍的无政府状态来取代战争。

5.

中国与大国势力：I. 中国的希望何在？①

美军少将(退伍)　威廉·克罗泽尔(William Crozier)②

1925 年 5 月 30 日,上海警察枪杀了一个中国帮派的一些成员。此后的两年中,　*417*
戏剧性的事件不断上演;同时,某些外国势力为就关税与治外法权问题同中国达成协
议作出了相当大的努力(以 1925 年与 1926 年就这些主题在北京召开的会议为代
表),所有这些都对现代世界产生了习惯效应。现代世界要求知道发生的每一件事
情,来自世界各地的一大群高级记者都涌进中国来满足知识界的这一需求。这些记
者已经很好地报道了当前的事件、事件产生的背景,以及中国国内的现状。因此,我
就没有必要再向读者描述"共和国"所处的混乱状态,以及大肆盛行的内战和半无政
府状态。我也没有必要用细节化的事例来说明这种状态,比如对持不同政见者、报纸
编辑、(毫无证据地)被控为造成军阀发行的纸币贬值的经济投机家,以及无数小人物
(比如不守纪律的士兵)的不判就杀——无疑,他们都有或大或小的罪过,但没有一个
人有我们所说的犯罪的法律确证,甚至通常连走过场的形式都没有。这些事大家都　*418*
是心知肚明的。

在最近的观点与讨论中,存在着一种一般性的趋势,这些趋势希望中国回到推翻
帝制的 1911 年革命;并指出,以一个被称为共和国的有序政府来取代帝制并管理国

---

① 首次发表于《当代历史》(*Current History*),第 28 期(1928 年),第 205—212 页。杜威的回应,见
　本卷第 196—198 页。

② 克罗泽尔将军曾在中国服役,并在君主政权与共和国政权期间对中国作过几次长期访问。他最
　近一次在中国的逗留长达一年多。本文是他于今年 1 月回到华盛顿后所写。他先后担任过:
　1899 年海牙和平会议代表;1899 至 1900 年菲律宾暴乱期间的驻军参谋官;1900 年美国反太平天
　国北京救援队总军械官;1912 至 1913 年美国陆军军事学院院长;在世界大战前和大战期间任总
　军械长达 16 年,直到 1917 年 12 月;此后任美国军事委员会成员,部分时间驻在法国和意大利。

家事务的尝试是一种失败，这种失败造成了当下的混乱状态，而正是这种混乱状态造成了中国官方对西方基本人权的蔑视。中国的政府向来都是自上而下的，任何官员只对上级负责，不对下级负责，而皇帝只对上天负责！因此，在类似的状况下，政府的管理都是只为统治者利益，而不为被统治者利益着想。这种情况在南北许多军阀那里依然存在着，尽管中国已经从西方（包括俄国、法国和美国）引进了一些关于权利和自由的高调语句。

在理论上，中国所有的土地以前都属于皇帝，依照皇帝反复无常的判断，这一理论会在任何需要的时候运用于实践。如果某个官员需要某块私人土地作为公用，他马上可以以皇帝的名义征用这块土地，虽然有时候会给予一些补偿，但这种补偿只是出于一种对于受伤的情感不必要的照顾，而非出于对权利的认识，并且补偿的额度往往大大低于土地的价值。约翰·麦格瓦（John Macgowan）牧师讲过最近发生在将电报引进中国期间的有启发性的一个事件。一个有异议的土地拥有者跳入了已经挖好的电线杆洞内，宣称宁愿死也不让电线杆立起来。当然，他的激进行为有特殊的理由：那里离他家的祖坟很近。但是，当有人告诉他是皇帝命令要加急铺这条电路时，他马上改变了主意，因为别人提醒他：皇帝有权将他和他的妻儿都"抓起来千刀万剐，且没有人会质疑他这样做的权力"。

但是，对于民众的日常经济剥削是在税收上，任何随意进行经济剥削的地方都是这样；并且，课税是在最为恶劣的体制下进行的。各个省的统治者被要求将一定数量的钱或物品上缴到首都，但他们对本省民众的税收却没有上限。他们没有工资，但通常要给他们的官员或随从发工资，而且任期又不是永久固定的；他们不但需要负担政府的当下开销，而且出于贪心想要尽快和尽情地为保证他们的将来作准备。他们在本省实行同中央一样的体制，要求各地官员上缴规定部分，而各地官员则从下属政府部门征收他们喜欢或能够征收的税收。这条税收线一直向下延伸到与人民直接打交道的、声名狼藉的税务人员。税务人员同其他人一样，也没有工资，他们的位置是买卖得来的；在一定法律范围之内，他们有特权从贫穷的人民身上尽可能地收取他们所要的税收。

比如，土地税的计算往往是不公平的，而增加税收的方法可以说是五花八门的。一种方法是：对交税的截止时间不予通知，然后以拖欠税务为名，开出一张极为过分且随意报价的罚单，而受害者却因过于无知和害怕无法反抗。上诉官吏是没有用的，因为他和他的官员都站在税务人员一边，他们都是敲诈勒索的参与者。我们之前引用过的那个有经验的观察者（约翰·麦格瓦）告诉我们：官员们用诈骗与欺骗、说不出口的谎言，以及让老百姓落到贪官手里的假罪名进行敲诈勒索，将痛苦和悲惨带给贫困的家庭，也就是民众的大部分。无力满足贪婪要求的人，连蔽体的衣服和仅供吃饭的餐具都会被拿走。

暴政之下的民众

420

公务薪俸是一件非常简单的事：国家财政对地方政府几乎没有支出，地方政府以上面所描述的方式自力更生。一个在内地各处有多年经验的英国领事官员作为见证人告诉我们：只要一小支军队就能维持法治，因为人民没有武器，"很大一部分人民被压制着，终日劳作只换来一点维生的东西，而乱民只能挨饿"。

民众与官员的经济关系也体现在他们的个人关系上。东方哲学中有许多关于调节人与同伴之间关系的好训导，但在中国，官员并不是同伴。官员是至高的存在，他自己审判对他的任何侵犯，他并不对人民负责。在审判侵犯者与其他被告者时，官员长久以来就有随意使用竹棒和其他拷问形式来加快进程的自由；凭借这些拷问形式，被告者的记忆功能或编造功能得到了刺激。这些处罚虽然不是定罪之后的惩罚，而只是审判过程中所发生的事情，也足以撕裂受害者的肉体，让他们几个月不能动弹。

竹棒不只被用在司法程序中。麦卡特内（Macartney）爵士在他的北京出使日记中告诉我们：在18世纪后半叶，官员可以在街上随便抓人，要他们将使团的船拖进北海，并要求供应商为使团提供食物和其他供给，如果服务或供应没有做到，马上就是竹棒伺候。麦卡特内爵士还告诉我们：当他的船队需要当地的船公为他作近岸引渡时，当地的官吏马上命令两个人来作引导，尽管这两个人一再恳求说他们已经有年头没引渡了，并且如果他们突然离开，他们的生意就要遭殃。

上面提到的那个英国领事还描述了犯人在经历了上述的司法程序之后被关在一421个旧式牢房里，戴着沉重的镣铐，走动时铿锵作响，紧扒在栏杆上，就像可怕的幽灵。在这些笼中的野兽里面，有些在本质上是恶的，而剩下的则在不人道的刑法制度下变得如野兽一般。犯人是兽性的，而狱卒也好不到哪儿去。

这就是中国人民生活于其中的体制。但我们不能因此推断说中国官员都是残忍的，都是心怀恶意、无动于衷地伤害别人的恶人。他们并不都是这样的。中国人是友善的民族，处世合理，不计小错。他们拥有许多美德，其中著名的有孝敬父母、爱护后代、奉献家族。但是，当官员与下属之间的关系不受约束时，全世界的官员都是一样的：他们只顾自己和与自己亲近的人的利益，从来不会犹豫在任何程度上践踏我们所说的人权，无论是经济上的，还是个体性的。

中国人民从来都没有权利要求对罪犯进行有效率的公开审判,他们的人身、房屋与个人财产从来没有得到过保障,他们从来没有享受过生命、自由与追求幸福的特权;并且,在为自己争取这些赐福时,他们向来都是无助的。中国的先贤阐明了有智慧的、考虑人民的统治者应当遵守的法则。这些统治者是由长老演化而来,长老则是由家长演化而来,而中国的地方官行使立法、行政和司法权,被称为人民的父母官。可是,人性并不能抵御特权。

民权

在美国,民权在日常惯例和例行实践中长期存在,这让我们忘了它是经过长期辛劳和浴血奋斗获得的。没有什么能让这一过程持留在我们当下的思想当中;只有当我们回顾西欧民族史的时候,我们才意识到这些东西从来不是因独裁政府的仁慈让步而来,而是被一点一点地从不情愿的权威那里夺来的。大宪章是 1215 年用武力从约翰王手中夺来的,它废止了纳税却没有代表权的现象,并承认了依法审判的权利;这一斗争一直持续,直到《独立宣言》全面宣布,政府所有的正当权力都来自人民的同意;接下来,人民通过自己的力量艰难地一步步赢得了一个民有、民治、民享的政府。

人民的这种力量主要是通过智性的联合而获得的,这是世界上最基本的力量。只要具有智性和动机,两个人就可以联合起来攻击另一个人。这是小人物们反对极权的唯一一种力量,而极权则很容易被组织和武装起来的力量击散。然而,中国人从来没有联合的能力,因为他们缺乏基本的能力,也就是自由交流并形成公共意见与公共情感来激励他们以巨大的力量统一行动的能力。

中国人对于联合行动的能力从不陌生,几个世纪以来,他们都实行着村落民主制:村落里的权威在他们的有限能力之内,就某个问题得出共同的结论;而权威们的行动则要对村民负责,并要得到村民的批准(可能很容易就得到批准,但也可能得不到)。然而,当共同体的范围再扩大一些,成员之间不能自由地以口传话时,一定的教育就变得必须起来。通过教育,书写补充了口传,智性的通道向民众敞开;由此,民众得以组织并积蓄力量,且懂得如何用这种力量来促进人民的共同利益,并避免对这种力量的破坏性使用。

绝大多数中国人还是文盲,且相当无知。对文盲的比例有各种估计,但没有统计。在推翻帝制前不久,中国政府在一个改革计划中预计,在教育计划实施六年后,文盲比例应降低到人口总数的 99%! 这一比例可能估计得过高,但鉴于这是中国政府的评估,它是不会故意犯错的。其他的中国研究者认为,文盲比例在 98.5%,还有的说是97%；不管怎样，文盲数目都是巨大的。

因此，当一些自我命名的官员在1912年宣布成立中华民国，而美国政府则急于承认和祝贺这一与自己类似的体制建立的时候，我们的人民实际上忘记了自己的自由政府是如何获得的；他们没有认识到，关于这一新政府唯一可以确定的是：它不可能按照它的计划运行，因为这一计划是将最终的政治权力赋予人民，而中国人民却完全不会行使这种权力。

在中国，没有人能清楚地指出一个官员的头衔，因为人民没有能力赋予官员一个清楚的头衔；并且，任何政府的建立一定是由某种形式的篡权实现的，自推翻满清以来，所有的政府都是如此。已故的国民党领袖孙中山认识到了这一点，他将军事作为创建一个真正的共和国的第一步，然后是接受人民的监护，然后才是民主。也就是说，先要用军事力量夺取各地其他军阀正在行使的政治权力，然后新的篡权者准备让人民来取代他们行使统治，接着篡权者放弃（以战斗夺来的）力量，并随之得到利益与荣耀。根据孙先生的规划，领导人并没有受到来自人民的任何强迫（不过不得不承认，人民也没有能力这样做）。他们这样做，是因为他们既不同于他们所要取代的军阀，也不同于之前世界上的任何领导人！

然而，根据历史的教训和基于人性的推论，我们可以看到，孙先生的规划获得早期成功的机会有多大。确实，我们看到了一些成果——国民党已经在很大范围内掌握了实权；但人性的罪恶也出现在了领导人当中，争权夺利的景象不过是在重复过去16年间的惨痛历史。

424

因此，我们必须相信，中国要重生，就必须通过她自己的努力，通过把人民从统治者的剥削中解放出来；而这一切都要通过教育的进程赋予人民力量，让官员对人民负责；并且，在世界上其他自由盛行的地方，这一任务也是由教育完成的。这一切最终是会实现的，因为教育的星火已经在中国点燃，并且永远都不会被扑灭。但是至于多久才会实现，在期间又会有多少伴随着斗争的艰难困苦，这些都不能通过我们自己的民族经验获知。虽然中国可以借鉴我们的例子，从而用较少的时间来穿越我们用不断试验和不断犯错的方法所经历的艰难历程，但在当下中国，为了成功反抗既存力量所需要的精神正在民众的思想中枯萎，而混乱的局势则阻碍着教育的发展。

难道没有办法从外部来加速这一进程吗？从道义的角度来看，世界上那些发展得比较好的地方难道不应该试图去帮助中国人民吗？

善意的人告诉我们：中国人民有权以自己的方式去获得他们的救赎，感受他们的内政是错误的。然而，这里的中国人究竟是谁？他们是那些对其他人实行独裁并由此盈利的百分之二吗？还是那些从来就没有发言权的沉默的百分之九十五？如果我们有义务或责任的话，是对于哪一部分人来说的呢？或者我们究竟有没有义务或责任呢？如果我们袖手旁观，就会任凭那百分之二的人统治其他所有人而相互斗争，迫使其他人中的许多加入到混战当中，并让剩下的人遭受内战的痛苦。如果要运用我们的力量，那么我们唯一承认的正当理由是为了保卫我们的利益，以及本国人民的生命和财产。但当面对一个虚弱、落后的民族时，上面这一立场中哪里找得到任何理想主义？自私的理由是唯一正当的理由吗？

425　　　　不过有人还说，承担帮助中国对抗联合反对势力的任务太大了，我们不得不对抗所有正在相互争斗的派系。这是一场得不偿失且无论如何都不会成功的游戏，因此这等于是与四亿无法和解的中国人打一场无止境的游击战。让我们先来看一下形势。

　　中国的武装力量粗略估计大约有二百万人，他们目前唯一的工作就是互相争斗或掠夺没有武装的人民。这一数目已经是可能的极限了，因为对军阀来说，即便得到了海外在成品、原料与技术上的大量支持，武器和供给（特别是弹药）任务也已经太过艰巨了。武装力量的数量是巨大的，如果他们能够保持适当程度的效率，就足以吓住任何一个身处中国且考虑周全的士兵，阻止他们建议自己的政府对中国采取军事行为。

　　比起之前与外国势力发生冲突时的装备，中国人现在的装备更好，组织和训练也更为有素。对于现代化武器的使用，他们懂得更多了；并且，在该展现勇气的时候，他们从不缺乏勇气。他们中的一些人在战斗中展现了高度的纪律和忍耐力；虽然在军事行动、前进与撤退、占领与抛弃阵地的过程中，通常只有极少数的战斗，但他们最近已经不止一次展现出顽强地打一场激战的能力，巨大的伤亡率已经证明了这一点。不过，他们的训练很少超过步兵的职责，而在这些职责中，他们又几乎只局限于基本的封闭式和开放式操练与演习，以及步枪与手枪的使用和保管。他们的弹药供给太少，不能进行必要的实弹练习以提高枪法；基于同样的原因，他们不能进行必要的练习来熟悉自动武器各个部件的运作。并且，值得怀疑的是，他们中到底有多少人能保

426 住一挺机枪，即便他们的弹药质量能够得到保证。

　　有些兵工厂能生产迫击炮，中国人也能够在一定程度上使用这种简单的武器；但他们不能生产野战炮，能够生产的现代枪支也十分有限；他们的军官缺乏科学训练，因此不可能利用野战炮这一重要武器的范围与威力。他们几乎没有航空服务，因为他们拥有的飞机不多，本地飞行员就更少了，飞机也很少起飞。他们也没有保持航空

服务运转所必须的维修检查机构和设备,除了进口,没有其他方法获得飞机的补给和需要更新的零件。他们没有飞船,也没有多少坦克;没有防毒面具,也没有毒气供应,无法大量生产面具或毒气。他们有一些汽车和卡车,他们的驾驶技术很好,车辆保养得也不错,但是整个国家中能够服务军队的车辆实在太少了,而且他们从来没有自己造过任何车辆。

在历史上,中国不止一次地被征服和完全占领。最近的一次是满族的入侵,1644年北京被占领,一个用绝对权力统治国家达两个半世纪之久的朝代被推翻了。让满族获得这一成功的军事优势,在于更精良的组织、更旺盛的战斗精神和更强健的体格。满清在武器上并没有优势。东方使用火药已经有好几个世纪了;在西方,火绳枪(靠扳机的撞击让一根燃烧或发热的火绳与火门接触)逐渐发展兴盛,并对步兵战斗产生了重要的影响。然而在中国,双方都没有什么火器,他们的主要装备是刀剑、弓箭和其他原始武器。在所有文明技术上都更为先进的中原,在武器制造上也优于满族,当然,中原在人数上也要多于满族好几倍。满族尽管在人数上处于巨大的劣势,却通过首先派兵驻防全国各要塞,完全统治了全中国,并维持了很多年。随着时间的 *427* 推移,顺服变成了一种习惯。基于中国人对命运的一贯接受,满清皇帝被视作上天的工具,并享有上天的恩惠。"旗人"的驻军被逐渐废弃,最后沦为无用的领取年金者,加重了公共资金支出的负担。

与17世纪的满清帝国相比,对于一流的大国势力来说,控制中国的军事问题要简单得多;中国的抵抗对于外国联军根本构不成威胁。日本的军队数量要比满清少,但它的武器和组织要精良得多。世界大战让一般民众深深感受到工业力量所带有的极大的军事价值,这一教训要比其他任何战争的教训更为广泛地被吸取。在军事力量这一关键点上,中国无比落后于西方文明世界,而其中的差距要比1644年中国与其战胜者之间的差距更甚。的确,中国已经有了一些进步,但这只是开了个头——中国还是毫无希望地被超越了。

可能在当下的中国,没有一股势力能够阻挡美军一个师发起的有组织的军事行动;用相当于8或10个师的兵力,就可以驱散和削减中国每一个正规部队的军事力量,从而达成一个完全的、如果有必要就可以一直维持下去的占领。只要我们找到一个最为仁慈的方式来进行军事行动,军事行动本身将是极为容易的。

游击战表现了民众难以平静的普遍敌意。为了控制局面,占领军就必须分散兵力,从而大大增加常规行动所需的军队数量,而这些在中国都是不可能的。游击战的维持需要牺牲和奋发努力,而这种精神只有通过反抗暴政的压迫,或者通过强烈的爱国主义来维持,这两点中国民众都不具备。的确存在着一种称为"新中国"的外来民族主义,但孙中山先生说过,他的人民一般不具有民族情感,因此需要被灌输。对于一个真正考虑人民利益的仁慈政府来说,这一唤起民族情感的任务是伟大的,而那些试图这样做的人必须不断地对抗中国人的一种普遍倾向——对于能够让其安身立命的政权,他们一般是默许的。有大量证据证明,即便有真正的不平,中国人的起义也还是会被小股的军事力量镇压;并且,随着原先的不满条件得到了改善,存在于中国人本质中的常识就会作出原先的不平是错的这样的理解,在这种情况下,起义者很难再继续行动下去。对于中国中部的军阀来说,"红枪会"和其他类似农民组织的确是让人非常烦恼。但是,这些农民快被军队折磨死了:他们的庄稼和牲口被抢,房屋被洗劫,女人被侮辱;因为已经没有什么东西可以失去,他们便在绝望中来报复他们的折磨者,这样做的一个结果是让他们永远染上了土匪的恶习。

我们再来看一下联合抵制。著名国民党人陈友仁先生说过,联合抵制在他的同胞手中是一个战无不胜的武器。有些外国人也倾向于承认这一说法,因为中国于1919年反对日本占领山东,以及1925至1926年在五卅惨案与沙基惨案之后反对在港英国人的联合抵制行为,给他们留下了深刻的印象。但这些事件是由一些个体性组织所导演的,而这些组织可能受到了官方权威的煽动,并肯定受到了后者的鼓励。他们采取设置纠察、惩罚和其他暴力方法,无论在东方还是西方的劳资纠纷中,这些都是"反工会者"采取高压的典型方法。因此,要分清这些联合抵制的自发程度是不可能的。在港的英国人坚信,如果纠察可以不没收英国货物,且不敲诈来港船只,他们将会因为整个运动受益颇丰;并且,如果广东人不能从其他国家进到货物,商人希望经商与老百姓希望获得补给的迫切心态就会使联合抵制破产。认为联合抵制能够战胜占据中国的大国势力或大国势力集团,可能多少只是一种猜测;但基于1919年和1925年的经验(其间在官方的支持下,用尽了恐吓的方法),我们不能否认,尽管有官方的反对与恐吓性的阻止,联合抵制仍然取得了一定的成功。

最后我们要考虑一下试图进行干涉的代理者,也就是所谓的条约国。英国、法国、美国与日本是对一个稳定而有序的中国最有兴趣的国家,同时它们也能够承担得起开销。在这些国家中,最适合这一任务的当然是日本,而最能承担这一任务的则是美国。但是,我们知道,美国人民不认为他们的政府或其他政府会同意这种行动。基于上面讨论过的理由,他们会认为,这种行动不但在道德和伦理上是错的,而且在军事上也是不切实际的;他们还会怀疑美国承担和执行这一任务的指导精神。一方面,他们不相信自己的政府能够基于利他主义成为中国人民的托管人,并仅仅出于监护政治未成年人的兴趣管理他们,直到他们训练有素,能够接手管理自己的家业;另一方面,他们相当确定,阴暗的金融家,甚至是自然而然地考虑自身利益的好心的商人,会对中国的管理施加影响,并造成出于外国人利益而剥削中国人的局面。美国人不会相信我们的舆论会维护远方的被监护者。

有思想的中国人以及中国的政治激进分子控诉说,"不平等条约"给予外国人的好处是被强加在他们头上的,并且对中国人民的经济与政治造成了损害。这一控诉包含了令人不快的真相。中国的友邦断言,人们当然可以强调不平等条约会让自私自利的机会增多,但彻底的控制是能够限制这些机会的;并且,他们相当确信,靠自我制约连最低程度的限制目的都达不到,但又必须对此进行限制,因此就最大可能地用到了本土人士和其他的中国管理人员。

同时,条约国的人民并不认为他们对地球最远端的人民负有这样的义务,要为他们作出努力和牺牲,将他们从统治者的压迫与剥削中解放出来,从而缩短他们通往合意政权的道路。条约国的人民认为这一任务花费太多,不相信更好的贸易条件能够让他们有所受益,而且他们还因为可能的风险和流血而畏畏缩缩。利他主义是很好,但慈善要从家里开始做起。堂吉诃德式的骑士行为确实存在,但政府首先要对自己的人民负责,人民首先要对自己负责,而人民中的父亲不但已经承担了很大的经济开支,还要为他们的母亲和当兵的儿子负责。

最后还有国际间合作的困难。条约国之间相互妒忌和不信任,每个都是基于自私的利益,决心不让其他条约国控制中国的铁路或商业水道,并对中国政府施加影响从而使本国得益。许多人认为,这些国际间的互相怀疑会阻碍任何重振中国(无论是出于中国自身的利益,还是出于进行干涉的大国的利益)的有效合作,在这种情况下,大国们会更加强烈地反对将任务交托给某一大国。现在要在各国感兴趣的事务上取得一致已经很困难了。

上面这些反对意见,我们都可以接受。条约国(无论是联合的还是独立的)没能建构起一个足够高级的工具去行使这样一项高级的职责——将托管人自身机构的益处扩展到政治无能的人民当中。在美国,这种机构也许是保护和监护不成熟的民众的最好方法,但很有可能世界还没有发展到能够为未成熟国家提供安全保护的程度。在这种情况下,我们最好认识到"不干涉中国"这一政策的真正理由。"不干涉中国"并不是说干涉中国在伦理上是错的或在实践上是不可能的,而是因为我们不相信自己或我们的邻国能够完成下面这一微妙的职责:将仁慈的手放到一个倒退民族的肩膀上,坚定地引领它走过那条我们已经走过的道路。

中国人勤劳、节俭、智慧、好学，对西方的物质文明与政治文明具有好感，这些都是对下面这一信念的巨大鼓励：如果人民力量的进化式发展能够开个好头，那么监护期便不会拖得很长。而在作为公共领袖的本土知识分子中，有些是受过高度教育的，其中不乏优秀和杰出的人物。但是，这一开端从一开始就被阻碍了：因为没有人能找到一个让武断的权力拥有者自愿接受（甚至是培养）出于人民的利益而限制自身权力这种观念的理由，人民力量的发展，从一开始就被迫带上了革命的特征。而只要能从战争中获得个人利益，军阀自然乐意为他所倾向的立场而战。

对此，我们西方人在前提上也许做不了任何事情；如果是这样的话，那是很遗憾的。但是，不管怎样，我们都不能把拒绝帮助一个挣扎的民族摆脱本土统治者毫无人性的残酷剥削当作一件光彩的事，因为无论从个人的角度还是从集体的角度，我们的民族都不适合这样做，也不愿意这样做。

注释

下面这些根据本书的页数与行数标示的注释解释了在标准出处中无法找到的参
考书目。

170.5   Capper resolution]参议员阿瑟·凯普(Arthur Capper)在参议院提出一
个要扩展白里安提议的决议,它是由哥伦比亚大学历史教授詹姆斯·肖
特韦尔起草的。虽然列文森(S. O. Levinson)极力劝说凯普对此进行修
改,但是凯普还是以原来的形式提交了决议,指出决议会在委员听讼会
上被修改。整个过程可参见约翰·斯托纳(John E. Stoner)的《列文森
与〈巴黎条约〉》(*S. O. Levinson and the Pact of Paris*),芝加哥:芝加哥
大学出版社,1943 年。

224.26 - 27   one of the leader of the new education]威廉·布里克曼(William
Brickman)在他所编的《杜威对苏俄及革命世界:墨西哥—中国—土耳其
的印象》[(*John Dewey's Impressions of Soviet Russia and the Revolutionary
world: Mexico-China-Turkey*),纽约:哥伦比亚大学出版社,1964 年]一
书中提到,这个教育家显然是夏泽斯基,杜威在《苏俄印象》第六章中谈
到过他。

269.3   Miss Blake]可能是凯瑟琳·戴弗勒·布莱克(Katherine Devereux
Blake),著名教育家和作家。

270.15   Mr. Linville]亨利·R·林维尔(Henry R. Linville),《美国教师》杂志
首任主编,美国教师联合会创办者。对他的全面介绍,可参见威廉·爱

德华·伊顿（William Edward Eaton）的《美国教师联合会，1916—1961》（*The American Federation of Teachers*，1916—1961），卡本代尔：南伊利诺伊大学出版社，1975 年。

271.19　Lusk Law]小阿瑟·A·埃克奇（Arthur A. Ekirch, Jr.）在《美国自由主义的衰落》[（*The Decline of American Liberalism*），纽约：雅典娜图书，1967 年]一书中提到，"在战后的前几年，国家非自由主义最明显的例子出现在纽约。1919 年 3 月 26 日，州议会成立了一个以参议员克莱顿·R·卢斯克（Clayton R. Lusk）为主席的六人联合委员会，调查激进分子与煽动分子，并报告给州议会。委员会虽然只是调查机构，但在收集材料过程中对激进组织进行了一系列大规模的非法搜查。基于该委员会的行为和起诉，五名由人民从各自选区正式选入州议会的社会主义议员被剥夺席位，并驱逐出州议会。

　　"卢斯克委员会还煽动检举了不同的激进派领袖，并负责起草了两个新的学校法。第一个法规要求所有教师宣誓效忠，并指示开除任何一个'支持美国或本州以外任何一种政府形式'的教师；第二个法规要求所有私立学校都要取得由本州颁发的许可证，并规定如果某个学校'提出的教学方案包括鼓动用武装、暴力或非法手段推翻有组织的政府，该学校将不能获得许可证'。"这些法规后来被废除。

279.25　(West Chester Normal School incident)]该校 12 名教师保卫言论自由，批评了凯尔文·柯立芝总统在尼加拉瓜局势中所采取的立场，从而引发了当地美国军团（美国全国性退伍军人组织）的抗议。西切斯特师范学校校长安德鲁·汤姆斯·史密斯（Andrew Thomas Smith）以在学校的自由派俱乐部面前发表不爱国言论为由，开除了这 12 名教师。此事件的焦点在于开除了罗伯特·T·柯林（Robert T. Kirlin）博士与约翰·柯尼曼（John A. Kinneman）教授。

315.37　editor]C·K·奥格登（C. K. Ogden），"心理学、哲学和科学方法国际图书馆系列"图书编辑。

346.30　(Lane) report]指温德如·T·莱恩（Winthrop T. Lane）所写的《中小学与高校的军事训练》（*Military Training in Schools and Colleges*）。

文本研究资料

文本说明

《杜威晚期著作》第三卷收录了杜威在 1927—1928 年间的全部作品[除了收入第二卷的《公众及其问题》(*The Public and Its Problems*)以外]。本卷的突出特点是:它比之前的杜威全集诸卷收录了更多其他作者的文章。

在 1927 年春季学期,杜威向哥伦比亚大学告假,陪伴夫人艾丽斯(Alice),艾丽斯在 7 月 14 日去世。夫人的生病和去世,及其后的杜威急需休假[第一次去加拿大的新斯克舍(Nova Scotia),以后又去了多次]可能可以部分地说明:为什么他在这段时间里主要撰写前言、致辞、评论、章节、回复批评、演讲,而不是像其他时期写更长、更有内容的文章。

本卷收录的杜威作品可自然地分为三大类:哲学、公共事务和教育。在 11 篇哲学文章中,有 5 篇曾收入 1931 年出版的《哲学与文明》(杜威特辑中)。其中的一篇《兼容的哲学思想》,首先是以"社会作为一个范畴"为题,发表在《一元论者》(*Monist*)杂志(1928 年,第 38 卷,第 161—177 页)上,是杜威在美国哲学学会东部(Eastern Division of the American Philosophical Association)大会上的发言(1927 年 12 月下旬在芝加哥大学召开)。1927 年 12 月 20 日,杜威写信给他的同事和学生悉尼·胡克(Sidney Hook):

> 我原想把芝加哥会议的论文早点写好,但拖晚了。现在给你寄去一份。……如果你有任何建议,我乐意同你面谈,地点由你选……有严格的时间限制,这也能说明这个大纲。我原来想参照皮尔士以及其他观点,但现在不得不省略了。①

---

① 杜威致胡克的信,1927 年 12 月 20 日,卡本代尔:南伊利诺伊大学,莫里斯图书馆,特别馆藏部,悉尼·胡克收集的与约翰·杜威的通信。

　　1928 年 1 月，杜威写信给胡克：

　　　　论文进展得不错……。我重写了前面部分，吸取了你的一些建议，特别指出这一点：同一般交往相比较，人类意义上的"社会"是不能被取代的，因为一般交往本身就是一个基体，也是一个空洞的符号，除非它被实现它的特别模式所采用，所以"社会"在同物理生命和精神的比较中得到了它的意义……我感到论文讲证明的那部分是最弱的，因为我不能拓展那一点。我希望你能做到这一点。我加了一段来讲哲学方法，表明目前方法的首要问题，即复杂或孤立的单一体是不是思维的真正开端；阐明后一种方法是接受社会作为一种最佳范畴的唯一逻辑替代。我认为，目前，方法的这一点是中心问题。①

　　《哲学》(本卷 115—132 页)部分是查尔斯·A·比尔德编的《人类何去何从：现代文明概论》一书中的第十三章。该书有十六章，每一章讨论现代生活的某些方面。其他作者有伯特兰·罗素(Bertrand Russell)，西德尼·韦布(Sidney Webb)，胡适(Hu Shih)，詹姆斯·罗宾逊(James Harvey Robinson)等。在《世界团结杂志 3》(*World Unity Magazine 3*，1928 年，第 201—209 页)上，小约翰·兰德尔(John Herman Randall, Jr.)为该书写了一篇评论。他说："比尔德先生现在求助于有学问的博士们了。他问他们：人类何去何从？一个依靠机械和科学的文明，能为取得一种美好生活提供任何合情理的前景吗?"兰德尔认为，胡适和罗素寄希望于美国和约翰·杜威成为成熟工业体制的渊源；事实上，"杜威这一章在许多方面似乎比其他章达到更高的境界"。

　　《"半心半意的自然主义"》和《意义与存在》这两篇哲学文章是为回应乔治·桑塔亚那、弗兰克·梯利、埃弗里特·霍尔而写的。众所周知，这三位写文章批评杜威的哲学，特别是他的《经验与自然》一书；他们的批评原文收入本卷附录 1、附录 2、　附录 3。杜威的另一篇文章《实用主义的默认》是对刘易斯·芒福德的《黄金岁月》的回应。

　　在这段时间里，杜威还保持了他对当前社会、政治和教育领域的积极的兴趣。他的朋友萨蒙·列文森，一位芝加哥的律师，在 1918 年发起了战争非法化运动(the

―――――――――

① 杜威致胡克的信，1928 年 1 月 10 日。

outlawry of war movement），杜威花了大量时间帮助开展这一运动。杜威为一本1921 年出版的小册子写了前言①，这是他早期有关这一主题的文章之一，有几篇发表在《新共和》上（《杜威中期著作》，第十五卷）。

在 1927 年，杜威为查尔斯·克莱顿·莫里森的《战争的非法化：对世界和平的一项建设性政策》一书写了前言（本卷第 348—358 页）。在同一年再版时，前言放在后面，成了"跋语"。列文森写信祝贺杜威的这篇文章，"你的前言到处都受到最高的赞誉。你从未给过这样一种条分缕析、不可抗拒的总结。我读了三遍，读到第三遍，我被它的完美陶醉了"②。杜威另一篇有关战争非法化的文章《用讨论战争使和平非法化》（本卷第 173—176 页）发表在 1928 年 5 月 16 日的《新共和》上，对 1928 年的凯洛格-白里安条约（Kellogg-Briand Pact）展开了早期讨论。杜威在文章里谴责了《纽约世界》发表的一系列社论，他后来在 1932 年把这些社论归罪于沃尔特·李普罗（Walter Lippmann）。③ 李普曼起先是支持战争非法化运动的，后来不支持。④ 杜威的另外两篇《"作为别国的一个榜样"》和《答詹姆斯·T·肖特韦尔》讨论了同一争论的另一些论点。

《中国与大国势力》和《真正的中国危机》表现了杜威对中国事务的持续关心，这种关心是他从 1919—1921 年访问中国时开始的。1928 年，杜威抓住另一次出国访问的机会，对俄罗斯进行了一次长期全面的访问。当苏维埃教育人民委员（Soviet Commissar of Education）告知美国文化关系协会（American Society for Cultural Relations）说，俄罗斯欢迎美国教育家来访，协会就组织了一个 25 人的代表团，于 6 月 23 日乘船去瑞典，然后坐火车去列宁格勒。⑤ 杜威比其他团员提早一个月离开美国，先参观了欧洲的博物馆，然后在列宁格勒同大家会合。杜威随后为《新共和》写了六篇访后感，从 1928 年 11 月 14 日开始连载（本卷第 203—250 页）。1929 年，《新共和》以这六篇文章为主，出版了杜威特辑《对苏俄及革命世界：墨西哥—中国—土耳其的印象》

440

---

① 萨蒙·列文森，《战争的非法化》，芝加哥：美国战争非法化委员会，1921 年（《杜威中期著作》，乔·安·博伊兹顿编，卡本代尔：南伊利诺伊大学出版社，1983 年，第 13 章，第411 页）。

② 列文森致杜威的信，1927 年 8 月 24 日，芝加哥大学，约瑟夫·雷吉斯坦图书馆，特别收藏部，萨蒙·列文森书信集。

③ 约翰·杜威，《制裁对国际组织有必要吗？没有》，小册子 82—83 号[纽约：国外政策协会（Foreign Policy Association），1932 年]，第 24 页。

④ 有关整个争论，参看约翰·斯托纳的《列文森与〈巴黎条约〉》，芝加哥：芝加哥大学出版社，1943 年。

⑤ 《学校与社会》（School and Society），1928 年，第 27 卷，第 779 页。

（*Impressions of Soviet Russia and the Revolutionary World*：*Mexico—China—Turkey*）
（以下简称《印象》）。因为要出版，杜威就对原文稍作修改，他的修改被接受为校订。

《印象》中收录的《帝国主义不难》（《新共和》1927 年 3 月 3 日）是写墨西哥的。在收入本卷（第 158—162 页）时，杜威同样对原文作了些修改。

1929 年 2 月 6 日，《新共和》在新书广告中说：

> 在六篇紧凑的文章里，杜威博士避开困惑着我们头脑的无关纠缠，指出了我们已经丢失人类抱负的内在现实。他看到了那些力争要实现一种新社会次序的涌动力量和思想，并用杰出的清晰和热情表达了他的深刻见解。当《印象》在《新共和》刚发表时，已读过部分或全文的读者已经意识到它们的重要价值，会参考和重读此书。本书除了讲俄罗斯的六章，还收入有关墨西哥的四篇解释性文章，它们是杜威博士在两年前访问墨西哥时写的；有三篇是在访问土耳其时写的，还有他在 1920 年代撰写的关于中国长篇系列文章中的两篇。这些文章收集在一起，呈现了大战后世界四大革命中心的情况。

441　　杜威还卷入了当时最有争议的事件之一，对尼古拉·桑柯和巴尔托洛梅奥·凡泽迪的处决，因为他们在 1920 年 4 月 15 日获罪。由于审判中采用的证据不可信，而且民众都认为这两人完全是由于他们的激进主义而获罪，所以审判结果激起了民愤。杜威仔细研究了案情后，坚信这两人无罪。他加入了要求重新审判的运动中。迫于这场运动的压力，马萨诸塞州州长阿尔文·富勒（Alvan T. Fuller），任命了一个顾问委员会。该委员会开展了调查，并报告说审判是公正的。所以，富勒就维持了处决的原判。[①] 杜威写了《心理学与正义》一文（本卷第 186—195 页），分析了富勒顾问委员会的报告。杜威的文章强烈谴责了偏见和对异端的恐惧，他还把原来的争议放大范围，并把处决归因于国家的心态。

　　一如既往，杜威对教育发展怀有持久兴趣。除了谈俄罗斯教育的几篇，本卷收入五篇谈教育的论文，其中四篇是演讲稿。1927 年 11 月 18 日，杜威在纽约市教师工会全体会员大会上作了讲话，该讲话以"为什么我是教师工会的一员"为题发表在《美国

---

① 有关桑柯-凡泽迪一案，参看 G·路易斯·乔因（Louis Joughin）和爱德蒙·M·摩根（Edmund M·Morgan）写的《桑柯-凡泽迪的遗产》（*The Legacy of Sacco and Vanzetti*），纽约：哈考特-布雷斯出版公司，1948 年。

教师》，第12期(1928年)第3—6页(本卷第269—275页)。它至今还用于美国教师联合会发展新会员的小册子上。1928年4月10日，杜威在哥伦比亚大学教师学院院长威廉·弗莱彻·罗素的就职仪式上作的演讲，以"教育的方向"为题发表在《学校与社会》第27期(1928年)第493—497页，以及《教师学院记录》(*Teachers College Record*)第30期(1928年)第7—12页。《进步教育与教育科学》一文被进步教育协会印成一本14页的小册子，重新发表在《进步教育》(*Progressive Education*)第5期(1928年)第197—204页上；它来自杜威于1928年3月8日在该协会第八届年会上的演讲。《制造商协会与公立学校》一文发表在《全国教育协会杂志》第17期(1928年)第61—62页上；它来自杜威在1927年11月28日对全国消费者联盟所作的演讲。这五篇文章的共同主线是要求独立、增加自由、保护学校免受外界利益的影响。

442

本卷有15篇文章可能曾经在杜威的干预下才重新发表，10篇的范本没有问题；每篇的重印校对都被后来的出版接受。有关俄罗斯的6篇，墨西哥的1篇，后来收入《苏俄印象以及革命世界》，再版的《哲学与文明》中的3篇文章在第二版时稍作修改，那篇有关霍尔姆斯大法官的文章也是这样。虽然修改通常只有一两个字，可能由编辑代劳，但在这里被认为是杜威的最后意向，作为校订文稿而收入正文。

本卷收录的5篇文章，有其可能的范本，其中2篇是关于哲学的，1篇是关于社会问题的，2篇是关于教育的。关于哲学的2篇文章有一个类似的出版模式：首先是演讲，然后发表在杂志上，最后收入《哲学与文明》一书。其余3篇文章虽然有不同的出版经历，但与哲学的2篇文章有相似的文本问题。

本卷的第一篇《哲学和文明》是1926年9月15日，杜威在哈佛大学召开的第六届国际哲学大会上的发言。一个小组会的主题是"哲学在文明史中的作用"，有几篇论文用同样的题目，杜威的是其中的一篇，首次收入埃德加·谢菲尔德·布赖特曼(Edgar Sheffield Brightman)编的《第六届国际哲学大会论文集》[*Proceedings of the Sixth International Congress of Philosophy*，纽约：朗曼-格林出版公司，1927年，第536—542页；《哲学评论》，第36卷(1927年)，第1—9页]。第六届国际哲学大会在第一次世界大战后第一次召开，也是第一次在美国召开。有400名正式会员和300名非正式会员参加，其中91名来自海外。[①] 杜威可能按常规把发言稿打印好，交给

---

① 有关详细介绍，查阅贺拉斯·利兰·弗里斯(Horace Leland Friess)的文章，《第六届国际哲学大会》(The Sixth International Congress of Philosophy)，《哲学杂志》，第23卷(1926年)，第617—638页。

443　大会的编辑委员会收入《论文集》。可以设想，他后来在留下的复写副本上作修改并交给《哲学评论》发表。根据这一设想，收录在《论文集》和《哲学评论》的文章应该有同等效力——两份都以原始打印稿为底。可是，在《论文集》里的笔误，尤其是拼写和大写，除了一个错误外，其余都是典型的杜威笔误。所以，选入《论文集》的那篇是复印文本。杜威不常用的连续逗号，可能是《论文集》编辑所加。因为现在无法分清杜威原文的连续标点符号，本卷在这方面也就依照《论文集》了。

　　在 1931 年，经杜威进一步修改，同一篇文章以《哲学和文明》为题，开篇发表于《哲学与文明》（纽约：明顿-鲍尔奇出版公司，1931 年）。《哲学与文明》所收版本与《哲学评论》里的版本几乎相同，这表明杜威修改了用在《论文集》里的原始打印稿，发表在《哲学评论》，然后再以此为底稿发表在《哲学与文明》里。在 32 个重要的不同点上，《哲学与文明》和《哲学评论》相同；只有在两个重要不同点上，《哲学与文明》跟从了《论文集》。这两点在《哲学评论》中明显是打印错误——在第 8 页第 24 行，"become"改为"became"，在第 10 页第 4 行，"he"改为"the"。《哲学与文明》可能自己改正了这两点。杜威在《哲学与文明》中的修改却没有出现在《论文集》和《哲学评论》里，这些修正一般是为了结构紧凑而改动一两个字，有时是修饰某一观点。虽然这些修改有可能是编辑作的，但在这里都被当作杜威认可的。

　　因此，我们接受了来自《哲学评论》和《哲学与文明》里的实际校订。[1] 不同点都列在后面的校勘表中，也可作为一个历史校勘。

444　第二篇提供范本的《身与心》，与第一篇《哲学和文明》有类似情况。杜威 1927 年 11 月 17 日在纽约医学科学院演讲，然后他显然把打印稿给了《纽约医学科学院公报》的编辑，发表在第 4 期（1928 年）第 3—19 页上。同一篇文章出现在《神经卫生》（Mental Hygiene）第 12 期（1928 年）第 1—17 页，带有明显的编辑修改痕迹，完全不同于杜威自己风格的笔误。有些重要之处虽然不影响意思，但也被统一修改了，比如，有 26 处"which"全被改为"that"。虽然在关系从句中，杜威明显地偏爱"which"，但在这方面他远非一致。此外，他的习惯用法"as matter of fact"（事实上）在《神经卫生》中都被改为更常用的"as a matter of fact"。如在《哲学和文明》中一样，这个版本把杜威通常对连续逗号的不规则使用作了修改，同时还统一了一些单词在同一篇文

---

① 本卷的所有正文的确定都是根据弗雷德森·鲍尔斯（Fredson Bowers）的《文本的校勘原则和程序》（Textual Principles and Procedures）一文，见《杜威晚期著作》，乔·安·博伊兹顿编，卡本代尔：南伊利诺伊大学出版社，1984 年，第 2 卷，第 407—418 页。

章中的拼写,比如"practice"对"practise"(实践),"centered"对"centred"(中心)。所以,《纽约医学科学院公报》和《神经卫生》用的都是打印稿,但《纽约医学科学院公报》这一范本看来更接近于遗失的原稿。

《身与心》的第三次出版,是在《哲学与文明》(纽约:明顿-鲍尔奇出版公司,1931年)中。它显然以《纽约医学科学院公报》的版本为底稿,有 7 个重要的不同之处,看来全是杜威对文章的最后修改。可惜的是,它对那些重要错误也照抄不误:第 26 页第 12 行的"wholesomeness"(健康的)对"wholeness"(完整的);第 34 页第 36 行的"performed"(进行了)应该是"preformed"(预先形成的);在第 37 页第 19—20 行的两个"those"(那些)之间和在第 33 页第 36—37 行的两个"behavior"(行为)之间,两个词组的遗漏显然是排字错误;在第 33 页第 35—36 行"account"(叙述)出现两次也是笔误。在这些情况下,本版采用《神经卫生》的修改要点来改正那些杜威显然在最后出版时没能发现的打印错误。《哲学与文明》中的 11 个错误改正被接受为最后的,在本卷中作为《纽约医学科学院公报》范本的校订。

《身与心》三个版本的不同点全都列在后面的校勘表上,在这种情况下也可作为一个历史校对。

《对美国文明的一个批评》发表在《明日世界》第 11 卷(1928 年)第 391—395 页,并作为第十二章再次收入《美国文明的最新收获》(纽约:哈考特-布雷斯出版公司,1928 年,第 253—276 页);杂志和图书都是由柯尔比·佩奇编辑的。书中章节有四段文字没有出现在《明日世界》里——一段在开始,其余三段在文章各处。没有证据表明,发表在杂志上的文章为了出书而加了这些段落,或者是书中章节进行剪辑后再发表在杂志上。不过,看来有可能是杜威只准备了一篇打印稿,而佩奇是一稿两用了;杂志要赶时间出版,而版面有限,可以解释为什么佩奇剪辑了原稿,而在出书时又保留了那四段话。杂志可能先出版,就作为本版的范本了;仅在《美国文明的最新收获》中出现的段落,也作为范本。在两个版本都有的七个重要不同点上,我们以图书的版本为准。

《教育的方向》是杜威于 1928 年 4 月 10 日在哥伦比亚大学教师学院院长威廉·弗莱彻·罗素就职仪式上的演讲。首次发表在《学校与社会》第 27 期(1928 年 4 月 28 日)第 493—497 页上;后来发表在《教师学院记录》第 30 卷(1928 年 10 月)第 7—12 页上。首次发表的文章有杜威常犯的笔误,所以就用作范本。有几个重要的不同点看来代表了杜威的修改,可能是在校对时作的,后来被《教师学院记录》收入作为校订本。这些不同点只是一两个字,除了在第 255 页第 7—9 行两个"plane of"(平面)词之间省略的内容。

除了《教育的方向》一文，还有一篇谈教育的文章在范本选择上有多个版本，即《进步教育与教育科学》。它由进步教育协会以小册子形式出版，又在《进步教育》杂志 1928 年 7—8—9 月的第 5 期（第 197—204 页）发表。小册子的出版日期是 1928 年 3 月 8 日，也是杜威在协会第八届年会上演讲的那天，而文章就是以演讲稿为基础的。文章在《进步教育》发表的日期和简练程度，证明该文是经过修改后发表的。三个打印错误——第 259 页 13 行的"staring"（凝视）应为"starting（开始）"；第 263 页第 25 行中"monetary"（钱的）应为"momentary"（暂时的）；第 267 页第 1 行中的"actvities"（活动）——可能提供了进一步的证据：小册子的出版是匆忙的。在小册子中出现的从句"and it is not nece ssary to repeat what has just been said"（没必要重复刚才已说过的）没有出现在《进步教育》中，这说明在演讲稿中出现的词句以后在出版时被删除了。再则，小册子的拼法接近于杜威的习惯拼法；只有一个标点是不常见的。所以，小册子被作为范本，《进步教育》中的修改也被采纳。除了打印错误以外，小册子和《进步教育》有十个不同点，第 267 页第 12 行和第 268 页的第 20 行有遗漏，其余都是一两个字的差异。

帕特丽夏·贝辛格（P. B.）

校勘表

对引入范本的实质用词和偶发拼读的校勘被记录于以下列表中，只有后面描述的正式内容方面的变化除外。没有校勘的条目不显示标题。每一条的范本都在该条校勘列表的开始处被加以标识。左边的页-行数字来自当前版本；除了标题，所有的打印行都被计数。方括号左边的文本来自当前版本；括号后面是该文本首次出现的来源的缩写。 447

"W"表示"著作"——当前版本——且在此被用作校勘是第一次。符号"WS"（"著作来源"）被用来表示在杜威引用的材料中所作的校勘，包括还原了拼法、大写，以及一些必要的重要校勘（见"引文中实质用词的变化"）。

因为校勘限于用标点符号来表示，曲破折号"～"表示与括号前相同的词；下插入符号""表示缺少标点符号。缩写[*om.*]表示在注明的版本和印次里，方括号前的文字被省略。为了标示没有出现于确定来源的材料，在适当的情况下运用了[*not present*]。缩写[*rom.*]表示罗马字体，被用于标示斜体的省略；[*ital.*]表示斜体字，被用于标示罗马字体的省略。*Stet*与版本和印次的缩写用在一起表示保留的重要文字在之后的版本或印次中被修改了；分号后是被修改前的内容。

全书所做的规范统一有：

1. 删除了本卷文章标题后的句号。

2. 对杜威的注解，每一篇分别以上标连续号编排。

3. 书名和期刊名用斜体；文章和书的章节用引号。在必要处，书名和杂志名都列出完整名称。杜威文献形式不清楚的地方也都加以统一。在必要时，删除了罗马数后面的句号，统一了缩写。 448

4. 句号和逗号都放在引号内。不是引号内材料的,单引号都改为双引号;但是,对必要的和记载性的文字补充了缺失的引号。

以下的拼写都被编辑统一为方括号前已知的杜威用法:

centre(s)〕center 74.26, 74.37, 75.29, 93.20, 93.23, 200.34, 200.38, 200.40, 214.18, 214.20, 216.27, 231.27, 239.13, 247.14, 271.10, 335.19(2), 351.28

cooperate (all forms)〕coöperate 13.17, 137.35, 161.29, 165.1, 169.11, 170.11, 170.26, 170.37, 171.2, 208.28, 208.29, 209.15, 209.28, 209.33, 209n.1, 210.2, 214.23, 223.16, 224.12, 226.1, 226.4, 226.12, 228.18, 234.1, 234.29, 235.11‐12, 236.17, 243.15, 243.29, 244.27, 249.4, 249.11‐12, 302.4, 331.1

cooperate (all forms)〕co-operate 275.34, 344.13, 345.13

coordination〕co-ordination 344.29

everyone〕every one 339.17

preeminent〕preëminent 78.8

preexisting〕preëxisting 19.8

program〕programme 117.17

reenforcement〕reënforcement 136.4

role〕rôle 5.39, 7.34, 7.39, 8.13, 8.14, 9.1, 55.3, 55.16, 58.32, 58.33, 58.34, 59.23, 59.33, 61.24, 61.36, 62.18, 70.13, 86.26, 90.19, 350.26, 355.33

《哲学和文明》

这篇文章的范本来自埃德加·谢菲尔德·布赖特曼编的《第六届国际哲学大会论文集》(P),纽约:朗曼-格林出版公司,1927 年,第 536—542 页。校勘来自《哲学评论》,1927 年,第 36 卷,第 1—9 页(PR),以及《哲学与文明》,纽约:明顿-鲍尔奇出版公司,1931 年,第 3—12 页(PC)。以下的校勘作为历史核对,列出了三次出版的全部修改。

449   3.1   Philosophy and Civilization〕PC; THE RÔLE OF PHILOSOPHY IN THE HISTORY OF CIVILIZATION* ...
            * Read at the Sixth International Congress of Philosophy and published with its permission. PR; The Rôle of Philosophy in the History of Civilization P

3.3   civilization?〕PC; civilization? history? PR, P

3.3   and〕PC, PR; and as P

3.4   definition;〕PC, PR; ∼, P

3.16   literature,〕P; ∼∧, PR, PC

3.21‐22   general,〕P, PR; ∼∧ PC

3.24   Kant,〕P; ∼∧ PR, PC

4.9   philosophy〕PC, PR; philosophies P

450

10.23 - 24   experiments,〕PC, PR；～∧ P
10.24   organize〕PC, PR；to organize P
10.26   science；we shall have〕PC, PR；science, except P
10.32 - 38   I... humanity.〕PC, PR；[*not present*] P
10.37   fellow man〕PR；fellowman PC；[*not present*] P

《人类学和伦理学》

这篇文章的范本来自威廉·菲尔丁·奥格本和亚历山大·戈德韦泽编的《社会科学及其相互关系》,波士顿:霍顿·米夫林出版公司,1927年,第24—36页。

24.4   *Religious Beliefs*〕W；*Religions*
24.11   *morale*〕W；*Morale*
24.19   *Religion*〕W；*Early History*
24.20   Introduction〕W；Induction
24.22   *Entwicklung*〕W；*Entwickelung*
24.25   2 vols.〕W；3 vols.

《身与心》

这篇文章的范本来自《纽约医学科学院公报》,第4期(1928年),第3—19页(B)。校勘来自《神经卫生》,第12期(1928年),第1—17页(MH),以及《哲学与文明》,纽约:明顿-鲍尔奇出版公司,1931年,第299—317页(PC)。校勘表可作为历史核对。

452

25.2   There〕PC；You will not be surprised to hear that when your president, Dr. Lambert, did me the honor to ask me to address you this evening, my thoughts turned to the general theme of the relations of philosophy and medicine before settling on a special topic. My mind was thus led to recall the beginning of both of them in Greece, and to the fact that there MH；You will not be surprised to hear that when your president, Dr. Lambert, did me the honor to ask me to address you this evening, my thoughts turned to the general theme of the relations of philosophy and medicine before settling on a special topic. I was thus led to recall the beginning of both of them in Greece and to the fact that there B
25.2   science∧〕PC, B；～, MH
25.6   arts;〕PC, B；～—MH
24.11,24；38.10,17；39.12   practise〕B；practice MH, PC
24.12；26.3；27.25；27.40；28.5；31.10,11,37；32.8,23,39；33.1；34.6；35.12, 29；36.9,10,24；37.1,5,30,31；38.4,6；39.6,20   which〕PC, B；that MH
25.16   busy,〕PC, B；～∧ MH

	25.22	technē] PC, B; τέχνη MH
	25.23; 39.6	practises] W; practices PC, MH, B
	25.24 - 25	history‸] PC, B; ~, MH
	25.27	routines,] PC, B; ~‸ MH
	26.2	accidents,] PC, B; ~‸ MH
	26.8 - 9	conditions] PC, B; condition MH
	26.9	first-fruits] PC, B; ~‸~ MH
	26.12	wholeness] MH; wholesomeness PC, B
	26.15 - 16	details;] PC,B; ~, MH
	26.16	a loving] PC, B; loving MH
	26.16	patient‸] PC, B; ~, MH
	26.17	significance, and] PC, B; significance. And MH
	26.20	technē;] PC, B; τέχνη: MH
	26.22	prognosis‸] PC, B; ~, MH
	26.23	outcome‸] PC, B; ~, MH
	26.26	water‸] PC, B; ~, MH
	26.26	soil,] PC, B; ~; MH
	26.28	seem to be] PC, B; seem MH
	26.32	Empedocles‸] PC, B; ~, MH
	26.33	conditions] PC, B; condition MH
453	26.37	magical] PC, B; medical MH
	27.3	science‸] PC, B; ~, MH
	27.5	later] PC, B; latter MH
	27.6	methodistic‸] PC, B; ~, MH
	27.11	sense of need] PC, B; need MH
	27.12	relapse] PC, B; relapses MH
	27.16	I] PC, B; my mind MH
	27.17	philosophy‸] PC, B; ~, MH
	27.20	I] PC, B; For I MH
	27.24	morals‸] PC, B; ~, MH
	27.24	science;] PC, B; ~, MH
	27.26	example‸] PC, B; ~, MH
	27.27	about] PC, B; upon MH
	27.27	men] PC, B; man MH
	27.30	practise:—all] B; practice, MH; practice—all PC
	27.35	life"] PC, B; ~", MH
	27.35	few] PC, B; few indeed MH
	27.35	the] PC, B; this MH
	27.36	were] PC, B; are MH
	27.40 - 41	I shall] PC, B; In this address, I shall MH
	28.1	relation:] PC, B; ~—MH
	28.2	pre-established] PC, B; preëstablished MH
	28.2 - 3	parallelism] PC, MH; parallellism B
	28.3	etc.] PC, B; and so forth MH

28.3	the unity] PC; their unity B; the unity of body and mind MH
28.7	operation,"] PC, B; ~", MH
28.8	action."] PC, B; ~". MH
28.20	action∧] PC, B; ~, MH
28.22	reproduction∧] PC, B; ~, MH
28.24	fearing∧] PC, B; ~, MH
28.24	wise∧] PC, B; ~, MH
28.26	this] PC, B; this point MH
28.27	exclusively∧] PC, B; ~, MH
28.31	to another] PC; in another MH, B
28.32	he is sad] PC, B; sad MH
28.32	act∧] PC, B; ~, MH
28.34	Eating] PC, B; The eating MH
28.40	means employed] PC, B; the means MH
29.1	also mental] PC, B; mental MH
29.1	that∧] PC, B; ~, MH
29.2	entirety∧] PC, B; ~, MH
29.6	connection] PC, B; unity in action MH
29.7	to behavior] PC, B; a behavior MH
29.11	may use] PC, B; use MH
29.12	which separates] PC, B; that divides MH
29.12	our] PC, B; any MH
29.13	development in] PC, B; development of MH
29.15	mechanical;] PC, B; ~, MH
29.15	it] PC; that MH, B
29.17	activity∧] PC, B; ~, MH
29.18	"religious"] PC, B; ∧~∧ MH
29.18	groups∧] PC, B; ~, MH
29.19	is∧ is] B, MH; ~, ~ PC
29.20	either] PC, B; each MH
29.20	behavior∧] PC, B; ~, MH
29.20	one-sidedness∧] PC, B; ~, MH
29.21	an acquired] PC, B; a disastrous acquired MH
29.26	in the] MH; into PC, B
29.28–29	plane. [¶] Action] PC, B; plane. Likewise, action MH
29.30	spiritual] PC, B; wholly spiritual MH
29.31	the gross] PC, B; gross MH
30.1	demand:] PC, B; ~—MH
30.3	be] PC, B; shall be MH
30.6–7	achievement, namely∧] PC, B; ~—~, MH
30.7	physical,] PC, B; ~—MH
30.11	soulful∧] PC, B; ~, MH
30.11	unnatural∧] PC, B; ~, MH
30.13	that] PC, B; it is that MH

454

30.15	theory∧] PC, B; ～, MH	
30.16	action;] PC, B; ～—MH	
30.18	betterment] PC, B; participation MH	
30.21	of ... mode] PC, B; due to modes MH	
30.23	alive] PC, B; that is alive MH	
30.24	cold, and∧] PC, B; ～∧ ～, MH	
30.24	say∧ inhuman,] PC, B; ～, ～∧ MH	
30.26	split∧ off] PC, B; ～-～ MH	
30.28	developing∧] PC, B; ～, MH	
30.29	varying∧] PC, B; ～, MH	
30.32	centred] PC, B; centered MH	
30.35	individuals, and∧] PC, B; ～∧ ～, MH	
30.37	lack,] PC, B; ～∧ MH	
31.1 – 2	the guidance] PC, B; guidance MH	
31.3	the qualities] PC, B; of the qualities MH	
31.4	things] PC, B; sorts MH	
455 31.5	about] PC; upon MH, B	
31.5 – 6	in saying] PC; by saying MH, B	
31.6	∧ body∧] B, MH; "～" PC	
31.7	∧ mind∧] B, MH; "～" PC	
31.10	body,] PC, B; ～—MH	
31.11	things. Or] PC, B; things—or MH	
31.19	direct and] PC, B; direct them so as to MH	
31.25	are] PC, B; were MH	
31.27	is] PC, B; was MH	
31.27	are] PC, B; were MH	
31.28	is] PC, B; was MH	
31.29	becomes] PC, B; became MH	
31.30	process∧] PC, B; ～, MH	
31.31	are] PC, B; were MH	
31.32	medical∧] PC, B; ～, MH	
31.34	action,] PC, B; ～∧ MH	
31.35	behavior] PC, B; a behavior MH	
31.38	take] PC, MH; takes B	
32.3	*organized*] PC, B; [*rom.*] MH	
32.5	arts—fine] PC, B; the arts both fine MH	
32.7	thus] PC, B; then MH	
32.12	in] PC; of MH, B	
32.19	outlook] PC, B; an outlook MH	
32.20	incorporated; with something] PC, B; incorporated—something MH	
32.26	know] PC, B; make sure MH	
32.26 – 27	mature∧] B; ～, MH, PC	
32.29	reaction,] PC, B; ～—MH	
32.30	existence,] PC, B; ～—MH	

32.36	phenomena of] PC, B; any present phenomena exhibited in MH
32.39	practitioner,] PC, B; ~—MH
32.40	psychiatrist and educator,] PC, B; psychiatrist, or educator—MH
33.4	know∧] B; ~, MH, PC
33.7	disturbance] PC, B; a disturbance MH
33.10	written∧] PC, B; ~, MH
33.13	cross-section] PC, B; ~∧~MH
33.14	mechanical,] PC, B; ~∧ MH
33.16	treated] PC, B; in consequence treated MH
33.20	accompaniment∧] PC, B; ~, MH
33.28	not∧] PC, B; ~, MH
33.28	as matter] PC, B; as a matter MH
33.28	fact∧] PC, B; ~, MH
33.29	true∧] PC, B; ~, MH
33.30	action] PC, B; organic action MH
33.35 – 36	moment] MH; account PC, B
33.36 – 37	behavior itself and of behavior in] MH; behavior in PC, B
33.37; 36.26	role] PC, B; rôle MH
34.5	employed∧] PC, B; ~, MH
34.6	important:] PC, B; ~—MH
34.12	creature] PC, B; creature in some way, MH
34.14 – 16	It ... implies] PC, B; We are trying to describe a particular mode of action and that implies MH
34.23	stimulus] PC, MH; stimlus B
34.30	recognition] PC, B; a recognition MH
34.30	life history] PC, B; the life history of living beings MH
34.31	cross-section] PC, B; ~∧~ MH
34.32	postulated∧] PC, B; ~, MH
34.32 – 33	traced. Consequently] PC, B; traced and consequently MH
34.33	position] PC, B; place MH
34.33 – 34	the development of action] PC, B; action MH
34.34 – 35	re-statement] PC, B; restatement MH
34.35	compounding∧ of∧ reflex∧ units] PC, B; ~-~-~-~MH
34.36	"instinct"] PC, B; "~", MH
34.36	or] PC, B; as MH
34.36	preformed] MH; performed PC, B
34.38	than is] PC, B; than MH
34.39	demands∧] PC, B; ~, MH
35.5	theory,] PC, B; ~∧ MH
35.5	held,] PC, B; ~∧ MH
35.8	Behavior ... going] PC, B; Behavior then becomes exclusively something going MH
35.9	something] PC, B; an affair MH
35.10	reality,] PC, B; ~∧ MH

456

35.14	it∧] PC, B; ~, MH	
35.19	breathe,] PC, B; ~; MH	
35.19 – 20	air; we] PC, B; air. We MH	
35.20	digest,] PC, B; ~; MH	
35.21	ground,] PC, B; ~∧ MH	
35.22	another,] PC, B; ~∧ MH	
35.26	then call] PC, B; call MH	
35.26	behavior,] PC, B; ~∧ MH	
457 35.27	work∧] PC, B; ~, MH	
35.27 – 28	*The . . . System*] PC; "The Integrative Action of the Nervous System" B; *The Integrative Action of the Nervous System,* MH	
35.30	own self] PC; own MH, B	
35.33	be but] PC, MH; be B	
35.35	element] PC, B; elements MH	
35.39	maintains] PC, B; maintain MH	
35.39; 36.2	life-behavior] PC, B; ~∧~ MH	
36.2	maintenance] PC, B; maintainance MH	
36.3	system] PC, B; system in isolation MH	
36.10	thought∧] PC, B; ~, MH	
36.10	premise] PC, B; premises MH	
36.11	inside] PC, B; in MH	
36.11	organism] PC, B; organism apart from objects MH	
36.12	quality] PC, B; quality to action MH	
36.13	a premise] PC, B; the premise MH	
36.14	facts,] PC, B; ~∧ MH	
36.16	substance] PC, B; something or substance MH	
36.16	soul∧] PC, B; ~, MH	
36.20	environment] PC, B; environmental relations MH	
36.28	Speech] PC, B; And speech MH	
36.31	language] PC, B; thinking in terms of language MH	
36.31	habits and of thinking] PC, B; habits MH	
36.33	words∧] PC, B; ~, MH	
36.35	making] PC, B; the making MH	
36.35	sounds,] PC, B; ~∧ MH	
36.35	a silent] PC, B; an implicit MH	
37.6	effected] PC, MH; affected B	
37.7	*its*] PC, B; the MH	
37.8	sounds] PC, B; the making of sounds MH	
37.10	request∧] PC, B; ~, MH	
37.17	consequences (that] PC, B; ~—~ MH	
37.18	enters)] PC, B; ~—MH	
37.18	happen,] PC, B; ~∧ MH	
37.19 – 20	those . . . disliked] MH; those which are disliked PC, B	
37.22	a noun:] PC, B; ~; MH	

37.23	projecting] MH; erecting PC, B
37.24	quality of action] PC, B; quality MH
37.25	behavior that is] PC, B; behavior MH
37.26	impulse] PC, B; impulsive MH
37.28	in the sense of] PC; as MH, B
37.33	non-existent] PC, B; nonexistent MH
37.34	be taken] PC, B; taken MH
37.35	consequences] PC, B; certain consequences MH
37.36 – 37	language∧ behavior] PC, B; ∼-∼MH
37.38	this] PC, B; and this MH
37.39	behavior,] PC, B; ∼—MH
37.39	own∧] PC, B; ∼, MH
38.1	present,] PC, B, ∼—MH
38.1	conscious:] PC, B; ∼; MH
38.3	environment∧] B; ∼, MH, PC
38.5	action∧] PC, B; ∼, MH
38.8	beginning,] PC, B; ∼; MH
38.8	the recall of] PC, B; we recall MH
38.10	arts∧] PC, B; ∼, MH
38.11	knowledge∧] PC, B; ∼, MH
38.11	invidious] PC, B; inviduous MH
38.15	something∧] PC, B; ∼, MH
38.16	are∧] PC, B; ∼, MH
38.18	with] PC, B; by MH
38.22	cooperate] B; co-operate PC; coöperate MH
38.23	compelled∧] PC, B; ∼, MH
38.24	not∧] PC, B; ∼, MH
38.26	interest,] PC, B; ∼—MH
38.31	Surveying that] PC, B; From a survey of that MH
38.39	everyone] PC; every-/one B; every one MH
38.40	stupidity∧] PC, B; ∼, MH
39.3	short∧ cut] PC, B; ∼-∼MH
39.5	energy] PC, B; energy within the movement MH
39.7	body∧] PC, B; ∼, MH
39.21	From] PC, B; On MH
39.22	isolation from one another of] PC, B; isolating from each other MH
39.23	commencing] PC, B; beginning MH
39.23 – 24, 29	cooperation] B; co-operation PC; coöperation MH
39.25	concerns] PC, B; concern MH
39.27	teacher∧] PC, B; ∼, MH
39.30	interesting∧] PC, B; ∼, MH
39.30	example∧] PC, B; ∼, MH
39.31	physicians would say of] PC, B; physicians—if they were consulted and if they thought their voices would be heeded—would say to MH

458

	39.32	buildings∧] PC, B; ∼, MH
	39.33	children en masse] PC, B; the children *en masse* MH
	39.34 – 35	methods—would . . . heeded.] PC, B; methods. MH
459	39.36	schools∧] PC, B; ∼, MH
	39.38	visitors∧] PC, B; ∼, MH
	39.39	centres] PC, B; centers MH
	39.40	cooperative] B; co-operative PC; coöperative MH
	40.4	the separation] PC, B; that separation MH
	40.5	morals∧] PC, B; ∼, MH

《兼容的哲学思想》

这篇文章的范本来自《一元论者》,第 38 卷(1928 年),第 161—177 页(M)。校勘

来自《哲学与文明》,纽约:明顿–鲍尔奇出版公司,1931 年,第 77—92 页(PC)。

	41.1	The Inclusive Philosophic Idea] PC; SOCIAL AS A CATEGORY
	41.5	ascribed to] PC; ascribed
	41.12	Then] PC; But
	41.17	space] PC; time
	41.25	things associated] PC; associated things
	42.32	complex,] PC; ∼∧
	42.32	*philosophy*] PC; but that *philosophy*
	44.4	an enterprise] PC; any enterprise
	44.18	filling is] PC; filling are
	45.37	"will,"] PC; "∼∧"
	46.24	that can] *stet* M; which can PC
	46.32	on the ground that] PC; because
	47.8 – 9	association] PC; assocision
	47.32	without the physical] PC; without the tools and machines incorporate within themselves the physical
	47.39 – 40	is superficial of those] PC; of those is superficial
	48.2	it takes] PC; take
	48.8	they] PC; these
	48.8	strictly] PC; their strictly
	48.25	organic] PC; notion of the organic
	48.28	philosophy (materialism] PC; philosophy, since materialism
	48.29	companionship);] PC; ∼∧,
	49.9	not that] PC; not
	49.10	so far] PC; as far
	49.25	(ii)] PC; (ii))
	49.32	understanding,] PC; understandings∧
	49.36	to be] PC; as
460	49.38	requires] PC; effects

49.40	meaning to be] PC; meaning where it is
50.2	We] PC; That is, we
50.5	iridescence] PC; irridescence
50.9	as having] PC; having
50.19	read] PC; read back
50.19	mental back] PC; mental
51.5	even if communicated] PC; communicated
51.12	a thought] PC; thought
51.40	merely candidates] PC; candidates merely
52.1	behavior;] PC; ∼,
52.28	natural∧] PC; ∼,
52.29	such] PC; since such
52.30	plane.] PC; plane; the contention that severance of moral life from the animal involves the implication of the unnatural or supernatural character of the former is of no weight in the face of facts.
53.12	in the means] PC; of the means
53.26	wholeness] PC; the whole

《显现和现象》

这篇文章的范本来自《哲学杂志》,第 24 卷(1927 年),第 449—463 页(JP)。校勘来自《哲学与文明》,纽约:明顿-鲍尔奇出版公司,1931 年,第 56—76 页(PC)。

55.1	Appearing and Appearance] PC; AN EMPIRICAL ACCOUNT OF APPEARANCE
55.14	which are] PC; which is
56.28	of a] PC; of something in a
56.33	process that] PC; process such that it
56.34	are] PC; is
57.24	with] PC; to
57.39	precondition] W; condition PC; recondition
58.6	involved] PC; involves
58.29	has] PC; had
59.20	*claim*] *stet* JP; [*rom.*] PC
59.32	required] PC; which are required
59.36	of the relations] PC; of relations
60.8	manner so] PC; manner
60.10	*allegation*] *assertion*
60.20	truth] PC; reality
60.21	but which] PC; which
60.22	representative] PC; claimed representative
60.22–23	office claimed] PC; office
60.24	alleged] PC; asserted

461

61.6	the drama] PC; the the drama	
61.18	determination] PC; determinations	
62.5	who put] PC; putting	
62.12	is found] PC; are found	
62.21	appearing or] PC; inherent	
62.25	itself. It] PC; itself. When the response is to an appearance as a manifestation, expression or exhibition, there is no distinction made between the appearing object and something beyond. It	
63.2	a distinction] PC; distinction	
63.28	one] PC; he	
63.31	Mere sound] PC; The former	
63.39 – 40	importance. It is the] PC; importance as a	
64.7	indebtedness. The] PC; indebtedness. In consequence of noting the effect and neglecting its ground, the	
64.17	thing] PC; thing taken	
65.7	that is found] PC; found	
65.12	*what*] PC; [*rom.*]	
65.12	means] PC; [*ital.*]	
65.32	to be] PC; as	
66.5	The] PC; Any	
66.14	while] PC; but	
66.39	possess] PC; present	
67.8	whole;] PC; whole, and	
67.13	which fits is found,] W; which fits, is found, PC; is found which fits,	
67.15	taken] PC; so taken	
67.20	but signified] PC; signified	
67.22	it is] PC; is	
68.2	it is light] PC; light	
68.16	can not] W; cannot PC; can not be	
68.24	"looks," "sounds," "feels,"] PC; ∧~∧∧∧~,∧∧~,∧	
69.29 – 30	adequacy … evidence] PC; adequacy as sign or evidence of this appearance	
69.39 – 40	existence] PC; existences	
70.11	what it belongs to] PC; that to which it belongs	
70.19	*object*] PC; [*rom.*]	
70.20	*pointed*] PC; [*rom.*]	
462	70.22	the causal] PC; causal
	70.26	from] PC; than
	70.28	drawing] PC; making
	70.29	inference] PC; inference to a certain state of affairs
	70.32	"looks," "sounds,"" feels," "tastes"] PC; "~,∧∧ ~,∧∧~,∧∧~"
	71.39	∧ The] PC; "~
	71.40	piece∧] PC; ~"

72.2 　　　　an inference] PC; in inference
72.8 　　　　or temporal] PC; or

《"半心半意的自然主义"》

这篇文章的范本来自《哲学杂志》,第 24 卷(1927 年),第 57—64 页。

73.25 　　　centre] WS; center
77n.5 　　　principle"]W; ～∧

《意义与存在》

这篇文章的范本来自《哲学杂志》,第 25 卷(1928 年),第 345—353 页。

84.29 　　　language's] W; languages's
89.20 　　　mean] WS; means

《自由的哲学》

这篇文章的范本来自霍勒斯·M·凯兰编的《现代世界中的自由》,纽约:科沃德-麦卡恩出版公司,1928 年,第 236—271 页(FMW)。校勘来自《哲学与文明》,纽约:明顿-鲍尔奇出版公司,1931 年,第 271—298 页(PC)。

94.9 　　　　person] PC; being
94.10 　　　a choice] PC; its choice
94.20 　　　meaningless] PC; meanlingless
94.21 　　　consequence] PC; consequences
95.26 　　　it is] PC; it is also
95.36 　　　undergoes] PC; undergoing
96.22 　　　preference] PC; by preference
96.22 - 23 　the forecast] PC; of forecast
96.28 　　　enters] PC; enter
97.8 　　　　ability] PC; ability displayed
97.35 　　　was] PC; was then
98.29 　　　impulses] PC; them
98.33 　　　These] PC; They
99.4 　　　　the artificial] PC; artificial
99.26 　　　only by] PC; by rather
99.28 　　　its] PC; their
100.23 　　then hinge] PC; hinge then
100.29 　　did] PC; did not
100.37 　　the control] PC; that control
101.40 　　net-work] PC; ～∧～
102.20 　　mere] PC; mode or mere

463

103.10   in deed] PC; indeed
103.19   externally] PC; from the outside
103.37   their abolition] PC; abolition
104.15 - 16   it seems to me, is] PC; is, it seems to me,
105.14   is] PC; was
105.22   his purpose] *stet* FMW; purpose PC
106.7   ecclesiastic] PC; ecclesiastical
106.14   are] PC; is
106.27   is] PC; is relatively
106.28   degree relatively] PC; degree
107.32   this] PC; this prior
108.21   that] PC; such as
108.27 - 28   contents] PC; content
110.5   will] PC; will thus
110.19   state] PC; reduce
110.20   which occur by] PC; that occur to
110.28   something ∧] PC; ~,
111.23 - 24   having] PC; each having
112.2   suppositious] *stet* FMW; suppositions PC
112.5 - 6   obtaining the ideas I want] PC; getting certain ideas
113.28   thought, and that] PC; thought—but
113.29   minds] PC; them
113.40   possibility] PC; one

《对美国文明的一个批评》

这篇文章的范本来自《明日世界》,第 11 卷(1928 年),第 391—395 页。校勘来自

464 增写后再次发表的文本,在柯尔比·佩奇编的《美国文明的最新收获》,纽约:哈考特-布雷斯出版公司,1928 年,第 253—276 页(AC)。

133.2 - 134.1   When ... Yet] AC; [*not present*]
134.1   when] AC; When
134.2 - 3   up ... of] AC; up the gains and losses in
134.15   we find] AC; that we find
134.30   a great number] AC; great numbers
135.28   a possibility] AC; the practical possibility
136.14   has its] AC; have
136.23 - 37   As ... Zion.] AC; [*not present*]
137.18 - 138.7 That ... force.] AC; [*not present*]
137.24   arrogate to] W; arrogate
139.2 - 3   *The Great American Band Wagon.*] W; "American Bandwagon. "
140.14 - 30   One ... ago.] AC; [*not present*]
142.1   school] AC; schools

143.14   in] AC; of
144.21   that as] AC; as
144.22   writing] AC; writing that

《实用主义的默认》

这篇文章的范本来自《新共和》，第 49 期(1927 年)，第 186—189 页。

145.27   anesthetic] WS; anæsthetic
146.36   estheticians] WS; æstheticians

《帝国主义不难》

这篇文章的范本来自《新共和》，第 50 期(1927 年)，第 133—134 页。校勘来自《对苏俄及革命世界：墨西哥—中国—土耳其的印象》，纽约：新共和出版公司，1929 年，第 181—194 页(ISR)。

159.1   strange even] ISR; strange
159.39; 160.5(2),8 Díaz] W; Diaz
160.24   then can] ISR; can
161.6   concessionaires] ISR; concessonaires

《"作为别国的一个榜样"》

这篇文章的范本来自《新共和》，第 54 期(1928 年)，第 88—89 页。

164.17   Covenant] WS; covenant
164.19 - 20 to-day] WS; today
167.17   January 14] W; January 13
167.18   Treaty] WS; treaty

《答詹姆斯·T·肖特韦尔》

这篇文章的范本来自《新共和》，第 54 期(1928 年)，第 194—196 页。

168.1   Rejoinder to James T. Showtwell] W; [*not present*]

《霍尔姆斯大法官与自由主义心灵》

这篇文章的范本来自《新共和》，第 53 期(1928 年)，第 210—212 页(NR)。校勘来自费列克斯·法兰克弗特编的《霍尔姆斯大法官先生与宪法》，纽约：科沃德-麦卡恩出版公司 1931 年，第 33—45 页(MJH)。

177.7	the thought] MJH; truth
177.8	competition of the market] MJH; market
177.9	safely can] MJH; can
177.11	experiment.¹] *stet* NR; experiment. MJH
177n.1 – 6	¹Quoted ... Holmes.] *stet* NR; [*om.*] MJH
178.30	some thing] WS; something
180.29	logic which is] MJH; logic
182.2	[of law] upon science] W; of law [upon science]

《心理学与正义》

这篇文章的范本来自《新共和》,第 53 期(1927 年),第 9—12 页。

187.12	finger ∧ prints] WS; ～-～
187.36	Committee] WS; committee
190.17	of] W; or
190.27	Committee] WS; committee
191.19	Committee] WS; committee
192.22	∧ There were "wholesale] W; "～∧～
192.24	Southeastern] WS; southeastern

466

苏俄印象

这六篇文章的范本来自《新共和》(NR):《Ⅰ. 列宁格勒提供的线索》,1928 年 11 月 14 日,第 343—44 页;《Ⅱ. 处于流变中的国家》,1928 年 11 月 21 日,第 11—14 页;《Ⅲ. 建设中的新世界》,1928 年 11 月 28 日,第 38—42 页;《Ⅳ. 俄国的学校在做什么》,1928 年 12 月 5 日,第 64—67 页;《Ⅴ. 新时代的新学校》,1928 年 12 月 12 日,第 91—94 页;《Ⅵ. 伟大的实验与未来》,1928 年 12 月 19 日,第 134—137 页。校勘来自《对苏俄及革命世界:墨西哥—中国—土耳其的印象》,纽约:新共和出版公司,1929 年,第 3—133 页(ISR)。

Ⅰ. 列宁格勒提供的线索

207.25	world.¹] ISR; world.
207n.1 – 7	¹Comments...republication.]] ISR; [*not present*]

Ⅱ. 处于流变中的国家

209.17	type.¹] ISR; type.
209n.1 – 2	¹This...note.]] ISR; [*not present*]
213.25	significant] ISR; signifiicant
214.10	two] ISR; 2

《教育的方向》

这篇文章的范本来自《学校与社会》，第 27 期(1928 年)，第 493—497 页(SS)。校勘来自《教师学院记录》，第 30 期(1928 年)，第 7—12 页(TC)。

469 《进步教育与教育科学》

这篇文章的范本来自进步教育协会出版的册子(P)。册子上印的日期 1928 年 3 月 8 日是演讲的日期。校勘来自《进步教育》，第 5 期(1928 年 7—8—9 月)，第 197—

204 页(PE)。

258.1	responsibility— W; ~∧
259.13	starting] PE; staring
260.22	form] *stet* P; from PE
260.28,31	IQsJ W; I. Qs
261.1	for] PE; made for
261.30	such] PE; such incidental things and
263.10	contribute] PE; will contribute
263.25	momentary] PE; monetary
263.30	growth] PE; consistent growth
265.12	known] PE; of known
266.5	him with] *stet* P; him PE
267.1	actvities] PE; actvities
267.12	of.] PE; of, and it is not necessary to repeat what has just been said.
267.35	they] PE; they will
268.4	causal] W; casual
268.20	education.] PE; education. What these schools do for the children who come within their influence, in making their lives happier and more significant, in robbing school of its terrors and depresson, has been taken for granted.

《为什么我是教师工会的一员》

这篇文章的范本来自《美国教师》,第 12 期(1928 年),第 3—6 页。

271.26	it.)] W; ~).
274.8	instead of] W; instead
274.26	have,] W;~∧

《现代教育的破产》

这篇文章的范本来自《现代季刊》,第 4 期(1927 年),第 102—104 页。

| 277.27 | Creator] WS; creator | *470* |

《制造商协会与公立学校》

这篇文章的范本来自《全国教育协会杂志》,第 17 期(1928 年),第 61—62 页。

| 282.29 | public-spirited] W; ~∧~ |
| 283.29 | system.] W;~∧ |

《哲学对一种令人满意的现实观的寻求》

这篇文章的范本来自《纽约时报书评》，1927 年 11 月 13 日，第 8、22 页。

294.4,9   Hoernlé] W; Hoernle
297.7   recognized;] W;～,

《整合一个运动的世界》

这篇文章的范本来自《新共和》，第 51 期（1927 年），第 22—24 页。

299.21   power ∧ system] WS;～-～
300.15 – 16   of "of"] W; "of
302.39   physicochemical] WS; physio-chemical

《政治与人》

这篇文章的范本来自《新共和》，第 50 期（1927 年），第 114—115 页。

321.8(2),28   History] WS; history
321.10   cognised] WS; cognized
321.30   Poetry] WS; poetry

471

《评〈制定中的法律〉》

这篇文章的范本来自《哥伦比亚法律评论》，第 28 期（1928 年），第 832—833 页。

326.30 – 31   endeavoured] WS; endeavored
327.8   co-operation] WS; cooperation
328.8   matter] W; mater
328.9   issue] W; isue

《勇敢的福音》

这篇文章的范本来自《星期六文学评论》，第 4 卷（1928 年），第 1016 页。

331.14   fulfillment] WS; fulfilment

《〈作为哲学家的原始人〉序言》

这篇文章的范本来自保罗·兰丁的《作为哲学家的原始人》，纽约：D·阿普尔顿出版公司，1927 年，第 xv—xviii 页。

335.21   layman] W; laymen

《〈实用主义的形而上学〉导言》

这篇文章的范本来自悉尼·胡克的《实用主义的形而上学》,芝加哥:公开法庭出版公司,1927 年,第 1—5 页。

340.23   interpretation] W; interpretaton

《〈武装我们的青年〉导言》

这篇文章的范文本来自罗斯韦尔·P·巴尼斯的《武装我们的青年:在我们的中小学和大学中预备军官培训团的重要性》,纽约:军国主义教育委员会,1927 年,第 3—4 页。

347.20   appellation] W; appelation

《〈战争的非法化〉跋语》

472

这篇文章的范本来自查尔斯·克莱顿·莫里森的《战争的非法化:对世界和平的一项建设性政策》一书的序言,芝加哥:威利特-克拉克-科尔比出版公司,1927 年,第 vii—xxv 页。一个校勘是同年再印时被移至书末,更名为"跋语",第 301—319 页(OW)。

348.7‑8   append] OW; prefix
355.38   between] W; betwen
358.12   from] W; form

《献给莫里斯·拉斐尔·科恩》

这篇文章的范本来自《献给莫里斯·拉斐尔·科恩教授——教师和哲学家》,纽约,1928 年,第 17—20 页。

360.1   A Tribute to Morris Raphael Cohen] W; Professor John Dewey
362.24   favorably] W; favor

行末连字符列表

I. 范本表

以下是编辑给出的一些在范本的行末使用连字符的、可能出现的复合词：

10.21–22	self-consciousness	125.21	otherworldly
14.17	inter-tribal	126.22	over-zeal
15.16	quasi-objectively	135.7–8	thorough-going
23.4	non-empirical	137.34	anti-war
47.38	printing-presses	139.1	good-humored
48.24	interactions	144.7	subject-matter
53.18	skeleton-like	148.4	self-consciously
72.13	precondition	161.11–12	Super-patriots
73.23	half-hearted	164.4	many-sided
77.20	intersections	196.31–197.1	underestimated
77.26	non-natural	197.32	self-government
79.15	mis-intelligent	197.36	cooperative
85.14	preconditions	204.30	underestimate
93.1	self-explanatory	205.19	straight-line
98.17	self-expression	209.11	cooperative
98.19	self-expression	218.35	widespread
101.37	counteraction	228.8	subject-matter
103.21	piecemeal	231.26	piecemeal
108.15	over-responsiveness	235.16	self-educative
110.22	presupposes	247.1	cooperation
117.10–11	counteracting	248.36	cooperative
120.8	self-enclosed	274.18	textbook
122.30–31	backhanded	284.20	outrun

294.21	first-hand	327.4	non-litigious
302.8	self-maintaining	349.1	cooperate
308.17	roundabout	350.11	one-sided
314.15	cross-references	352.13	super-patriots
322.23 – 24	commonplace	357.27	sugar-coat

II. 校勘文本表

在本版的复本中,被模棱两可地断开的、可能的复合词中的行末连字符均未保留,但以下的除外:

474

6.34	deep-sunk	161.11	Super-patriots
10.21	self-consciousness	188.37	extra-judicial
34.34	re-statement	197.24	non-cooperation
43.2	self-sufficient	200.31	anti-foreign
46.25	pseudo-science	202.9	re-constitution
52.28	counter-assertion	205.19	one-way
53.35	one-sidedness	212.22	bee-keeping
63.25	quasi-musical	214.17	semi-oriental
64.9	self-justifying	220.28	self-examination
74.34	pre-human	224.32	non-political
77.29	whole-hearted	228.17	whole-hearted
81.14	self-conscious	236.21	self-confidence
83n.2	non-symbolic	239.24	subject-matter
94.11	make-up	240.16	"auto-organization"
98.7	non-economic	266.20	inter-connection
98.30	self-manifestation	276.29	non-sensational
118.12	self-determination	278.2	extra-legal
135.7	thorough-going	278.22	well-being
136.34	"key-sheets"	288.20	non-material
139.36	money-making	303.16	self-maintenance
143.32	age-long	307.1	motor-car
148.4	non-professional	322.15	ever-changing
150.25	self-explaining		

引文中实质用词的变化

杜威在引文中对实质用词的改变被认为非常重要，足以保证这一特殊列表的可 *475*
靠性。杜威以各种方式表现源材料，从记忆式的意译，到逐字复制，有些地方完整地
指出出处，有些地方仅仅提到作者名字，还有些地方则完全省略文档。引号中的所有
材料，除了那些明显是强调或重述的，都已经被找出来了；杜威的引文已被考证过，必
要时被校勘过。除了在以下段落中注明的以及被记录在"校勘表"中的那类校勘，所
有引文都保持它们在复制文本中所显示的原样。所以，有必要结合此列表来查询"校
勘表"。

虽然杜威和那个时期的其他学者一样，不太注意形式的精确性，但还是可能有很
多引文上的改动发生在打印过程中。比如，比较杜威的引文和原文可以发现，一些编
辑和排字工人对被引材料和杜威自己的话都有所变动。所以，在此版本中，来源中的
拼写和大写都被恢复了；这些改动都被记录在"校勘表"中，用"WS"（著作
［works］——此版本——源自杜威出处的修正）表示。类似地，在可能是排字或打字
错误的情况中，对恢复原始文本的实质或非实质的改动被标注为 WS 校勘。杜威经
常改变或省略引用材料中的标点符号；如果有必要保留出处中的标点符号，则这些改
动也被记录在"校勘表"中，用 WS 标志。

所以，本表局限于引文中的实质用词变化；要彻底重现杜威引文出处，就要把校
勘表和本表对照使用。

杜威常常并不标明他从出处中省略了材料。被省略的短语显示在了这一列表
中；超过一行的省略被注以一个加了方括号的省略号［…］。源材料中的斜体被视为
具有实质意义。被杜威省略和增加的斜体在此都有标注。

杜威引文和出处间的差别,若可归因于引文所出现的上下文,诸如数字或时态的改动,则不被记录。

这一部分的标记遵循如下规则:本版本的页码-行数,接着是词条,然后是一个方括号;在方括号之后是原始形式,接着是放在圆括号中的作者姓氏、出自《杜威的参考书目》中的出处标题简写以及引文出处的页码-行数。

《人类学和伦理学》

12.35	who] that (Locke, *Human Understanding*, 40.23)
12.36	will] will carefully peruse the history of mankind, and (Locke, *Human Understanding*, 40.23 - 24)
12.37	any] that (Locke, *Human Understanding*, 40.27)
12.38	somewhere] somewhere or other (Locke, *Human Under-standing*, 40.31 - 32)
12.39	bodies] societies (Locke, *Human Understanding*, 40.33)

《"半心半意的自然主义"》

74.1 - 2	perspectives] mere perspectives (Santayana, "Dewey's Meta-physics," 678.43) [*Later Works* 3:373.32]
77n.3 - 4	The... turned] the perspectives of life, avowedly relative, have been treated as absolute, and the dominance of the fore-ground has been turned (Santayana, "Dewey's Metaphysics," 686.40 - 41) [*Later Works* 3:382.28 - 29]
78.4	for example] for instance, or love (Santayana, "Dewey's Metaphysics," 685n.6) [*Later Works* 3:381n.5]

《意义与存在》

82.6	around] round (Ogden and Richards, *Meaning of Meaning*, 174.3)
82.8	another stated] a third stated (Ogden and Richards, *Meaning of Meaning*, 174.6 - 7)
477 82.10	boy] lad had (Ogden and Richards, *Meaning of Meaning*, 174.20)
82.11	that we] we (Ogden and Richards, *Meaning of Meaning*, 174.22)
82.12	the idea] an idea (Ogden and Richards, *Meaning of Meaning*, 174.24)
84.25	*come into being*] [*rom.*] (Dewey, *Experience and Nature*, 299.2 - 3) [*Later Works* 1:226.27 - 28]
89.20	These] Those (Hall, "Some Meanings of Meaning," 180.10) [*Later Works* 3:413.36]
89.20	mean] mean, just as truly as any language, (Hall, "Some Meanings of Meaning," 180.11) [*Later Works* 3:413.36]

90.31   whole, but is] whole external to and set over against another self-contained whole which is its meaning. No, the symbol is (Hall, "Some Meanings of Meaning," 179.35 – 37) [*Later Works* 3:413.16 – 17]

90.38   arbitrariness] very arbitrariness (Hall, "Some Meanings of Meaning," 180.6) [*Later Works* 3:413.31]

90.39   meaning] the meaning (Hall, "Some Meanings of Meaning," 180.7) [*Later Works* 3:413.32]

《自由的哲学》

92.9   different] differing (Ward, *Sovereignty*, 167.10)

92.11   truth and] truth or (Ward, *Sovereignty*, 167.14)

《实用主义的默认》

145.27   was] [*ital.*] (Mumford, *Golden Day*, 186.5)

148.31   experience] experiences (Mumford, *Golden Day*, 187.10)

《"作为别国的一个榜样"》

164.30,31   *status quo*] [*rom.*] (*New York World*, 12 January 1928, 14.2.6,7)

167.18 – 19   built on] built upon (*New York World*, 14 January 1928, 10.3.31)

167.20   an] any (*New York World*, 14 January 1928, 10.3.33)

《霍尔姆斯大法官与自由主义心灵》

478

177.4   beliefs] faiths (Frankfurter, "Holmes and the Constitution," 139.23)

178.21,23   there] that there (Holmes, *Collected Papers*, 30.6,7)

179.38   rights] right (Frankfurter, "Holmes and the Constitution," 144.10)

179.40   contrivances] mortal contrivances (Frankfurter, "Holmes and the Constitution," 144.38 – 145.1)

180.5   words] words of the Fourteenth Amendment (Frankfurter, "Holmes and the Constitution," 145.8 – 9)

180.6   I] that I (Frankfurter, "Holmes and the Constitution," 146.1)

180.19   repose] for repose (Holmes, *Collected Papers*, 181.7)

180.23   *any*] [*rom.*] (Holmes, *Collected Papers*, 181.14)

181.7   it is] the (Holmes, *Collected Papers*, 181.13)

181.8   think] think that (Holmes, *Collected Papers*, 184.3)

181.11   aversion] judicial aversion (Holmes, *Collected Papers*, 184.6 – 7)

181.13   unconscious] often unconscious (Holmes, *Collected Papers*, 184.9)

181.32   a dogma] dogma (Holmes, *Collected Papers*, 195.3)

181.33 – 34   the study of] a study of the (Holmes, *Collected Papers*, 195.5)

181.34   ends] ends sought (Holmes, *Collected Papers*, 195.5)
181.37   *accurately measured*] [*rom.*] (Holmes, *Collected Papers*, 226.1)
182.3   ultimately] finally (Holmes, *Collected Papers*, 242.17)
182.3   as far] so far (Holmes, *Collected Papers*, 242.18)
182.5   with] that with (Holmes, *Collected Papers*, 242.24–25)
182.6   will never] never will (Holmes, *Collected Papers*, 242.26)
182.32   an]. his (Holmes, *Collected Papers*, 270.31)

《心理学与正义》

187.15   beyond] clear beyond (*Fuller Report*, 5378w[17].7)
187.36   you] that you (*Fuller Report*, 5378j[4].8)
190.2   *resemblance*] [*rom.*] (*Fuller Report*, 5378w[17].15)
190.4   *kind*] [*rom.*] (*Fuller Report*, 5378w[17].21)
190.7   *inclined*] inclined from an inspection of the photographs (*Fuller Report*, 5378w[17].33–34)
190.27   believes] believe (*Fuller Report*, 5378o[9].34)
190.27   *her*] this (*Fuller Report*, 5378o[9].34)
191.27   present] presented (*Fuller Report*, 5378r[12].23)
192.7   social and political] political and social (*Fuller Report*, 5378j[4].18)
192.8   jury] jury against him (*Fuller Report*, 5378j[4].19–20)
192.23   by] by the decision of (*Fuller Report*, 5378k[5].20)
192.24   in] had recently been made in (*Fuller Report*, 5378k[5].21–22)
192.27   credulity,] credulity on the subject (*Fuller Report*, 5378k[5].23–24)
193.9   Each] Each of them (*Fuller Report*, 5378l[6].9)
194.10   held] entertained (*Fuller Report*, 5378k[5].13)
194.11   views] sentiments (*Fuller Report*, 5378k[5].14)
194.13   any other] other (*Fuller Report*, 5378k[5].16)
194.13   against] against either of (*Fuller Report*, 5378k[5].16)
194.14   arrested] among those arrested (*Fuller Report*, 5378k[5].24)

《中国与大国势力》

197.40   we] which we (Crozier, "China and the Powers," 209.1.39) [*Later Works* 3:424.36]
198.1   interests] own interests (Crozier, "China and the Powers," 209.1.41) [*Later Works* 3:424.37]

《作为艺术的哲学》

290.38   that realm] the realm (Santayana, *Realm*, xv.18)
290.39   the realm of existence] existence (Santayana, *Realm*, xv.19)
292.5   *Inferno*] *Inferno*,. for instance, (Santayana, *Realm*, 114.5)

292.7   these] those(Santayana, *Realm*, 114.8)

《整合一个运动的世界》

301.8   relational method] relational view (Noble, *Evolution*, 153.11)
301.9   objects and processes] processes and objects (Noble, *Evolution*, 153.
             13)
301.40 – 302.1 conceived] conceived of (Noble, *Evolution*, 203.15)
302.37 – 38 What... 'vital force,'] What we envisage,
             therefore, in life activities as their driving power, is not a "vital force"
             different from force in general, (Noble, *Evolution*, 339.34 – 36)
302.39 – 40 the power] just this power (Noble, *Evolution*, 340.1)
302.40   over] on (Noble, *Evolution*, 340.2)
303.10   by] by the (Noble, *Evolution*, 419.25)
303.36   is] is thus (Noble, *Evolution*, 448.3)
303.36 – 37 irregular] the irregular (Noble, *Evolution*, 448.3)
304.9   his grip] the grip (Noble, *Evolution*, 3.23)
304.9 – 10   we knew] he knew(Noble, *Evolution*, 3.24)

《科学、民俗与民风的控制》

307.30   life.] life in which earlier confluents are led over another course.
             (Ayres, *Science*, 127.19 – 20)
308.21 – 22 science, if we overlook] science merely as so many facts, overlooking
             for the moment (Ayres, *Science*, 130.26 – 27)
308.22   its] their (Ayres, *Science*, 130.27)
308.22   machine] mechanical (Ayres, *Science*, 130.28)
308.34   attain] arrive at (Ayres, *Science*, 240.15)
309.11 – 12 of bringing] for bringing (Ayres, *Science*, 252.10 – 11)
309.17   crises and problems] problems and crises (Ayres, *Science*, 272.4)

《事物、思维、对话》

312.36 – 37 scientific] scientific possibility (Buchanan, *Possibility*, 33.4 – 5)

《政治与人》

319.3 – 4   The... men.] [*ital.*] (Hocking, *Man and State*, 173.29 – 31)
320.7 – 8   individuals] individual men (Hocking, *Man and State*, 133.8)
321.8   is the] is merely the (Catlin, *Politics*, 10.9)
321.9   this] the (Catlin, *Politics*, 10.10)
321.29   day] age (Catlin, *Politics*, 56.18)

321.35 – 36   the course] this course (Catlin, *Politics*, 67.21 – 22)

321.36   the underlying] this underlying (Catlin, *Politics*, 67.22)

《评〈制定中的法律〉》

326.29   a sovereign] the sanctioning (Allen, *Law in the Making*, 25.14)

327.1   these] those (Allen, *Law in the Making*, 25.19)

《勇敢的福音》

331.15   expanding] as expanding (Lewis, *Adventure*, 250.6)

杜威的参考书目

这个部分列出了杜威所引用的每一部著作的完整出版信息。在杜威个人图书馆 48
（南伊利诺伊大学卡本代尔分校的莫里斯图书馆，特殊收藏类，"约翰·杜威文集"）里
的书，只要有可能，也已全部列出。在杜威给出参考书目页码的地方，该版本都已通
过核实引文的方法得到确认；至于其他参考书目，列在此处的版本是最有可能的来
源——根据地点或出版日期，在此期间一般可能得到的；或根据通信及其他材料中得
到的证据。

Adler, Mortimer. *Dialectic*. New York: Harcourt, Brace and Co., 1927.

Allen, Carleton Kemp. *Law in the Making*. New York: Oxford University Press, American Branch, 1927.

Ayres, C. E. *Science: The False Messiah*. Indianapolis: Bobbs-Merrill Co., 1927.

Barnes, Roswell P. *Militarizing Our Youth: The Significance of the Reserve Officers' Training Corps in Our Schools and Colleges*. New York: Committee on Militarism in Education, 1927.

Bastian, Adolph. *Der Mensch in der Geschichte*. Leipzig: O. Wigand, 1860.

Beard, Charles A., ed. *Whither Mankind: A Panorama of Modern Civilization*. New York: Longmans, Green and Co., 1928.

Borah, William. "One Great Treaty to Outlaw All Wars." *New York Times*, 5 February 1928, sec. 9, p. 1.

Bosanquet, Bernard. *Science and Philosophy and Other Essays*. New York: Macmillan Co., 1927.

Brown, Harry Gunnison, ed. *Significant Paragraphs from Henry George's "Progress and Poverty."* Garden City, N. Y.: Doubleday, Doran and Co., for the Robert Schalkenbach Foundation, 1928.

Buchanan, Scott. *Possibility*. New York: Harcourt, Brace and Co., 1927.

Catlin, George Edward Gordon. *The Science and Method of Politics*. New York: 48

Alfred A. Knopf, 1927.

Crozier, William. "China and the Powers: I. What Hope for China?" *Current History* 28 (1928): 205 – 212. [*The Later Works of John Dewey*, *1925 – 1953*, edited by Jo Ann Boydston, 3:417 – 431. Carbondale and Edwardsville: Southern Illinois University Press, 1984.]

Dewey, John. *Experience and Nature*. Chicago: Open Court Publishing Co., 1925. [*Later Works* 1.]

——, and Tufts, James H. *Ethics*. New York: Henry Holt and Co., 1908. [*The Middle Works of John Dewey*, *1899 – 1924*, edited by Jo Ann Boydston, vol. 5. Carbondale and Edwardsville: Southern Illinois University Press, 1978.]

Dickinson, Zenos Clark. *Economic Motives*. Cambridge, Mass.: Harvard University Press, 1922.

Dimnet, Ernest. *The Art of Thinking*. New York: Simon and Schuster, 1928.

Frankfurter, Felix. "Mr. Justice Holmes and the Constitution." *Harvard Law Review* 41 (1927): 121 – 164.

Frazer, James George. *The Golden Bough*. 12 vols. 3d ed., rev. London: Macmillan and Co., 1911 – 1925.

Fuller Report. See The Sacco-Vanzetti Case.

George, Henry. *Progress and Poverty*. New York: D. Appleton and Co., 1880.

Goldenweiser, Alexander A. *Early Civilization*. New York: Alfred A. Knopf, 1922.

——, and Ogburn, William Fielding, eds. *The Social Sciences and Their Interrelations*. Boston: Houghton Mifflin Co., 1927.

Hall, Everett W. "Some Meanings of Meaning in Dewey's *Experience and Nature*." *Journal of Philosophy* 25 (1928): 169 – 181. [*Later Works* 3:401 – 414.]

Harrison, Jane Ellen. *Prolegomena to the Study of the Greek Religion*. Cambridge: At the University Press, 1908.

Hart, Joseph Kinmont. *Inside Experience: A Naturalistic Philosophy of Life and the Modern World*. New York: Longmans, Green and Co., 1927.

Hays, Arthur Garfield. *Let Freedom Ring*. New York: Boni and Live-right, 1928.

Hippocrates. *Collected Works*. Vol. 1. Translated by William Henry Samuel Jones. New York: G. P. Putnam's Sons, 1923.

Hobhouse, Leonard Trelawney. *Morals in Evolution: A Study in Comparative Ethics*. 3d rev. ed. New York: Henry Holt and Co., 1915.

Hocking, William Ernest. *Man and the State*. New Haven: Yale University Press, 1926.

Hoernlé, R. F. Alfred. *Idealism as a Philosophy*. New York: George H. Doran Co., 1927.

Holmes, Oliver Wendell. *Collected Legal Papers*. New York: Harcourt, Brace and Howe, 1920.

Hook, Sidney. *The Metaphysics of Pragmatism*. Chicago: Open Court Publishing Co., 1927.

Jastrow, Morris. *Aspects of Religious Belief and Practice in Babylonia and Assyria*. New York: G. P. Putnam's Sons, 1911.

484

Kallen, Horace Meyer, ed. *Freedom in the Modern World*. New York: Coward-McCann, 1928.

Karlgren, Anton. *Bolshevist Russia*. Translated from the Swedish by Anna Barwell. New York: Macmillan Co., 1928.

Kirkpatrick, John Ervin. *The American College and Its Rulers*. New York: New Republic, Inc., 1926.

Kohler, Josef. A series of articles upon "Recht" in various primitive peoples, in the *Zeitschrift für vergliechende Rechtswissenschaft*, XI, XIV, XV.

Kropotkin, Petr Alekseevich. *Ethics: Origin and Development*. Translated from the Russian by Louis S. Frieland and Joseph R. Piroshnikoff. New York: L. MacVeagh, Dial Press, 1924.

——. *Mutual Aid*. New York: Alfred A. Knopf, 1919.

Lenin, V. I. *Collected Works*. Vol. 23. New York: International Publishers, 1926.

Letourneau, Charles. *L'Évolution de la morale*. Paris: L. Battaille, 1894.

Levinson, Salmon O. "The Legal Status of War." *New Republic* 14 (1918): 171-173. [*Middle Works* 11:388-392.]

Lewis, Mary H. *An Adventure with Children*. New York: Macmillan Co., 1928.

Locke, John. *An Essay concerning Human Understanding. In The Works of John Locke*, vol. 1. 10th ed. London: J. Johnson, 1801.

Lowie, Robert H. *The Origin of the State*. New York: Harcourt, Brace and Co., 1927.

Lunacharsky, Anatoli. *Die Volksbildung in der Russischen Sozialistischen Föderativen Sowjetrepublik*. Moscow: Staatsverlag, 1928.

Maine, Henry. *Early Law and Custom*. London: J. Murray, 1891.

Maspero, Gaston. *Dawn of Civilization: Egypt and Chaldaea*. Edited by A. H. Sayce. Translated by M. L. McClure. New York: D. Appleton and Co., 1894.

Merz, Charles. *The Great American Band Wagon*. New York: John Day Co., 1928.

Morrison, Charles Clayton. *The Outlawry of War: A Constructive Policy for World Peace*. Chicago: Willett, Clark and Colby, 1927.

Mumford, Lewis. *The Golden Day: A Study in American Experience and Culture*. New York: Boni and Liveright, 1926.

New York World. "The Search for Security." 3 December 1927, p. 10.

——. "A Diplomatic Fiasco." 12 January 1928, p. 14.

——. "Mr. Kellogg to M. Briand." 14 January 1928, p. 10.

——. "The Conversation between Mr. Kellogg and M. Briand." 11 April 1928, p. 12.

Noble, Edmund. *Purposive Evolution: The Link between Science and Religion*. New York: Henry Holt and Co., 1926.

Ogburn, William Fielding, and Goldenweiser, Alexander, eds. *The Social Sciences and Their Interrelations*. Boston: Houghton Mifflin Co., 1927.

Ogden, C. K., and Richards, I. A. *The Meaning of Meaning: A Study of the Influence of Language upon Thought and of the Science of Symbolism*. New York: Harcourt, Brace and Co., 1923.

485

Oppenheimer, Francis J. *The New Tyranny: Mysticism, Scepticism.* New York: Albert and Charles Boni, 1927.

Page, Kirby, ed. *Recent Gains in American Civilization.* New York: Harcourt, Brace and Co., 1928.

Petrie, William Matthew Flinders. *Religion and Conscience in Ancient Egypt.* New York: Charles Scribner's Sons, 1898.

Post, Albert Hermann. *Afrikanische Jurisprudenz.* Oldenburg and Leipzig, 1887.

Radin, Paul. *Primitive Man as Philosopher.* New York: D. Appleton and Co., 1927.

Rée, Paul. *Die Entstehung des Gewissens.* Berlin: C. Duncker (C. Haymons), 1885.

Richards, I. A., and Ogden, C. K. *The Meaning of Meaning: A Study of the Influence of Language upon Thought and of the Science of Symbolism.* New York: Harcourt, Brace and Co., 1923.

The Sacco-Vanzetti Case: Transcript of the Record of the Trial of Nicola Sacco and Bartolomeo Vanzetti in the Courts of Massachusetts, and Subsequent Proceedings, 1920 - 1927. Mamaroneck, N.Y.: Paul P. Appel, 1969. [Contains a facsimile reprint of the Fuller Committee Report.]

Santayana, George. *The Realm of Essence.* New York: Charles Scribner's Sons, 1927.

——. "Dewey's Naturalistic Metaphysics." *Journal of Philosophy* 22 (1925): 673 - 688. [*Later Works* 3:367 - 384]

Schmidt, Leopold Valentin. *Die Ethik der alten Griechen.* Berlin: W. Hertz, 1882.

Sharp, Dallas Lore. "Education Goes Ahead." In *Recent Gains in American Civilization,* edited by Kirby Page. New York: Harcourt, Brace and Co., 1928.

Sherrington, Charles S. *The Integrative Action of the Nervous System.* New Haven: Yale University Press, 1923.

Shotwell, James T. "Divergent Paths to Peace." *New Republic* 54 (1928): 194. [*Later Works* 3:415 - 416.]

Smith, William Robertson. *Lectures on the Religion of the Semites.* London: A. and C. Black, 1894.

Spencer, Herbert. *Principles of Ethics.* New York: D. Appleton and Co., 1914.

——. *Principles of Sociology.* New York: D. Appleton and Co., 1923.

Steinmetz, Sebald Rudolf. *Ethnologische Studien zur ersten Entwicklung der Strafe.* Leiden: S. C. von Doesbergh, 1894.

Thilly, Frank. "Contemporary American Philosophy." *Philosophical Review* 35 (1926): 522 - 538. [*Later Works* 3:385 - 400.]

Thomas, Norman. "Advances in the Quest for Peace." In *Recent Gains in American Civilization,* edited by Kirby Page. New York: Harcourt, Brace and Co., 1928.

Tufts, James H. *On the Genesis of the Aesthetic Categories.* University of Chicago. The Decennial Publications, first series, 3:3 - 14. Chicago: University of Chicago Press, 1903.

——, and Dewey, John. *Ethics*. New York: Henry Holt and Co. , 1908. [*Middle Works* 5.]

Tugwell, Rexford Guy. *Industry's Coming of Age*. New York: Harcourt, Brace and Co. , 1927.

Veblen, Thorstein. *The Instinct of Workmanship and the State of the Industrial Arts*. New York: Macmillan Co. , 1914.

Ward, Paul William. *Sovereignty*. London: G. Routledge and Sons, 1928.

Weeks, John H. *Among Congo Cannibals*. Philadelphia: J. B. Lippincott Co. , 1913.

Wells, H. G. *The Outline of History*. Garden City, N. Y. : Doubleday, 1920.

Westermarck, Edward Alexander. *The Origin and Development of the Moral Ideas*. 2 vols. New York: Macmillan Co. , 1906 – 1908.

Wundt, Wilhelm. *Ethics: An Investigation of the Facts and Laws of the Moral Life*. 3 vols. Translated by Edward Titchener, Julia Gulliver and Margaret Floy Washburn. New York: Macmillan Co. , 1902 – 1907.

——. *Philosophische Studien*. Vol. 4. Leipzig: W. Engelmann, 1888.

索 引①

Action:行动

  and behavior,32 - 33,行动和行为; knowledge and,38,知识和行动;and social environment,36,行动和社会环境

Adams, Jane,297,简·亚当斯

Aleuts:阿留申人

  tribal regulation of,13 - 14,阿留申部落的规矩

American Federation of Teachers:美国教师联合会

  activities of,271 - 273,美国教师联合会的活动;Dewey's membership in,269 - 275,杜威作为美国教师联合会的会员;solidarity of,279,美国教师联合会的团结

American Life:美国生活

  educational situation in,140 - 141,美国生活中的教育情况;freedom in,135 - 136,美国生活中的自由;and international affairs,136 - 138,351 - 352,美国生活和国际事务;political apathy in,135,美国生活中的政治冷淡;quality and direction of,134,144,美国生活的质量和方向;standard for gauging,138 - 140,衡量美国生活的标准;technology and industry in,142 - 143,美国生活中的技术和工业

Among Congo Cannibals(Weeks),82,《在刚果食人族中间》(威克斯)

Anthropology:人类学

  relationship of, to ethics,xxiii - xxiv,11,14,16,19,同伦理学的关系

Appearance:现象

  and appearing,56,70,现象和显现; defined,55 - 56,58 - 59,现象的定义; and disappearance,显现和消失;and intellectual significance,60 - 61,现象和理性意义;misconstruction of nature of,63 - 64,67,71,对现象本质的误解;as presentation,57,作为呈现的现象;as sign,62 - 63,69 - 70,作为符号的现象; "Appearing and Appearance",xix - xx,《显现和现象》

Argumentative dispute,315,辩论性争议

Aristotle,7,56,亚里士多德

Association,43 - 44,联合

Austin, J. L. xix, xxxii, J·L·奥斯丁

Austin, John,326,327,约翰·奥斯丁

Bacon, Francis,3,弗朗西斯·培根

Behavior,31,36,行为;and action,32 - 33,行为和行动;conjoint, as universal characteristic,41 - 42,作为普遍特征的结合;as interaction,35,作为互动的行为

教育和制造商联合会；progressive, xxiv - xxvi, 257 - 268, 330 - 331, 进步教育；in Russia, 218 - 222, 224 - 225, 227 - 241, 247 - 248, 俄国的教育；science of, xxv, 259 - 261, 267 - 268, 教育科学；tests and measurements in, 260 - 262, 教育中的测试和衡量；trustee government of higher, 276 - 277, 278, 高等教育的董事管理

Emerson, Ralph Waldo, 369, 375, 拉尔夫·沃尔多·爱默生

Empedocles, 26, 恩培多克勒

Essence：本质

and existence, 290 - 291, 本质和存在；as intended, 292, 意图中的本质；in intuition, 292, 直觉中的本质；mind and, 289, 293, 387, 心灵和本质；realm of, 289, 290, 291, 本质的领域

Evolution, 302, 进化；ethical, 17 - 18, 21 - 22, 伦理的进化；theory of, 13, 进化论

Existentialism, xviii, 存在主义

Experience：经验

and dominance of the foreground, xi, 373 - 375, 376, 378, 381, 经验和前景的主导；varied and opposed, 95 - 97, 不同的经验和对立的经验

Experience and Nature, ix, xvii, 《经验与自然》；Hall criticizes, 82 - 91, 霍尔对此书的批评；Santayana criticizes, 367 - 384, 桑塔亚那对此书的批评；Thilly criticizes, 392 - 400, 梯利对此书的批评

Foreign policy：外交政策

Dewey's views on, xxxi - xxxiii, 杜威对外交政策的看法

France, Anatole：阿纳托尔·法朗士

in Russia, 203, 法朗士在俄罗斯

Freedom：自由

and action, xxvii - xxviii, 106 - 107, 自由和行动；and choice, 92 - 93, 94 - 95, 105, 106, 108, 自由和选择；history as

record of development of, 103, 历史作为自由发展的记录；and intellect, 102, 111, 自由和理智；Kant's philosophy of, 108 - 109, 康德的自由哲学；and liability, 93 - 94, 自由和责任；and luck, 104 - 105, 107, 自由和运气；philosophy of, 103 - 104, 自由的哲学；political and economic, 114, 政治和经济的自由；problem of 109, 自由的问题；science and, 110 - 111, 123, 科学和姿态；spiritual, 124, 精神自由；of thought and speech, 111 - 114, 136, 思想和言论的自由；utility of, 92, 自由的用途

George, Henry, 359 - 360, 亨利·乔治

German idealism, 131, 德国观念论

Golden Day, *The* (Munford), 145 - 147, 《黄金岁月》（芒福德）

Great Britain, 170, 英国

Greece：希腊

classic philosophy of, 121, 希腊古典哲学；history of civilization of, 25 - 26, 希腊文明史；methods of inquiry in, 66, 希腊的探究方法；naturalism of pagan, 6, 异教徒的自然主义

Group actions：群体行动

of animals, 13, 动物的群体行动；of a tribe 14, 部落的群体行动

Hall, Everett W. ：埃弗里特·W.霍尔

criticizes *Experience and Nature*, 82 - 91, 霍尔对《经验与自然》的批评；discusses symbols, 90, 霍尔讨论符号

Hebrews, 18, 希伯来人

Hegel, George Wilhelm Friedrich, 103, 108, 375, 388, 乔治·威廉·弗里德里希·黑格尔

Heidegger, Martin, xviii, 马丁·海德格尔

Heraclitus, 26, 赫拉克利特

Hippocrates：希波克拉底, oath of, 26, 希波

克拉底的誓言；school of, 26, 希波克拉底学派；teachings of, 26, 希波克拉底的教导

History：历史

defined, 103, 历史的定义；nature of, 321 - 322, 历史的本质；philosophy of, 103, 历史哲学；of thought, 4, 思想史

Hobbes, Thomas, 101, 托马斯·霍布斯

Hobhouse, Leonard Trelawney, 17 - 18, 伦纳德·特里劳尼·霍布豪斯

Holmes, Oliver Wendell：奥利夫·温德尔·霍尔姆斯

and experimental mind, 177 - 180, 183, 霍尔姆斯和实验性心灵；legal and social philosophy of, 179, 霍尔姆斯的法哲学和社会哲学；on logic, 180 - 181, 霍尔姆斯论逻辑；on science and law, 181 - 182, 论科学和法律

Hook, Sidney, xvii, 悉尼·胡克

Hoover, Herbert, 185, 赫伯特·胡佛

Hume, David, 15, 41, 大卫·休谟；Dewey's Departure from, 76, 杜威对休谟的脱离

Husserl, Edmund, xiv, 埃德蒙·胡塞尔

Idealism, 5, 131, 观念论

Imagination：想象

in generating ideas, 9 - 10, 产生观念的想象

Immediacy, 77, 直接性

Imperialism：帝国主义

dominance of, xxx, 帝国主义的统治；and economic exploitation, 160, 帝国主义和经济剥削；in Mexico, 158 - 162, 帝国主义在墨西哥；origins of American, 158 - 159, 美国帝国主义的根源

"Inclusive Philosophic Idea, The", xx, 《兼容的哲学思想》

Individuality：个体性

and ethics, 20, 个体性和伦理

Industrial civilization：工业文明

evils of, 124 - 130, 工业文明的危害；

problems of philosophy in, xxii, 126 - 129, 130, 工业文明中的哲学问题

Instinct, 34, 本能

Instrumentalism, 150 - 151, 工具主义

Internationalism：国际主义

lack of, in U. S., 13 - 38, 351 - 352, 国际主义在美国缺乏；of modern world, 348 - 351, 353, 现代世界的国际主义

International Library of Psychology, Philosophy, and Scientific Method, 314, 315, 434, 心理学、哲学与科学方法国际图书馆

Isolationism：孤立主义

in U. S., 351 - 352, 美国的孤立主义

James, William：威廉·詹姆斯

Americanism of, 369 - 370, 詹姆斯的美国主义；and American tradition, 117, 詹姆斯和美国传统；Dewey defends, 147 - 149, 杜威对詹姆斯的辩护；Mumford criticizes, 145 - 147, 148 - 149, 芒福德对詹姆斯的批评；pragmatism of, xv - xvi, 詹姆斯的实用主义

Kant, Immanuel, 3, 7, 296, 伊曼纽尔·康德；on philosophy of freedom, 108 - 109, 论康德的自由哲学

Karlgren, Anton, 220, 安东·卡尔格林

Kellogg, Frank B.：弗兰克·B·凯洛格 and Kellogg - Briand Pact, 163 - 167, 168, 171, 凯洛格和凯洛格 - 白里安条约；and outlawry of war, 163 - 167, 175, 415, 凯洛格和战争非法化

Kirkpatrick, Edwin Asbury, 276, 277, 埃德温·阿斯伯里·柯克帕特里克

Knowledge：知识

and opinion and theory, 51, 知识、意见和理论；problem of, 121 - 122, 知识问题；as tested, 50, 被检验的知识；two senses of, 57, 知识的两种意义

Kropotkin, Piotr Alekseyevich, 13 - 15, 彼得·

阿列克塞维奇·克鲁泡特金

译后记

对于研究杜威哲学,特别是他的基本哲学立场来说,本卷中的几篇文章可以说是关键性的。对于这些文章,我并不陌生,但是真正到了翻译它们的时候,却切实地感到了重重的疑虑,甚至艰难。这其中有两个原因:首先,我需要将杜威冗长的表达分割和切换成符合中文表达习惯的句式;其次,对于关键性的哲学概念,我需要考虑如何恰当地翻译它们,以传达出它们在当时的哲学语境中所具有的本来意味。这些问题是每一个杜威翻译者都会遇到的问题,作为《杜威全集》翻译这一"探究共同体"(皮尔士语)的一员,我希望自己的努力推进而非阻碍这一探究的进程。翻译的质量当然要由读者来评断,就我个人而言,我只希望自己的工作没有全然辜负编委会和出版社老师的信任。

希望了解杜威对身心问题的理解、他的自然主义、苏俄之行,以及他的哲学观和教育观的读者,当然不会也不应错过本卷中的几篇文章;而他的一组评论和一组杂文,也为我们呈现了其思想的诸种面相。并且,这些写于《经验与自然》(1925 年)与《确定性的寻求》(1929 年)之间的文章也为我们提供了一些线索,供我们承前启后地拼贴出当时(1925 至 1930 年间)杜威的思想历程:通过与桑塔亚那的互动,杜威进一步发展了他在《经验与自然》中提出的自然主义立场;同时,他将已经由《公众及其问题》(1927 年)所表达出来的政治兴趣进一步拓展到了其他政治问题当中,并用发表于 1930 年的另一部关键性政治哲学著作《新旧个人主义》对此作出了总结。如果细细地探究本卷中的文章,我们就会发现,杜威的许多基本要素,比如他的工具主义和实验主义,都已经或隐或现地包含在这些文章当中了。译者的任务在于将这些要素清晰地呈现给读者,而不是让它们湮没在歪曲而不当地复述和转述当中。

　　杜威原本的哲学语境与中文迻译过来之后的语境自然是两个不同的"情境",成功的翻译能够在最大程度上引出这两个情境之间的关联度,同时又不致于扼杀两者的个性。将"关系项"转化为真正的"关系",是杜威式实用主义的根本诉求,也是任何翻译工作的根本目标。如果我们将建立关系视作是"有效"而"有益"的哲学思考的基础,那么翻译的重要性就不言而喻了。

　　根据杜威的实用主义,作为一种探究形式的翻译本身也需要根据未来的探究对已有的结果进行不断地调整和修正,但是这一点不应该成为失误的借口。本卷的大部分译稿是我在美国杜威研究中心访学期间完成的。本卷的导言部分和前五篇文章,我基本沿用了余小明老师的译稿(经由严国珍老师校订)。我的爱人周漪澜通读了整个译稿,帮我修正了许多表达上的讹误和不当之处。在此对诸位表示由衷的感谢。但由于水平有限,译稿中恐仍有不当乃至错误之处,当由我独自承担全部责任,祈望读者和方家指正。

孙　宁

2014 年 6 月

图书在版编目(CIP)数据

杜威全集. 晚期著作 1925～1953. 第 3 卷:(1927～1928)/
(美)杜威著;孙宁,余小明译. —上海:华东师范大学出版社,
2014. 9
ISBN 978-7-5675-2619-8

Ⅰ.①杜…　Ⅱ.①杜…②孙…③余…　Ⅲ.①杜威,J.(1859～
1952)—全集　Ⅳ.①B712. 51-52

中国版本图书馆 CIP 数据核字(2014)第 232204 号

国家社科基金重大项目资助(项目批准号:12 & ZD123)

杜威全集·晚期著作(1925—1953)
第三卷(1927—1928)

著　　者　[美]约翰·杜威
译　　者　孙　宁　余小明
策划编辑　朱杰人
项目编辑　王　焰　曹利群
审读编辑　朱华华
责任校对　王丽平
装帧设计　高　山

出版发行　华东师范大学出版社
社　　址　上海市中山北路 3663 号　邮编 200062
网　　址　www. ecnupress. com. cn
电　　话　021-60821666　行政传真 021-62572105
客服电话　021-62865537　门市(邮购)电话 021-62869887
地　　址　上海市中山北路 3663 号华东师范大学校内先锋路口
网　　店　http://hdsdcbs. tmall. com

印 刷 者　上海中华商务联合印刷有限公司
开　　本　787×1092　16 开
印　　张　27.75
字　　数　444 千字
版　　次　2015 年 1 月第 1 版
印　　次　2015 年 1 月第 1 次
印　　数　1—2100
书　　号　ISBN 978-7-5675-2619-8/B·884
定　　价　98.00 元

出 版 人　王　焰

(如发现本版图书有印订质量问题,请寄回本社客服中心调换或电话 021-62865537 联系)